Marketingplanung

Torsten Tomczak · Alfred Kuß · Sven Reinecke

Marketingplanung

Einführung in die marktorientierte
Unternehmens- und Geschäftsfeldplanung

7., überarbeitete Auflage

Springer Gabler

Torsten Tomczak
Universität St. Gallen (HSG)
St. Gallen, Schweiz

Sven Reinecke
Universität St. Gallen (HSG)
St. Gallen, Schweiz

Alfred Kuß
Freie Universität Berlin
Berlin, Deutschland

ISBN 978-3-8349-3213-6
DOI 10.1007/978-3-8349-3752-0

ISBN 978-3-8349-3752-0 (eBook)

Die Deutsche Nationalbibliothek verzeichnet diese Publikation in der Deutschen Nationalbibliografie; detaillierte bibliografische Daten sind im Internet über http://dnb.d-nb.de abrufbar.

Springer Gabler
© Springer Fachmedien Wiesbaden 1998, 2001, 2002, 2004, 2007, 2009, 2014
Das Werk einschließlich aller seiner Teile ist urheberrechtlich geschützt. Jede Verwertung, die nicht ausdrücklich vom Urheberrechtsgesetz zugelassen ist, bedarf der vorherigen Zustimmung des Verlags. Das gilt insbesondere für Vervielfältigungen, Bearbeitungen, Übersetzungen, Mikroverfilmungen und die Einspeicherung und Verarbeitung in elektronischen Systemen.

Die Wiedergabe von Gebrauchsnamen, Handelsnamen, Warenbezeichnungen usw. in diesem Werk berechtigt auch ohne besondere Kennzeichnung nicht zu der Annahme, dass solche Namen im Sinne der Warenzeichen- und Markenschutz-Gesetzgebung als frei zu betrachten wären und daher von jedermann benutzt werden dürften.

Lektorat: Barbara Roscher | Birgit Borstelmann

Gedruckt auf säurefreiem und chlorfrei gebleichtem Papier

Springer Gabler ist eine Marke von Springer DE.
Springer DE ist Teil der Fachverlagsgruppe Springer Science+Business Media.
www.springer-gabler.de

Vorwort zur 7. Auflage „Marketingplanung"

Sechzehn Jahre nach dem Erscheinen der Erstauflage liegt nunmehr die siebente Auflage unseres einführenden Lehrbuchs zur Marketingplanung vor. Auch diese Auflage ist wieder umfassend überarbeitet und aktualisiert worden.

Das Grundkonzept des Buchs, das offenbar bei Studierenden gute Akzeptanz findet, bleibt unverändert. Die zentralen Elemente des Prozesses der Marketingplanung sowie deren Zusammenhang sollen knapp und leicht verständlich dargestellt werden. Der Fokus liegt eher bei der Integration von Ansätzen aus strategischem Management und Marketing als bei der detaillierten Behandlung spezieller Aspekte. Nun ist in Theorie und Praxis das Wissen zu zahlreichen Aspekten der Marketingplanung stark angewachsen, was in den bisherigen Auflagen dieses Lehrbuchs immer wieder berücksichtigt worden ist. Um das Grundkonzept des Buches wieder deutlicher hervortreten zu lassen, lag der Schwerpunkt der Veränderungen für die 7. Auflage neben Aktualisierungen an vielen Stellen bei der Straffung des Inhalts und größerer Übersichtlichkeit der Darstellung.

Bei der Vorbereitung der 7. Auflage sind die Autoren wieder tatkräftig unterstützt worden, was hier dankbar gewürdigt sei. Verena Facundo, Carmen Maier und Annabelle Scharvey kümmerten sich um die Aktualisierung der Literaturhinweise. Barbara Roscher vom Gabler-Verlag hat die Autoren wieder in ihrer sehr persönlichen Art angespornt und unterstützt.

Die drei Autoren haben auch diese Auflage wieder in freundschaftlicher Zusammenarbeit vorbereitet und tragen natürlich auch die Verantwortung für verbliebene Fehler und Unvollkommenheiten.

Mai 2014

Torsten Tomczak (Universität St. Gallen)
Alfred Kuß (Freie Universität Berlin)
Sven Reinecke (Universität St. Gallen)

Tomczak et al., Marketingplanung,
DOI 10.1007/978-3-8349-3752-0_1, © Springer Fachmedien Wiesbaden 2014

Inhaltsverzeichnis

Vorwort zur 7. Auflage „Marketingplanung" 5

Kapitel 1: **Einführung** 11
1.1 Marketingbegriff 11
1.2 Der Prozess der Marketingplanung im Überblick 22
Literaturempfehlungen zum 1. Kapitel 29

Kapitel 2: **Informationsgrundlagen der Marketingplanung** 31
2.1 Allgemeine Informationsgrundlagen der Marketingplanung 31
    2.1.1 Produktlebenszyklus 31
    2.1.2 Erfahrungskurve 35
    2.1.3 Economies of Scale und Economies of Scope 38
    2.1.4 Erfolgsfaktoren 41
2.2 Umwelt- und Branchenanalyse 44
    2.2.1 Umweltanalyse 44
    2.2.2 Branchenanalyse 47
    2.2.3 Konkurrenzanalyse 51
2.3 Unternehmensanalyse 53
    2.3.1 Stärken-Schwächen-Analyse 53
    2.3.2 Wertkette 55
2.4 Marktforschung und Aspekte des Käuferverhaltens 57
    Literaturempfehlungen zum 2. Kapitel 63

Kapitel 3: **Marktorientierte Unternehmensplanung** 65
3.1 Wettbewerb und Wettbewerbsvorteile 65
    3.1.1 Grundlagen 65
    3.1.2 Charakteristika von Märkten und Ressourcen als Grundlagen des Unternehmenserfolgs 67
    3.1.3 Entwicklung und Wirkungen von Wettbewerbsvorteilen 71
3.2 Leitlinien aus der strategischen Unternehmensplanung 74
3.3 Definition der Geschäfts- und Markttätigkeit 77
    3.3.1 Relevanter Markt, Marktareale und Marktsegmente 77
    3.3.2 Der Ansatz von ABELL zur Definition von Märkten 79
    3.3.3 Strategische Geschäftsfelder 81
    3.3.4 Vertikale Grenzen der Unternehmenstätigkeit 83
3.4 Marktwahl und Zielportfolio (Wo? bzw. Wohin?) 85
    3.4.1 Vom Ist- zum Zielportfolio 85
    3.4.2 Portfolio-Normstrategien 92

3.5	Grundlegende marktstrategische Optionen (Wie?)	95
	3.5.1 Überblick	95
	3.5.2 Differenzierung	97
	3.5.3 Umfassende Kostenführerschaft	99
	3.5.4 Konzentration auf Schwerpunkte	101
	3.5.5 Outpacing-Strategien	101
3.6	Zeitliche Aspekte des Marketing (Wann?)	103
	3.6.1 Früher oder später Markteintritt	103
	3.6.2 Strategische Fenster	108
3.7	Markenführung im Unternehmen	109
	3.7.1 Grundlagen	109
	3.7.2 Markenportfolio-Management	110
	3.7.3 Markenarchitektur	111
	3.7.4 Ausweitungen der Markenkompetenz durch Markendehnung	114
	Literaturempfehlungen zum 3. Kapitel	116

Kapitel 4: Marktorientierte Geschäftsfeldplanung 117

4.1	Interdependenzen zwischen Unternehmensplanung, Geschäftsfeldplanung und Marketing-Mix-Planung	117
4.2	Festlegung der Wachstumsstrategie	120
	4.2.1 Überblick	120
	4.2.2 Grundidee des aufgabenorientierten Ansatzes	121
	4.2.3 Kernaufgaben des Marketing	125
4.3	Kernaufgabenprofile	142
	4.3.1 Typen von Kernaufgabenprofilen	142
	4.3.2 Wettbewerbsüberlegene Kernaufgabenprofile	145
4.4	Kooperationen und Netzwerke	151
4.5	Positionierung	153
	4.5.1 Überblick	153
	4.5.2 Zusammenhang zwischen Markenidentität und Markenpositionierung	156
	4.5.3 Klassisches Positionierungsmodell	157
	4.5.4 Aktive Positionierung	160
	4.5.5 Positionierungen im Endkunden- und im Absatzmittlermarkt	165
	4.5.6 Positionierungsstrategie auf Geschäftsfeldebene	166
	Literaturempfehlungen zum 4. Kapitel	193

Kapitel 5: Marketing-Mix-Planung 195

5.1	Überblick: Elemente und Wirkung des Marketing-Mix	195
5.2	Marktleistungs- bzw. Produkt- und Sortimentsgestaltung	199
	5.2.1 Rolle und Aufgaben der Marktleistungsgestaltung	199
	5.2.2 Struktur und Umfang des Produktprogramms bzw. Sortiments	201
	5.2.3 Entscheidungen bei Einzelleistungen	204
	5.2.4 Individualisierung vs. Standardisierung von Marktleistungen	205

5.3	Preisgestaltung		207
	5.3.1	Aufgaben und Rolle der Preisgestaltung	207
	5.3.2	Ziele der Preisgestaltung	208
	5.3.3	Preisfestlegung bzw. -findung	210
	5.3.4	Preisdifferenzierung und -variation	215
5.4	Kommunikation		217
	5.4.1	Aufgaben und Rolle der Kommunikation	217
	5.4.2	Instrumente der Kommunikation	221
	5.4.3	Integrierte Marktkommunikation	224
5.5	Distribution		225
	5.5.1	Aufgaben und Rolle der Distribution	225
	5.5.2	Organe der Distribution	226
	5.5.3	Management der Distributionskanäle	228
5.6	Planung des Marketing-Mix		232
	5.6.1	Planung des Marketing-Mix als komplexes Entscheidungsproblem	232
	5.6.2	Zur Problematik der Optimierung des Marketing-Mix	235
	5.6.3	Instrumentelle Leitplanung	238
	5.6.4	Detailplanung des Marketing-Mix	246
5.7	Zusammenfassung		247
	Literaturempfehlungen zum 5. Kapitel		248
Kapitel 6:	**Marketingimplementierung und -controlling**		251
6.1	Marketingimplementierung		251
	6.1.1	Charakterisierung der Implementierungsherausforderung	251
	6.1.2	Marketingorganisation	253
	6.1.3	Marketingbudgetierung	258
	6.1.4	Unternehmenskultur und Mitarbeiter	261
6.2	Marketingcontrolling		263
	6.2.1	Marketingcontrolling als Qualitätssicherung der Führung	263
	6.2.1	Aufgaben des Marketingcontrollings	264
6.3	Die Balanced Scorecard als Hilfsmittel für Implementierung und Kontrolle		268
	Literaturempfehlungen zum 6. Kapitel		273

Literaturverzeichnis 275

Stichwortverzeichnis 293

Einführung

1.1 Marketingbegriff

Was versteht man unter dem Begriff Marketing heute, und worin liegen die Besonderheiten des strategischen Marketing? Diese Fragen zu beantworten, ist das Ziel des vorliegenden Abschnitts. Im Fortgang dieses Kapitels wird danach überblicksartig auf die Marketingplanung eingegangen, um das Verständnis und die Einordnung der in den folgenden Kapiteln detaillierter behandelten Konzepte zu erleichtern.

Von der Produktions- zur Marketingorientierung
Die Entwicklung von der traditionellen Absatzwirtschaft zum heute gängigen Marketingbegriff soll anhand und als Resultat der Entwicklung der Marktverhältnisse skizziert werden. Dabei wird das, was man heute gemeinhin unter Marketing versteht, in etwas redundanter Weise beleuchtet, um die darin enthaltene Grundidee möglichst deutlich zu machen.

Angeregt durch einen Artikel von KEITH (1960), kann man – natürlich in stark vereinfachender Weise – bestimmte Phasen der Entwicklung des Absatzbereiches identifizieren. Obwohl diese Phaseneinteilung wegen ihrer Anschaulichkeit und Plausibilität in der (Lehrbuch-) Literatur starke Beachtung gefunden hat, gibt es aber gewisse Zweifel an ihrer historischen Korrektheit (FULLERTON 1988). Danach standen am Anfang Perioden, in denen die Anbieter von Gütern wegen großer Nachfrage und knappen Angebots eine starke Position hatten (Verkäufermärkte). Hier ist an die beginnende industrielle Massenproduktion ab Ende des 19. Jahrhunderts und die Nachkriegszeiten in Deutschland zu denken. Unter den damaligen Bedingungen lag der Schwerpunkt unternehmerischen Handelns hauptsächlich bei der Entwicklung («Rationalisierung») der Produktion und der Beschaffung, weniger beim Absatz, der unter jenen Marktverhältnissen kaum Schwierigkeiten bereitete. Man spricht deshalb auch von einer Phase der *Produktionsorientierung*. Man unternahm in der Praxis relativ wenige Anstrengungen im Hinblick auf die Beziehungen des Unternehmens zu den potenziellen Abnehmern. Auch die wissenschaftliche Beschäftigung mit absatzwirtschaftlichen Fragestellungen konzentrierte sich eher auf Probleme der Verteilung von Gütern als auf die Entwicklung von Instrumenten für eine umfassende Absatzpolitik.

Tomczak et al., Marketingplanung,
DOI 10.1007/978-3-8349-3752-0_1, © Springer Fachmedien Wiesbaden 2014

Für die neuere Entwicklung des Absatzbereichs ist eine Situation bestimmend, die mit dem Stichwort Käufermarkt gekennzeichnet wird: Käufer mit einem großen Anteil frei verfügbaren Einkommens stehen einem sehr großen und vielfältigen Güterangebot gegenüber, aus dem sie mit relativ hohem Freiheitsgrad auswählen können. Der Anbieter ist also in einer schwächeren Position, weil er sich im Wettbewerb mit zahlreichen anderen Unternehmen an die Wünsche von Käufern, die nicht mehr nur die Befriedigung elementarer Bedürfnisse im Sinn haben, anpassen und diese zu beeinflussen versuchen muss. Für die Bundesrepublik Deutschland und die Schweiz ist diese Situation vor allem seit den 60er- und 70er-Jahren des 20. Jahrhunderts kennzeichnend. Viele Unternehmen haben in einer Lage, in der der Absatz zum Engpasssektor wurde, die Konsequenz gezogen, ihre gesamten Aktivitäten an den Erfordernissen des Absatzmarktes auszurichten. Man spricht bei einer solchen Politik, auf die noch genauer einzugehen sein wird, von der Marketingorientierung eines Unternehmens. Damit ist ein gleichberechtigtes Nebeneinander von Anpassung an Marktbedingungen und aktiver Beeinflussung der Marktbedingungen gemeint.

Formulierung der zentralen Idee des Marketing bereits 1954 durch den führenden Management-Theoretiker Peter Drucker
(Drucker 1954, S. 38)
«Marketing ist so grundlegend, dass es nicht als separate Funktion betrachtet werden kann. ... Es geht um die gesamte Unternehmenstätigkeit betrachtet aus der Perspektive ihres Endergebnisses, d. h. aus der Sicht des Kunden. Zuständigkeit und Verantwortung für Marketing muss deshalb alle Bereiche des Unternehmens durchdringen.»
Diese Idee ist schon frühzeitig (1952!) und klar in einem Bereich von *General Electric* erkannt worden (zitiert nach Kinnear/Bernhardt/Krentler 1995): «Das Marketingkonzept stellt die Verantwortlichen für das Marketing an den Anfang und nicht an das Ende des Produktionsprozesses und integriert Marketing in alle Bereiche des Geschäfts. Deshalb legt das Marketing mit seinen Untersuchungen und Berichten für den Entwicklungsingenieur, die Designabteilung und die Produktion fest, was der Kunde bei einem bestimmten Produkt wünscht, welchen Preis er dafür zahlen will und wo und wann der Bedarf entsteht. Marketing bestimmt die Produktplanung, die Produktionsplanung und die Lagerhaltung genauso wie den Verkauf, den Vertrieb und den Service des Produktes.»

In der Vergangenheit haben sich zahlreiche kritische Beiträge zum Marketing auf die Frage bezogen, inwieweit man durch die «aktive Komponente» in der Lage ist, Kunden/Konsumenten zu beeinflussen bzw. zu «manipulieren». Die Perspektive bei dieser Fragestellung hat sich jedoch im Zusammenhang mit der Entwicklung von Strategien erweitert: Müssen sich Anbieter «market driven» (Day 1999) verhalten, indem sie sich an (festgelegte, gewissermaßen «gegebene») Wünsche / Präferenzen *anpassen* oder haben sie Spielräume, diese selbst wesentlich zu beeinflussen oder gar zu bestimmen. Carpenter/Glazer/Nakamoto (1997) sprechen bei letzterer Vorgehensweise von «market driving strategies». Die Grundidee dieses Ansatzes besteht darin, Kundenpräferenzen nicht als gegeben, sondern als durch Anbieter beeinflussbar anzusehen. Dadurch können insbesondere Unternehmen, die früh in einen neuen Markt eintreten («Pioniere»), die Beurteilungsmaßstäbe der Kunden in ihrem Sinne prägen.

Besonders deutlich werden die Unterschiede zwischen Produktions- und Marketingorientierung durch einen Vergleich der traditionellen und der aktuellen Betrachtung des Absatzbereichs.

Traditionell galt der Absatz als letzte Phase des betrieblichen Prozesses, bei dem durch Verwertung/Verkauf von Leistungen Erlöse erzielt werden, die die Existenz des Betriebes sichern und die Fortführung der Produktion ermöglichen. Etwas überspitzt könnte man diese Sichtweise so interpretieren, dass der Absatz hauptsächlich den Zweck hatte, der Fortführung der Produktion zu dienen. Charakteristisch war der Grundgedanke «Absatz = Leistungsverwertung».

Dagegen ist für das Marketing ein systematischer «Entscheidungs- und Gestaltungsprozess, der die Berücksichtigung der Kundenbedürfnisse bei allen Markt gerichteten Unternehmensaktivitäten sicherstellt, um hierüber die Unternehmensziele zu erreichen», charakteristisch (MEFFERT/BURMANN/KIRCHGEORG 2012, S. 10). Diese Sichtweise wird von vielen Vertretern der Marketingpraxis und der Marketingforschung auch mit der Bezeichnung «Marketing als Führungsphilosophie» versehen. Im Mittelpunkt steht jedenfalls die Ausrichtung des gesamten Unternehmens – einschließlich der Festlegung des Leistungsprogramms – am Absatzmarkt.

Die Marktorientierung von Unternehmen ist also kennzeichnend für das Marketing. Allerdings ist dieser zentrale Aspekt erst seit etwa 1990 genauer untersucht worden. Großen Einfluss hatten dabei die Arbeiten von KOHLI/JAWORSKI (1990) und NARVER/SLATER (1990). Beide Autorengruppen gehen von unterschiedlichen Sichtweisen aus, die von HOMBURG/PFLESSER (2000) als Verhaltensperspektive und Kulturperspektive (in dem Sinne, dass Marktorientierung ein Merkmal der Unternehmenskultur ist) bezeichnet werden. KOHLI/JAWORSKI (1990) sehen dem entsprechend die Gewinnung marktbezogener Informationen in einem Unternehmen, die unternehmensinterne Verbreitung marktbezogener Informationen und die Ausrichtung des Unternehmens nach marktbezogenen Informationen als die wesentlichen Indikatoren der Marktorientierung an. Die Kulturperspektive wird andererseits in der Definition von NARVER/SLATER (1990, S. 21) deutlich: «Marktorientierung ist die Kultur einer Organisation (….), die besonders effektiv und effizient die Verhaltensweisen verursacht, die bei den Kunden zu überlegenem Wert und damit zu dauerhaft überlegener Leistung des Geschäftsbereichs führen.» Unabhängig von den verschiedenen Konzeptualisierungen ist in mehreren Untersuchungen (NARVER/SLATER 1990, JAWORSKI/KOHLI 1993, HOMBURG/PFLESSER 2000) gezeigt worden, dass Marktorientierung (erwartungsgemäß) ein wesentlicher Einflussfaktor des Unternehmenserfolgs ist. HUNT (2012) gibt einen umfassenden Überblick über eine große Zahl weiterer empirischer Untersuchungen, die weitestgehend diesen positiven Zusammenhang bestätigen.

Marktorientierung ist also ein wesentlicher Aspekt einer Unternehmenskultur. GARY GEBHARDT (2012) knüpft daran an und charakterisiert die für Marktorientierung typischen Werte, Annahmen und Verhaltensnormen. Die wichtigsten davon sollen in der folgenden Abb. 1.1 in Anlehnung an GEBHARDT (2012, S. 30) dargestellt werden.

Wert	Annahme	Verhaltensnorm
Markterfolg als oberstes Ziel des Unternehmens	Das Unternehmen besteht, um einem Markt zu dienen und den Eigentümern und Beschäftigten zu nutzen.	Jede Entscheidung und Maßnahme muss berücksichtigen, welche Auswirkungen sie auf den Markt hat.
Zusammenarbeit im Unternehmen	Durch Zusammenarbeit verschiedener Bereiche werden Erfolge im Markt schneller und besser erreicht.	Die Arbeit vollzieht sich in bereichsübergreifenden Teams.
Zusagen einhalten	Zum Erfolg muss jeder Beteiligte seinen Teil beitragen.	Jeder ist für seinen Beitrag verantwortlich.
Offenheit	Verbreitung und Austausch von marktbezogenen Informationen ermöglicht die Zusammenarbeit.	Aktive und korrekte Übermittlung von Informationen an andere Bereiche

Abb. 1.1 Werte, Annahmen und Verhaltensnormen marktorientierter Unternehmen (in Anlehnung an GEBHARDT 2012, S. 30)

Die Darstellung der bisher skizzierten Positionen wäre unvollständig, wenn nicht noch eine Phase erläutert würde, die zwischen der Produktions- und der Marketingorientierung einzuordnen ist, die Phase der *Verkaufsorientierung*.

Dahinter steht die Vorstellung, dass sich in vielen (Verkäufer-)Märkten im Laufe der Zeit durch Sättigungserscheinungen und Substitutionskonkurrenz die Position der Anbieter abschwächt und deshalb besondere Anstrengungen zur Förderung des Absatzes (z. B. verstärkter Außendiensteinsatz, Werbung) notwendig werden. Die Festlegung des Leistungsprogramms ist hier noch nicht direkter Ausfluss absatzwirtschaftlicher Überlegungen, es wird vielmehr versucht, ein gegebenes Angebot möglichst günstig zu «vermarkten». Abbildung 1.2 illustriert die verschiedenartigen Ansätze.

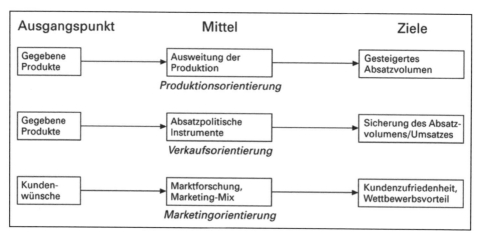

Abb. 1.2 Verschiedene Unternehmensorientierungen

Allerdings bedarf es in diesem Zusammenhang noch einiger erläuternder Bemerkungen:

- Die dargestellte Entwicklung verläuft sicher nicht unabhängig von branchen- oder firmenspezifischen Merkmalen. Während einige Unternehmen beispielsweise aufgrund marktspezifischer Besonderheiten schon marketingorientiert handeln müssen, kann für andere noch (oder wieder) eine Produktionsorientierung zweckmäßig sein. In der Praxis war zu beobachten, dass sich bei Markenartikelherstellern in Konsumgütermärkten die Marketingorientierung am schnellsten und am weitesten verbreitet hat.
- Die Stichworte Produktions-, Verkaufs- und Marketingorientierung bedeuten natürlich nicht, dass die jeweils anderen Unternehmensfunktionen ganz unwichtig sind. Sie kennzeichnen lediglich bestimmte Schwerpunkte.

Definitionen des Marketingbegriffs

In der folgenden Zusammenstellung finden sich verschiedene Definitionen des modernen Marketingbegriffs. Damit soll der zentrale Inhalt dieses Begriffs von unterschiedlichen Positionen aus beleuchtet und verschiedene relevante Aspekte angesprochen werden. Die Übersicht dient also nicht dazu, die «ideale» Marketingdefinition zum Aussuchen anzubieten, sondern um verschiedene Facetten des Marketingbegriffs darzustellen. Interessant sind dabei nicht zuletzt die beiden Definitionen der American Marketing Association (AMA) von 1985 und 2008. Während die Definition von 1985 noch auf die «klassische» Sichtweise des Marketing (Fokus auf Marketing-Mix und Austauschbeziehungen) ausgerichtet ist, die auch hier zunächst im Mittelpunkt steht, wird in der AMA-Definition von 2008 das Augenmerk auf die Schaffung von Werten bei Kunden und die Entwicklung von Kundenbeziehungen gerichtet. Seit 2008 ist zudem die soziale Verantwortung des Marketing für die Gesellschaft in der Definition verankert worden.

AMERICAN MARKETING ASSOCIATION 1985: «Marketing ist der Prozess der Planung und Durchführung der Entwicklung, Preisgestaltung, Verkaufsunterstützung und des Vertriebs von Ideen, Gütern und Dienstleistungen im Rahmen von Austauschbeziehungen, die individuellen und organisationalen Zielen gerecht werden.»

AMERICAN MARKETING ASSOCIATION 2008: «Marketing bezeichnet die Aktivitäten, Institutionen und Prozesse zur Schaffung, Kommunikation, Bereitstellung und zum Austausch von Angeboten, die einen Wert haben für Kunden, Auftraggeber, Partner und die Gesellschaft insgesamt.»

BACKHAUS/VOETH (2010, S. 12): «[...] hat Marketing die Aufgabe, die Funktionen eines Unternehmens produktspezifisch auf die (Absatz-)Markterfordernisse auszurichten, um auf diese Weise im Wahrnehmungsfeld der Nachfrager besser als die relevanten Konkurrenzangebote beurteilt zu werden. Marketing kommt im so verstandenen Sinne eine *Koordinierungsaufgabe* zu.»

Esch/Herrmann/Sattler (2011, S. 4): «Marketing im Sinne einer marktorientierten Unternehmensführung kennzeichnet die Ausrichtung aller relevanten Unternehmensaktivitäten und -prozesse auf die Wünsche und Bedürfnisse der Anspruchsgruppen.»

Homburg (2012, S. 10): «Marketing hat eine unternehmensexterne und eine unternehmensinterne Facette. In unternehmensexterner Hinsicht umfasst Marketing die Konzeption und Durchführung marktbezogener Aktivitäten […]. Diese marktbezogenen Aktivitäten beinhalten die systematische Informationsgewinnung über Marktgegebenheiten sowie die Gestaltung des Produktangebots, die Preissetzung, die Kommunikation und den Vertrieb. Marketing bedeutet in unternehmensinterner Hinsicht die Schaffung der Voraussetzungen im Unternehmen für die effektive und effiziente Durchführung dieser marktbezogenen Aktivitäten. […] Sowohl die externen als auch die internen Ansatzpunkte des Marketing zielen auf eine im Sinne der Unternehmensziele optimale Gestaltung von Kundenbeziehungen ab.»

Kotler/Keller (2012, S. 27): «Marketing ist ein gesellschaftlicher Prozess, durch den Personen und Gruppen ihre Bedürfnisse und Wünsche befriedigen, indem sie Produkte und Dienstleistungen von Wert erzeugen, anbieten und mit anderen frei austauschen.»

In einigen der vorstehenden Definitionen wird hervorgehoben, dass es beim Marketing im Wesentlichen um die Entwicklung und Förderung vorteilhafter Austauschbeziehungen geht. Diese können sich auf einen Tausch «Ware gegen Geld», aber auch auf einen Austausch «Politische Leistungen gegen Wählerstimmen» oder «Spenden gegen soziale Anerkennung» beziehen. Kotler (1972) spricht in diesem Zusammenhang vom «Generic Concept of Marketing» und meint damit die Übertragung von Ideen und Techniken des Marketing auf Bereiche, die über den Verkauf von Gütern hinausgehen (Kuss/Kleinaltenkamp 2013, S. 22 ff.).

Austauschbeziehungen außerhalb des kommerziellen Bereichs
Ein Beispiel (unter vielen) für Austauschbeziehungen – hier im kulturellen Bereich – bietet der Förderkreis der Deutschen Oper Berlin e.V., eine Mäzenatenvereinigung zur Unterstützung dieses Opernhauses. In einer Werbebroschüre aus dem Jahre 2013 werden für unterschiedliche Jahresbeiträge bzw. Spenden u. a. die folgenden Vorteile angeboten:
- «Namensnennung in der jährlichen Saisonvorschau und auf der Website»
- «Persönliche Nennung auf der Partner-Tafel im Foyer!»
- «Ein Opernabend in der Intendanten-Loge mit Ihren Gästen und einem Pausen-Empfang in Begleitung eines Mitglieds der Opernleitung»
- «Einladung zu exklusiven Kuratoriums-Empfängen»

Merkmale des Marketing

Wenn man die Realisierung des Marketing in verschiedenen Branchen und Situationen betrachtet, so sind immer wieder einige typische Merkmale zu finden. Diese sollen im Folgenden skizziert werden, um eine Vertiefung und Abrundung des Verständnisses der Grundideen des Marketing zu erreichen. Abbildung 1.3 gibt einen ersten Überblick über die acht Merkmale.

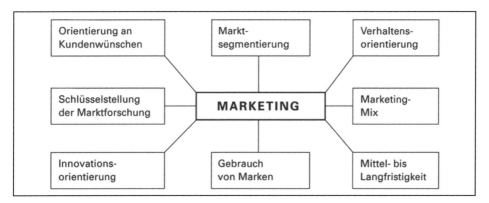

Abb. 1.3 Merkmale des Marketing

Von zentraler Bedeutung für das Marketing ist die Orientierung an Kundenwünschen. Damit ist hier ein tief gehendes Verständnis für die Bedürfnisse potenzieller Käufer gemeint, das sich in vielen Fällen dadurch ausdrückt, dass die angebotenen beziehungsweise anzubietenden Produkte im Hinblick auf ihre Eignung, Probleme der Kunden zu lösen, betrachtet werden.

So wird einem führenden Marketing-Manager eines amerikanischen Herstellers von Werkzeugmaschinen folgender Ausspruch zugeschrieben: «Der Kunde will nicht Ein-Zoll-Bohrer, sondern Ein-Zoll-Löcher.»

Bisher war meist etwas undifferenziert vom Absatzmarkt die Rede. Wenn man aber in hoch entwickelten Industriegesellschaften die verschiedensten Märkte betrachtet, so findet man nur noch selten homogene Nachfrage. Typisch ist eher eine mehr oder weniger große Anzahl von *Abnehmergruppen* mit unterschiedlichen Wünschen. Zum Beispiel findet man nicht «den Automobilkäufer», sondern verschiedene Arten von Autokäufern, die vielleicht hauptsächlich auf Sportlichkeit oder Wirtschaftlichkeit oder Sicherheit Wert legen. Die für das Marketing ganz grundlegende Orientierung am Markt kann also in der Regel nicht undifferenziert erfolgen. Meist ist es notwendig, die potenziellen Abnehmer in Gruppen einzuteilen, die einerseits im Hinblick auf viele relevante Merkmale möglichst homogen und andererseits für ein wirtschaftliches Operieren in diesen Teilmärkten hinreichend groß sind. Diese Aufteilung in Kundengruppen soll es erlauben, sich an deren spezifische Bedürfnisse – möglichst in Abgrenzung zur Konkurrenz – weitgehend anzupassen und «maßgeschneiderte» Beeinflussungsstrategien zu entwickeln. Die hier skizzierte, für das Marketing charakteristische Sicht- und Handlungsweise bezeichnet man als *Marktsegmentierung*. Auf diesen wichtigen Gesichtspunkt wird im Kapitel 4 dieses Buches noch näher eingegangen.

Der mit der Marktsegmentierung verbundene Aspekt der Ausrichtung auf bestimmte Kundengruppen leitet über zur *Verhaltensorientierung des Marketing*. Zur Bildung dieser Gruppen reicht häufig die Verwendung ökonomischer Merkmale (Einkommen von Konsumenten, Umsatz von Unternehmen usw.) nicht aus. Bei Konsumenten liegt es auf der Hand, dass bei vielen Kaufentscheidungen ökonomische, psychologische und soziologische Variablen zusammenwirken. Wenn man beispielsweise Segmente im Markt für Oberbekleidung bilden will, so darf man neben der Kaufkraft von Konsumenten deren Geschlecht, Alter, Prestigebewusstsein, soziale Beziehungen usw. nicht außer Acht lassen. Auch im Business-to-Business-Marketing sind heute verhaltenswissenschaftliche Erkenntnisse unentbehrlich. Man denke nur an die Untersuchung von Verhandlungsprozessen. Derartige Fragestellungen haben dazu geführt, dass im Marketingbereich verhaltenswissenschaftliche Erkenntnisse wesentliche Bedeutung für Theorie und Praxis erlangt haben.

Alle bisher dargestellten Aspekte der Orientierung am Markt setzen ein umfassendes und leistungsfähiges System der Sammlung und Aufbereitung von *Marktinformationen* voraus. In der Regel geht eine kontinuierliche Marktbeobachtung (Marktwachstum, Marktanteile usw.) mit sporadischen, gezielten Untersuchungen (Käufertypologien, Präferenzforschung, Werbewirkungstests usw.) einher. Dafür steht mit der Marktforschung inzwischen ein recht umfassendes und bewährtes methodisches Instrumentarium zur Verfügung. Hier sei noch hervorgehoben, dass die Marktforschung nicht nur die Voraussetzungen für die Anpassung des Unternehmens an die Marktbedingungen schafft. Ihr kommt auch eine zentrale Aufgabe bei der Suche nach Aktionsmöglichkeiten für die Beeinflussung der Marktbedingungen und deren Tests zu. Insofern kann man von einer *Schlüsselstellung der Marktforschung* für viele Bereiche des Marketing sprechen (siehe dazu Abschnitt 2.4 dieses Buches).

Hinsichtlich der Marketingmaßnahmen vieler Unternehmen fällt auf, dass meist mehrere Einzelmaßnahmen zugleich eingesetzt werden. Beispielsweise ist im Rahmen der Verkaufsförderung oftmals eine befristete Preissenkung (Sonderpreis) mit besonderen Platzierungen in Handel und Kommunikation (Anzeigen, Handzettel) verbunden. Die Einführung eines neuen Produkts wird häufig durch Werbung und eine Fokussierung der Außendienstanstrengungen begleitet.

Diese Beispiele entsprechen der in der Wissenschaft und Praxis fest etablierten Erkenntnis, dass es im Marketing wesentlich auf das Zusammenwirken von einzelnen Maßnahmen/Instrumenten ankommt. Dementsprechend ist hier die Koordination von Einzelmaßnahmen (und als Voraussetzung dafür die entsprechende Organisation des Marketingbereichs) ein maßgeblicher Erfolgsfaktor. Die Bedeutung des *Marketing-Mix-Konzepts* (eingeführt von BORDEN 1964), das die Beachtung des Zusammenspiels verschiedener Maßnahmen umfasst, wird schnell deutlich, wenn man sich folgende Beispiele vor Augen führt: Man denke nur an die Erfolgschancen eines neuen, qualitativ hochwertigen Produkts des täglichen Bedarfs, das stark beworben und preiswert angeboten wird, bei dem aber der Außendienst nicht rechtzeitig für die Bevorratung des Handels gesorgt hat oder an die Erfolgschancen einer technisch und preislich der Konkurrenz überlegenen Werkzeugmaschine, bei der kein angemessener Service gewährleistet werden kann.

Ein weiteres Merkmal des Marketing ist seine *Innovationsorientierung*. Die Ausrichtung des Leistungsprogramms des Unternehmens an den sich mehr oder weniger schnell ändernden Kundenwünschen hat die Konsequenz, dass entsprechend häufig neue Produkte eingeführt oder neue (Teil-)Märkte bearbeitet werden müssen. Hinzu kommt, dass Innovationen bei Produkten, Produktausstattungen, Werbung usw. ein zentrales Mittel sind, um sich von Wettbewerbern abzuheben und potenziellen Abnehmern Vorteile zu bieten, die zu entsprechenden Kaufentscheidungen führen.

Ein Teil der Marketinginstrumente ist nur einsetzbar, wenn Produkte für die Kunden identifizierbar sind (z. B. durch *Marken*). Das gilt vor allem für den kommunikationspolitischen Bereich, der von der Verbindung bestimmter Emotionen mit Produkten durch Werbung bis zu nüchterner Vermittlung technischer Daten reicht. Ohne eine Zuordnung dieser Botschaften zu Produkten mit Hilfe von Marken- oder Firmennamen stoßen derartige Bemühungen ins Leere. Oftmals ist es ein wesentliches Ziel der Marketingmaßnahmen, ein Produkt erst bekannt zu machen und es dann zu profilieren. In der Praxis spricht man dabei auch (etwas überschwänglich) vom «Aufbau von Produktpersönlichkeiten». Der Markenartikelbereich des Konsumgütersektors bietet die meisten und deutlichsten Beispiele für diesen Aspekt.

Als letztes Merkmal soll hier der zumindest *mittelfristige Planungshorizont* des Marketing erwähnt werden. Im Gegensatz zur Phase der Verkaufsorientierung, in der oft die kurzfristige Absatzsteigerung durch Außendienstanstrengungen, Preissenkungen usw. im Vordergrund stand, bedarf es bei der Marketingorientierung eines Unternehmens längerer Zeiträume für die Planung und Realisierung von Maßnahmen. Am Anfang steht die sorgfältige Analyse der Absatzmärkte, darauf aufbauend folgt z. B. die Entwicklung geeigneter Produkte und dann vielleicht die Markteinführung. Zwischen der Idee für ein neues Produkt und seiner erfolgreichen Durchsetzung am Markt können Jahre liegen. Typisches Ziel des Marketing ist also eher die dauerhafte Sicherung oder Erschließung von Absatzmärkten durch mittel- und längerfristige Maßnahmen (Produktentwicklung, Aufbau einer Verkaufsorganisation, Werbung usw.) als z. B. die kurzfristige Umsatzsteigerung.

Strategisches Marketing
Zum vorstehend skizzierten Kern des Marketingbegriffs ist eine Perspektive hinzugetreten, die durch den Begriff «*strategisches Marketing*» gekennzeichnet wird. Diese wichtige Erweiterung soll hier kurz skizziert werden.

Ebenso wie die eingangs erläuterten drei Phasen der Entwicklung von der Leistungsverwertung zum Marketing als Reaktionen der Unternehmen auf grundlegende Veränderungen der Absatzmärkte zu interpretieren sind, so ist auch das strategische Marketing vor dem Hintergrund eines wesentlichen Wandels der Marktbedingungen entstanden. Einige der dafür ausschlaggebenden Einflussfaktoren seien hier genannt:

- Schneller technischer Fortschritt und daraus resultierende Verkürzung von Produktlebenszyklen (z. B. im Bereich der Elektronik bzw. Digitalisierung),
- Internationalisierung (bzw. Globalisierung) von Märkten und damit verbundene Intensivierung des Wettbewerbs,
- Überangebot und Sättigungserscheinungen in zahlreichen Märkten,

- Ressourcenverknappung und Rücksichtnahme auf Umweltprobleme (z. B. in den Bereichen Energie, Chemie, Automobile),

- Verwischung von (früheren) Grenzen zwischen Märkten (z. B. bei Computern, Unterhaltungselektronik und Telekommunikation).

Bei derartig veränderten ökonomischen und gesellschaftlichen Bedingungen erscheint das bisher dargestellte Marketingkonzept als zu eng und zu kurzsichtig angelegt. Die Orientierung am Absatzmarkt reicht nicht mehr aus; *langfristige Entwicklungen* der Rahmenbedingungen der Unternehmenstätigkeit (Politik, Gesamtwirtschaft, Wettbewerb usw.) müssen viel stärker in die Planung einbezogen werden. Während man traditionell im Marketing häufig versuchte, in allen bearbeiteten Märkten die eigene Position zu verbessern, sind unter schwierigeren Bedingungen die Unternehmen gezwungen, ihre Ressourcen (Finanzen, Know-how, Außendienstkapazität usw.) konzentriert einzusetzen. *Konzentration der Ressourcen* bedeutet aber, dass man Stagnation oder rückläufige Entwicklungen bei einzelnen Märkten bewusst in Kauf nimmt, um Erfolg in attraktiveren Märkten zu haben.

> VARADARAJAN (2012, S. 13) kennzeichnet strategische Marketing-Entscheidungen auf folgende Weise: «Strategische Marketing-Entscheidungen beziehen sich auf die Marketing-Entscheidungen einer Organisation, die herausragende Konsequenzen im Hinblick auf ihren langfristigen Erfolg haben können.»

Zu den entscheidenden Aspekten des Marketing gehört, dass das Leistungsprogramm des Unternehmens Gegenstand absatzmarktorientierter Planung wird. Das kann sich beispielsweise darin äußern, dass ein Automobilhersteller festlegen und laufend überprüfen muss, auf welche Marktsegmente seine Modellpalette (Kleinwagen, Mittelklasse, Großraumlimousinen, Kombis, Transporter, LKWs usw.) ausgerichtet sein soll. Selten stand die Frage an, ob er überhaupt weiterhin in der Automobilbranche tätig sein will. Dagegen gehört die naturgemäß sehr langfristig angelegte *Grundsatzentscheidung über die Art der Unternehmenstätigkeit* zum Kern der strategischen Planung.

> **Beispiele für Grundsatzentscheidungen über die Art der Unternehmenstätigkeit**
> Beispiele aus der jüngeren Vergangenheit zeigen, dass bedeutende Unternehmen hier eine gezielte Politik betreiben: So haben große Banken versucht, ihre Unternehmenstätigkeit auf den Versicherungssektor auszuweiten. Chemieunternehmen haben ihre Tätigkeit auf bestimmte Bereiche (z. B. Pharma) fokussiert und andere Bereiche (z. B. Düngemittel oder Pflanzenschutz) abgegeben. Die Daimler AG baute zunächst ihren Konzern durch gezielte Diversifikation (AEG, Dasa, MBB) zu einem Technologie-Konzern um und konzentriert sich jetzt wieder auf Kraftfahrzeuge und damit verbundene Finanzdienstleistungen. Jeder kennt auch das Beispiel von Apple, das bis

> vor einigen Jahren weitgehend auf den IT-Bereich ausgerichtet war und jetzt durch iPod, iPhone und iPad weitere Schwerpunkte in anderen Märkten hat. Siemens war etwa 20 Jahre im Geschäft mit Mobiltelefonen tätig und hat sich 2005 aus diesem Markt zurückgezogen und den ganzen Bereich an das taiwanesische Unternehmen BenQ verkauft.

Für das strategische Marketing sind drei Fragen grundlegend:

- Auf welchen Märkten bleibt/wird man tätig? (*Wo?* bzw. *Wohin?*) (z. B. Eintritt in neue Märkte, Rückzug aus bisherigen Märkten)
- *Wie* erlangt man Wettbewerbsvorteile? (z. B. Preisvorteil oder Leistungsvorteil)
- *Wann* wird man in einem Markt tätig? (z. B. früher oder später Markteintritt)

Auf diese drei Fragen wird in den folgenden Kapiteln, vor allem im 3. Kapitel, noch ausführlicher eingegangen.

Die Art der Entscheidungen, die im strategischen Marketing zu treffen sind, impliziert schon, dass diese typischerweise auf lange Zeiträume ausgerichtet sind und auf einer hohen Ebene der Unternehmensführung (häufig auf der Geschäftsleitungsebene) getroffen werden. Beachtlich ist noch die mit dem Stichwort «Konzentration der Firmenressourcen» verbundene *enge Verzahnung des Marketing mit anderen Unternehmensfunktionen*, z. B. Finanzierung oder F&E. Dagegen ging man zuvor davon aus, dass sich alle Bereiche den Erfordernissen des Marketing unterzuordnen haben (was gelegentlich wohl auch zu einer Überbetonung der Bedeutung des Marketing führte).

Typisch für das strategische Marketing ist letztlich noch die ausgeprägte *Orientierung am Wettbewerb mit anderen Anbietern*, die im Hinblick auf Kaufentscheidungen innerhalb der jeweiligen Zielgruppe relevant sind. Die Gewinnung und Verteidigung von Wettbewerbsvorteilen steht im Mittelpunkt der Entscheidungen im Rahmen des strategischen Marketing. Eine grundlegende Unterscheidung gilt *zwei Arten von Wettbewerbsvorteilen*:

- Angebot von Leistungen, die *in der Wahrnehmung der Kunden* besser sind als die von Wettbewerbern (z. B. Markenimage, besserer Service, längere Lebensdauer, genauere Ausrichtung auf Kundenwünsche), zu vergleichbaren Preisen oder
- Angebot vergleichbarer Leistungen zu *deutlich niedrigeren Preisen*.

Damit sind die Grundideen des Marketing und der damit verbundenen strategischen Überlegungen kurz umrissen. In den folgenden Kapiteln werden wesentliche Schritte bei der Entwicklung entsprechender Strategien und Maßnahmen mit dem Ziel der *Gewinnung und Verteidigung von Wettbewerbsvorteilen* einschließlich der damit verbundenen Analysen dargestellt. Dazu befindet sich im folgenden Abschnitt zunächst ein kurzer Überblick zum Prozess der Marketingplanung.

1.2 Der Prozess der Marketingplanung im Überblick

Im vorliegenden Abschnitt sollen die zentralen Bestandteile der Marketingplanung, die marktorientierte Unternehmens- und Geschäftsfeldplanung sowie die Planung des Marketing-Mix charakterisiert und abgegrenzt werden. Dabei kann an die Erörterung des strategischen Marketing auf den vorhergehenden Seiten angeknüpft werden.

Ähnliche Unterscheidungen nehmen die meisten Autoren vor, allerdings werden in diesem Zusammenhang unterschiedliche Termini verwendet: So sprechen KOTLER/KELLER (2012, S. 58 f.) vom strategischen und taktischen Teil der Marketingplanung; ASSAEL (1993) unterscheidet zwischen Marketingstrategien und Entwicklung des Marketing-Mix, wobei mit letzterem die Festlegung des Einsatzes von Marketinginstrumenten für ein bestimmtes Produkt gemeint ist. SCHREYÖGG/KOCH (2007, S. 73) stellen die Gesamtunternehmensstrategie, die sich auf den Mix von Geschäftsfeldern bezieht, der Geschäftsfeld-Strategie gegenüber, innerhalb derer die Vorgehensweise bei einem Geschäftsfeld festgelegt ist.

In Abb. 1.4 wird ein erster Überblick über Ablauf und Zusammenhänge der Marketingplanung gegeben. Diese ist in drei große Bereiche unterteilt:

Die *marktorientierte Unternehmensplanung* basiert auf allgemeinen Zielen und Grundsätzen des Unternehmens sowie Informationen über die Umwelt des Unternehmens, Branchen, einzelne Märkte und die Position des Unternehmens in diesem Umfeld. Das Ergebnis dieser Planungsphase sind Entscheidungen über die verschiedenen Geschäftsfelder (z. B. Markteintritt, angestrebtes Wachstum, Rückzug aus dem Markt) und damit verbundene Festlegungen hinsichtlich strategischer Grundausrichtungen (z. B. «technisch führender Anbieter sein», «preiswerter Massenanbieter sein») und zeitlicher Aspekte (z. B. Markteintritt als erster: Pionier). Es werden somit für die Elemente eines (angestrebten) Geschäftsfeld-Mix die bereits oben erwähnten Fragen «Wo?», «Wie»? und «Wann?» beantwortet.

Ein Beispiel für eine solche Planung eines der Geschäftsfelder könnte beispielsweise lauten: Eine Brauerei möchte mit einer Marke im deutschen Braumarkt (Wo?) im Segment der hochprozentigen Premium-Biere (Wie?) innerhalb von fünf Jahren (Wann?) Marktführer werden. Daraus ist erkennbar, dass hier für diese Geschäftsfelder Ziele festgelegt werden, an denen sich dann der nächste Teil des Planungsprozesses orientiert.

Die *marktorientierte Geschäftsfeldplanung* bezieht sich nicht mehr auf die Gesamtheit von Geschäftsfeldern (Mix), sondern erfolgt für jedes Geschäftsfeld separat. Hier werden die jeweiligen Ziele detailliert und konkretisiert, die Wachstumsstrategie (siehe Unterkapitel 4.2) und die Marketingstrategie (d. h. die Positionierung, das Kernaufgabenprofil und angestrebte Netzwerke und Kooperationen; siehe die Unterkapitel 4.3, 4.4 und 4.5) festgelegt und Richtlinien für den Einsatz der Marketinginstrumente (z. B. Verfolgung einer Präferenzstrategie mit anspruchsvollen Marken, starker Kommunikation und Verkauf über qualifizierten Fachhandel) bestimmt. Damit ist der Rahmen abgesteckt für die zeitnah erfolgende und kurzfristig veränderbare Planung einzelner Maßnahmen, deren Abstimmung und Zusammenwirken (Marketing-Mix).

1.2 Der Prozess der Marketingplanung im Überblick

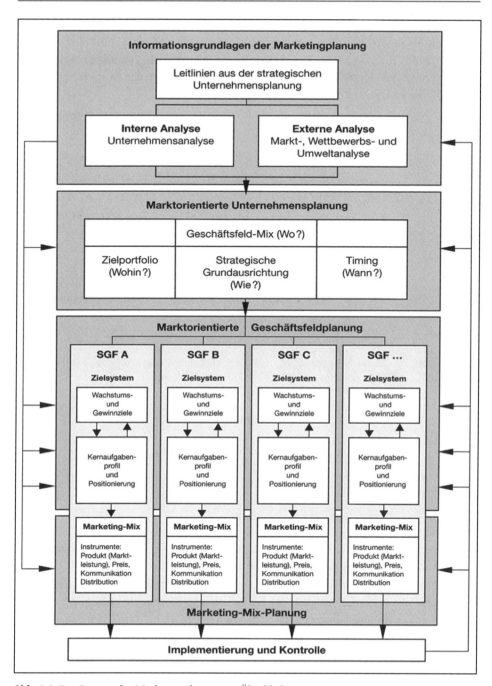

Abb. 1.4 Der Prozess der Marketingplanung im Überblick

Bei der Marketing-Mix-Planung geht es demnach um die Entwicklung von Maßnahmen, Prüfung/Test von Alternativen (z. B. Auswahl von Werbebotschaften und -mitteln) sowie um das komplexe Problem der Zusammenfügung verschiedener Einzelmaßnahmen zu einem Marketing-Mix.

Nach den Planungsschritten von recht allgemeinen Zielen und Informationen bis zu konkreten Maßnahmen erfolgen deren Implementierung und das Controlling mit den entsprechenden Rückkopplungen zu den einzelnen Schritten des Planungsprozesses. Implementierung und Controlling werden im Rahmen des vorliegenden Buchs («Marketingplanung») nur knapp skizziert.

Einige wichtige Unterschiede der drei Teile der Marketingplanung sind in Abb. 1.5 zusammenfassend dargestellt.

	Marktorientierte Unternehmensplanung	Marktorientierte Geschäftsfeldplanung	Marketing-Mix-Planung
Planungseinheit	Geschäftsfeld-Mix (→ gesamtes Unternehmen)	einzelnes Geschäftsfeld	einzelne(s) Produkt(e), Marke, Kundengruppe
Markt	freie Auswahl von Märkten	Auswahl von Segmenten/Zielgruppen	als gegeben angesehen
Ziele, Erfolgskriterien	Gewinn, Shareholder Value, Unternehmenswachstum	Cash Flow und Umsatzentwicklung von Geschäftsfeldern	Deckungsbeitrag einzelner Produkte und Kundengruppen, Marktanteil
Wettbewerb	durch Einsatz aller Ressourcen und Fähigkeiten des Unternehmens	Durch Leistungs- oder Kostenvorteile gegenüber Wettbewerbern bzw. Abhebung von Wettbewerbern	durch bessere wahrgenommene Befriedigung von Kundenwünschen über den Marketing-Mix
Planungshorizont	langfristig (5–10 Jahre)	mittelfristig (3–5 Jahre)	kurz- bis mittelfristig (0,5–3 Jahre)

Abb. 1.5 Drei Teile der Marketingplanung

Der Marketing-Mix

Im Zusammenhang mit der Planung des Marketing-Mix sollen hier noch kurz die gängigen Instrumente des Marketing charakterisiert werden.

In Wissenschaft und Praxis hat sich seit langem eine Vierteilung des Marketinginstrumentariums durchgesetzt. Lediglich bei der Benennung der vier Bereiche sowie der Zuordnung einiger (weniger) Instrumente zu diesen Bereichen gibt es zwischen den verschiedenen Autoren kleinere Abweichungen. Im vorliegenden Lehrbuch wird von

- Produkt- und Sortimentspolitik (bzw. Marktleistungsgestaltung),
- Preisgestaltung bzw. Preis- und Kontrahierungspolitik,
- Kommunikationspolitik (manchmal auch Marktbearbeitung genannt) und
- Distributions- bzw. Vertriebspolitik

gesprochen. Einzelne dieser Bereiche umfassen zwar Instrumente, die man bei strenger Betrachtung nicht den jeweiligen Bezeichnungen unterordnen würde, die Bezeichnungen haben sich aber eingebürgert und charakterisieren treffend zumindest den Kernbereich der verschiedenen Marketinginstrumente.

Im Marketing ist ein umfassender Produktbegriff, der Sachgüter, Dienstleistungen, Rechte und Kombinationen davon einschließt, üblich geworden. Der Begriff *Produktpolitik* bzw. Marktleistungsgestaltung umfasst weiterhin Maßnahmen, die im engen Zusammenhang mit dem Produkt stehen, z. B. Verpackung, Service, Garantieleistungen. Letztlich gehören dazu auch Maßnahmen im Sortimentsbereich, also Entscheidungen über die Art und Anzahl angebotener Produkte. Der Begriff gelegentlich verwendete Begriff «Marktleistung» soll andeuten, dass (physische) Produkte oft in Kombination mit Dienstleistungen und Rechten angeboten werden.

Die *Preispolitik* hat vor allem die Planung und Durchsetzung der für die eigenen Produkte zu erzielenden Preise zum Gegenstand. Eng verbunden mit der Festsetzung des Preises und deswegen ebenfalls der Preispolitik zugeordnet sind die Konditionen (Rabatte, Zahlungsbedingungen) und die Absatzfinanzierung.

Der Begriff *Kommunikationspolitik* kann für den unbefangenen Betrachter etwas verwirrend sein. Im Marketing geht es nicht primär um einen Austausch von Informationen, Meinungen usw., sondern hauptsächlich um die einseitige Beeinflussung von Nachfragern durch Anbieter. Erst durch die Ausbreitung der Internet-Nutzung haben sich die Möglichkeiten zur Interaktion in der Marketing-Kommunikation deutlich ausgeweitet. Als wichtigste kommunikationspolitische Instrumente gelten Werbung, Verkaufsförderung und zum Teil auch die Öffentlichkeitsarbeit (Public Relations).

Die *Distributionspolitik* umfasst Entscheidungen, die den Weg eines Produkts vom Anbieter zum Endabnehmer betreffen. Damit ist einerseits die eigene Verkaufsorganisation von Unternehmen sowie die Einschaltung von Absatzmittlern und andererseits der auch mit dem Stichwort Marketinglogistik (Lagerhaltung, Transport, Standortwahl) bezeichnete physische Weg des Produkts zum Kunden gemeint.

> **Zentrale Funktionen der Instrumentalbereiche**
> VAN WATERSCHOOT/VAN DEN BULTE (1992, S. 89) charakterisieren die zentralen Funktionen der vier Instrumentalbereiche:
> - **Produktpolitik:** Entwicklung eines Angebots, das für mögliche Austauschpartner Wert hat.
> - **Preispolitik:** Festlegung der Gegenleistungen bzw. der Opfer, die der mögliche Austauschpartner zu erbringen hat.
> - **Kommunikationspolitik:** Das Angebot bei den möglichen Austauschpartnern bekannt machen und entsprechende Einstellungen und Präferenzen beeinflussen.
> - **Distributionspolitik:** Das Angebot für den möglichen Austauschpartner verfügbar machen.

Auf die vorstehend genannten vier grundlegenden Instrumentalbereiche des Marketing wird im Kapitel 5 dieses Buches noch detaillierter eingegangen.

Die hier vorgenommene Charakterisierung der vier genannten Bereiche als Instrumente des Marketing unterstreicht den im vorigen Abschnitt skizzierten Bedeutungswandel des Absatzbereichs. In Zeiten der Produktionsorientierung von Unternehmen war die Entscheidung über Produkte und Sortimente nicht Gegenstand absatzwirtschaftlicher Überlegungen. Unter diesen Bedingungen war die entscheidende absatzpolitische Aktionsvariable der Preis. Mit der Phase der Verkaufsorientierung kamen die Kommunikationspolitik und vertriebliche Anstrengungen zur Unterstützung des Absatzes eines vorgegebenen Leistungsprogramms der Unternehmen hinzu. Erst unter dem Vorzeichen des Käufermarkts, der zu einer Marketingorientierung vieler Unternehmen führte, kann man die vier Bereiche (Produkt, Preis, Kommunikation und Distribution) als mehr oder minder gleichgewichtige Instrumente des Marketing ansehen.

Zur Rolle von Marken

In den letzten ca. 30 Jahren hat die Bedeutung von Marken zumindest im Konsumgüterbereich rasant zugenommen. In vielen Teilmärkten (z. B. bei Dienstleistungen) haben sich Marken ausgebreitet und eine dominierende Stellung erhalten; in zahlreichen Märkten für «Fast Moving Consumer Goods» oder langlebige Konsumgüter (z. B. Unterhaltungselektronik, Autos) spielen markenlose Produkte nur noch eine geringe oder gar keine Rolle mehr. Auch im Business-to-Business-Marketing erkennt man immer häufiger die Relevanz starker Marken (z. B. Hilti). Der zentralen Idee des Marketing – Orientierung an Märkten – folgend hat sich diese Entwicklung natürlich auch im praktischen Marketing zahlreicher Unternehmen niedergeschlagen und entsprechende Beachtung in der Marketingforschung gefunden.

Allgemein versteht man unter einer *Marke (engl.: brand)* einen Namen, eine Form oder Gestalt, ein Bildzeichen oder ein anderes Merkmal eines Produkts bzw. einer Dienstleistung, meist auch die Verbindung mehrerer dieser Elemente, welche anhand dieser geschützten Kennzeichnung eindeutig einem bestimmten Anbieter zuzuordnen sind und sich klar von dem Leistungsangebot anderer Anbieter unterscheiden (*American Marketing Association 2009)*. Über diese eher funktionale bzw. eher rechtliche Definition einer Marke hinaus ist für die Markenführung eine wirkungsbezogene Sichtweise von Marken grundlegend. Esch (2012, S. 22) bringt das in prägnanter Weise zum Ausdruck: «Marken sind Vorstellungsbilder in den Köpfen der Anspruchsgruppen, die eine Identifizierungs- und Differenzierungsfunktion übernehmen und das Wahlverhalten prägen.»

Neben der Abhebung eines Produkts von vergleichbaren Konkurrenzprodukten (im Idealfall in Form einer Alleinstellung) gibt es weitere wichtige Funktionen von (erfolgreichen bzw. «starken») Marken, die die schon angesprochen Bedeutungszunahme von Marken leicht nachvollziehbar machen (siehe dazu z. B. Esch 2012, S. 24; Kuss/Kleinaltenkamp 2013, S. 208 f.):

- Starke Marken dienen der Markentreue und -bindung und eröffnen auf diesem Wege Preisspielräume für den Anbieter.
- Etablierte Marken können zur Ausweitung des Angebots durch zusätzliche Varianten der gleichen Produktlinie («Line Extensions») oder durch Markentransfer auf eine andere Produktgruppe («Brand Extensions») genutzt werden.
- Hinreichend bekannte Marken sind die Basis von Kommunikationswirkungen, sowohl von Seiten der Anbieter im Hinblick auf die Entwicklung eines Markenimages als auch für die Kommunikation von Kunden untereinander («word of mouth»).
- Mit Hilfe unterschiedlicher Marken (z. B. die Volkswagen AG mit den Marken VW, Audi, Skoda, Bentley usw.) kann ein Anbieterunternehmen seine Strategien in unterschiedlichen Teilmärkten oder Marktsegmenten relativ unabhängig voneinander gestalten, weil die Kunden eher die Marken als die dahinter stehenden Unternehmen wahrnehmen.

Die einzelne Marke bzw. das gesamte Markenportfolio hat also aus Anbietersicht eine wesentliche Funktion für die Differenzierung von anderen Anbietern im Markt und besitzt große Relevanz für die gesamte Marketingplanung. Im Hinblick auf den marktorientierten Planungsprozess finden sich wichtige Anknüpfungspunkte der Markenführung bei der Entwicklung von Wachstumsstrategien (Kernfrage: In welchen Märkten oder Teilmärkten kann eine Marke neue Potenziale erschließen bzw. bestehende ausschöpfen?; siehe Kapitel 4) sowie bei der Entwicklung von Wettbewerbsvorteilen (Kernfrage: Mit Hilfe welcher strategischer Vorteile kann sich eine Marke im Konkurrenzvergleich behaupten?; siehe Kapitel 3). Die längerfristige Festlegung der zentralen Charakteristika einer Marke und ihrer Abgrenzung zu anderen Marken ist der Gegenstand der so genannten «Positionierung», die im Abschnitt 4.6 ausführlich erörtert wird. Als Ziel- und Maßgröße für den Erfolg einer Markenstrategie wird gelegentlich der «Markenwert» herangezogen (siehe auch Kapitel 6 zum Marketingcontrolling).

Man erkennt, dass Aspekte der Markenführung mehrere der bereits kurz umrissenen Phasen der Marketingplanung überlagern. Gleichzeitig betreffen Marken und Markenführung eine zweite Dimension (neben dem Phasenablauf) der Marketingplanung, nämlich die abgestimmte Planung des Einsatzes der verschiedenen Instrumente des Marketing-Mix. Die verschiedenen Marketingmaßnahmen müssen in diesem Sinne insgesamt der Markenpositionierung entsprechen und auch im Zeitablauf eine gewisse Kontinuität zeigen, um dem Ziel einer Stabilität und Steigerung des Markenwerts zu entsprechen.

Ablauf der Marketingplanung und Aufbau dieses Lehrbuchs
Planungsprozesse im Marketing sind typischerweise durch große Komplexität gekennzeichnet. Eine Vielzahl unterschiedlicher Informationen muss verarbeitet werden, kreative und analytische Tätigkeiten müssen miteinander verknüpft werden und zahlreiche Rückkopplungen und Querverbindungen überlagern den Planungsprozess. Dennoch lassen sich einige grundlegende Schritte der Marketingplanung und eine logische Abfolge dieser Schritte identifizieren. Eine weitere Annäherung an das Verständnis dieses Prozesses soll durch das in Abb. 1.6 enthaltene Schema erreicht werden.

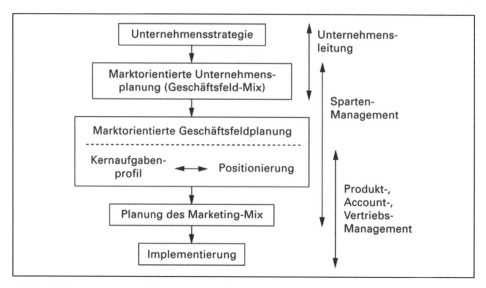

Abb. 1.6 Planungsphasen und Management-Ebenen

Dieses zeigt die schrittweise Entwicklung und Konkretisierung einer Marketingstrategie und die Zuständigkeiten verschiedener Management-Ebenen. Aus einer grundlegenden, langfristig orientierten Unternehmensstrategie (z. B. Wachstum im bisherigen Tätigkeitsbereich, Wachstum und Existenzsicherung durch Diversifikation) werden Entscheidungen über die Entwicklung von Geschäftsfeldern abgeleitet. Ergebnis dieses Teils der Marketingplanung ist eine Geschäftsfeld-Mix-Strategie. In den nächsten Schritten folgen dann die Festlegung der Marketingziele, der Positionierung und der Marketingstrategie. Auf dieser Basis wird ein Marketing-Mix entwickelt, der die Realisierung der in den bisherigen Schritten der Marketingplanung für Produkte und Geschäftsfelder gesetzten Ziele ermöglicht. Als letzter Schritt ist der Einsatz des Marketing-Mix im Absatzmarkt eingezeichnet (Implementierung). Die Reaktionen des Markts sind der Ausgangspunkt für die operative Kontrolle; die strategische Kontrolle bezieht sich auf die Zielerreichung bei den verschiedenen Produkten und Geschäftsfeldern.

Abbildung 1.6 zeigt auch, dass die Festlegung von Unternehmensstrategie und marktorientierter Unternehmensplanung weitgehend Sache der Unternehmensleitung ist. Die Entwicklung und Realisierung des Marketing-Mix liegt dagegen hauptsächlich beim Produkt- und Verkaufs-Management. Die Verbindung zwischen diesen beiden Bereichen stellt eine mittlere Management-Ebene – hier Sparten-Management genannt – her, die für bestimmte Geschäftsfelder zuständig ist.

Im vorliegenden Lehrbuch wird von dieser groben Struktur der Marketingplanung ausgegangen: Am Anfang (Kapitel 2) stehen die Ausgangsbedingungen der Planung. Darunter kann man sich u. a. die analysierten Umwelt- und Wettbewerbskräfte vorstellen. Darauf aufbauend werden die zentralen Festlegungen durch die Beantwortung der schon erwähnten drei Grundfragen der marktorientierten Unternehmensplanung (Wo? bzw. Wohin?;

Wie?; Wann?; siehe oben) getroffen (siehe dazu Kapitel 3). Das Ergebnis dieser Überlegungen schlägt sich in Marketingzielen und Positionierungen für die verschiedenen Produkte bzw. Geschäftsfelder nieder (Kapitel 4). Daran anschließend wird der Marketing-Mix entwickelt (Kapitel 5). Am Ende werden Implementierung und Controlling des Marketing erörtert (Kapitel 6).

Literaturempfehlungen zum 1. Kapitel

BACKHAUS, K./VOETH, M. (2010): Industriegütermarketing, 9. Aufl., München.

CHERNEV, A. (2009): Strategic Marketing Management, 5. Aufl., Chicago.

ESCH, F.-R./HERRMANN, A./SATTLER, H. (2013): Marketing – Eine managementorientierte Einführung, 4. Aufl., München.

HOMBURG, C. (2012): Marketingmanagement, 4. Aufl., Wiesbaden.

KOTLER, P./KELLER, K. (2012): Marketing Management, 14. Aufl., Boston u. a. O.

KUSS, A. (2013): Marketing-Theorie. Eine Einführung, 3. Aufl., Wiesbaden.

KUSS, A./KLEINALTENKAMP, M. (2013): Marketing-Einführung – Grundlagen, Überblick, Beispiele, 6. Aufl., Wiesbaden.

MEFFERT, H./BURMANN, C./KIRCHGEORG, M. (2012): Marketing – Grundlagen marktorientierter Unternehmensführung. Konzepte - Instrumente – Praxisbeispiele, 11. Aufl., Wiesbaden.

Informationsgrundlagen der Marketingplanung

Im vorliegenden Kapitel soll ein Überblick über wichtige Informationsgrundlagen der Marketingplanung gegeben werden. Die Fülle und Vielfalt entsprechender Quellen, «Gesetzmäßigkeiten» und Methoden soll durch die folgende Ordnung, die sich auch in der Gliederung dieses Kapitels niederschlägt, überschaubarer gemacht werden:

- Informationen allgemeiner Art (also nicht branchen- oder unternehmensspezifische), die für die Marketingplanung relevant sind (z. B. Produktlebenszyklus, Erfahrungskurveneffekt);
- Informationen, die die jeweilige Branche und die Entwicklung der Unternehmensumwelt betreffen (z. B. Wettbewerbsverhältnisse in der Branche, Hinzukommen ausländischer Wettbewerber durch Abbau staatlicher Handelsbarrieren);
- Informationen, die die Position des jeweiligen Unternehmens im Wettbewerb betreffen (z. B. Stärken und Schwächen des Unternehmens);
- Informationen, die einzelne Produkt-Märkte und Instrumente des Marketing betreffen (z. B. Absatzprognose für neue Produkte, Ergebnisse von Werbepretests).

2.1 Allgemeine Informationsgrundlagen der Marketingplanung

2.1.1 Produktlebenszyklus

Der Produktlebenszyklus hat natürlich zunächst Bedeutung im Rahmen der Produktpolitik, bestimmt aber auch in starkem Maße Überlegungen im Rahmen der strategischen Marketingplanung. Sein Name weist schon auf ein entscheidendes Merkmal des Produktlebenszyklus hin: Es geht hier um eine *dynamische Betrachtung*. Im Mittelpunkt steht also nicht die Analyse der Situation eines Produkts zu einem Zeitpunkt (z. B. dessen Marktanteil), sondern die Analyse von Veränderungen im Zeitablauf (z. B. Wachstum des Marktanteils).

Tomczak et al., Marketingplanung,
DOI 10.1007/978-3-8349-3752-0_1, © Springer Fachmedien Wiesbaden 2014

Den in der Literatur verwendeten unterschiedlichen Darstellungen des Produktlebenszyklus liegen meist die folgenden Annahmen zugrunde (DAY 1986, S. 59):

- Die Existenz von Produkten am Markt ist zeitlich begrenzt.
- Die Entwicklung der Verkaufszahlen hat einen S-förmigen Verlauf bis zum Erreichen einer gewissen Sättigung und einem darauf folgenden Rückgang.
- Bestimmte markante Punkte der Lebenszykluskurve (z. B. Wendepunkte) werden oftmals zur Identifizierung und Abgrenzung bestimmter Phasen verwendet, wobei zumindest die Phasen Einführung, Wachstum, Reife und Rückgang unterschieden werden.
- Die einem Produkt zuzuordnenden Deckungsbeiträge steigen in den frühen Phasen des Produktlebenszyklus und fallen später.

Natürlich gibt der Lebenszyklus keinen fest vorgegebenen Verlauf der Umsatzentwicklung eines Produkts an. Dann wären ja Marketingmaßnahmen, zum Beispiel im Bereich der Kommunikation, überflüssig beziehungsweise sinnlos. In vielen Darstellungen wird deshalb die Möglichkeit der Verlängerung des Produktlebenszyklus durch unterschiedliche Marketingmaßnahmen explizit berücksichtigt. Eine einfache Darstellung eines Produktlebenszyklus mit vier Phasen findet sich in Abb. 2.1.

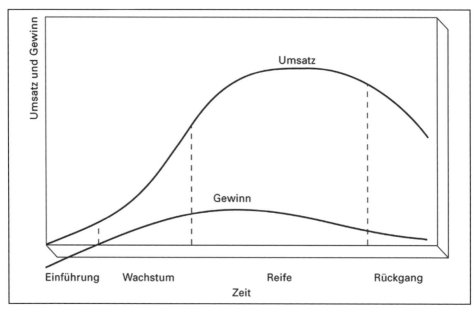

Abb. 2.1 Umsatz- und Gewinnverlauf im Lebenszyklus
(KOTLER/KELLER 2012, S. 332)

Die Phasen des Produktlebenszyklus

In der *Einführungsphase* eines Produkts muss man mit relativ niedrigen Umsätzen rechnen, da das Produkt noch nicht hinreichend bekannt und der Verkauf erst im Aufbau begriffen ist. Zudem fallen hohe Kosten für Werbung und Verkauf sowie relativ hohe Produktionskosten an. In Verbindung mit geringen Umsätzen ergeben sich daraus negative Deckungsbeiträge.

Die Schnelligkeit der Ausbreitung eines neuen Produkts und damit die Dauer der Einführungsphase hängen unter anderem ab von:

- Der Größe des durch die Kunden wahrgenommenen Vorteils des neuen Produkts gegenüber existierenden Produkten,
- der Unsicherheit der potenziellen Käufer hinsichtlich der Funktionserfüllung des neuen Produkts (wahrgenommenes Risiko),
- der Bindung der Kunden an bisherige Produkte beziehungsweise deren Lieferanten,
- dem Informationsstand der potenziellen Kunden hinsichtlich des neuen Produkts und seiner Vorzüge, sowie
- der Erhältlichkeit des neuen Produkts (Distributionsgrad).

Aus diesen genannten Aspekten lassen sich auch Ansatzpunkte für die erfolgreiche Gestaltung der Einführungsphase beziehungsweise für deren Verkürzung ableiten.

In der *Wachstumsphase* beginnen die Marketingmaßnahmen «zu greifen», die Umsätze steigen stark an und die Deckungsbeiträge erreichen schnell den positiven Bereich, nicht zuletzt auch, weil der Wettbewerb sich erst gegen Ende der Wachstumsphase verschärft.

Bei der Ausbreitung neuer Technologien spielt es oft eine wichtige Rolle, dass sich in dieser Phase Standards herausbilden. Beispiele dafür sind Betriebssysteme für Computer oder Mobiltelefone und – früher – die Aufzeichnungstechniken, Formen von Kassetten usw. bei Videorecordern. Nachdem in der Einführungsphase einer Technologie unterschiedliche Hardware und Betriebssysteme sowie die ungewissen Überlebenschancen kleiner innovativer Anbieter Unsicherheit bei den potenziellen Anwendern schaffen, ändert sich dieses nach der Durchsetzung eines Standards grundlegend. Mit einer solchen Produktstandardisierung geht häufig ein Anbieter-Shake-Out einher, also das Ausscheiden von Anbietern. Die Produktstandardisierung führt einerseits dazu, dass die Fertigung wirtschaftlicher werden kann. Noch wichtiger ist jedoch die Verringerung der Kaufhemmnisse gegenüber dem neuen Produkt, welche durch eine Reduktion der Unsicherheit der Kunden erreicht werden kann, was natürlich den Absatz beflügelt.

Die *Reifephase* ist durch stagnierende bis rückläufige Umsätze und Deckungsbeiträge gekennzeichnet. Ursache dafür sind einerseits Sättigungserscheinungen im Absatzmarkt und andererseits verschärfter Wettbewerb unter einer größeren Zahl von Anbietern, die teilweise verbesserte Produkte auf den Markt bringen.

Eine Schwächung der Position des Anbieters, und daraus resultierende sinkende Erträge in der Reifephase, ist unter anderem durch folgende Gesichtspunkte zu erklären:

- Mit zunehmender Produktvertrautheit und damit einhergehender sinkender Unsicherheit bei den Käufern werden die Bindungen an (etablierte) Lieferanten schwächer und der Wechsel zu Anbietern mit niedrigeren Preisen wird wahrscheinlicher.

- Im Übergang von der Wachstumsphase zur Reifephase können bei den Anbietern Überkapazitäten entstehen, die zu einem verschärften Wettbewerb führen.

- Bei einem stagnierenden Markt können Anbieter nur noch dadurch Wachstum erzielen, dass sie Wettbewerbern Marktanteile abnehmen, was zu entsprechendem Konkurrenzdruck führen kann.

Während der *Rückgangsphase* sinken die Umsätze deutlich ab, weil neue Produkte oder veränderte Kundenwünsche zu einer verringerten Nachfrage führen. Stark verringerte Nachfrage und gleich bleibend scharfer Wettbewerb, der sich auch in Preiskämpfen äußert, ergeben weiter sinkende Deckungsbeiträge.

Am Ende der Rückgangsphase steht die Elimination des Produkts. Eine solche Entscheidung lässt sich zum angemessenen Zeitpunkt leichter durchsetzen, wenn ein Unternehmen die zentrale Botschaft des Produktlebenszyklus beachtet und rechtzeitig (bevor ein Produkt die Rückgangsphase erreicht) ein neues Produkt eingeführt hat, das zum Umsatzträger geworden ist. Dabei zeigt sich auch der tiefere Sinn des Begriffs Lebenszyklus: An die Stelle eines alten, eliminierten Produkts ist ein neues getreten.

Anhand einiger Beispiele, die von den Autoren nach mehr oder minder subjektiver Einschätzung auf dem Stand von 2013 ausgewählt wurden, sollen die Phasen des Produktlebenszyklus illustriert werden (siehe Abb. 2.2).

Phase des Produktlebenszyklus	Produkt / Produktgruppe
Einführung	Elektro-Autos
Wachstum	Smartphones
Reife	Waschmaschinen
Rückgang	Tageszeitungen

Abb. 2.2 Beispiele zum Produktlebenszyklus

Der *Nutzen des Produktlebenszyklus* zeigt sich gerade im Zusammenhang mit der strategischen Marketingplanung. Dabei geht es ja weniger um exakte Absatzprognosen, sondern eher um das Verständnis strategischer Situationen und die Entwicklung angemessener Strategien und Maßnahmen. Insofern kann die eher begrenzte empirische Bestätigung der Einzelheiten des Verlaufs des Produktlebenszyklus dessen grundsätzliche Aussagekraft hier nicht entscheidend beeinträchtigen. Vor dem Hintergrund der im Vergleich zur Realität extrem einfachen Struktur des Lebenszyklus kann es auch nicht überraschen, dass dieses Konzept sowohl theoretisch als auch empirisch schon länger in Frage gestellt wurde (z. B. GARDNER 1987). Gleichwohl besteht die Nützlichkeit des Produktlebenszyklus vor allem darin, dass damit (idealtypisch) Veränderungen der Nachfrage und des Wettbewerbs sowie deren Ursachen im Zeitablauf zusammenfassend dargestellt werden. Daraus lassen sich dann Ansatzpunkte für Aktionen und Reaktionen des Anbieters ableiten. Ein entsprechendes Beispiel sind die typischen marktbezogenen Zielsetzungen, die HOMBURG (2012, S. 448) für die verschiedenen Phasen formulieren:

- Einführungsphase: «Etablieren am Markt»,
- Wachstumsphase: «Marktdurchdringung»,
- Reifephase: «Behauptung der Marktposition»,
- Rückgangsphase: «Position ‹ausschlachten›».

Zwei der gängigsten Implikationen des Produktlebenszyklus sind die Folgenden: Natürlich müssen Produkte/Geschäftsfelder, die in späteren Perioden die Rentabilität des Unternehmens sichern sollen, frühzeitig entwickelt und am Markt durchgesetzt werden bevor der Lebenszyklus der bisherigen Produkte endet. Hinzu kommt die verbreitete Erfahrung, dass Unternehmen eine starke Position am leichtesten in frühen Phasen der Marktentwicklung gewinnen können. Dafür ist vor allem die Steigerung der Nachfrage durch neue Abnehmer in diesen Phasen ausschlaggebend, wodurch der Verdrängungswettbewerb gegenüber Konkurrenten weniger hart ist.

2.1.2 Erfahrungskurve

Die so genannte *Erfahrungskurve* hat vor allem durch entsprechende empirische Untersuchungen der *Boston Consulting Group* starke Beachtung im Bereich der strategischen Planung gefunden. Wie der Name schon andeutet, geht man davon aus, dass mit zunehmender Erfahrung bei der Herstellung und Vermarktung eines Produkts die Stückkosten sinken. Von Seiten der Boston Consulting Group hat man sogar versucht, diesen Effekt zu quantifizieren: «Mit der Verdoppelung der im Zeitablauf kumulierten Produktionsmengen gehen die auf die Wertschöpfung bezogenen Stückkosten eines Produkts potenziell um 20 bis 30 Prozent zurück.» (HENDERSON 1984, S. 19). In empirischen Untersuchungen haben sich auch andere als die von Henderson für typisch gehaltenen Rückgangsraten ergeben. Die Aussagekraft der Erfahrungskurve wird davon aber nicht berührt.

In der Abb. 2.3 wird der Zusammenhang zwischen der Entwicklung von Stückkosten und dem durch die Maßgröße «kumulierte Menge» operationalisierten Anwachsen der gesammelten Erfahrung bei der Herstellung und Vermarktung eines Produkts gezeigt. Besonders hingewiesen werden muss darauf, dass sich die kumulierte Menge auf den gesamten Zeitraum seit Aufnahme des betreffenden Produkts in das Leistungsprogramm des Unternehmens bezieht, im Gegensatz zu den so genannten «Economies of Scale», wo die produzierte Menge pro Zeiteinheit (z. B. pro Jahr) im Mittelpunkt der Betrachtung steht (siehe Abschnitt 2.1.3). Die Kosten beziehen sich nur auf den Teil der gesamten Stückkosten, der durch die Wertschöpfung im Unternehmen entstanden ist, also nicht auf die Kosten für eingekauftes Material, Bauteile, Dienstleistungen usw.

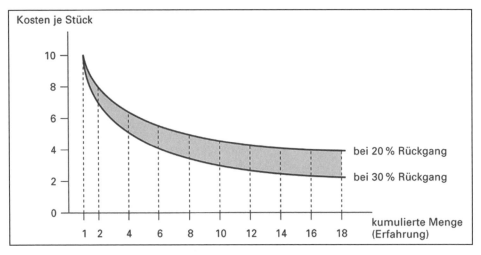

Abb. 2.3 Beispiel einer Erfahrungskurve mit linear eingeteilten Koordinaten (BECKER 2013, S. 423)

Ferner wird eine Inflationsbereinigung der Kostengrößen unterstellt. In Abb. 2.3 wird ein Beispiel einer Erfahrungskurve gezeigt, dem die eingangs dieses Abschnitts genannte Hypothese von HENDERSON (1984) zugrunde liegt, dass bei Verdoppelung der kumulierten Produktionsmenge die Stückkosten um 20 bis 30 Prozent sinken.

Was können nun die Gründe für den Erfahrungskurveneffekt sein? Als wichtigste Ursachen für einen solchen Effekt werden genannt:

- *Lerneffekte*
  Mit Lerneffekten meint man die vielfältigen Vorgänge, bei denen durch häufige Wiederholung der gleichen Tätigkeit die Effizienz steigt, weil die Tätigkeit schneller ausgeführt werden kann, Fehler sich verringern, Arbeitsabläufe besser gestaltet werden und eventuell eine weitergehende Spezialisierung möglich wird. Diese Aspekte sind im Zusammenhang mit Fertigungsabläufen besonders leicht nachvollziehbar, sie sind aber auch in anderen Bereichen wirksam, beispielsweise in Forschung und Entwicklung oder bei der Einführung neuer Produkte. BESANKO et al. (2004, S. 95) weisen ergänzend darauf hin, dass sich Lerneffekte nicht nur auf Kosten, sondern auch auf die Produktqualität auswirken können.

Lerneffekte in der Produktion
(BARNEY/HESTERLY 2008, S. 121)
«Das Lernkurven-Modell beruht auf der empirischen Beobachtung, dass die Kosten der Herstellung einer Output-Einheit mit dem Wachstum der hergestellten Menge fallen. Diese Beziehung wurde zum ersten Mal bei Produktionsprozessen vor dem zweiten Weltkrieg beobachtet. Die Untersuchungen zeigten, dass die Arbeitskosten pro Flugzeug bei jeder Verdoppelung der kumulierten Produktionsmenge um 20 Prozent sanken. Ein ähnlicher Verlauf wurde in zahlreichen Branchen beobachtet, u. a. im Schiffbau, bei Computern, Raumfahrzeugen und Halbleitern.»

- *Neue Produktionstechnologien*
  Neue Produktionstechnologien, zum Beispiel in Form von Fertigungsautomatisierung, haben in vielen Branchen zu dramatisch sinkenden Kosten geführt. So hat in der Halbleiter-Industrie die Entwicklung der Produktionstechniken (in Verbindung mit Lerneffekten, die zu einer deutlichen Reduzierung der Ausschussraten führt) zur Folge gehabt, dass die Preise für Bauteile innerhalb weniger Jahre auf einen Bruchteil der Einführungspreise absanken.

> **Neue Produktionstechnologien für Kartoffel-Chips**
> (Day 1986, S. 31)
> Einem amerikanischen Hersteller von Kartoffel-Chips gelang es, bei der Herstellung die Trocknung der Kartoffel-Chips in einem kontinuierlichen Prozess und nicht mehr partienweise vorzunehmen. Dadurch wurden beachtliche Kostensenkungen beim Erhitzungsverfahren und bei der Qualitätskontrolle erreicht.

- *Veränderungen des Produkts*
  Oftmals ist es möglich, die Stückkosten für ein im Wesentlichen unverändertes Produkt dadurch zu senken, dass Werkstoffe durch billigere ersetzt werden, die Zahl der Bauteile verringert oder die Montage des Produkts vereinfacht wird, beispielsweise durch den Ersatz von Schraubverbindungen durch Steckverbindungen.

> **Kostensenkungen durch Produktveränderungen in der US-Automobilindustrie**
> (Aaker 2005, S. 178)
> «Die Vereinfachung von Produkten kann die Kosten stark reduzieren. Beispielsweise ist die Zahl der Teile bei Türschlössern amerikanischer Automobile von 17 im Jahre 1954 auf 4 im Jahre 1974 gesunken. Die Kosten für den Mechanismus sanken real um fast 75 % während dieses Zeitraums. Diese Kostensenkung wird auf nicht weniger als 20 verschiedene Produktverbesserungen zurückgeführt, zu denen Fortschritte in der Metallurgie und Gießtechnik gehörten.»

Aus dem Verlauf von Erfahrungskurven lassen sich einige Gesichtspunkte entnehmen, die für die Festlegung von Marketingstrategien relevant sein können (sofern in den entsprechenden Fällen die Erfahrungskurve Gültigkeit hat, siehe unten). Große Bedeutung hat für die Entwicklung so genannter Normstrategien, dass aus der Erfahrungskurve das Bestreben abgeleitet werden kann, Marktführer zu werden: Unternehmen mit dem höchsten Marktanteil erreichen – zumindest nach einiger Zeit – die größte kumulierte Produktionsmenge und damit die geringsten Stückkosten, woraus wiederum die größte Ergebnisspanne resultiert, die zur Sicherung der Marktposition über entsprechende Marktinvestitionen und/oder (immer noch kostendeckende) Preissenkungen genutzt werden kann. Auch manche

Bemühungen von Unternehmen, die eigenen Märkte auszuweiten und die produzierten/ abgesetzten Mengen zu steigern, (z. B. im Zusammenhang des internationalen Marketing) können im Hinblick auf den Erfahrungskurveneffekt interpretiert werden. Letztlich ist noch darauf zu verweisen, dass strategische Entscheidungen (z. B. eine längerfristig orientierte Preispolitik) dadurch beeinflusst werden können, welche (groben) Schätzungen der langfristigen Kostenentwicklung auf Grundlage der Erfahrungskurve vorgenommen werden, und dass ein früher Markteintritt zu Vorteilen bezüglich des Erfahrungskurveneffekts führen müsste, da später folgende Anbieter anfangs höhere Stückkosten haben (wegen ihrer geringeren kumulierten Menge/Erfahrung).

Am Ende dieses Abschnitts noch einige Hinweise zur *Kritik am Erfahrungskurvenkonzept* und den Begrenzungen seiner Aussagemöglichkeiten. Es ergibt sich bei der Anwendung eine beachtliche Zahl von Messproblemen. So muss man sich fragen, was eigentlich unter «einem Produkt» verstanden wird. Ist es nur ein bestimmtes Produkt, das über eine bestimmte Zeit völlig unverändert angeboten wird, oder eine ganze Serie von Einzelprodukten, die im Zeitablauf verändert (modernisiert, verbessert) werden? Weiterhin dürfen die bekannten Probleme der Erfassung und Zurechnung von Kosten nicht außer Acht gelassen werden. Auch die Hypothese, dass Erfahrung nur durch eine Steigerung der kumulierten Produktionsmenge zustande kommt, ist zweifelhaft. So lässt sich Erfahrung durch vielerlei Arten des Informationstransfers, beispielsweise durch Übernahme von Personal aus anderen Unternehmen, substituieren. Letztlich ist noch darauf zu verweisen, dass sich die Erfahrungskurve auf ein Kostensenkungspotenzial bezieht, zu dessen Realisierung es besonderer Anstrengungen im Unternehmen bedarf.

2.1.3 Economies of Scale und Economies of Scope

Vom Erfahrungskurveneffekt zu trennen sind die *Economies of Scale* (Betriebsgrößenersparnisse) und die *Economies of Scope*. Bei ersteren geht es um die Reduzierung der Stückkosten, die durch größere Ausbringungsmengen möglich werden. Auch bei Economies of Scope geht es um Kostenvorteile, die aber nicht durch größere Mengen, sondern durch die gemeinsame Nutzung von Ressourcen (z. B. Marken, Distributionskanäle, Know-how) für verschiedene Geschäftsfelder entstehen. Die Erfahrungskurve bezog sich auf die Reduzierung der Stückkosten bei wachsenden kumulierten Produktionsmengen, hier geht es um Kostensenkung bei größeren Produktionsmengen pro Zeiteinheit beziehungsweise bei einer größeren Zahl von Produkten, für die die gleichen Ressourcen genutzt werden.

Zunächst zu den *Economies of Scale*: Die wohl offensichtlichste Ursache dafür dürfte in der Verteilung von Fixkosten liegen, also von Kosten, deren Höhe von der Ausbringungsmenge unabhängig ist. Ein typisches Beispiel dafür sind die Entwicklungskosten eines Produkts: Der entsprechende Betrag fällt unabhängig von der Anzahl später produzierter (und verkaufter) Einheiten an. Mit wachsender Menge sinkt natürlich dieser Kostenanteil pro Stück. Dieser Aspekt dürfte vor allem in Branchen mit sehr hohen Kosten für Forschung und Entwicklung (z. B. Automobile, Flugzeuge, Medikamente) beachtlich sein. Ein weiteres Beispiel bietet die Telekommunikationsbranche, die Netze aufbauen und unterhalten muss, deren Kosten praktisch unabhängig von der Intensität ihrer Nutzung sind.

Beim Marketing können sich Economies of Scale vor allem beim Verkaufssystem und bei der Kommunikationspolitik ergeben, wo jeweils ein bestimmtes Volumen gegeben sein muss, um im Markt erfolgreich agieren zu können.

Weitere Ursachen für Economies of Scale können die weiter gehende Spezialisierung und/oder Automatisierung von Tätigkeiten sein. Vorteile von der Spezialisierung sind zu erwarten, wenn bei großen Produktionsmengen die Arbeitsteilung zunimmt und die einzelnen Arbeiten effizienter ausgeführt werden. Mit der Automatisierung ist in der Regel Kapitaleinsatz verbunden, der erst wirtschaftlich ist und zu geringeren Stückkosten führt, wenn entsprechend große Produktionsmengen erreicht werden. Am deutlichsten lassen sich diese beiden Aspekte beim Vergleich von handwerklicher und industrieller Produktionsweise erkennen.

Eine eher technisch zu begründende Möglichkeit für die Entstehung von *Economies of Scale* besteht darin, dass der Zusammenhang zwischen den Kosten von Produktionsanlagen und ihrer Kapazität oftmals nicht linear verläuft. Vielmehr ist es häufig so, dass beim Vergleich zweier Anlagen mit einfacher und doppelter Kapazität letztere keineswegs mit doppelten Erstellungs- und Betriebskosten verbunden sein muss. Auch Laien können das am Beispiel einer Pipeline leicht nachvollziehen.

> **Beispiele zum Zusammenhang von Kosten und Kapazität**
> (CZEPIEL 1992, S. 156)
> «Die Investitionssumme, die für eine Fabrik (oder einen Teil einer Produktionsanlage) benötigt wird, verdoppelt sich nicht, wenn sich ihre Kapazität (gemessen in Output-Größen) verdoppelt. Bei Prozess-Technologien, wie bei Chemikalien, Benzin (und zunehmend Halbleitern) gilt beispielsweise die Faustregel, dass Investitionskosten um den Faktor 2^a steigen, wobei a zwischen 0,6 und 0,8 schwankt. Bei einem Wert von 0,6 für a wären die Kosten einer doppelt so großen Anlage nur 1,52 mal so hoch wie die der kleineren Anlage. Die Investitionssumme pro Einheit der Ausbringungsmenge wäre deswegen etwa 25 Prozent geringer als bei der kleineren Anlage (1,52 / 2 = 0,76 vs. 1 / 1 = 1). In extremen Fällen können bei Prozess-Technologien solche größeren Anlagen mit nicht mehr Bedienungspersonal betrieben werden als die kleineren, was die Arbeitskosten pro Einheit halbiert.»
> CZEPIEL geht in seinem obigen Zahlenbeispiel von voller Kapazitätsauslastung aus.

Letztlich ist noch darauf zu verweisen, dass Unternehmen mit großen Ausbringungsmengen oftmals eine starke Verhandlungsposition gegenüber Lieferanten und Kunden haben, was zu relativ niedrigen Einkaufs- beziehungsweise relativ hohen Verkaufspreisen führen kann. Auf diese Aspekte wird im Abschnitt 2.2.2 noch eingegangen.

Den Kostenvorteilen großer Anbieter können auch bestimmte Nachteile («*Diseconomies of Scale*», siehe BESANKO et al. 2007, S. 91 ff.) gegenüber stehen. BESANKO et al. nennen in diesem Zusammenhang (neben anderen Aspekten) das Problem der Bürokratisierung und Schwerfälligkeit großer Unternehmen sowie spezielle Ressourcen (z. B. Know-how im Bereich Forschung und Entwicklung, Personalentwicklung, Management-Kapazität), bei denen angesichts des Umfangs der Unternehmenstätigkeit Knappheit entstehen kann.

Nun zu den eingangs schon gekennzeichneten *Economies of Scope*: Dabei geht es um die Kostenvorteile durch Nutzung von Ressourcen für mehrere Geschäftsfelder oder Produkte. Zwei typische Arten von Economies of Scope («Scope» = Betätigungsfeld, Bereich) seien hier skizziert:

- Im Zusammenhang mit Economies of Scale ist schon die Verteilung von Entwicklungskosten auf eine große Zahl produzierter Einheiten angesprochen worden. Hier (bei Economies of Scope) steht aber der Aspekt im Vordergrund, dass ein bestimmtes Know-how in der Produktentwicklung für unterschiedliche Arten von Leistungen eines Unternehmens genutzt werden kann. So wendet beispielsweise Canon seine Fähigkeiten in den Bereichen Optik, Elektronik und Mechanik bei unterschiedlichen Produktarten wie Kameras, Laserdruckern und Kopierern an. In diesem Zusammenhang sei auch auf die so genannten Kernkompetenzen hingewiesen, auf die im Abschnitt 3.1.3 noch eingegangen wird.

- Häufig ist auch die Nutzung etablierter Marken für unterschiedliche (oftmals neue) Produkte. Dabei geht es darum, Aufwand und Risiko der Einführung neuer Marken zu vermeiden, indem ein neues Produkt von Bekanntheit und Image eines bestehenden, erfolgreichen Produkts profitiert. Man spricht in solchen Fällen von «Markendehnung» (ESCH 2012, S. 14 f.) oder von «Markentransfer» (BAUMGARTH 2008, S. 157 ff.). Klassische Beispiele dafür bieten die Marken Nivea und Melitta. Bei ersterer ist die ursprünglich nur für eine Creme verwendete Marke auf eine Vielzahl mehr oder weniger ähnlicher Produkte übertragen worden. Am Beispiel Melitta werden auch die Grenzen einer solchen Vorgehensweise deutlich. Unter dieser Marke wurden früher – ausgehend vom Produkt Kaffeefilter – immer mehr Produkte (Kaffee, Geschirr, Haushaltsfolien usw.) angeboten. Als dann auch Melitta-Müllbeutel im Sortiment waren, zeigten sich – wie man leicht nachvollziehen kann – Probleme hinsichtlich des im Zusammenhang mit dem Bereich Kaffee eher auf Genuss ausgerichteten Melitta-Images. Inzwischen hat man deswegen für die verschiedenen Produktgruppen separate Marken (z. B. Swirl, Toppits) etabliert.

Beispiel für die Nutzung von Kompetenzen für unterschiedliche Produkte am Beispiel von NEC
(PRAHALAD/HAMEL 1991, S. 67)
«Mit der Zeit stieß man darauf, dass sich die Geschäftsfelder Computer, Fernmeldegeräte und Komponenten (auch Chips) immer mehr überschnitten, so dass es nahezu unmöglich wurde, sie überhaupt noch auseinander zu halten. Darin, so erkannte man, müssten enorme Chancen für jedes Unternehmen liegen, das über die Kompetenzen verfügt, alle drei Märkte zu bedienen.
Die NEC-Spitze bestimmte nun die Halbleiter zum wichtigsten «Kernprodukt» des Konzerns. Man schloss daraufhin eine Unzahl strategischer Allianzen – 1987 waren es bereits über 100 –, um die erforderlichen Kompetenzen so schnell und kostengünstig wie möglich aufzubauen.»

2.1.4 Erfolgsfaktoren

Seit den 1970er Jahren gibt es Versuche, wesentliche Einflussfaktoren des Erfolgs von Unternehmen zu identifizieren und zu quantifizieren. Dazu wurden bei zahlreichen Unternehmen (branchenübergreifend) Daten über Erfolgsgrößen sowie deren mögliche Einflussfaktoren erhoben und entsprechende Zusammenhänge qualitativ oder quantitativ analysiert. Das Ziel bestand darin, generelle Aussagen über Wirkungen dieser Faktoren zu machen. Ein frühes (und prominentes) Beispiel einer solchen Studie stammt von PETERS/WATERMAN (1982). Deren Untersuchung «In Search of Excellence» war eher qualitativ angelegt und führte unter anderem zu dem Ergebnis, dass Kundennähe für viele Unternehmen eine wesentliche Ursache ihres Erfolges ist.

Eine groß angelegte (eher quantitative) empirische Untersuchung hat die Entwicklung der strategischen Marketingplanung maßgeblich beeinflusst, das so genannte *PIMS-Projekt* (**P**rofit **I**mpact of **M**arket **S**trategies), das beim Strategic Planning Institute (SPI) angesiedelt ist (www.pimsonline.com). Hierbei wurden Daten über 3000 strategische Geschäftsfelder aus 450 amerikanischen und europäischen Unternehmen verschiedener Branchen, die einen Zeitraum von jeweils mehreren Jahren betreffen, gesammelt. Diese Datensammlung wurde 1999 wegen rückläufiger Unterstützung seitens der Praxis eingestellt. Durch gängige statistische Analyseverfahren (hauptsächlich die Regressionsanalyse) versucht man unter anderem, den Einfluss verschiedener Variablen – also der so genannten Erfolgsfaktoren – auf den Markterfolg zu untersuchen (BUZZELL/GALE 1989).

Im Kontext dieses Buchs interessieren insbesondere die Untersuchungsziele beziehungsweise Ergebnisse, die generellen Charakter haben, also nicht auf die Spezifika einzelner Unternehmen ausgerichtet sind. Die entsprechenden Forschungsziele lassen sich durch folgende Fragen umreißen:

- Welche Merkmale der Marktverhältnisse beeinflussen den Zusammenhang zwischen dem Handeln von Unternehmen und der Erreichung von Unternehmenszielen (z. B. ROI, Cash Flow)?
- Welche Faktoren erklären die unterschiedliche Rentabilität von Unternehmen beziehungsweise Geschäftsbereichen, welches sind also die strategischen Erfolgsfaktoren?
- Wie stark wird der wirtschaftliche Erfolg von Strategien und Marktverhältnissen beeinflusst?

Die methodische Vorgehensweise bei PIMS ist eingangs dieses Abschnitts schon kurz angesprochen worden. Mit Hilfe eines standardisierten Fragebogens wurde bei den teilnehmenden Unternehmen eine große Zahl von Variablen (über 100) für jeden Geschäftsbereich erhoben. Der Schwerpunkt lag dabei auf den Marktverhältnissen, der Wettbewerbsposition des Geschäftsfeldes, der verfolgten Strategie und den erzielten Ergebnissen. In Abb. 2.4 sind in Anlehnung an BUZZELL/GALE (1989, S. 219 ff.) und KERIN et al. (1990, S. 145) die wichtigsten der erhobenen Variablen aufgeführt.

> **Merkmale der Marktverhältnisse**
> Langfristiges Marktwachstum, kurzfristiges Marktwachstum, Preisentwicklung, Anzahl und Größe der Kunden, Bestellhäufigkeit und -umfang
>
> **Wettbewerbsposition und Strategie des Geschäftsfeldes**
> Marktanteil, Marktanteil im Vergleich zu den größten Wettbewerbern («relativer Marktanteil»), Produktqualität im Vergleich zu Wettbewerbern, Preis im Vergleich zu Wettbewerbern, Marketingaufwendungen im Vergleich zu Wettbewerbern, Marktsegmentierung, Innovationsrate
>
> **Merkmale der Leistungserstellung**
> Kapitalintensität, Ausmaß vertikaler Integration, Kapazitätsauslastung, Produktivität
>
> **Budgetaufteilung**
> Forschungs- und Entwicklungsbudgets, Budgets für Werbung und Verkaufsförderung, Ausgaben für persönlichen Verkauf
>
> **Verfolgte Strategie**
> Arten der Änderungen bei den oben genannten Variablen, soweit sie vom Unternehmen bestimmt werden
>
> **Ergebnisse**
> Profitabilität, Cash Flow, Wachstum

Abb. 2.4 Eine Auswahl der für die PIMS-Studie erhobenen Variablen

Die Datenanalyse beim PIMS-Projekt war im Wesentlichen konzentriert auf Anwendungen des linearen Modells und seiner Varianten (insbesondere der Regressionsanalyse) auf die erhobenen Daten. Dabei wurde meist eine der Maßgrößen des wirtschaftlichen Erfolgs als abhängige Variable verwendet, die durch eine oder mehrere der anderen (unabhängigen) Variablen erklärt werden soll. Die Regressionsanalyse erlaubt dann Aussagen darüber, ob eine unabhängige Variable überhaupt (signifikanten) Einfluss auf die jeweilige Ergebnisgröße hat und wie groß dieser Einfluss – auch im Vergleich zu anderen unabhängigen Variablen – ist.

Nun zu zwei für das Marketing besonders relevanten *Ergebnissen der PIMS-Studie*: Stark beachtet worden ist der positive Zusammenhang zwischen der Marktposition (gemessen durch Marktanteil oder relativen Marktanteil = Marktanteil im Vergleich zu Marktanteilen der Wettbewerber) und der Profitabilität von Geschäftsfeldern, der sich in verschiedenen Teiluntersuchungen bestätigt hat (Buzzell/Gale 1989). Bei Geschäftsfeldern, mit denen eine Marktführerschaft erreicht wurde, wird im Mittel ein ROI von über 30 % erzielt. Dagegen liegt der ROI von Bereichen, die nur die fünftstärkste Position im Markt haben, nur knapp über 10 %. Als mögliche Gründe für diesen Zusammenhang werden genannt (Buzzell/Gale 1989):

- Größere Effizienz bei Produktion und Verkauf bei großen Anbietern («Economies of Scale», siehe Abschnitt 2.1.3).

- Risikovermeidung der Kunden durch Kauf bei führenden Anbietern, die entsprechend höhere Preise verlangen können.

- Machtposition großer Anbieter, die höhere Preise durchsetzen können.
- Unter Umständen ist der Zusammenhang auch dadurch erklärbar, dass ein Faktor (z. B. Qualität des Managements) beide Variablen (Marktposition und Profitabilität) beeinflusst (à Scheinkorrelation, siehe z. B. HOMBURG 2012, S. 433).

Ein zweites bedeutendes (und unumstrittenes) Ergebnis des PIMS-Projekts bezieht sich auf die Auswirkungen der Produktqualität auf den wirtschaftlichen Erfolg. Hierzu wird relative Produktqualität (Qualität des eigenen Produkts im Vergleich zu der von Konkurrenzprodukten) dadurch gemessen, dass die Eigenschaften eines Produkts (z. B. Leistung, Lebensdauer, Zuverlässigkeit) von Angehörigen des betreffenden Unternehmens in Relation zu führenden Wettbewerbsprodukten eingeschätzt wird. Es ergab sich ein deutlich positiver Zusammenhang zwischen relativer Produktqualität und Rentabilität. Auch für dieses Ergebnis gibt es theoretische und/oder auf praktischer Erfahrung beruhende Gründe. Nach BUZZELL/GALE (1989, S. 94) dürften hier folgende Vorteile überlegener Produktqualität eine Rolle spielen:

- größere Loyalität der Kunden,
- mehr Wiederholungskäufe,
- geringere Verwundbarkeit bei Preiskämpfen,
- Durchsetzbarkeit höherer Preise ohne Marktanteilsverluste,
- Marktanteilsgewinne.

Natürlich gibt es auch *Kritik am Vorgehen bei der PIMS-Studie* sowie eine teilweise heftig geführte generelle Diskussion über den Sinn der Erfolgsfaktorenforschung (siehe NICOLAI/KIESER 2002; BAUER/SAUER 2004; FRITZ 2004b; HOMBURG/ KROHMER 2004). Auch unabhängig davon werden die Ergebnisse hinsichtlich der Untersuchungsmethodik und bezüglich ihrer Aussagekraft kritisch diskutiert (siehe HILDEBRANDT 2003, S. 215 ff.; HOMBURG 2012 S. 434 f.). Einige der relevanten Gesichtspunkte sind die Folgenden:

- Probleme der Datenbasis: Subjektive Bewertung verschiedener Variablen, Überrepräsentation erfolgreicher Geschäftsfelder, geringe Berücksichtigung branchen- und firmenspezifischer Besonderheiten.
- Probleme der Datenanalyse: Mangelnde Berücksichtigung von Interdependenzen zwischen den unabhängigen Variablen, Beschränkung auf direkte Wirkung der unabhängigen Variablen.
- Probleme der Aussagekraft: Betrachtung von Durchschnittswerten, die dem Einzelfall nicht voll gerecht werden; streng genommen sind keine Aussagen über Kausalzusammenhänge möglich; zu enge Sichtweise bei der Konzentration auf den ROI als Erfolgsgröße.

2.2 Umwelt- und Branchenanalyse

2.2.1 Umweltanalyse

Im vorstehenden Abschnitt wurden Informationsgrundlagen der Marketingplanung behandelt, die unabhängig von Spezifika einzelner Produkte oder Branchen eine gewisse Allgemeingültigkeit haben. Im vorliegenden und in den folgenden Teilen dieses Kapitels geht es um Rahmenbedingungen des Markterfolges, die schrittweise immer spezifischer auf ein Produkt oder einen Geschäftsbereich bezogen sind. Abbildung 2.5 soll dieses Vorgehen veranschaulichen.

In der «äußeren Schicht» von Abb. 2.5 sind die *Umweltbedingungen* als Einflussfaktoren des Markterfolgs mit großem Allgemeinheitsgrad eingetragen. Dabei sind vor allem die staatlichen und rechtlichen, die gesamtwirtschaftlichen und technologischen Charakteristika der Unternehmensumwelt gemeint. Schon spezifischer für das jeweilige Unternehmen ist die Branche (Gesamtheit entsprechender Anbieter), der es angehört. Hier liegt der Schwerpunkt der Betrachtungen auf der Analyse der Wettbewerbskräfte in einer Branche, also bei der Stärke von Abnehmern und Lieferanten, bei der Schärfe des Wettbewerbs unter Unternehmen der gleichen Wirtschaftsstufe und bei der Bedrohung bisheriger Anbieter durch neue Konkurrenten oder durch Ersatzprodukte. Noch direkter ist der Einfluss der Fähigkeiten und Ressourcen, der Stärken und Schwächen eines Unternehmens einerseits und der Marktverhältnisse (z. B. Kundenwünsche, Marktwachstum) andererseits auf den Markterfolg eines Produkts beziehungsweise Geschäftsfelds. Überlegungen zur Analyse dieser Bereiche stehen am Ende dieses Kapitels in den beiden Unterkapiteln 2.3 und 2.4.

Nun also zur Analyse der (globalen) Umwelt. Daraus sollen hier angesprochen werden:

- technologische,
- politisch-rechtliche,
- gesamtwirtschaftliche und
- demographische

Rahmenbedingungen.

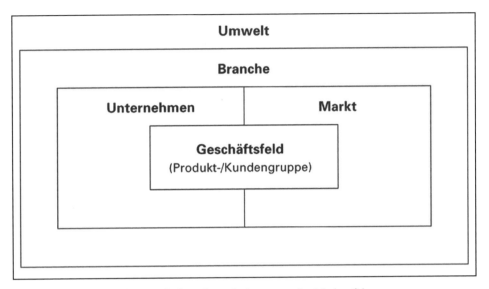

Abb. 2.5 Unterschiedliche spezifische Rahmenbedingungen des Markterfolgs

Technologische Rahmenbedingungen

Die Entstehung und Ausbreitung neuer Technologien kann Chancen für die Entwicklung neuer Geschäftsbereiche mit sich bringen, aber auch eine Bedrohung bisheriger Tätigkeitsbereiche von Unternehmen bedeuten. So ist durch die Entwicklung der Mikroelektronik ein breites Spektrum ganz neuer Produkte in der Büro- und Kommunikationsbranche möglich geworden, z. B. Computer, Laserdrucker, Smartphones, Datenbanken, Satellitenverbindungen. Auf der anderen Seite sind ebenfalls durch die Mikroelektronik und die damit verbundene Möglichkeit zur Herstellung sehr preiswerter und genauer Uhren in einer Übergangsphase die traditionellen Hersteller hochwertiger (mechanischer) Uhren zeitweilig in eine Existenzkrise geraten. KOTLER/KELLER (2012, S. 105 f.) weisen unter anderem auf die folgenden aktuellen Entwicklungen hin:

- Beschleunigung des technologischen Fortschritts (immer kürzer werdende Produktlebenszyklen),
- Unbegrenzt scheinende Innovationschancen (grundlegende Neuerungen mit weit reichendem Potenzial),
- Reglementierung des technischen Fortschritts (Auflagen und Vorschriften aus Gründen des Umweltschutzes und der Ethik).

Politisch-rechtliche Rahmenbedingungen

Gerade seit Beginn der 1990er Jahre ist deutlich geworden, in welchem Maße politische Veränderungen auch die Aktionsmöglichkeiten von Unternehmen beeinflussen: Durch die politischen Veränderungen in Osteuropa und China haben sich große Märkte neu geöffnet. Weiteres Beispiele sind die (politisch gewollte) Ausweitung des internationalen

Freihandels durch das GATT (General Agreement on Tariffs and Trade)-Abkommen sowie die Einführung des europäischen Binnenmarktes und einer gemeinsamen Währung «Euro». Politischer Einfluss auf Marketingentscheidungen wird nicht zuletzt durch bestimmte gesetzliche Vorschriften (z. B. Werbeverbote, Regelungen zum Verbraucher- oder Umweltschutz) wirksam. Gerade im Zusammenhang mit dem Bedeutungszuwachs von Marken erhalten die rechtlichen Möglichkeiten zu deren Schutz natürlich entsprechend zunehmende Relevanz (siehe z. B. ESCH 2012, S. 271 ff.).

Gesamtwirtschaftliche Rahmenbedingungen
Sowohl das Investitionsgüter- als auch das Konsumgütermarketing werden durch gesamtwirtschaftliche Faktoren direkt und/oder indirekt beeinflusst. Zahlreiche Entscheidungen über die Beschaffung von Investitionsgütern hängen in starkem Maße vom (erwarteten) Wirtschaftswachstum, von Inflationsraten, Zinssätzen usw. ab. Hinzu kommen Auswirkungen von Nachfrageschwankungen bei Konsumenten, die sich wiederum in Änderungen der Nachfrage nach Maschinen, Rohstoffen usw. niederschlagen. Die Finanz- und Wirtschaftskrise seit 2008/2009 macht die Relevanz gesamtwirtschaftlicher Rahmenbedingungen sofort deutlich.

Auf Konsumgütermärkten wirken sich in offenkundiger Weise sinkende oder steigende Realeinkommen von Haushalten deutlich aus; einige Märkte für nicht lebensnotwendigen Bedarf (z. B. Tourismus, Freizeit, Luxuskonsum) werden stärker davon beeinflusst, andere Märkte für den Grundbedarf von Konsumenten (z. B. Lebensmittel) weniger. Hier kann auch auf die unter anderem durch gesamtwirtschaftliche Faktoren beeinflusste Entwicklung von Konsumentenstimmungen («Konsumklima») mit ihren Auswirkungen auf aufschiebbare, größere Ausgaben (z. B. Kauf von Autos oder Eigenheimen) verwiesen werden.

Demographische Rahmenbedingungen
Demographische Entwicklungen bilden gewissermaßen die «Basis» für die Entwicklung mancher Märkte. So hängt beispielsweise die Nachfrage nach Babynahrung oder Gebissreinigern am ehesten von der Altersstruktur der Bevölkerung ab. Wachstum und Schrumpfung von Märkten werden von der Bevölkerungsentwicklung maßgeblich bestimmt. Im Folgenden werden demographische Trends in Deutschland und in der Schweiz charakterisiert und jeweils einige Beispiele von Märkten genannt, die davon beeinflusst werden:

- Langfristig sinkende Geburtenrate: Geringere Nachfrage nach Spielwaren, Kinderkleidung; mehr Freizeitaktivitäten kinderloser Ehepaare.

- Wachsender Anteil alter Menschen: Steigende Nachfrage nach Medikamenten, Diätprodukten.

- Steigende Zahl von Einpersonenhaushalten: Höhere Nachfrage nach (kleinen) Wohnungen, Möbeln, Fertiggerichten, Lebensmitteln in Kleinpackungen.

Wegen der gravierenden und langfristig wirksamen Einflüsse unterschiedlicher Umweltfaktoren auf Unternehmen und Märkte ist im Zusammenhang mit der Entwicklung der strategischen Planung Interesse an Hilfsmitteln der strategischen Frühaufklärung entstanden. HOMBURG (2012, S. 463) kennzeichnet Wesen und Funktion der Frühaufklärung: «Das zentrale Ziel eines Frühwarnsystems/Frühaufklärungssystems ist das frühzeitige Erkennen wesentlicher Veränderungen in der Umwelt des Unternehmens. Hierdurch soll das Unternehmen in die Lage versetzt werden, diese Veränderungen im Rahmen der Formulierung der Marketingstrategie möglichst frühzeitig berücksichtigen zu können.»

Strategische Frühaufklärungssysteme umfassen recht unterschiedliche Hilfsmittel, u. a. Trendanalysen, Expertenbefragungen hinsichtlich Diskontinuitäten der Umweltentwicklung, Szenario-Analysen.

2.2.2 Branchenanalyse

Das Instrumentarium zur Branchenanalyse, genauer gesagt zur Analyse der Wettbewerbsverhältnisse in einer Branche, ist von PORTER (1999, Erscheinungsjahr der Originalpublikation in den USA: 1980) eingeführt worden und hat breite Akzeptanz gefunden. Danach sind fünf Wettbewerbskräfte maßgeblich:

- die Stärke/Machtposition von Kunden (Endkunden und Absatzmittler);
- die Stärke/Machtposition von Zulieferern;
- die Rivalität zwischen den bisher in der Branche tätigen Unternehmen;
- die Bedrohung, die vom Markteintritt potenzieller neuer Konkurrenten ausgeht;
- die Bedrohung, die davon ausgeht, dass neuartige Produkte das bisherige Leistungsangebot der Branche überflüssig oder unattraktiv machen.

In Abb. 2.6 sind die fünf Wettbewerbskräfte zusammenfassend dargestellt.

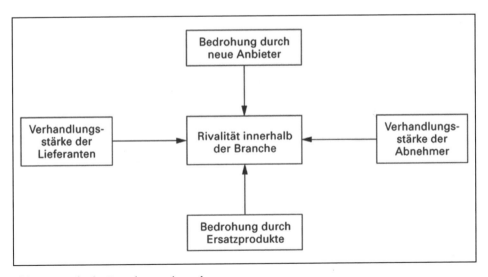

Abb. 2.6 Kräfte des Branchenwettbewerbs (nach PORTER 1999, S. 34)

Nun zu einer Betrachtung der einzelnen Wettbewerbskräfte.

Verhandlungsstärke der Abnehmer

Die Auswirkungen von Nachfragemacht auf die wirtschaftliche Lage einer Branche lassen sich an vielen Beispielen aus der Praxis (Automobilzulieferer, Lebensmitteleinzelhandel usw.) leicht erkennen. Die erzielbaren Preise sind relativ niedrig, die Abnehmer verlangen eine Ausrichtung von Produkten und Eigenschaften auf ihre speziellen Bedürfnisse und besondere Lieferbedingungen (z. B. Just in time). Nach PORTER (1999, S. 58 ff.) sind vor allem die folgenden Gesichtspunkte dafür ausschlaggebend, dass Kunden Verhandlungsstärke gewinnen und auch nutzen:

- Hohe Nachfragekonzentration auf wenige Abnehmer, die einen großen Teil des Umsatzes von Anbietern auf sich vereinigen.

- Hohe Preisempfindlichkeit der Abnehmer, da die gekauften Produkte einen großen Teil der bei ihnen entstehenden Kosten ausmachen.

- Standardisierung oder Austauschbarkeit der gekauften Produkte (z. B. bei Rohstoffen) und geringe Umstellungskosten bei Lieferantenwechsel schwächen die Bindungen an bestimmte Lieferanten.

- Schlechte wirtschaftliche Lage der Abnehmer, die diese gegenüber Lieferanten besonders preisempfindlich macht und die Tendenz zum Lieferantenwechsel verstärkt.

- Möglichkeit der Abnehmer, bisher bezogene Produkte selbst herzustellen («Rückwärtsintegration») und dadurch den Lieferanten zu ersetzen.

- Hoher Informationsstand der Abnehmer über alternative Anbieter, Kostensituation der Lieferanten usw. kann in Verhandlungen genutzt werden.

Verhandlungsstärke der Lieferanten

Wirkungen von Anbietermacht stehen in gewisser Weise denen von Nachfragemacht gegenüber. Starke Anbieter können hohe Preise durchsetzen und die Produkteigenschaften im Sinne der wirtschaftlichen Gestaltung ihres eigenen Produktions- und Verkaufssystems weitgehend bestimmen. Auch hierzu nennen PORTER (1999, S. 61 ff.) und BESANKO et al. (2007, S. 317 f.) relevante Einflussfaktoren. Danach ist die Verhandlungsstärke von Lieferanten unter folgenden Bedingungen relativ groß:

- Wenige Anbieter stehen einer Vielzahl zersplitterter und damit wirtschaftlich unbedeutender Abnehmer gegenüber.

- Schwacher Wettbewerb zwischen verschiedenen möglichen Lieferanten.

- Für das angebotene Produkt sind kaum gleichwertige Ersatzprodukte verfügbar.

- Geringe Bedeutung des auf die Abnehmerbranche bezogenen Teilmarktes für die Lieferanten.

- Schlechte Bedingungen der Abnehmer für einen Lieferantenwechsel durch hohe Umstellungskosten oder geringe Standardisierung der bezogenen Produkte («Drohpotenzial»).

- Möglichkeit der Anbieter, durch Vorwärtsintegration zu Konkurrenten ihrer bisherigen Kunden zu werden.

Rivalität zwischen den Unternehmen innerhalb einer Branche
Das Verhalten von Wettbewerbern ist in verschiedenen Branchen höchst unterschiedlich. Es gibt Märkte, in denen die beteiligten Unternehmen nur zurückhaltend agieren und die Verschiebungen von Marktanteilen gering bleiben. In anderen Märkten sind heftige Preiskämpfe und aggressive Werbung an der Tagesordnung und führen zu deutlichen Marktanteilsveränderungen. Insbesondere Preiskämpfe betreffen natürlich direkt die Rentabilität von Unternehmen. Deswegen hat die Analyse der Rivalität von Unternehmen innerhalb einer Branche Bedeutung für die Charakterisierung der dort herrschenden Wettbewerbsverhältnisse. Welches sind nun Faktoren, die eine solche Rivalität tendenziell verstärken?

- Zunächst ist die Anzahl von Wettbewerbern zu beachten. Bei einer großen Zahl von Anbietern in einer Branche kann es eher vorkommen, dass Einzelne versuchen, durch aggressives Marktverhalten ihre Position zu stärken.

- In stagnierenden, schrumpfenden oder nur langsam wachsenden Märkten werden Unternehmen, die ihren Umsatz ausweiten wollen, dazu gezwungen, dies auf Kosten von Wettbewerbern durch Gewinnung zusätzlicher Marktanteile zu tun.

- Ein hoher Fixkostenanteil der Unternehmen hat oft das Bestreben zur Folge, bestehende Kapazitäten möglichst weitgehend auszulasten und dabei auch ein Sinken der erzielbaren Preise in Kauf zu nehmen.

- Deutliche Kostenunterschiede bei den verschiedenen Unternehmen können die Unternehmen mit geringen Kosten dazu veranlassen, über einen Preiskampf Wettbewerber mit deutlich höheren Kosten zum Marktaustritt zu veranlassen.

- Geringe Produktdifferenzierung innerhalb der Branche, also eine gewisse Austauschbarkeit von Produkten, führt zu einer Intensivierung des Preiswettbewerbs, da für die Kunden der Preis dann zum wesentlichen Entscheidungskriterium bei ansonsten kaum unterschiedlichen Angeboten wird.

- Letztlich sei noch auf hohe Marktaustrittsbarrieren hingewiesen, also auf Hinderungsgründe, sich aus einer Branche zurückzuziehen, die dazu führen, dass trotz geringerer Erträge versucht wird, bestehende Kapazitäten auszulasten und eine bisherige Marktposition zu halten. Beispiele für Austrittsbarrieren sind politischer Druck, der hinsichtlich der Aufrechterhaltung von Arbeitsplätzen ausgeübt wird, oder der Verbund des betreffenden Geschäftsbereichs mit anderen Aktivitäten des Unternehmens.

Bedrohung durch neue Anbieter
Neu in einen Markt eintretende Wettbewerber verstärken den Wettbewerbsdruck, weil sie natürlich bestrebt sind, bisherigen Anbietern Marktanteile abzunehmen. Häufig kommt hinzu, dass sie aus anderen Branchen besonderes Know-how oder erhebliche Kapitalkraft mitbringen, die die Position bisheriger Anbieter bedrohen. Die Wahrscheinlichkeit des Markteintritts neuer Wettbewerber hängt einerseits davon ab, in welchem Ausmaß diese mit Abwehrmaßnahmen der etablierten Anbieter zu rechnen haben. Daneben spielen die so genannten Markteintrittsbarrieren eine wichtige Rolle. Damit sind Aspekte gemeint, die es erschweren oder unmöglich machen, als neuer Anbieter eine wettbewerbsfähige Position zu

erringen. BESANKO et al. (2007, S. 289) definieren: «Markteintrittsbarrieren sind die Faktoren, die es in einem Markt tätigen Unternehmen erlauben, positive wirtschaftliche Ergebnisse zu erzielen, und gleichzeitig dazu führen, dass der Markteintritt für neue Anbieter unwirtschaftlich wird.» PORTER (1999, S. 37 ff.) und BESANKO et al. (2007, S. 289 ff.) erläutern die folgenden Arten von Eintrittsbarrieren:

- *Betriebsgrößenersparnisse* (Economies of Scale, siehe Abschnitt 2.1.3)
  Wenn in einer Branche Betriebsgrößenersparnisse eine Rolle spielen, dann ist ein neuer Anbieter gezwungen, entweder mit einem großen Produktionsvolumen in einen Markt einzutreten (mit allen Problemen und Risiken, die damit verbunden sind) oder als anfangs kleiner Anbieter erhebliche Kostennachteile in Kauf zu nehmen.

- *Erfahrungskurveneffekt*
  Analog führt der Erfahrungskurveneffekt (siehe Abschnitt 2.1.2) dazu, dass ein neuer Anbieter Nachteile hat, weil er bei noch relativ geringer Erfahrung Kostennachteile hat.

- *Markenstärke/Käuferloyalität*
  Wenn von Seiten der Abnehmer in einem Markt starke Bindungen an bisher schon angebotene Produkte bestehen, z. B. weil es sich um angesehene Marken handelt, dann muss ein neuer Anbieter erhebliche Anstrengungen bei Werbung, Service usw. unternehmen, um eine vergleichbare Position zu erlangen (Markenbekanntheit und -image).

- *Kapitalbedarf*
  In vielen Branchen (z. B. Automobile, Flugzeuge, Telekommunikation) ist es notwendig, soviel Kapital für Forschung und Entwicklung, Produktionsanlagen, Verkaufs- und Servicesystem oder den Aufbau von Marken zu investieren, dass nur wenige Großunternehmen als neue Anbieter in Frage kommen.

- *Umstellungskosten bei Abnehmern*
  Sollte der Lieferantenwechsel beim Abnehmer mit hohen Kosten verbunden sein (z. B. durch das Erfordernis neuer Software, Umschulung von Mitarbeitern), so verringert das die Chancen neuer Anbieter, Kunden zu gewinnen.

- *Zugang zu Verkaufskanälen*
  Bei begrenzter Aufnahmefähigkeit von Verkaufskanälen (z. B. Einzelhandel) müssen neue Anbieter entweder bisherige daraus verdrängen oder neue Verkaufskanäle aufbauen.

- *Staatliche Regulierungen*
  Nicht zuletzt auf internationalen Märkten gibt es immer noch verschiedenartige Wege, um ansässige Unternehmen vor neuen ausländischen Anbietern zu schützen. Auch der Zugang zu Märkten für öffentliche Dienstleistungen (z. B. Post, Bahnverkehr) ist in manchen europäischen Ländern noch stark beschränkt.

Bedrohung durch Ersatzprodukte

Die gesamte Branche wird bedroht durch Ersatzprodukte, mit denen die Abnehmer das bisher bezogene Produkt substituieren können. Diese Substitute können durchaus aus «weit entfernt» erscheinenden Branchen kommen. So wurde vor einiger Zeit in den USA diskutiert, inwiefern die Branche «Schnellrestaurants» durch die Ausbreitung von Mikrowellenherden und das Angebot geeigneter Fertiggerichte bedroht wurde. Eine mögliche Bedrohung von Dienstleistungsanbietern für Geschäftsreisende (Fluggesellschaften, Hotels usw.) durch verbesserte Möglichkeiten der elektronischen Kommunikation könnte ein weiteres Beispiel sein.

Besanko et al. (2007, S. 316 f.) nennen drei Gesichtspunkte, die das Ausmaß der Bedrohung durch Substitutionsprodukte wesentlich prägen:

- Erhältlichkeit vergleichbar leistungsfähiger Produkte;
- Preisunterschied zwischen den Produkten einer Branche und möglichen Substitutionsprodukten;
- Preiselastizität der Nachfrage: Bei hoher Elastizität wechseln bei steigenden Preisen mehr Kunden zu Substitutionsprodukten.

2.2.3 Konkurrenzanalyse

Während im vorherigen Abschnitt die Wettbewerbsverhältnisse in einer Branche insgesamt betrachtet wurden, soll es jetzt um die *Analyse ausgewählter Konkurrenten* gehen. Dabei stellt sich zunächst die Frage, welche Konkurrenten denn besonders beachtet werden müssen. Dann geht es in einem zweiten Schritt um Inhalt und Vorgehensweise der Konkurrenzanalyse.

Zunächst also zur *Identifizierung relevanter Konkurrenten*. Hier gibt es zwei deutlich verschiedene Vorgehensweisen: Einerseits kann man die Kaufentscheidungen der eigenen Kunden betrachten und analysieren, zwischen welchen gleichartigen oder ähnlichen Produkten anderer Anbieter sich diese entschieden haben. Andererseits kann man versuchen, auf der Anbieterseite Unternehmen zu identifizieren, die eine ähnliche Strategie verfolgen wie das eigene Unternehmen. Man spricht dann von einer «strategischen Gruppe» (siehe Porter 1999, S. 183 ff.).

Bei der Identifizierung von *Wettbewerbern, deren Angebote aus Kundensicht ähnlich* und damit weitgehend austauschbar sind, kann man an die verbreiteten Positionierungsanalysen (zu Einzelheiten siehe Kapitel 4) anknüpfen, bei denen ja gerade festgestellt wird, wie ähnlich konkurrierende Produkte im Hinblick auf wesentliche Merkmale durch die Kunden wahrgenommen werden. Je größer die Ähnlichkeit von Produkten in der Wahrnehmung der Kunden, desto größer ist auch die «Gefahr», dass diese von einem bisher gekauften zu dem betreffenden Konkurrenzprodukt wechseln. Die Praxis bietet dafür eine Fülle allseits bekannter Beispiele: Vittel und Evian bei Mineralwasser, Toyota und Mazda bei Automobilen, Toshiba und Pioneer bei Unterhaltungselektronik usw. Schon schwieriger ist die

Identifizierung von Konkurrenten, die Substitutionsprodukte anbieten. Das sind in diesem Zusammenhang Produkte, die zwar (technisch) andersartig sind, aber bei Kunden entsprechende (Grund-)Bedürfnisse befriedigen. So können unterschiedlichste Lebensmittel wie Fertiggerichte, Currywürste, Burger, Snacks usw. in Konkurrenzbeziehungen stehen, weil alle einem Bedürfnis nach schneller Sättigung entsprechen. Als weiteres Beispiel sei hier der Wettbewerb von Airlines, Bahngesellschaften (mit Hochgeschwindigkeitszügen) und Telekommunikationsanbietern (mit Angebot von Videokonferenzen) im Markt der Geschäftsreisenden (Bedürfnis: Kommunikation mit Geschäftspartnern) genannt. Wenn man bei der Bedürfnisbefriedigung ansetzt, um konkurrierende Anbieter (eben auch von Substitutionsprodukten) zu identifizieren, findet man dafür kaum standardisierte Methoden. Hier ist man eher auf explorative Untersuchungen (siehe Abschnitt 2.4.2) mit qualitativen Methoden angewiesen. Eine schwerpunktmäßig so ausgerichtete Vorgehensweise ist die Ermittlung von Means-End-Chains (siehe KUSS/TOMCZAK 2007, S. 67 ff.). Dabei wird versucht, mit einer speziellen Interviewtechnik Verbindungen von konkreten Produkteigenschaften zu allgemeinen Werten und Bedürfnissen herzustellen.

Für die gewissermaßen «anbieterorientierte» *Identifizierung von Konkurrenten* spielen strategische Gruppen eine zentrale Rolle, die PORTER (1999, S. 183 f.) folgendermaßen kennzeichnet: «Eine strategische Gruppe ist die Gruppe der Unternehmen in einer Branche, die dieselbe oder eine ähnliche Strategie … verfolgen». Hintergrund für ähnliche Strategien ist häufig die Ähnlichkeit der Anbieter im Hinblick auf Größe, Ressourcen, Ziele usw. (AAKER 2005, S. 59 ff.).

KLEINALTENKAMP (2002b, S. 89 f.) berichtet beispielsweise über eine Untersuchung, bei der anhand der Kriterien «Problemlösungsnähe» («voll standardisierte Produkte» bis «Problemlösung für jeweils ein ganz spezielles Bearbeitungsproblem») und «Komplexität der Produkte» («gering» bis «hoch») insgesamt acht strategische Gruppen innerhalb der deutschen Werkzeugmaschinen-Branche identifiziert wurden. Mit der Existenz strategischer Gruppen sind häufig «Mobilitätsbarrieren» (PORTER 1999, S. 187 ff.) verbunden, die den Wechsel von einer strategischen Gruppe in eine andere erschweren bzw. unmöglich machen. So kann es im oben zitierten Beispiel für den Anbieter standardisierter Werkzeugmaschinen geringer Komplexität praktisch unmöglich sein, in die Gruppe der Anbieter komplexer Spezialmaschinen einzudringen, weil ihm Know-how und Kapazität im F&E-Bereich fehlen. Andererseits hat vielleicht auch der Spezialanbieter Schwierigkeiten, in den Bereich der Standardanbieter einzudringen, weil ihm die Möglichkeiten zur Serienanfertigung und eine entsprechende Verkaufsorganisation fehlen. Einige der im Abschnitt 2.2.2 dargestellten Arten von Markteintrittsbarrieren kommen hier analog zur Anwendung.

Hinzu kommen potenzielle Konkurrenten, die noch nicht im gleichen Markt tätig sind, aber über Ressourcen verfügen, die ihnen einen Markteintritt (à Bedrohung durch neue Anbieter, siehe voriger Abschnitt) ermöglichen (CZEPIEL/KERIN 2012, S. 42). Ein Beispiel dafür konnte man im deutschen Markt für Briefzustellung beobachten, die PIN AG (an der große Zeitungsverleger maßgeblich beteiligt waren) zum Konkurrenten der Post wurde, weil die Verlage ihre Ressourcen und Erfahrungen beim flächendeckenden Vertrieb von Printerzeugnissen entsprechend einsetzten.

Bisher ist skizziert worden, wie man aus Nachfrager- und Anbieterperspektive relevante Konkurrenten identifizieren kann. Jetzt soll kurz aufgezeigt werden, welches die zentralen *Inhalte der Konkurrenzanalyse* sind. Auch hier stammt das grundlegende Konzept von MICHAEL PORTER (1999, S. 86 ff.). Er unterscheidet vier Elemente einer Konkurrenzanalyse, die in ein «Reaktionsprofil» der Konkurrenten einmünden:

- Die Einschätzung der von Wettbewerbern verfolgten Ziele (z. B. Gewinnung der Marktführerposition, Sicherung der bisherigen Position, Wachstum oder Gewinn).
- Die Identifizierung der Grundlagen für die Strategie der Wettbewerber (z. B. hinsichtlich der Loyalität ihrer Kunden oder der durch die Kunden wahrgenommenen Qualität ihrer Produkte).
- Die Analyse der von Wettbewerbern in der Vergangenheit und gegenwärtig verfolgten Strategie (z. B. Markenführung mit starker Werbung und breiter Distribution bei den Zigaretten-, Bier- und Lebensmittelmarken von Philip Morris).
- Die Einschätzung von Fähigkeiten (Stärken und Schwächen) der Wettbewerber (z. B. Patente, Verkaufsorganisation, Flexibilität der Fertigungsanlagen) und möglichen künftigen Aktivitäten.

Diese vier Teile der Konkurrenzanalyse sollen zu Einschätzungen der Wettbewerber im Hinblick auf deren künftigen Aktionen und Reaktionen führen (z. B. zu erwartende Schritte des Konkurrenten oder Passivität wegen Zufriedenheit mit seiner Situation).

Die *Informationsquellen für die Konkurrenzanalyse* sind höchst unterschiedlich. Als Beispiele seien hier nur genannt: Messebesuche, Geschäftsberichte, Beobachtungen des eigenen Außendienstes, Internet (Homepages der Konkurrenten, Datenbanken), Patentanmeldungen, Eintragungen im Handelsregister, Marktforschungsuntersuchungen (bei denen Konkurrenzprodukte einbezogen werden), «Reverse Engineering» (technische Analyse von Konkurrenzprodukten), Gespräche mit Mitarbeitern von Konkurrenten (bei Tagungen usw.).

2.3 Unternehmensanalyse

2.3.1 Stärken-Schwächen-Analyse

Bisher sind allgemeine Prinzipien, die für die strategische Marketingplanung relevant sind, und Kriterien für die Analyse der jeweiligen Branche und der globaleren Unternehmensumwelt erörtert worden. Im vorliegenden Abschnitt soll es um Spezifika des jeweiligen Unternehmens im Hinblick auf Wettbewerbsvorteile und -nachteile gehen. Zur Charakterisierung der Wettbewerbsposition und zur Identifizierung von Ansatzpunkten für Marketingstrategien wird eine Stärken-Schwächen-Analyse vorgenommen, deren Wesen durch ihren Namen schon weitgehend charakterisiert ist. Im Mittelpunkt steht also die Einschätzung der Leistungsfähigkeit eines Unternehmens im Hinblick auf Aspekte, die die Position dieses Unternehmens bezüglich der jeweiligen Marktbedingungen und der

Wettbewerbssituation bestimmen. Diese Einschätzung erfolgt weitgehend in Relation zu den vergleichbaren Merkmalen von Wettbewerbern. Insofern spricht man dann von Stärken und Schwächen. Einige führende Autoren bringen die Stärken-Schwächen-Analyse in Verbindung mit den durch Faktoren außerhalb des Unternehmens bestimmten Chancen und Risiken und nennen beides zusammen *SWOT-Analyse* (Strengths, Weaknesses, Opportunities, Threats).

Für eine Stärken-Schwächen-Analyse müssen natürlich zunächst die Wettbewerber identifiziert werden, auf die sich diese bezieht. Dazu sei auf die Ausführungen in Abschnitt 2.2.3 verwiesen.

Beim strategischen Marketing kann eine Vielzahl von höchst unterschiedlichen Faktoren – nicht nur aus dem Bereich Marketing im engeren Sinne – für die Gewinnung von Wettbewerbsvorteilen relevant sein (siehe unten). Entsprechend weit ist das Spektrum von Merkmalen, die in eine Stärken-Schwächen-Analyse typischerweise einbezogen werden. Als Beispiele seien hier die folgenden Merkmale genannt (siehe z. B. Hax/Majluf 1996, S. 132 ff.):

- Art und Qualität der Produkte,
- Modernität und Kapazität des Produktionsbereichs,
- Größe, Qualifikation und Motivation der Distributionsorgane,
- Kostensituation von Produktion, Verkauf und Verwaltung,
- Produktivität von verschiedenen Unternehmensbereichen,
- Logistik und Distributionssystem,
- finanzielles Potenzial,
- Leistungsvermögen des F&E-Bereichs,
- Marktnähe und Infrastruktur des Standorts,
- Patente,
- Image von Marken und Gesamtunternehmen.

Eine gängige Form der Darstellung von Stärken und Schwächen besteht in entsprechenden Profilen, in denen das Ergebnis der Analyse grafisch veranschaulicht wird. Die Eintragung der Stärken und Schwächen der wichtigsten Wettbewerber erlaubt es, relativ schnell und einfach die Position des eigenen Unternehmens im Wettbewerbsumfeld einzuschätzen.

Das in der Praxis stark beachtete Benchmarking kann man als eine besondere Spielart der Stärken-Schwächen-Analyse ansehen. Hier geht es nicht um den Vergleich verschiedener Aspekte der eigenen Leistungsfähigkeit im Vergleich zu Wettbewerbern allgemein, sondern um den Vergleich mit den bezüglich dieser Aspekte jeweils besten Unternehmen der eigenen oder anderer Branchen. So kann sich beispielsweise ein Anbieter von Fotokopierern im Hinblick auf Effizienz des Kundendienstes mit einem in dieser Hinsicht als herausragend geltenden Anbieter von Telefonanlagen vergleichen. Eine solche Gegenüberstellung kann Ansatzpunkte für entsprechende Veränderungen im eigenen Unternehmen und damit für die Gewinnung von Wettbewerbsvorteilen liefern.

> **Benchmarking bei General Electric und Xerox**
> (BACKHAUS/VOETH 2010, S. 137)
> «Der amerikanische Elektrokonzern General Electric hat bspw. für die Verbesserung seiner Servicequalität das in diesem Bereich mit Business Excellence führende amerikanische Handelsunternehmen Wal-Mart ausgemacht und analysiert, um Anregungen für Verbesserungen zu erhalten. Die Xerox Corporation, ein Pionierunternehmen im Benchmarking, vergleicht sich z. B. bei der Fakturierung mit American Express und im Bereich der Logistik mit dem amerikanischen Versandhandelsunternehmen L. L. Bean.»

2.3.2 Wertkette

Während bei der Stärken-Schwächen-Analyse der Vergleich von Potenzialen des eigenen Unternehmens mit denen von Wettbewerbern im Vordergrund steht, ist die Betrachtung von Wertketten auf Prozesse bzw. Prozessunterschiede gerichtet. Die Wertkette hebt sich auch durch eine etwas größere Systematik von der Stärken-Schwächen-Analyse ab, die auf mehr oder weniger vollständigen/angemessenen Checklisten basiert.

Die Grundidee der Wertketten-Analyse (siehe PORTER 2000, S. 63 ff.) besteht darin, den Prozess der Wertschöpfung in einem Unternehmen mit seinen «primären» und «unterstützenden» Aktivitäten zu betrachten und mit entsprechenden Prozessen in konkurrierenden Unternehmen zu vergleichen. Als primäre Aktivitäten gelten Erstellung und Verkauf (einschließlich Service) von Leistungen (Sachgüter, Dienstleistungen). Unterstützende Aktivitäten ermöglichen die primären Aktivitäten insofern, als sie die Voraussetzungen für die primären Aktivitäten durch Bereitstellung von Inputs, Know-how, Infrastruktur usw. schaffen. Im Einzelnen werden von PORTER die folgenden *primären Aktivitäten* unterschieden (siehe auch Abb. 2.7):

- *Eingangslogistik*
  Eingang, Lagerung und Bereitstellung von Materialien/Bauteilen

- *Operationen*
  Leistungserstellung (Produktion) einschließlich Montage, Qualitätskontrolle, Verpackung usw.

- *Marketing und Verkauf*
  Einsatz der Marketinginstrumente

- *Ausgangslogistik*
  Lieferung der Produkte an Kunden einschließlich Transport, Lagerhaltung, Auftragsabwicklung usw.

- *Kundendienst*
  Unterstützung beim Einsatz der verkauften Produkte (z. B. Wartung)

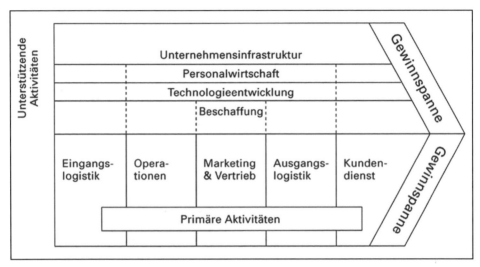

Abb. 2.7 Wertkette
(nach PORTER 2000, S. 66)

Als *unterstützende Aktivitäten* werden genannt:

- *Beschaffung*
  Einkaufsaktivitäten, die nicht nur die Bereitstellung von Material und Bauteilen (Eingangslogistik) betreffen, sondern die Inputs für alle primären Aktivitäten (z. B. Ausstattung der verschiedenen Bereiche, Dienstleistungen)

- *Technologieentwicklung*
  Entwicklung des Wissens, das für die Aufgabenerfüllung in den verschiedenen Bereichen notwendig ist (z. B. Produktentwicklung, Marktforschung)

- *Personalwirtschaft*
  Sicherung und Entwicklung der personellen Voraussetzungen für die verschiedenen Aktivitäten des Unternehmens (z. B. Personalauswahl, Weiterbildung, Personalplanung)

- *Unternehmensinfrastruktur*
  Tätigkeiten im Unternehmen, die nicht einzelnen Aktivitäten zuzuordnen sind, sondern sich vor allem auf die Führung des Unternehmens insgesamt beziehen (z. B. Geschäftsführung, Rechnungswesen, Rechtsabteilung)

Der bereits angesprochene Vergleich, der in Form einer Wertkette strukturierten eigenen Aktivitäten mit denen von Wettbewerbern, deutet schon eine Zielrichtung an, die in den später folgenden Überlegungen eine zentrale Rolle spielt – die Gewinnung von Wettbewerbsvorteilen. CZEPIEL (1992, S. 137) fasst den Grundgedanken zusammen: «Wettbewerbsvorteile entstehen dadurch, dass man in der Lage ist, den Kunden Leistungen anzubieten, die andere nicht bieten können. Das heißt, dass ein Unternehmen bestimmte Aktivitäten besser, zu niedrigeren Kosten oder einfach anders als andere Unternehmen durchführt. Die Wertkette ist eine Methode, um solche Aktivitäten zu identifizieren.»

Bei der Betrachtung von Wertketten geht es also nicht nur um die Analyse des eigenen Unternehmens (nicht zuletzt im Vergleich zu Konkurrenten), sondern im Anschluss daran auch um Entscheidungen zur *Ausgestaltung des Wertschöpfungsprozesses*. Gerade die Gegenüberstellung der durch bestimmte Wertaktivitäten verursachten Kosten mit deren Relevanz für den Nutzen des Kunden liefert Ansatzpunkte für entsprechende Veränderungen. Ein bekanntes Beispiel dafür bietet der schwedische Möbelanbieter IKEA, der die mit der Montage und Auslieferung von Möbeln verbundenen Aktivitäten weitgehend eliminiert (bzw. an den Kunden verlagert) hat, dadurch erhebliche Kostensenkungen erreichte, die wiederum zu Preisvorteilen für den Kunden führen. Die Wertkette ist also dadurch veränderlich, dass man einzelne Wertaktivitäten unterschiedlich gestaltet (z. B. Reduktion, größere Effizienz) oder an Lieferanten oder Kunden verlagert. Ein aktuelles Beispiel findet man im Einzelhandel, wo damit begonnen wird, mit Hilfe entsprechender Checkouts die Erfassung der eingekauften Waren an die Kunden zu verlagern.

2.4 Marktforschung und Aspekte des Käuferverhaltens

Die speziellen Informationsgrundlagen der Marketingplanung beziehen sich auf einzelne Märkte (z. B. deren Größe und Wachstum, Wünsche von Abnehmern entsprechender Produkte usw.), das Verhalten von Kunden bzw. Kundengruppen in diesen Märkten und die Wirkungen des Einsatzes bestimmter Marketinginstrumente. Für derartige Fragestellungen existiert das seit langem etablierte Methodenbündel der Marktforschung, deren Funktionen im vorliegenden Abschnitt knapp umrissen werden. Hinsichtlich der verschiedenen Methoden muss auf die umfangreiche Spezial-Literatur verwiesen werden.

In der Definition der American Marketing Association von 1986 wird versucht, das Tätigkeitsfeld der Marktforschung relativ genau und umfassend einzugrenzen:

«Marktforschung ist die Funktion, die den Konsumenten, Kunden und die Öffentlichkeit durch Informationen mit dem Anbieter verbindet – Informationen, die benutzt werden zur Identifizierung und Definition von Marketingchancen und -problemen, zur Entwicklung und Modifizierung und Überprüfung von Marketingmaßnahmen, zur Überprüfung des Marketingerfolgs und zur Verbesserung des Verständnisses des Marketingprozesses.

Die Marktforschung bestimmt die zur Untersuchung dieser Gesichtspunkte notwendigen Informationen, entwickelt die Methoden zur Sammlung der Informationen, plant die Datenerhebung und führt diese durch, analysiert die Ergebnisse und präsentiert diese und die Schlussfolgerungen daraus.»

Diese Definition ist überwiegend auf den kommerziellen Einsatz der Marktforschung ausgerichtet, schließt aber – zumindest ansatzweise – die Grundlagenforschung («Verbesserung des Verständnisses des Marketingprozesses») und die methodische Forschung («entwickelt die Methoden zur Sammlung der Informationen») mit ein. Von den in der Literatur verwendeten Definitionen gibt sie am ehesten das wieder, was man heute in Wissenschaft und Praxis unter Marktforschung versteht.

Die in der AMA-Definition genannten Aufgaben der Marktforschung sollen im Folgenden durch einige Beispiele illustriert werden, um ein plastisches Bild von Zielrichtung und Vielfalt der Tätigkeit des Marktforschers zu vermitteln:

- *Identifizierung und Definition von Marketingchancen und -problemen*: Charakterisierung und Abgrenzung von Marktsegmenten, Wettbewerbsanalyse, Ermittlung neuer Bedürfnisse von Konsumenten, Untersuchung potenzieller neuer Märkte, Prognose des Marktvolumens.
- *Entwicklung, Modifizierung und Überprüfung von Marketingmaßnahmen*: Werbe-Pretests, Produkttests, Werbewirkungsmessung, Testmärkte.
- *Überprüfung des Marketingerfolgs*: Beobachtung der Marktanteilsentwicklung, Imageanalysen, Messung der Kundenzufriedenheit.

Der zweite Teil der AMA-Definition beinhaltet eine weitere Aufzählung durch die der typische Ablauf von Marktforschungsuntersuchungen von der Problemdefinition bis zur Datenanalyse und Ergebnisinterpretation gekennzeichnet wird.

In der Praxis ist zu beobachten, dass die Marktforschung typischerweise bei der Marketingplanung zum Standard gehört. Das äußert sich zum Beispiel in längerfristig eingeplanten Marktforschungsbudgets oder in regelmäßig bzw. laufend durchgeführten Untersuchungen spezialisierter Institute (z. B. Panels). Die verbreitete Akzeptanz der Marktforschung zeigt sich in der Praxis auch im Vorhandensein großer Marktforschungsinstitute (in der Bundesrepublik z. B. GfK, Nielsen, forsa). An den Hochschulen ist die Marktforschung überall zu einem zentralen Bestandteil der Marketingausbildung geworden.

In der Marktforschung werden hauptsächlich die folgenden drei Arten von Untersuchungen (zu Einzelheiten siehe Kuss 2012, 35 ff.) angewandt:

- *Explorative Untersuchungen*
  Wie die Bezeichnung schon andeutet, geht es hier darum, Ursachen für Probleme oder Zusammenhänge zwischen Variablen zu ‹entdecken›. Man kann beispielsweise so Schwierigkeiten bei der Handhabung eines Produkts oder bisher noch nicht erkannte Kundenbedürfnisse feststellen. Explorative Untersuchungen stehen oft am Anfang eines größeren Projekts und dienen dann der Vorbereitung folgender Untersuchungen. In der Regel werden so genannte «weiche» Methoden der Datenerhebung und -analyse angewandt (z. B. Tiefeninterviews, Gruppendiskussionen) und keine großen Stichproben verwendet. Dementsprechend haben die Ergebnisse eher impressionistischen als definitiven Charakter.

- *Deskriptive Untersuchungen*
  Dieser Untersuchungstyp dürfte in der Praxis am stärksten verbreitet sein. Hier geht es zum Beispiel um Fragen wie diese: Wie groß ist ein Markt? Welche soziodemographischen Merkmale haben Intensiv-Verwender eines Produkts? Welche Medien nutzen die Angehörigen der Kernzielgruppe eines Produkts? Eine sehr verbreitete Form deskriptiver (Längsschnitt-)Untersuchungen sind Panels, mit denen laufend Veränderungen von Marktanteilen, Distributionsgraden usw. gemessen werden. Da von den Untersuchungsergebnissen in der Regel auf eine Grundgesamtheit geschlossen werden soll, werden hier die etablierten Verfahren der Stichprobenziehung, Fragebogenkonstruktion, Inferenzstatistik usw. eingesetzt.

- *Kausaluntersuchungen*
  Kausaluntersuchungen sind im Hinblick auf die angewandten Methoden und die Aussagemöglichkeiten die anspruchsvollsten der vorgestellten drei Typen. Hier will man eben nicht nur feststellen, wie zum Beispiel die Kernzielgruppe eines Produkts zu beschreiben wäre, sondern welches die Gründe (Ursachen) für ein bestimmtes Verhalten, bestimmte Präferenzen usw. sind. Das ist nicht nur in wissenschaftlicher Sicht bedeutsam, sondern eröffnet auch Praktikern die Möglichkeit, Ansatzpunkte für Maßnahmen zu erkennen, mit denen bestimmte Wirkungen erzielt werden können. Dafür sind oft aufwändigere Methoden als für deskriptive Untersuchungen notwendig. Insbesondere Experimente werden für Kausaluntersuchungen eingesetzt.

Der größte Teil der Marktforschung ist letztlich auf die Analyse von Käuferverhalten ausgerichtet, z. B. auf Fragen wie die folgenden:

- Welche Produktmerkmale haben für die potenziellen Kunden größere oder geringere Bedeutung?
- Wie reagieren die Kunden auf bestimmte Arten der Kommunikation?
- Ist die Kundenzufriedenheit und in Verbindung damit die Kundenbindung im letzten Jahr gestiegen?

Die Relevanz solcher Fragen und der entsprechenden Informationen kann aus der Sicht des Marketing nicht überraschen: Letztlich ist natürlich der Erfolg jeder Marketingstrategie davon abhängig, dass eine hinreichend große Zahl von Kunden sich – nach Möglichkeit immer wieder – für das jeweilige Angebot entscheidet. Deshalb sei hier ein kurzer Blick auf Aspekte des Käuferverhaltens geworfen, die in den folgenden Kapiteln eine wesentliche Rolle spielen. Das Gebiet der Käuferverhaltensforschung hat sich in den letzten Jahrzehnten stark entwickelt und Bedeutung weit über das Marketing hinaus erlangt. Dazu gibt es umfangreiche Spezial-Literatur (z. B. HOYER/MACINNIS/PIETERS 2013). Hier muss eine sehr selektive und skizzenhafte Darstellung einiger elementarer Gesichtspunkte genügen. Dabei erfolgt hier eine Konzentration auf kognitive Prozesse; die Einbeziehung der Rolle von Emotionen und Aktivierung (siehe dazu KROEBER-RIEL/WEINBERG/GRÖPPEL-KLEIN 2009) oder der neueren Trends Neuroökonomie (siehe dazu BRUHN/KÖHLER 2010) würde sicher den Rahmen dieses Buches sprengen.

In der folgenden Abb. 2.8 sind einige für die Marketingplanung wesentliche Aspekte des Käuferverhaltens dargestellt. Es geht dabei hauptsächlich um Entscheidungen und Prozesse, die in direkter Beziehung zu Konzepten der Marketingplanung stehen, die in den folgenden Kapiteln dieses Buches behandelt werden. Wie schon erwähnt, ist diese Betrachtung stark vereinfacht und entsprechend fokussiert. Gleichwohl gelten die Überlegungen – wenigstens weitgehend – sowohl für den B-to-C- als auch für den B-to-B-Bereich.

Abbildung 2.8 bezieht sich weitestgehend auf ein Marktsegment „XY" (siehe dazu Abschnitt 3.3) mit Kunden, die sich im Hinblick auf relevante Merkmale ähneln, und einer (typischerweise begrenzten) Zahl von Anbietern, die sich auf dieses Segment ausgerichtet haben. Der obere Teil der Abbildung ähnelt nicht zufällig dem so genannten «strategischen Dreieck» (siehe Abschnitt 3.5), einer sehr gängigen Darstellungsform, mit der verdeutlicht werden soll, dass die Angebote verschiedener Unternehmen in der Sichtweise der Kunden mit deren durchaus subjektiv geprägten Wahrnehmungen und Bewertungen eingeschätzt werden und dass diese Einschätzungen jeweils im Vergleich mit konkurrierenden Angeboten erfolgen.

Die – hier nur vereinfachend für zwei Anbieter A und B dargestellten – Angebote sind hauptsächlich durch deren Positionierung (siehe dazu Abschnitt 4.5) und die Ausgestaltung des Marketing-Mix (siehe Kapitel 5) charakterisiert. Unter dem Begriff Positionierung werden die Analysen und Entscheidungen zusammengefasst, die sich auf die Vorteile eines Angebots in der Sicht der potenziellen Kunden und in Abgrenzung zu Konkurrenten im jeweiligen Markt beziehen. Eine solche Positionierung ist gewissermaßen die Vorgabe für die Gestaltung des Marketing-Mix, mit dem die Wahrnehmung und Einschätzung eines Angebots beeinflusst werden soll. Hinsichtlich des Marketing-Mix wird hier einer Darstellung von CHERNEV (2009, S. 121 f.) gefolgt. Ausgangspunkt sind Überlegungen, wie durch ein Angebot ein Wert für die Kunden geschaffen werden soll. Dabei werden die Ausgestaltung der Marktleistung (Produktmerkmale, Marke, Service, siehe Abschnitt 5.2), die den Nutzen des Kunden bestimmt, und die vom Kunden zu erbringende Gegenleistung (in der Regel in Form des Preises, einschl. Zahlungskonditionen, siehe Abschnitt 5.3) gegenübergestellt. Es überrascht nicht wirklich, dass eine große Differenz zu Gunsten des Kunden, die Attraktivität des Angebots erhöht. Diese Differenz kann z. B. in einer den Konkurrenzangeboten entsprechenden Leistung zu deutlich niedrigeren Preisen oder in einer überlegenen Leistung, die zu vergleichbaren Preisen angeboten wird, bestehen (siehe dazu Abschnitt 3.5). Wenn ein Unternehmen in der Lage ist, solche für den Kunden vorteilhaften Angebote zu machen, dann hat es – wie in Abb. 2.8 eingetragen – einen Wettbewerbsvorteil. Damit ein besseres Angebot im Markt erfolgreich wird, ist es notwendig, dass die Kunden dieses auch kennen und schätzen lernen. Man muss also den Wert durch Kommunikationspolitik (siehe Abschnitt 5.4) kommunizieren. Letztlich ist es notwendig, dass ein Angebot den Kunden auch zugänglich gemacht wird, worauf der Fokus bei der Distributionspolitik (siehe Abschnitt 5.5) liegt. Natürlich können auch Über- oder Unterlegenheit bei Kommunikation und Distribution zu entsprechenden Wettbewerbsvorteilen oder -nachteilen führen.

2.4 Marktforschung und Aspekte des Käuferverhaltens

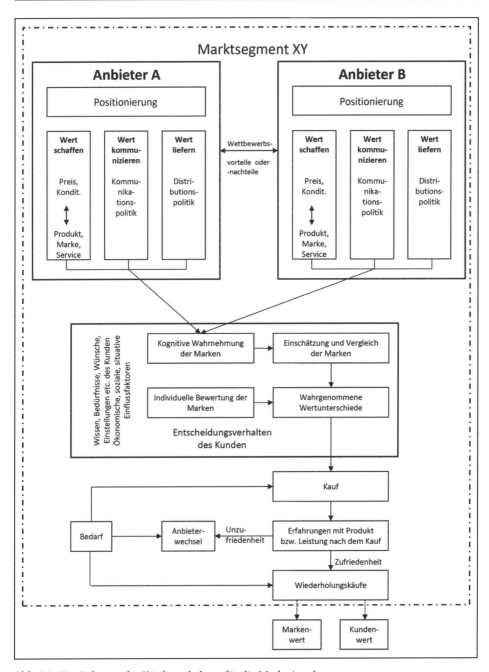

Abb. 2.8 Zur Relevanz des Käuferverhaltens für die Marketingplanung

Nun zur Reaktion der potenziellen Kunden auf die verschiedenen Angebote in einem Markt. Dazu muss man zunächst davon ausgehen, dass diese nicht gewissermaßen «unvorbereitet» auf die Kunden treffen. Sowohl Konsumenten als auch organisationale Abnehmer haben Vorwissen, mehr oder minder konkrete Wünsche und Bedürfnisse oder Einstellungen zu verschiedenen Marken usw. Daneben wird das Entscheidungsverhalten der Kunden natürlich von ökonomischen (z. B. Budgets, Zinssätze), sozialen (z. B. Normen, Unternehmenskultur) und situativen (z. B. Dringlichkeit des Bedarfs, Zeitdruck bei der Entscheidung) beeinflusst. Diese Faktoren, die den Hintergrund für eine Kaufentscheidung bilden, sind im mittleren Kasten in Abb. 2.8 eingetragen.

Voraussetzung für die Einbeziehung von Angeboten in die Entscheidungsprozesse von Kunden ist deren Bekanntheit. Wenn es der Kommunikationspolitik nicht gelingt, z. B. durch Werbung oder Messebeteiligungen die jeweiligen Produkte bzw. Marken bekannt zu machen, dann haben diese natürlich keine Chance gewählt zu werden. Auch die Informationen über Produkteigenschaften müssen zum Kunden gelangen und von ihm verstanden werden, was bei mancherlei technischen Informationen (z. B. technische Daten von HiFi-Geräten) keineswegs selbstverständlich ist. All diese Faktoren bestimmen die «kognitive Wahrnehmung der Marken» seitens des Kunden, die wiederum (Gesamt-)Einschätzung (z. B. Produkt X ist besonders leistungsfähig und langlebig) und Vergleich (z. B. Produkt Y hat den besten Service im Markt) der Angebote prägen. In diesem Zusammenhang ist schon auf die zentrale Rolle von Marken (siehe dazu Abschnitt 3.7) hinzuweisen, sowohl im Hinblick auf die Bekanntheit von Produkten als auch hinsichtlich der Assoziation von bestimmten Eigenschaften (z. B. hohe Lebensdauer, überlegener Service, innovative Technik) mit diesen Produkten. Analog zur Einstellungsbildung (siehe z. B. KUSS/TOMCZAK 2007, S. 49 ff.) mit kognitiver und affektiver Komponente führen Wahrnehmung und Bewertung von Angeboten gemeinsam zur Einschätzung der individuell wahrgenommenen Wertunterschiede. Es müssen also die wahrgenommenen Eigenschaften der Angebote gemäß der individuellen Ansprüche (→ Bedürfnisse, Wünsche, Nutzen) bewertet werden. So kann ein Produkt, das nur Standardleistungen bietet, aber besonders preisgünstig ist, für einen Kunden, der bei geringem Budget nur mäßige Ansprüche hat, für diesen Kunden den größten Wert bieten. Ein anderer Kunde findet den größten Wert vielleicht bei einem Produkt mit Spitzenleistungen und sehr hoher Lebensdauer (z. B. Miele-Haushaltsgeräte), das einen etwas überdurchschnittlichen Preis hat. In der Regel geht man natürlich davon aus, dass das Produkt, das in diesem Sinne den höchsten Wert hat, in einer Kaufsituation auch gewählt wird.

Voraussetzung für einen Kauf ist neben der entsprechenden Bewertung eines Angebots selbstverständlich auch das Vorhandensein eines entsprechenden Bedarfs. Ein Bedarf beruht auf einem Bedürfnis, dass hier mit BALDERJAHN (1995, Sp. 180) als «das mit dem Streben nach Beseitigung eines Mangels verbundene Gefühl» gekennzeichnet sei. Wenn sich ein Bedürfnis auf am Markt angebotene Produkte richtet und wenn die finanziellen Voraussetzungen gegeben sind, diese Produkte zu erwerben, dann spricht man von einem Bedarf. In diesem Sinne führen gegebener Bedarf und der (höchste) wahrgenommene Wert eines Produkts gemeinsam zu dessen Kauf.

Nach dem (Erst-)Kauf eines bestimmten Produkts führen die Erfahrungen bei dessen Verwendung zu entsprechender Zufriedenheit bzw. Unzufriedenheit. Darunter versteht man in der Regel die Erfüllung bzw. Über-Erfüllung der vor dem Kauf vorhandenen Erwartungen bzw. deren Nicht-Erfüllung. Die Untersuchung von Kundenzufriedenheit hat wegen deren zentraler Bedeutung für Wiederholungskäufe und die Entwicklung längerfristiger Geschäftsbeziehungen in jüngerer Zeit starkes Interesse in Wissenschaft und Praxis gefunden (siehe z. B. Homburg 2008). Im positiven Fall entsteht über Wiederholungskäufe (bei weiterem Bedarf) und Zufriedenheit eine dauerhafte Kundenbindung, was heute oft noch durch ein Customer Relationship Management (siehe Abschnitt 3.5.2) unterstützt wird. In vielen Märkten ist die Etablierung von Marken (siehe Abschnitt 3.7) eine wesentliche Voraussetzung, um über die Identifizierung von Produkten überhaupt Wiederholungskäufe zu ermöglichen und eine Markenbindung zu ermöglichen. Im negativen Fall, also bei Unzufriedenheit, führt diese beim Aufkommen eines erneuten Bedarfs zum Anbieterwechsel.

Gewissermaßen als Ausblick sei noch auf die für Theorie und Praxis gleichermaßen bedeutsamen Konzepte des Kundenwerts und des Markenwerts hingewiesen. Der Kundenwert bezieht sich zu einem wesentlichen Teil auf die mit einem Kunden langfristig erzielbaren Umsätze und Deckungsbeiträge. In dieser Perspektive bestimmt der Kundenwert die auf einen Kunden gerichteten Anstrengungen und «Investitionen» (Kumar/Rajan 2012). Hier steht also die Zeit-Dimension im Vordergrund. Dagegen wird bei der Betrachtung des Markenwerts (siehe Abschnitt 3.7) zusätzlich über die Vielzahl von Kunden (auch in verschiedenen Segmenten) aggregiert. Hier geht es also um den Wert einer Marke in dem Sinne, dass mit ihrer Hilfe ein hoher und stabiler Absatz über einen längeren Zeitraum (→ Wiederholungskäufe) erzielbar ist. In vielen Fällen kommt noch – bei starken Marken – wegen der größeren Preisbereitschaft von Kunden eine erhöhte Profitabilität pro verkaufter Einheit hinzu.

Literaturempfehlungen zum 2. Kapitel

Aaker, D./McLoughlin, D. (2007): Strategic Market Management – European Edition, Chichester.

Backhaus, K./Schneider, H. (2009): Strategisches Marketing, 2. Aufl., Stuttgart.

Barney, J. B./Hesterly, W. S. (2008): Strategic Management and Competitive Advantage, 2. Aufl., Upper Saddle River (NJ).

Besanko, D./Dranove, D./Shanley, M./Schaefer, S. (2007): Economics of Strategy, 4. Aufl., Hoboken (NJ).

Chernev, A. (2009): Strategic Marketing Management, 5. Aufl., Chicago.

Czepiel, J. (1992): Competitive Marketing Strategy, Englewood Cliffs (NJ).

Homburg, C. (2012): Marketingmanagement. Strategie – Instrumente – Umsetzung – Unternehmensführung, 4. Aufl., Wiesbaden.

Porter, M. (1999): Wettbewerbsstrategie – Methoden zur Analyse von Branchen und Konkurrenten, 10. Aufl., Frankfurt am Main et al.

Porter, M. (2000): Wettbewerbsvorteile – Spitzenleistungen erreichen und behaupten, 6. Aufl., Frankfurt am Main et al.

Marktorientierte Unternehmensplanung 3

3.1 Wettbewerb und Wettbewerbsvorteile

3.1.1 Grundlagen

In Kapitel 2 haben äußere Bedingungen für den Erfolg eines Unternehmens beziehungsweise eines Geschäftsbereichs eine wesentliche Rolle gespielt. So sind Einflüsse der Unternehmensumwelt, die Wettbewerbssituation und die Situation der jeweiligen Branche betrachtet worden. Beginnend mit dem vorliegenden Kapitel soll jetzt in verschiedenen Konkretisierungsstufen von der marktorientierten Unternehmensplanung bis zur Planung des Marketing-Mix die Entwicklung von Strategien und Maßnahmen eines einzelnen Unternehmens im jeweiligen Umfeld im Mittelpunkt stehen.

Zunächst zum *Wettbewerb* und zu *Wettbewerbsvorteilen*. Allgemein gilt ein funktionierender Wettbewerb zwischen Anbietern von Leistungen als ein zentrales Element einer marktwirtschaftlichen Ordnung. Wenn mehrere Anbieter sich bemühen, mit einem potenziellen Kunden in eine für beide Seiten vorteilhafte Austauschbeziehung zu treten, und der Kunde das für ihn günstigste Angebot auswählen kann, dann sind am ehesten die Unternehmen erfolgreich, die (in der Wahrnehmung der Kunden) bessere Angebote machen. Der Erfolg der Anbieter kann darin bestehen, dass sie eine größere Zahl von (profitablen) Verkaufsabschlüssen tätigen als ihre Konkurrenten oder dass sie für ihre (überlegenen) Leistungen höhere Preise erzielen können. Aus der Sicht des Kunden liegen die Hauptgründe, sich für ein bestimmtes Angebot zu entscheiden, darin, dass dieses in der Qualität nicht schlechter als andere Angebote ist, aber einen deutlich günstigeren Preis hat, oder darin, dass bei vergleichbarem Preis eine deutlich bessere beziehungsweise den Anforderungen des Kunden besser entsprechende Leistung geboten wird. Vor diesem Hintergrund soll Wettbewerb dazu führen, dass Unternehmen dazu gezwungen werden (durch Innovationen, Service, Qualitätssicherung usw.), ihre Leistungen zu verbessern beziehungsweise an die Wünsche der Kunden anzupassen und/oder durch Kostensenkungen (und dadurch ermöglichte Preissenkungen) ihre Leistungen zu geringeren Preisen anzubieten.

Damit deutet sich schon an, dass es sich beim Wettbewerb um einen Prozess handelt, bei dem verschiedene Anbieter Vorteile im Hinblick auf Austauschbeziehungen mit potenziellen Kunden erringen wollen. Damit soll über eine größere Zahl von Verkaufsabschlüssen oder profitablere Verkaufsabschlüsse ein im Vergleich zu Konkurrenten größerer finanzieller Erfolg erreicht werden. Anderenfalls droht ein wirtschaftlicher Rückschlag bis zur Existenzbedrohung des Unternehmens. HUNT/MORGAN (1997, S. 78) formulieren in entsprechender Weise Wesen und Ziel des wirtschaftlichen Wettbewerbs: «Wettbewerb ist der laufende – bestehende Gleichgewichte verändernde – Prozess, der in einem permanenten Kampf der Unternehmen um Vorteile bei den Ressourcen besteht, die zu Wettbewerbsvorteilen im Markt und dadurch zu überlegenem Erfolg führen.»

> **Die Rolle des Marketing im Wettbewerb**
> (DICKSON 1996, S. 102)
> «....Marketing ist die Kunst und die Wissenschaft zur Generierung von Veränderungen (Ungleichgewichten) in Märkten in der Weise, dass die Veränderung dem Unternehmen (oder einer Allianz von Unternehmen) nutzt und – konsequenterweise – Konkurrenten im Vergleich dazu benachteiligt. Wenn sich ein Markt im Gleichgewicht befindet, machen die Marketingleute ihren Job nicht richtig.»

In der Definition von HUNT/MORGAN sind zwei Konzepte angesprochen worden, die hier bzw. im folgenden Abschnitt kurz beleuchtet werden sollen: Wettbewerbsvorteile und Ressourcen. Der Begriff «*Wettbewerbsvorteil*» bezieht sich auf die oben schon angesprochene Fähigkeit eines Unternehmens, Leistungen zu erbringen, die für Kunden wertvoller sind als die von konkurrierenden Anbietern, oder vergleichbare Leistungen mit geringeren Kosten zu erbringen. HUNT (2002, S. 254) spricht in diesem Zusammenhang auch von Effektivitäts- beziehungsweise Effizienzvorteilen. Über den ebenfalls schon erwähnten Schritt, dass derartige Vorteile in höheren Absatzmengen und/oder höherer Umsatzrendite resultieren, ergibt sich ein größerer finanzieller Erfolg als bei anderen Unternehmen. Manche Autoren sehen im größeren finanziellen Erfolg den wesentlichen Indikator für einen Wettbewerbsvorteil. So definieren BESANKO et al. (2007, S. 584) einen Wettbewerbsvorteil als «die Fähigkeit einer Firma, die eigene Branche zu übertreffen, das heißt eine höhere Profitabilität als der Branchendurchschnitt zu erreichen.»

> **Porter's Kennzeichnung von Wettbewerbsvorteilen**
> (PORTER 2000, S. 26)
> «Wettbewerbsvorteile entstehen im Wesentlichen aus dem Wert, den ein Unternehmen für seine Abnehmer schaffen kann, soweit dieser die Kosten der Wertschöpfung übersteigt. Wert ist das, was Abnehmer zu zahlen bereit sind, und ein höherer Wert resultiert aus dem Angebot zu Preisen, die für gleichwertige Leistungen unter denen der Konkurrenten liegen, oder ergibt sich aus einzigartigen Leistungen, die den höheren Preis mehr als wettmachen.»

Nun überrascht es nicht, dass die Frage nach Ursache und Entstehung von Wettbewerbsvorteilen in Theorie und Praxis auf größtes Interesse stößt, weil ihre Beantwortung nicht nur dem Verständnis dieses Prozesses dient, sondern natürlich auch die Ansatzpunkte für entsprechende Maßnahmen aufzeigt. Als besonders wichtiger Einflussfaktor werden die *Ressourcen* angesehen, die einem Unternehmen zur Verfügung stehen (BRESSER 1998, S. 305 ff.). Darauf wird im folgenden Abschnitt näher eingegangen.

3.1.2 Charakteristika von Märkten und Ressourcen als Grundlagen des Unternehmenserfolgs

Im Abschnitt 2.2.2 «Branchenanalyse» sind unterschiedliche Einflussfaktoren der Attraktivität von Märkten – Verhandlungsstärke von Abnehmern und Lieferanten, Rivalität innerhalb der Branche, Bedrohungen durch neue Anbieter oder Ersatzprodukte – vorgestellt worden. Eine in diesen Perspektiven günstige Position eines Anbieters in einem Markt bietet natürlich gute Chancen für überdurchschnittlichen Unternehmenserfolg, weil eben wenig Preisdruck von Kunden und Lieferanten ausgeübt wird, der Kampf um Marktanteile relativ schwach ausgeprägt ist usw. Manche Autoren, nicht zuletzt MICHAEL PORTER, sehen im unterschiedlichen Wettbewerbsdruck in verschiedenen Märkten einen entscheidenden Grund für mehr oder weniger Erfolg bzw. größere oder geringere in den Märkten erreichbare Profitabilität. In der Tat kann man beobachten, dass z. B. in der pharmazeutischen Industrie in der Regel eine größere Profitabilität gegeben ist als bei Airlines (BESANKO et al. 2007, S. 346). Nun sind Entscheidungen über den Eintritt in Märkte oder den Rückzug aus Märkten gewiss nicht alltäglich und lassen sich in der Regel nicht kurzfristig treffen. Solche Entscheidungen gehören zum Kernbereich der marktorientierten Unternehmensplanung (siehe Abschnitt 1.2) und treten auch im Zusammenhang mit internationalen Märkten auf, auf die in diesem Kapitel noch an einigen Stellen eingegangen wird. Im Abschnitt 3.4 werden einige Überlegungen zu den entsprechenden Fragen «Wo?» bzw. «Wohin?» angestellt. Vielfach muss man zumindest mittelfristig von gegebenen Märkten ausgehen und innerhalb dieser Märkte erfolgversprechende Strategien entwickeln. Neben Unterschieden der Profitabilität *zwischen* den Branchen gibt es offenkundig auch mehr oder weniger deutliche Unterschiede *innerhalb* der Branchen, die dann eben nicht durch Marktbedingungen, sondern eher durch verschiedene Ressourcenausstattungen der beteiligten Unternehmen erklärt werden können. Darauf bezieht sich der so genannte «ressourcenbasierte Ansatz».

Dabei ist der Begriff «Ressourcen» recht weit gefasst. Es werden sowohl materielle (z. B. Anlagen, Standorte) als auch immaterielle Ressourcen (z. B. Patente, Marken) dazu gerechnet. Es ist unmittelbar nachvollziehbar, dass überlegene Ressourcen direkt in Wettbewerbsvorteile münden können. So führen effiziente Produktionsanlagen oder kostengünstige Standorte (z. B. durch geringe Lohn- oder Energiekosten) zu Kostenvorteilen und starke Marken oder technische Alleinstellung durch Patente zu herausragenden Produkten.

Unter *Ressourcen* versteht HUNT (2000, S. 138) «gegenständliche und nicht-gegenständliche Hilfsmittel, die einem Unternehmen zur Verfügung stehen und es ihm erlauben, effizient und/oder effektiv eine Leistung auf einem Markt anzubieten, die für (ein) Marktsegment(e) von Wert ist.» HUNT unterscheidet dabei folgende Arten von Ressourcen:

- finanzielle Ressourcen (z. B. vorhandene finanzielle Mittel, Zugang zu Finanzmärkten),
- physische Ressourcen (z. B. Fertigungsanlagen, Bauteile),
- rechtliche Ressourcen (z. B. Markenrechte, Patente),
- menschliche Ressourcen (z. B. Fähigkeiten, Erfahrungen und Wissen der Mitarbeitenden),
- organisatorische Ressourcen (z. B. Routinen, Unternehmenskultur),
- Informationsressourcen (z. B. Wissen über Kunden, Marktsegmente, Wettbewerber und Technologien),
- Beziehungsressourcen (z. B. Beziehungen zu Lieferanten und Kunden).

Natürlich können diese Ressourcen auch im Verbund wirksam werden. So besteht der Wert einer Marke in der Verbindung von rechtlichen Ressourcen (Markenrechte) und Beziehungsressourcen, die durch Vertrauen und Präferenzen von Kunden gegenüber dieser Marke begründet sind.

> **Die Grundidee des ressourcenbasierten Ansatzes**
> («Resource-based view of the firm») (BRESSER 1998, S. 306)
> «Als zwei grundlegende Prämissen des RBA gelten [...] die Ressourcenheterogenität und die Ressourcenimmobilität [...]. Die Prämisse der Ressourcenheterogenität besagt, dass Unternehmungen durch asymmetrische Ressourcenausstattungen gekennzeichnet sind, denn ein Großteil der Ressourcen einer Unternehmung ist spezifischer Natur. Die Prämisse der Ressourcenimmobilität besagt, dass wichtige, insbesondere immaterielle Ressourcen der Unternehmung nicht handelbar und damit immobil sind.»

Allerdings führen Ressourcen nur zu einem dauerhaften Wettbewerbsvorteil, wenn gemäß BARNEY (1991, 1995) bestimmte *Voraussetzungen* erfüllt sind:

- Die Ressourcen müssen *Wert generierend* sein in dem Sinne, dass sie einen Beitrag zur Steigerung der Effizienz und/oder Effektivität leisten.
- Die Ressourcen müssen *knapp* sein, weil ansonsten jeder Wettbewerber darüber verfügen und damit kein Wettbewerbsvorteil entstehen könnte.
- Die Ressourcen dürfen *nicht vollständig imitierbar* sein, weil dann ebenfalls Wettbewerber ihren Nachteil leicht ausgleichen könnten. Beispiele für mangelnde Imitierbarkeit könnten eine langfristig gewachsene Unternehmenskultur oder Markenreputation sein.
- Die Ressourcen dürfen *nicht substituierbar* (z. B. Kostenvorteile wegen niedriger Lohnkosten durch höhere Produktivität) sein, weil natürlich auch in diesem Fall Wettbewerber einen Nachteil schnell ausgleichen könnten.

Unter dem Begriff Ressourcen werden im Rahmen der «Resource Based View» solche Inputfaktoren verstanden, die tatsächlich «unternehmensspezifisch», das heißt nicht bzw. sehr schwer nachzuahmen sind. Solche Ressourcen zeichnen sich dadurch aus, dass sie einzigartig, nur schwer zu handeln und somit nicht oder nur unter Inkaufnahme von prohibitiven Transaktions- und Transferkosten von einem anderen Unternehmen genutzt werden können. Mit anderen Worten, unternehmensspezifische Ressourcen können im Regelfall nicht gekauft werden (zumindest nicht losgelöst vom jeweiligen Unternehmen), sondern können nur – teilweise sehr langwierig – entwickelt werden. Typischerweise handelt es sich hierbei häufig um «Soft assets» wie Werte, Kulturen und «verborgenes Wissen» (Tacit knowledge). Solche unternehmensspezifischen Ressourcen stellen oft die zentrale Quelle für Wettbewerbsvorteile dar. «Heterogeneity is the most basic condition. It is the sine-qua-non of competitive advantage...» (PETERAF 1993, S. 185).

In gedanklicher Verbindung mit dem ressourcenbasierten Ansatz steht die Ausrichtung auf (Kern-)Kompetenzen («Capabilities»), die insbesondere durch PRAHALAD/HAMEL (1990) starke Beachtung gefunden hat. Da für sich allein genommen nur wenige Ressourcen produktiv sein können, werden im Regelfall mehrere Ressourcen benötigt, um eine Aufgabe oder Aktivität auszuführen. Eine «Capability» oder auch Kompetenz stellt die Fähigkeit dar, Ressourcen so zu bündeln, dass sie erfolgsträchtig eingesetzt werden können. «A capability is the capacity for a team of resources to perform some task or activity» (Grant 1991, S. 119). Unter «Strategic Capabilities» (Grant 1991) werden Fähigkeiten verstanden, die ursächlich für den langfristigen Unternehmenserfolg sind und sich in der Regel dadurch auszeichnen, dass sie mehrere funktionale Capabilities integrieren. So besitzt beispielsweise die Fast Food-Kette McDonald's eine Reihe überragender Fähigkeiten in den Gebieten der Produktentwicklung, der Marktforschung, im Personalmanagement, der Finanzsteuerung und im Prozessmanagement. Letztlich entscheidend für den jahrzehntelangen Unternehmenserfolg ist jedoch die strategische Fähigkeit, all diese funktionalen Fähigkeiten derart zu integrieren, dass weltweit in Tausenden von Restaurants mit hoher Konsistenz Produkte und Dienstleistungen auf einem bestimmten und verlässlichen Qualitätsniveau angeboten werden können. PRAHALAD/HAMEL (1990) bezeichnen solche strategischen Capabilities als Kernkompetenzen.

Um Wettbewerbsvorteile in einem immer dynamischer und komplexer werdenden Umfeld auf- und ausbauen zu können, reicht es aber nicht aus, bestehende Kernkompetenzen zu verwerten. Vielmehr müssen Unternehmen spezifische Fähigkeiten besitzen, um (Kern-)Kompetenzen neu- und weiterentwickeln zu können. TEECE/PISANO/SHUEN (1997) sprechen in diesem Zusammenhang von «Dynamic Capabilities». Um den Herausforderungen einer sich wandelnden Umwelt begegnen zu können, müssen Unternehmen vor allem fähig sein, interne und externe (Kern-)Kompetenzen zu integrieren, zu adaptieren und zu rekonfigurieren (neu herauszubilden).

Wenn man beide Ansätze – die eingangs dieses Abschnitts kurz angesprochene Sichtweise, dass der Erfolg von Unternehmen wesentlich von den jeweiligen Marktbedingungen abhängt, und den ressourcenbasierten Ansatz – gegenüberstellt, dann gelangt man schnell zu der Frage, welcher dieser Ansätze den Unternehmenserfolg besser erklärt, bzw.

zu der Frage, ob Marktbedingungen oder Ressourcen und Aktivitäten der einzelnen Unternehmen in dieser Hinsicht größere Bedeutung haben. Dazu liegt inzwischen eine Reihe empirischer Untersuchungen vor, deren wichtigste Ergebnisse hier skizziert seien (siehe dazu die Übersichten bei BESANKO et al. 2007, S. 348 ff. und bei HUNT 2000, S. 153 ff.). Diese Untersuchungen (RUMELT 1991; ROQUEBERT/PHILLIPS/WESTFALL 1996; MAURI/ MICHAELS 1998) zeigen durchgehend, dass Spezifika der einzelnen Unternehmen einen deutlich größeren Einfluss auf deren Profitabilität haben als die Marktsituation der jeweiligen Branche. In den genannten Studien zeigte sich, dass 19 Prozent bis 44 Prozent der Varianz der abhängigen Variable Return on Investment (oder ähnlicher Maßgrößen) unternehmensspezifisch zu erklären waren, aber nur 4 bis 19 Prozent branchenspezifisch. Auch MICHAEL PORTER, der ansonsten die Bedeutung der Branchensituation für den Erfolg von Unternehmen stark betont, fand in einer eigenen Studie bei über 7 000 Unternehmen (MCGAHAN/PORTER 1997) einen Anteil durch Unternehmensspezifika erklärter Varianz der Profitabilität von etwa 36 Prozent, während nur knapp 19 Prozent der Varianzerklärung auf die jeweilige Branche zurückzuführen war. Offenkundig haben also die in den Unternehmen realisierten Strategien und Maßnahmen erheblichen Einfluss auf deren finanziellen Erfolg. Ansonsten wären ja Kreativität und Anstrengungen im Hinblick auf Innovationen, Kostensenkungen, Marketingkonzepte usw. weitgehend überflüssig. Natürlich käme in Theorie (siehe z. B. BESANKO et al. 2007, S. 346 ff.) und Praxis niemand auf die Idee, deswegen die (relativ seltenen) Entscheidungen über die Auswahl von Märkten (siehe Abschnitt 3.4) für unwichtig zu halten. Man kann vielmehr davon ausgehen, dass in unterschiedlichen Märkten unterschiedliche Profitabilität erreichbar ist, dass aber die Variation der Profitabilität innerhalb einer Branche durch die Unternehmensressourcen sowie die Strategien zu deren Einsatz und Entwicklung bestimmt wird.

Beide Ansätze führen zu unterschiedlichen Schwerpunkten für die Entwicklung von Strategien, die *Outside-in-* und die *Inside-out-Perspektive*. Ausgehend von unterschiedlichen Ausgangspunkten setzen sich Outside-in- und Inside-out-Perspektive mit derselben Aufgabenstellung auseinander: Dem Auf- und Ausbau von Wettbewerbsvorteilen. Beide Perspektiven liefern zum einen wertvolle Einsichten zum Entstehen und Behaupten von Wettbewerbsvorteilen, weisen zum anderen aber auch eine gewisse Einseitigkeit in der Argumentation auf. Vereinfacht dargestellt, sagt man in der Outside-in-Perspektive: Suche einen attraktiven Markt und nutze bzw. verschaffe dir die erforderlichen Ressourcen, um in diesem Markt Wettbewerbsvorteile zu erlangen. In der Inside-out-Perspektive argumentiert man gewissermaßen spiegelbildlich: Identifiziere deine Kernkompetenzen und wähle dann die Märkte aus, in denen sich deine Ressourcen am effektivsten verwerten lassen. Der Unterschied beider Perspektiven liegt im Wesentlichen in der Priorisierung: In einem Fall ist in erster Linie die Attraktivität des Markts und im anderen die Spezifität der Ressourcen ursächlich für das Erzielen von Wettbewerbsvorteilen. WERNERFELT, einem der profiliertesten Vertreter der «Resource Based View», kann daher zugestimmt werden, wenn er feststellt: «Strategies which are not resource-based are unlikely to succeed (…). This is so obvious that I suspect that we soon will drop the compulsion to note that an argument is «resource-based». Basing strategies on the differences between firms should be automatic, rather than noteworthy.» (WERNERFELT 1995, S. 173).

Aus einer Outside-in-Perspektive kann allerdings mit derselben Logik formuliert werden, dass Strategien, die nicht «market-based» sind, mit hoher Wahrscheinlichkeit nicht erfolgreich sein werden. Zudem benötigen Unternehmen auch eine Ausrichtung, wenn sie ihre Kernkompetenzen im Sinne des Dynamic Capabilities-Ansatzes neu- oder weiterentwickeln wollen bzw. aufgrund von Umweltveränderungen müssen. Damit ist insbesondere die Orientierung an attraktiven Branchen bzw. Märkten gemeint.

3.1.3 Entwicklung und Wirkungen von Wettbewerbsvorteilen

Zur Verdeutlichung des hier interessierenden Prozesses der Entwicklung (und Weiterentwicklung) von Wettbewerbsvorteilen und ihrer Wirkungen wird hier die im Marketing stark beachtete *Resource-Advantage-Theorie (R-A-Theorie)* von SHELBY HUNT verwendet. Diese wurde zunächst in einem Aufsatz von HUNT/MORGAN (1995) umrissen und dann in einer größeren Zahl folgender Publikationen weiter entwickelt und diskutiert. Hervorhebenswert sind eine umfassende Buchpublikation von HUNT (2000) und eine Zusammenfassung des aktuellen Diskussionsstandes in HUNT (2010, S. 359 ff.). Der folgende kurze Überblick zu zentralen Aspekten der R-A-Theorie stützt sich hauptsächlich auf diese Quellen.

Die R-A-Theorie hat einige charakteristische Merkmale, die sie von anderen Wettbewerb erklärenden Theorien unterscheidet und für praktische Anwendungen nützlich macht: a) Es handelt sich um eine dynamische Theorie, weil der Wettbewerbsprozess im Mittelpunkt steht, b) Es werden Erkenntnisse aus verschiedenen Teilgebieten der Wirtschaftswissenschaften (einschließlich verhaltenswissenschaftlicher Erkenntnisse) integriert, c) Aus der R-A-Theorie lassen sich Ansatzpunkte für die Entwicklung von Strategien ableiten, d) Die der R-A-Theorie zu Grunde liegenden Annahmen sind realitätsnäher als manche stärker volkswirtschaftlich geprägten theoretischen Ansätze zum Wettbewerb und seinen Ergebnissen. Die einzelnen Annahmen müssen im Zusammenhang dieses Lehrbuchs nicht referiert werden. Es sei auf die entsprechenden Publikationen von HUNT (2000, S. 105 ff.; 2002, S. 252) verwiesen.

Ein zentrales Element der R-A-Theorie lässt sich recht einfach durch die Abb. 3.1 veranschaulichen. Darin sind die drei zentralen Elemente Ressourcen, Marktposition und finanzieller Erfolg sowie ihr Zusammenhang dargestellt. Ausgangspunkt der Betrachtung seien zunächst die Ressourcen.

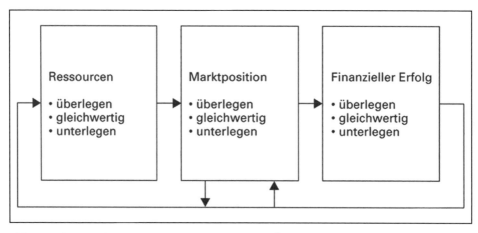

Abb. 3.1 Elemente der Resource-Advantage-Theorie im Überblick (nach HUNT 2000, S. 136)

Bei der Betrachtung von Unternehmen konzentriert sich die R-A-Theorie (ihrem Namen entsprechend) auf den Aspekt, dass diese eine Ansammlung beziehungsweise Kombination von Ressourcen (siehe Abschnitt 3.1.2) darstellen. Die jeweilige Ressourcenausstattung kann es Unternehmen ermöglichen, bestimmte Leistungen kostengünstiger zu erzeugen (*Effizienzvorteil*) oder in der Wahrnehmung der Kunden überlegene Leistungen (*Effektivitätsvorteil*) zu erzeugen. So kann es großen Anbietern (Economies of Scale) mit entsprechenden Fertigungsanlagen gelingen, (Standard-)Produkte mit deutlich unterdurchschnittlichen Kosten zu fertigen, und andere Unternehmen, die über spezielles Entwicklungs-Know-how und starke Marken verfügen (z. B. Apple, Porsche), bieten herausragende, vielleicht sogar einzigartige, Produkte an.

> **Zur Kennzeichnung von Effektivität und Effizienz**
> (PLINKE 2000, S. 86):
> «*Effektivität* ist ein externes Leistungsmaß, das angibt, inwieweit ein Unternehmen den Erwartungen und Ansprüchen seiner Kunden gerecht wird. *Effizienz* ist ein internes Leistungsmaß, das das Verhältnis von Output zu Input angibt.»

Die verschiedenen Kombinationen von Kosten und Wert der angebotenen Leistungen (im Vergleich zu Konkurrenten) sind in Abb. 3.2 zusammengestellt. Darin ist leicht erkennbar, dass ein Vorteil in einer der Dimensionen, der nicht durch einen Nachteil in der anderen Dimension aufgehoben wird, zu einem Wettbewerbsvorteil führt (Felder 2, 3 und 6) und umgekehrt (Felder 4, 7 und 8). In Feld 5 gibt es weder Vor- noch Nachteil. Bei den Feldern 1 und 9 ist die Situation unbestimmt, weil offen bleibt, wie groß die Unterschiede in den beiden Dimensionen sind, ob zum Beispiel in Feld 1 ein etwas geringerer Wert der Leistung durch einen sehr großen Kostenvorteil mehr als kompensiert wird. Die Aussagekraft einer solchen Darstellung ist natürlich auf ein einzelnes Marktsegment begrenzt, weil es ansonsten kaum möglich wäre, den Wert verschiedener Leistungen für die Kunden einzuschätzen. Für eine Betrachtung eines umfassenden Geschäftsbereichs oder eines ganzen Unternehmens müssten also entsprechende Darstellungen zusammengeführt werden.

		Wert der Leistung		
		geringer	etwa gleich	größer
Kosten	geringer	1 Wettbewerbsposition unbestimmt	2 Wettbewerbsvorteil	3 Wettbewerbsvorteil
	etwa gleich	4 Wettbewerbsnachteil	5 weder Vor- noch Nachteil	6 Wettbewerbsvorteil
	höher	7 Wettbewerbsnachteil	8 Wettbewerbsnachteil	9 Wettbewerbsposition unbestimmt

Abb. 3.2 Unterschiedliche Wettbewerbspositionen nach HUNT (HUNT 2000, S. 137)

Über den schon in Abschnitt 3.1.1 angesprochenen Mechanismus, dass Wettbewerbsvorteile (-nachteile) zu größeren (geringeren) verkauften Mengen und/oder zu höherer (niedrigerer) Umsatzrendite führen, ergibt sich für die einzelnen Teilmärkte ein überlegener, gleichwertiger oder unterlegener finanzieller Erfolg (rechter Teil in Abb. 3.1). Daraus entsteht der Antrieb beim Management, über die Veränderung der Ressourcenausstattung die Wettbewerbsposition zu verbessern bzw. zu festigen. Wichtige Mittel dazu sind unter anderem Innovationen, Erfolg versprechende neue Strategien und die Nutzung vorhandener oder durch den finanziellen Erfolg entstehender finanzieller Ressourcen. Typische Beispiele dafür sind:

- Ausbau rechtlicher Ressourcen durch Kauf von Patenten oder Markenrechten
- Ausbau menschlicher Ressourcen durch Mitarbeiter-Schulungen
- Ausbau von Vertriebssystem, Know how usw. durch Kauf von Unternehmen

Am Beispiel von Marken lässt sich dieser Prozess leicht veranschaulichen. Das Vorhandensein einer starken Marke (Ressource) führt direkt zu höherem Marktanteil (und entsprechenden Verkaufszahlen) und/oder zur Bereitschaft von Kunden, für das Produkt einen höheren Preis (im Vergleich mit markenlosen Produkten) zu zahlen. Beides (Verkaufsmenge und Preisbereitschaft) wirkt sich direkt auf den finanziellen Erfolg aus, der es wiederum ermöglicht, die Marke weiter zu stärken, z. B. durch intensivierte Kommunikation oder weitere Produktentwicklung.

Daneben spielen Lernprozesse (z. B. im Hinblick auf Wissen über Kunden oder Vertriebspartner) auf Basis des in Abb. 3.1 berücksichtigten Feedbacks (siehe HUNT 2000, S. 145 ff.) eine Rolle. Man erkennt, dass für so verstandenen Wettbewerb Instabilität typisch ist, weil immer wieder versucht wird, durch die Entwicklung von Ressourcen weitere Wettbewerbsvorteile zu erzielen beziehungsweise auf die Vorteile von Wettbewerbern zu reagieren.

Ressourcen allein können natürlich noch nicht die Marktposition eines Unternehmens beeinflussen. Dazu bedarf es entsprechender Umsetzungen vor allem bei der Auswahl von Märkten (Wo?) und bei den Entscheidungen über die Art der den Kunden gebotenen Vorteile (Wie?). Entscheidungen über bearbeitete Märkte und über Unterschiede des eigenen Produkts im Vergleich zu Konkurrenzangeboten münden in eine entsprechende Positionierung (→ marktorientierte Geschäftsfeldplanung). Diese bietet wiederum den Hintergrund für die Entwicklung des Marketing-Mix (siehe Kapitel 5), durch das man für die Kunden einen Wert (Produktleistung − Kosten) schafft, diesen Wert kommuniziert und über ein entsprechendes Distributionssystem zugänglich macht. Abbildung 3.3 illustriert diese Schritte.

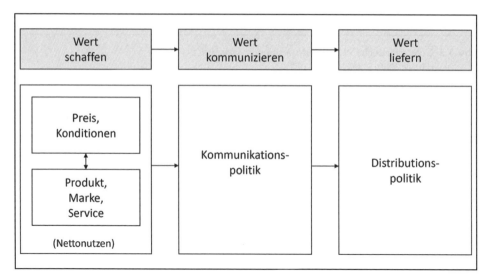

Abb. 3.3 Wert schaffen, kommunizieren und liefern mit dem Marketing-Mix (nach Chernev 2009, S. 121)

3.2 Leitlinien aus der strategischen Unternehmensplanung

Das vorliegende Kapitel ist dem Teil der Unternehmensplanung gewidmet, der sich mit der Auswahl von Märkten und mit grundsätzlichen Überlegungen zur Art der Marktbearbeitung beschäftigt. Die Bezeichnung «marktorientierte Unternehmensplanung» soll diese Betrachtungsweise kennzeichnen. Der damit umrissene Bereich wird im Zusammenhang der Marketingplanung behandelt, weil hier einerseits die Leitlinien für die weiteren Schrit-

3.2 Leitlinien aus der strategischen Unternehmensplanung

te der Marketingplanung festgelegt werden und andererseits marktorientierte Analysen und Überlegungen bei diesen strategischen Entscheidungen eine zentrale Rolle spielen.

Der marktorientierten Planung übergeordnet sind typischerweise Festlegungen bezüglich der *Unternehmensziele* (z. B. Wachstum oder Stabilisierung) und allgemeiner *Grundsätze des Unternehmens* (z. B. Leitbild und ethische Prinzipien). Beide – Ziele und Grundsätze – werden geprägt durch Einflüsse von Unternehmenseignern und Beschäftigten, von Traditionen des Unternehmens und seiner Kultur, von den gegebenen Möglichkeiten (Ressourcen und Fähigkeiten) und nicht zuletzt von den ökonomischen und gesellschaftlichen Rahmenbedingungen. Normalerweise beziehen sich Unternehmensziele nicht nur auf einen Aspekt (z. B. ausschließlich Gewinn oder Wachstum), sondern auf eine Auswahl von mehreren Gesichtspunkten mit mehr oder weniger expliziter Gewichtung. Verbreitete Bedeutung haben unter anderem (siehe z. B. WALKER/BOYD/LARRÉCHÉ 1999, S. 44):

- *Rentabilitätsziele* (Gewinn, Umsatzrentabilität, ROI usw.),
- *Größen- und Wachstumsziele* (Umsatz bzw. Umsatzsteigerung, Marktführerschaft usw.),
- *finanzielle Ziele* (Liquidität, Selbstfinanzierungsgrad usw.),
- *soziale Ziele* (Erhaltung von Arbeitsplätzen, Zufriedenheit und Motivation der Mitarbeiter usw.),
- *Machtziele* (Sicherung der Unabhängigkeit des Unternehmens, ökonomischer und gesellschaftlicher Einfluss usw.),
- *Visionen* (langfristig zu erreichende allgemeine Ziele).

Den Unternehmenszielen übergeordnet, beziehungsweise gedanklich vorgelagert sind oftmals allgemeine Grundsätze der Unternehmenspolitik. Hier ist zunächst ein *Unternehmenszweck* («Business Mission») zu nennen, der meist auf eine Problemlösung/einen Nutzen beim Kunden bezogen ist.

In den letzten Jahren sind *ethische Prinzipien* immer stärker beachtet worden. Besondere Prominenz haben in diesem Zusammenhang die gesundheitliche Verträglichkeit von Produkten und der Umweltschutz erlangt. So stellen sich Unternehmen im Hinblick auf ethische Verantwortbarkeit die Frage, ob sie sich aus Märkten für gesundheitsschädliche (z. B. Zigaretten) oder ökologisch schädliche Produkte (z. B. Pestizide) zurückziehen.

Die Relevanz der vorstehend skizzierten Gesichtspunkte für die Marketingplanung ist leicht erkennbar. Durch Unternehmenszweck und ethische Begrenzungen der Unternehmenstätigkeit wird für die später ausführlicher zu diskutierende Frage, auf welchen Märkten ein Unternehmen tätig ist/sein will («Wo?»), ein Rahmen vorgegeben. Konkrete Beispiele dafür sind Unternehmen, die sich auf bestimmte Tätigkeitsbereiche konzentrieren (z. B. Daimler AG als «Mobilitätskonzern») oder sich auf bestimmte Leistungsstandards festlegen (z. B. Apple als Anbieter von innovativen Produkten mit gutem Design und leichter Bedienbarkeit) oder aus ethischen Gründen bestimmte Märkte nicht bedienen (z. B. Technologieexport in militärisch aggressive Länder). Ein sehr bekanntes Beispiel für die Umsetzung von Unternehmensgrundsätzen bei der Art der Vermarktung von Produkten (Wie?) stellt das Einzelhandelsunternehmen «Body Shop» (Körperpflege und Kosmetik) dar. Hier bestimmen Natürlichkeit, Umweltschutz und soziale Verantwortung die Auswahl der Produkte, Präsentation und Verpackung sowie die Gestaltung der Geschäfte: «Das Herz unseres Business sind unsere Werte – es schlägt für alles und in allem, was wir tun» (www.thebodyshop.de).

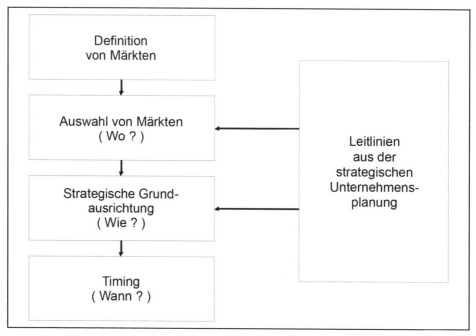

Abb. 3.4 Einfluss der strategischen Unternehmensplanung auf die marktorientierte Unternehmensplanung

Die eingangs dieses Abschnitts angesprochenen Unternehmensziele haben etwas differenziertere Auswirkungen. Auch hier ist natürlich der Zusammenhang zur Frage «Wo?» deutlich erkennbar. Unterschiedliche Gewichtungen von Wachstum, Profitabilität, Stabilität usw. haben eben entsprechende Kriterien zur Bewertung der Attraktivität von Märkten zur Folge. Unternehmen, die Marktführer werden und eine dominierende Position erringen wollen, dürfen ihr Tätigkeitsfeld nicht zu eng begrenzen. Ein weiteres Beispiel könnte eine Finanz-Holding sein, die bestimmten Rendite-Vorgaben folgt und sich nur in Branchen engagiert, die diesen Vorgaben entsprechen. Von den Zielen wird auch die Frage «Wie?» berührt, also die Frage, wie Unternehmen Wettbewerbsvorteile gewinnen können. So hat die Fristigkeit von Gewinnzielen Auswirkungen auf die Bereitschaft, in neue Produkte und die Erschließung neuer Märkte zu investieren; eine angestrebte Marktführerschaft bedingt oftmals die Erschließung von Massenmärkten durch Kostenführerschaft. Abbildung 3.4 illustriert diese Zusammenhänge.

Nachdem hier einige sich aus der Unternehmensplanung ergebende Leitlinien für die Marketingplanung skizziert worden sind, sollen in den folgenden Abschnitten die Grundentscheidungen der marktorientierten Unternehmensplanung diskutiert werden.

3.3 Definition der Geschäfts- und Markttätigkeit

3.3.1 Relevanter Markt, Marktareale und Marktsegmente

Eine besonders einfach scheinende Frage gehört zu den schwierigsten und wichtigsten, die sich ein Unternehmen stellen kann:

In welchem Markt sind wir tätig beziehungsweise wollen wir tätig werden?

Vordergründige und schnelle Antworten auf diese Frage können langfristig den Erfolg und sogar die Existenz von Unternehmen gefährden. Ein bekanntes Beispiel dafür sind die amerikanischen Eisenbahngesellschaften, die zur damaligen Zeit annahmen, in der Eisenbahnbranche tätig zu sein und nicht in der Transportbranche. Das hatte zur Folge, dass sie an der wachsenden Nachfrage nach Transportleistungen nicht partizipierten und Spediteure, die LKWs einsetzten, den Markt bedienten.

Man spricht hier auch vom relevanten Markt. «Hierbei wird der *relevante Markt* als ein wettbewerbsstrategisch relevanter Ausschnitt des Gesamtmarktes interpretiert, das heißt als dasjenige Marktfeld, auf dessen Bearbeitung die Marketing-Instrumente im Sinne des *bedienten Marktes* («served market») ausgerichtet sind» (MÜLLER 1995, Sp. 767).

Wie lässt sich der relevante Markt nun näher kennzeichnen? Wesentlich dafür sind vor allem dessen sachliche und räumliche Abgrenzung. Für die sachliche Abgrenzung ist das Ausmaß der Substitutionsmöglichkeiten zwischen verschiedenen Produkten maßgeblich. BESANKO et al. (2007, S. 193) stellen bezüglich der Substituierbarkeit die folgenden Gesichtspunkte in den Vordergrund:

- gleiche oder ähnliche Leistungen der Produkte (so sind für manche Kunden wohl Autos der Typen BMW 3er bzw. Mercedes C-Klasse relativ weitgehend wechselseitig substituierbar, die Typen Smart und VW Passat Kombi wohl deutlich weniger);
- gleiche oder ähnliche Gelegenheiten zur Verwendung der Produkte (so werden z. B. Hamburger und Curry-Wurst in ähnlichen Situationen als schnelle Mahlzeiten verwendet, bei Kaltgetränken wie Cola und Wein dürfte die Verwendung dagegen sehr verschieden sein).

Als weitere Voraussetzung der Substituierbarkeit nennen BESANKO et al. (2007, S. 193) die Erhältlichkeit im selben geographischen Markt. Bei einem durch geographische Merkmale charakterisierten Markt spricht man von einem «Marktareal». Das Stichwort «*Marktareale*» bezieht sich auf die *regionale Abgrenzung* von Absatzmärkten. Durch die Entwicklungen im Bereich des Transport- und Lagerwesens, den Abbau von Handelsbarrieren, die Verbesserung von Kommunikationsmöglichkeiten, die Einebnung kultureller Unterschiede usw. sind viele Grenzen von Absatzmärkten, die lange Zeit als vorgegeben erschienen, heute relativiert worden. So findet man bei Produkten, die wegen ihrer Transportkosten und -zeit (Frische der Produkte) früher eher regional vermarktet wurden, heute weit-aus größere Marktareale; zum Beispiel bei Obst, Gemüse und Blumen aus Israel oder Südamerika. Die Frage, in welchem Gebiet ein Produkt angeboten wird, beantwortet sich nicht mehr gewissermaßen von selbst, sondern ist Gegenstand strategischer Überlegungen.

Hier werden in Anlehnung an BECKER (2013, S. 303) und JAIN (2000, S. 601 ff.) unterschieden:

- lokale Markterschließung,
- regionale Markterschließung,
- nationale Markterschließung,
- internationale Markterschließung.

Die Begrenzung auf *lokale Märkte* (Heimatmarkt im direkten Einzugsbereich eines Unternehmens) findet man heute im Bereich der Industrie kaum noch. Ausnahmen bieten am ehesten (wegen ihrer besonderen Produktionsbedingungen) die Baubranche und (wegen ihres oftmals lokalen Bezugs) die Verlags- und Druckereibranche. Dagegen ist die einzig lokale Markterschließung noch für viele Firmen des Einzelhandels, des Handwerks und verschiedener Dienstleistungsbereiche (z. B. Wäschereien) gebräuchlich.

Eine *regionale Strategie* kann sich in Deutschland zum Beispiel auf ein einzelnes Bundesland oder einige davon beziehen. Oftmals liegen die Gründe für die Beschränkung auf regionale Märkte in besonderen Erfordernissen der Logistik oder in der Orientierung an regionalen Geschmackspräferenzen. Beispiele dafür findet man unter anderem in der Getränkebranche (z. B. Brauereien), bei Filialunternehmen des Einzelhandels und im Nahrungsmittelbereich (z. B. Großbäckereien, Molkereien).

In vielen Branchen erfolgt eine Ausrichtung auf *nationale Märkte*. Hier sei nur an die Mehrzahl von Markenartikeln im Konsumgüterbereich, an große Dienstleistungsunternehmen (z. B. viele Banken, Deutsche Bahn AG oder SBB) oder an große Zeitungsverlage erinnert. Diese Ausrichtung entspricht der kulturellen, sozialen, ökonomischen und politischen Einheitlichkeit nationaler Märkte. Im Business-to-Business-Bereich sind ohnehin nur in wenigen Branchen Gründe für regionale Beschränkungen gegeben. Im Konsumgüterbereich haben unter anderem folgende Faktoren zur Entwicklung nationaler Marken beigetragen:

- Wichtige Werbeträger (Fernsehen, Zeitschriften) erreichen nationale Gesamtmärkte und können nur für entsprechend ausgerichtete Produkte effizient eingesetzt werden.
- Die Erhältlichkeit im Gesamtmarkt gilt als Voraussetzung für die Etablierung großer Marken.
- Im nationalen Gesamtmarkt tätige Handelsunternehmen bevorzugen in ihren Sortimenten entsprechend verbreitete Marken.

Die gegenwärtig schon große und offenbar weiter wachsende Bedeutung *internationaler Märkte* ist sowohl durch gesamtwirtschaftliche als auch durch betriebswirtschaftliche Gesichtspunkte erklärbar. Für die erstgenannten Aspekte sind insbesondere die zunehmende internationale Arbeitsteilung und die Liberalisierung des Welthandels erwähnenswert. Aus betriebswirtschaftlicher Sicht sprechen unter anderem Kostenaspekte (Betriebsgrößenersparnisse, Erfahrungskurveneffekt, Ausnutzung von Kostenvorteilen im Ausland), Größe und Wachstum der Märkte sowie die Notwendigkeit, auf internationale Wettbewerber und die Wünsche international tätiger Kunden zu reagieren, für eine Internationalisierung des Absatzgebiets. Auf einzelne (ausgewählte) Aspekte des internationalen Marketing wird in den folgenden Abschnitten dieses Kapitels kurz eingegangen.

In vielen Fällen wird eine Aufteilung und Abgrenzung von Märkten nach den vorstehend umrissenen Kriterien noch zu grob sein, um eine genaue Ausrichtung von Angeboten auf die spezifischen Wünsche bestimmter Kundengruppen zu ermöglichen. Der Grund dafür liegt darin, dass in den meisten Märkten die Bedarfssituationen immer differenzierter geworden sind. Selbst bei einem Produkt wie elektrischem Strom, bei dem man noch vor wenigen Jahren kaum Unterschiede wahrnehmen konnte, gibt es inzwischen Ansätze zu differenzierter Marktbearbeitung (z. B. Angebot von «Öko-Strom», Yello-Strom). Wegen dieser weit reichenden Bedeutung spielt die *Marktsegmentierung* auf den verschiedenen Ebenen der Marketingplanung mit ihren verschiedenen Konkretisierungsgraden immer wieder eine wesentliche Rolle. Man versteht darunter die Aufteilung eines relativ heterogenen Markts in homogene Kundengruppen mit dem Ziel der spezifischen Ansprache einzelner oder mehrerer dieser Gruppen.

3.3.2 Der Ansatz von ABELL zur Definition von Märkten

Die *Definition von Absatzmärkten*, in denen ein Unternehmen tätig ist/sein will, hat nach DAY (1984) drei wesentliche *Funktionen*:

- Die Aufmerksamkeit des Managements wird auf die Gesichtspunkte gelenkt, die für den dauerhaften Markterfolg des Unternehmens wichtig sind. Das sind meist die der Nachfrage zu Grunde liegenden Bedürfnisse und/oder die wesentlichen Kompetenzen (z. B. bei Technologie oder Service) eines Unternehmens.

- Die Grenzen der Unternehmenstätigkeit werden abgesteckt und gleichzeitig Perspektiven für das Wachstum des Unternehmens eröffnet. Wenn sich beispielsweise die Lufthansa als Anbieter von Transportleistungen versteht, dann lässt das Aktivitäten in den Bereichen Lufttaxi, Schnellbahnzüge, Flughafenzubringer usw. zu, schließt aber eine Tätigkeit als Veranstalter von Pauschalreisen aus.

- Die Grundlagen für die Analyse der Situation des Unternehmens werden gelegt, indem dessen Absatzmarkt abgegrenzt und Wettbewerber identifiziert werden.

Zur Bedeutung der Definition von Märkten
(ABELL 1980, S. 6)
«In strategischer Sichtweise stellt sich die Frage der Marktdefinition – zumindest implizit – wenn vom Management ein neues Produkt eingeführt wird, ein altes Produkt

> eliminiert wird, ein vorhandenes Produkt an neue Kundengruppen vermarktet wird, die Unternehmenstätigkeit durch Akquisitionen diversifiziert wird oder ein Teil des Unternehmens durch Verkauf aufgegeben wird.»

Als Hilfsmittel zur Definition der Absatzmärkte von Unternehmen ist von ABELL (1980) ein mehrdimensionaler Ansatz eingeführt worden, der seither starke Beachtung gefunden hat. In einer von DAY (1984) ergänzten Version dieses Ansatzes werden die vier Dimensionen

- Funktion,
- Technologie,
- Marktsegment und
- Wirtschaftsstufe

verwendet, die im Folgenden kurz erläutert werden sollen.

Bei der *Funktion* geht es um die Eigenschaftsmerkmale des Leistungsangebots von Unternehmen für die Kunden, also um die Nutzungsmöglichkeiten von Produkten (Sachgüter und Dienstleistungen). Bezogen auf Verlage könnten die Funktionen von deren Produkten in der Unterhaltung, in aktuellen Information, in der Unterstützung von Bildung und Ausbildung usw. bestehen.

Das Stichwort *Technologie* bezieht sich auf unterschiedliche Verfahren oder Werkstoffe, mit denen die Funktionserfüllung beim Kunden erreicht werden kann. Bei dem erwähnten Beispiel der Verlage könnten im Hinblick auf die Technologie z. B. Bücher, Zeitschriften, Hörbücher und Internet-Angebote unterschieden werden. Allerdings ist natürlich nicht jede Technik für alle Funktionserfüllungen gleichermaßen geeignet.

Die Einteilung eines Gesamtmarktes in *Marktsegmente* gehört zu den schon länger im Marketing etablierten grundlegenden Prinzipien. Gemeint ist damit die Bildung von Kundengruppen, die hinsichtlich ihrer Bedürfnisse und Charakteristika möglichst homogen sind. Wenn man beim Beispiel der Verlage bleibt, könnten das vielleicht Privatpersonen, Schüler und Studierende, Unternehmen und Bibliotheken sein.

Die vierte Dimension des hier skizzierten Ansatzes zur Definition von Absatzmärkten ist die *Wirtschaftsstufe*, auf der ein Unternehmen tätig wird. Damit sind die verschiedenen Phasen der wirtschaftlichen Leistungserstellung von der Rohstoffgewinnung bis zur Auslieferung des fertigen Produkts an den Endabnehmer angesprochen. Im Verlags-Beispiel könnte man hier daran denken, dass ein Unternehmen vielleicht eigene Druckereien betreibt und ein anderes den Vertrieb an die Endverbraucher nicht über den Handel, sondern im Direktvertrieb vornimmt (z. B. Bertelsmann Buchclub). Auf derartige Aspekte der vertikalen Marktabgrenzung wird im Abschnitt 3.3.4 näher eingegangen.

Gelegentlich findet man grafische Darstellungen, in denen die Wahlmöglichkeiten von Unternehmen im Hinblick auf die genannten Dimensionen visualisiert sind. Eine Illustration zu dem Verlags-Beispiel, in der natürlich nur drei Dimensionen (hier die ersten drei) berücksichtigt werden können, findet sich in Abb. 3.5.

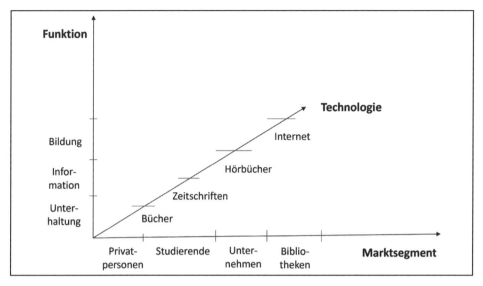

Abb. 3.5 Beispiel zur Definition von Absatzmärkten für Verlage

3.3.3 Strategische Geschäftsfelder

In den ersten Abschnitten dieses Lehrbuchs wurden mehrfach die Begriffe «Geschäftsbereich» oder «Produkte» im Zusammenhang mit der Marketingplanung erwähnt. In den vorhergehenden Abschnitten 3.3.1 und 3.3.2 sind bereits einige Ansatzpunkte zur Charakterisierung und Abgrenzung von Märkten vorgestellt worden, die die Grundlage für Entscheidungen im Rahmen der Marketingplanung darstellen können. An dieser Stelle soll ein Schritt weiter gegangen werden und neben der Abgrenzung eines Markts auch die Wettbewerbsverhältnisse und die eigene Strategie eines Unternehmens bei der Festlegung von Einheiten, auf die sich Entscheidungen der Marketingplanung beziehen, berücksichtigt werden. Es geht hier also um die Definition so genannter *strategischer Geschäftsfelder* (SGF). Zu einem strategischen Geschäftsfeld gehören

- eine identifizierbare Strategie,
- ein bestimmter Kundenkreis (Marktsegment) und
- ein identifizierbarer Kreis von Konkurrenten.

Insofern wird hier die Besonderheit dieses Ansatzes erkennbar: Die Ausrichtung auf bestimmte Märkte wird mit der Berücksichtigung unterschiedlicher Wettbewerbsverhältnisse in verschiedenen (Teil-)Märkten verbunden, woraus sich wiederum unterschiedliche auf die (Teil-)Märkte bezogene Strategien ergeben.

> **Zum Hauptzweck strategischer Geschäftsfelder**
> (BECKER 2013, S. 419)
> «Da die Unternehmen in der Regel Mehrproduktunternehmen sind oder – in strategischen Kategorien ausgedrückt – mehrere Produkt/Markt-Kombinationen zugleich realisieren, müssen …… sinnvolle Geschäftsfelder (sog. strategische Geschäftsfelder) abgegrenzt werden. Für sie werden die beiden Erfolgskomponenten – nämlich Unternehmens- und Umweltkomponente – erfasst, um auf der Basis dieser Analysen für jedes Geschäftsfeld spezielle (Norm-)Strategien abzuleiten.»

Strategische Geschäftsfelder, die manchmal auch kurz als *Produkt-Markt-Kombinationen* charakterisiert werden, sind also Einheiten innerhalb eines Unternehmens, für die separate Strategien entwickelt werden können. «Eine strategische Geschäftseinheit (…) ist eine organisatorische Einheit im Unternehmen mit eigenständiger Marktaufgabe und einem gewissen strategischen Entscheidungsspielraum» (HOMBURG 2012, S. 425). Beachtenswert ist, dass ein Geschäftsfeld mehrere Produkte umfassen kann, aber auch ein Produkt in mehreren Geschäftsfeldern erscheinen kann (siehe Abb. 3.6). Beispielsweise ist es möglich, dass ein Hersteller im Bereich der Unterhaltungselektronik Produkte wie Receiver, Lautsprecherboxen, CD-Player usw. zu einem Geschäftsfeld «HiFi-Geräte» zusammenfasst. Das Gegenbeispiel könnte ein Kaffeeröster sein, der ein Produkt (Kaffee) mit verschiedenen Strategien bei den Kundenkreisen Endverbraucher und Großverbraucher (z. B. Kantinen) anbietet. Hier wäre ein im physikalisch-technischen Sinne identisches Produkt zwei verschiedenen strategischen Geschäftsfeldern zugeordnet.

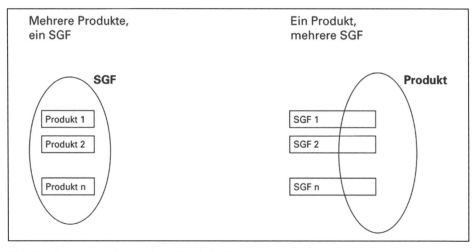

Abb. 3.6 Produkte und strategische Geschäftsfelder (SGF)

Hinsichtlich der Anzahl zu definierender strategischer Geschäftsfelder ergibt sich ein Konflikt aufgrund folgender Aspekte:

- Bei *hoher Aggregation* (wenige SGF, in denen relativ viele Einzelaktivitäten zusammengefasst sind) erreicht man eine gute Überschaubarkeit für die Planung, nimmt aber eine geringe Differenzierung der jeweils verfolgten Strategien in Kauf.
- Bei *geringer Aggregation* (viele «kleine» SGF) hat man mehr Spielraum für eine differenzierte Vorgehensweise bei den verschiedenen Bereichen, muss aber eine geringere Überschaubarkeit von Seiten des Managements hinnehmen.

Wenn man an die im Unterkapitel 1.2 dieses Buchs dargestellten Überlegungen anknüpft, dann kann man sagen, dass die Grundentscheidungen über die Entwicklung von strategischen Geschäftsfeldern im Mittelpunkt der marktorientierten Unternehmensplanung stehen. Diese Entscheidungen beziehen sich auf:

- neue Geschäftsfelder,
- Wachstum, Rückgang oder Beibehaltung der Position bisheriger Geschäftsfelder und
- die Aufgabe bisheriger Geschäftsfelder.

Parallel zur starken Bedeutungszunahme von Marken in den letzten Jahrzehnten hat sich vielfach eine Überschneidung von strategischen Geschäftsfeldern und Marken entwickelt. Es gibt Fälle, in denen eine Mehrzahl von Produkten unter einer Marke zusammengefasst wird (z. B. «Family Brand», siehe Abschnitt 3.7), und andere Fälle, in denen bestimmte nahezu identische oder zumindest ähnliche Produkte unter verschiedenen Marken in unterschiedlichen Teilmärkten angeboten werden (z. B. verschiedene Autotypen des VW-Konzerns).

Die marktorientierte Geschäftsfeldplanung (Kapitel 4) und die Planung des Marketing-Mix (Kapitel 5) dienen dann dazu, Maßnahmen auszuwählen, die geeignet sind, um die in der Unternehmensplanung festgelegten angestrebten Entwicklungen der jeweiligen Geschäftsfelder auch tatsächlich zu realisieren.

3.3.4 Vertikale Grenzen der Unternehmenstätigkeit

Im Zusammenhang mit dem Schema von ABELL (1980) (siehe Abschnitt 3.3.2) ist bereits die Frage angesprochen worden, auf welcher Wirtschaftsstufe (von der Rohstoffgewinnung bis zum Verkauf an Endabnehmer) ein Unternehmen tätig wird bzw. wie viele dieser Stufen die Unternehmenstätigkeit abdeckt. Bei der Ausweitung der Geschäftstätigkeit auf vor- oder nachgelagerte Wirtschaftsstufen spricht man von *vertikaler Integration*. Bei derartigen Fragestellungen knüpft man an die klassische betriebswirtschaftliche Fragestellung, also Einkauf oder eigene Herstellung von Vorprodukten, an. Eine Ausweitung der Unternehmenstätigkeit auf vorgelagerte Wirtschaftsstufen nennt man Rückwärtsintegration; eine Ausweitung in der anderen Richtung (z. B. zusätzliches Angebot von Verkaufs- oder

Serviceleistungen) wird als Vorwärtsintegration bezeichnet. Ein Beispiel für eine solche Vorwärtsintegration bietet der Computerhersteller DELL, der schon frühzeitig ein eigenes System des Direktverkaufs aufgebaut hat.

Bei der «Make-or-buy»-Entscheidung gibt es nicht nur die Alternativen Einkauf oder eigene Herstellung, es können vielmehr unterschiedlich starke Bindungen und in dieser Hinsicht unterschiedliche Ausmaße der Integration beobachtet werden. BESANKO et al. (2007, S. 106) sprechen in diesem Zusammenhang vom «Make-or-buy»-Kontinuum. Abbildung 3.7 zeigt unterschiedliche Ausprägungen dieses Kontinuums.

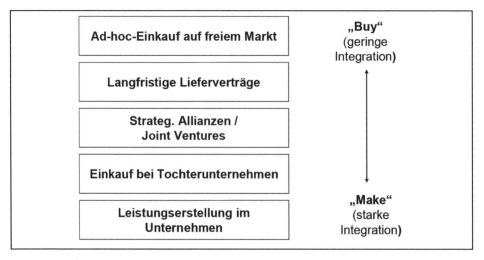

Abb. 3.7 «Make-or-buy»-Kontinuum
(nach BESANKO et al. 2007, S. 106)

Einige typische und wesentliche Gesichtspunkte (pro und contra) beim «Make-or-buy» seien hier überblicksartig zusammengestellt (BESANKO et al. 2007, S. 113 ff.). Zunächst Aspekte, die *für* einen Einkauf bei Lieferanten («*Buy*») sprechen:

- Anbieter von Vorleistungen auf Märkten, die mehrere Abnehmer der jeweiligen Produkte beliefern, produzieren größere Mengen als (relativ kleine) entsprechende Produktionsbereiche im eigenen Unternehmen und erzielen deshalb durch Economies of Scale und Erfahrungskurveneffekte (siehe Unterkapitel 2.1) Kostenvorteile.

- Anbieter auf Märkten, die entsprechender Konkurrenz ausgesetzt sind, sind oft effizienter und innovativer als vergleichbare Produktionsbereiche innerhalb großer Unternehmen, die weniger Wettbewerb ausgesetzt sind.

- Spezialisierte Zulieferer verfügen oftmals über besonderes Know-how (Patente usw.), das anderswo nicht verfügbar ist (z. B. Bosch, Intel).

Die folgenden Gesichtspunkte sprechen *gegen* einen Einkauf bei Lieferanten, also für «*Make*»:

- Es entsteht eine Abhängigkeit von Leistungsfähigkeit (Qualitätssicherheit, Zuverlässigkeit usw.) und Leistungswillen der Lieferanten.
- Mit dem Einkauf ist oftmals ein Abfluss vertraulicher unternehmensinterner Informationen (z. B. bezüglicher neuer Produkte) verbunden.
- Bei Vorbereitung und Abwicklung des Einkaufs entstehen Transaktionskosten (z. B. Vorbereitung und Abschluss von Verträgen, Qualitätskontrollen).

Mit entsprechenden Argumenten diskutieren BESANKO et al. (2007, S. 140) Faktoren, die das Ausmaß der jeweils zweckmäßigen vertikalen Integration bestimmen. Zunächst sind (nicht ganz überraschend) Economies of Scale und Economies of Scope zu nennen. Wenn also hohe Investitionen erforderlich sind und gleichzeitig ein großer Markt außerhalb des jeweiligen Unternehmens für die Leistungen existiert, dann ist es typischerweise sinnvoll, Leistungen von speziellen Anbietern in Anspruch zu nehmen. Beispiele dafür sind Standardbauteile, die von spezialisierten Anbietern für große Märkte produziert werden, und Verkaufsleistungen des Lebensmitteleinzelhandels.

Weiterhin spielt die Marktposition (z. B. Marktführer oder Nischenanbieter) eine Rolle. Bei großen oder führenden Anbietern bestehen – wie leicht nachzuvollziehen ist – eher Möglichkeiten, bei Eigenproduktion von Leistungen Größenvorteile zu erzielen. Ein Vergleich von Sony und Bang & Olufsen im Markt für Unterhaltungselektronik dürfte diesen Aspekt verdeutlichen.

Letztlich ist noch die Spezifität von Anlagen und Fähigkeiten zu erwähnen. Je stärker diese ausgeprägt ist, desto eher kann die vertikale Integration Vorteile bringen. Bei der Rückwärtsintegration eines Industrieunternehmens wäre beispielsweise an ganz spezifische Bauteile zu denken, die ein besonderes Know-how erfordern. Hinsichtlich der Vorwärtsintegration sind Serviceleistungen bei komplexen Maschinen ein Beispiel.

3.4 Marktwahl und Zielportfolio (Wo? bzw. Wohin?)

3.4.1 Vom Ist- zum Zielportfolio

Wenn die bisher von einem Unternehmen bearbeiteten Absatzmärkte definiert und mögliche neue Absatzmärkte identifiziert worden sind, dann müssen Kriterien festgelegt werden, anhand derer Entscheidungen über angestrebtes Wachstum in einzelnen Märkten, den Eintritt in oder den Rückzug aus Absatzmärkten getroffen werden können. Dazu wird in der Literatur vor allem der inzwischen sehr verbreitete und vielfältig angewandte Portfolio-Ansatz vorgeschlagen.

Die Grundidee von *Portfolio-Modellen* besteht darin, dass man die (in manchen Unternehmen zahlreichen) verschiedenen Geschäftsbereiche in einer zweidimensionalen Matrix darstellt. Die beiden Achsen kennzeichnen die Marktchancen (Attraktivität, Wachstum usw.) und die Fähigkeit des eigenen Unternehmens zur Wahrnehmung der Marktchancen (Firmenressourcen, gegenwärtige Marktposition usw.). Durch die Einordnung unterschiedlicher Geschäftsbereiche in eine solche einheitliche Darstellung kann man diese vergleichen und spezifische Strategien entwickeln. Die Anwendung der Portfolio-Methode konzentriert sich auf drei Bereiche. «Eine Gruppe von Unternehmen benutzt Portfolio-Matrizen als diagnostische Hilfsmittel, die zur Zusammenfassung strategischer Beurteilungen und Kernprobleme sowie zur Einschätzung der gegenwärtigen und zukünftigen Position eines Geschäftsfelds dienen. Eine zweite Gruppe von Unternehmen verwendet Portfolio-Modelle als Grundlage für ein Management-System, das die Zuordnung von Strategien zu Geschäftsfeldern, die Aufteilung von Ressourcen und die Beurteilung von Ergebnissen umfasst. Es gibt eine dritte dazwischen liegende Art der Nutzung, bei der das Portfolio-Modell als Rahmen dient zur Erleichterung der Entwicklung strategischer Möglichkeiten, wobei die finanziellen Beziehungen zwischen Geschäftsfeldern und Produkten erkennbar werden, der aber nicht die Auswahl von Möglichkeiten vorwegnimmt.» (DAY 1984, S. 120 f.)

Die in Abb. 3.8 dargestellte Portfolio-Matrix enthält schon Hinweise auf so genannte «Normstrategien». Eine kurze Diskussion derartiger Normstrategien findet sich im folgenden Abschnitt 3.4.2.

Mit dem in Abb. 3.9 dargestellten Beispiel kann illustriert werden, in welcher Weise die marktorientierte Unternehmensplanung Ausgangspunkt und Grundlage der Planung für Geschäftsfelder und Marketing-Mix sein kann. Hier ist die bekannte Marktanteils-Marktwachstums-Matrix der Boston Consulting Group verwendet worden, bei der die Marktchancen durch das Marktwachstum und die eigene Fähigkeit zur Wahrnehmung der Chancen durch den relativen Marktanteil (eigener Marktanteil im Vergleich zu dem des größten Konkurrenten) operationalisiert sind. Die weißen Kreise kennzeichnen die gegenwärtige, die dunklen Kreise die angestrebte Position der einzelnen Geschäftsfelder im Portfolio. Die Größe der Kreise spiegelt den Umsatzanteil der Produkte wider. Beispielsweise kann man erkennen, dass offenbar die Marktposition von Produkt D deutlich verbessert werden soll, während für Produkt B die Marktposition nur gehalten werden soll (siehe die Bewegung auf der Marktanteilsachse). Damit sind dann die Ziele für die weiteren Planungsschritte schon weitgehend vorgegeben.

		Position des Unternehmens	
		stark	schwach
Marktchancen	groß	Wahrnehmung der Chance	Aufbauen oder aufgeben
	gering	Erhaltung einer profitablen Position	Abernten oder aufgeben

Abb. 3.8 Eine allgemeine Portfolio-Matrix (nach ASSAEL 1993, S. 721)

3.4 Marktwahl und Zielportfolio (Wo? bzw. Wohin?)

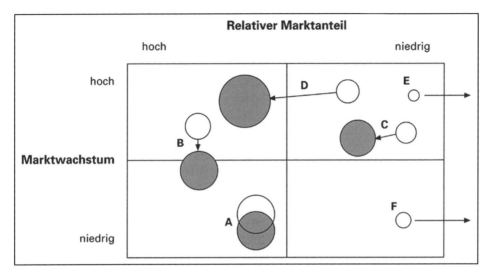

Abb. 3.9 Beispiel für ein Ist- und Ziel-Portfolio (DAY 1977, S. 34)

Anhand Abb. 3.9 lässt sich auch leicht nachvollziehen, was man unter einem Ist- bzw. einem Zielportfolio versteht. Das *Ist-Portfolio* stellt die gegenwärtige Position der verschiedenen Geschäftsfelder eines Unternehmens in dem gewählten Raster dar. Dagegen wird in Form eines *Zielportfolios* angegeben, welche Entwicklung die Geschäftsfelder (durch die eigenen Strategien) über einen gewissen Zeitraum nehmen sollen.

Die für diesen Abschnitt zentrale Fragestellung lautet: In welchen Geschäftsfeldern sollen Anstrengungen verstärkt oder vermindert werden, welche Geschäftsfelder sollen aufgegeben und welche neu erschlossen werden? Dazu soll wieder an die mit der Abb. 3.8 verbundenen Überlegungen angeknüpft werden. Zunächst gilt es zu klären, welches die Faktoren sind, die die Marktchancen beziehungsweise die Fähigkeit des Unternehmens zur Wahrnehmung von Marktchancen beeinflussen.

Bei aller Vorsicht hinsichtlich der Generalisierbarkeit von Aussagen über Faktoren, deren Bedeutung stark durch die jeweiligen Unternehmensziele und Branchenspezifika bestimmt wird, kann man doch einige nennen, denen sehr oft eine gewisse Relevanz zukommt. Im Hinblick auf die *Marktchancen*, die sich für ein strategisches Geschäftsfeld ergeben, sind das vor allem:

- Marktgröße,
- Marktwachstum,
- Branchenrentabilität,
- Wettbewerbsintensität,
- Markteintrittsbarrieren,
- Höhe des Kapitaleinsatzes,

- Revidierbarkeit des Kapitaleinsatzes,
- Anzahl und Struktur von Abnehmern,
- Abhängigkeit von Rohstoffen und Energie,
- Konjunkturabhängigkeit,
- Abhängigkeit von politischen Rahmenbedingungen.

Dabei hat das Marktwachstum oftmals eine herausgehobene Bedeutung, nicht zuletzt im Zusammenhang mit der von der Boston Consulting Group entwickelten Marktanteils-Marktwachstums-Matrix. Deutlich wachsende Märkte gelten als besonders attraktiv, weil

- Anbieter in diesen Märkten gewissermaßen mit dem Markt «mitwachsen»,
- Marktanteilsgewinne oftmals leichter als in stagnierenden Märkten fallen, da der Widerstand von Wettbewerbern, deren Umsätze auch bei sinkendem Marktanteil angesichts des Marktwachstums stagnieren oder gar wachsen können, weniger hart ist und
- angesichts starker Nachfrage (Wachstum!) und noch nicht vorhandener Überkapazitäten der Preisdruck relativ gering ist.

Hinsichtlich der Einschätzung der Attraktivität eines (potenziellen) Markts sei auch an die Erörterung der Wettbewerbskräfte nach PORTER in Abschnitt 2.2.2 dieses Buchs erinnert. Dort ging es ja mit den Faktoren Stärke von Kunden bzw. Zulieferern, Rivalität in der Branche sowie Bedrohung durch neue Konkurrenten bzw. neue Produkte um Gesichtspunkte, die die gegenwärtigen und zukünftigen Wettbewerbsverhältnisse in einer Branche, und damit deren Attraktivität, maßgeblich bestimmen.

Als Gesichtspunkte, die die Fähigkeit eines Unternehmens zur Wahrnehmung von Marktchancen beeinflussen, sind in erster Linie zu nennen:

- Marktanteil gegenwärtig,
- Relativer Marktanteil (bezogen auf große Wettbewerber) gegenwärtig,
- Marktanteilsentwicklung,
- Unternehmensgröße,
- Kapitalkraft des Unternehmens,
- Image des Unternehmens,
- Bestehende Abnehmerbeziehungen,
- Umsatzrendite,
- Know-how (Forschung und Entwicklung, Produktion, Marketing),
- Kostensituation (Economies of Scale, Erfahrungskurve usw.),
- Managementqualität.

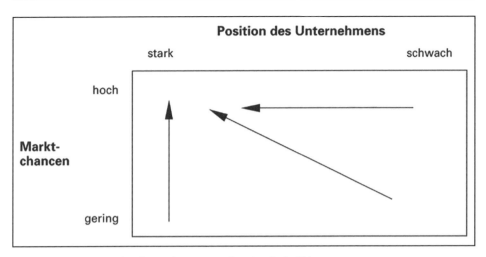

Abb. 3.10 Auswahl zu bearbeitender strategischer Geschäftsfelder

Die Grundidee bei Entscheidungen über die Frage, ob und wie intensiv einzelne strategische Geschäftsfelder bearbeitet werden sollen, ist – bei allen mit der Realisierung in der Praxis verbundenen Problemen – sehr einfach. Für einen Markteintritt beziehungsweise für eine Verstärkung von Anstrengungen bieten sich natürlich in erster Linie Geschäftsfelder an, bei denen sowohl die Marktchancen als auch die Fähigkeiten des betreffenden Unternehmens zur Wahrnehmung der Marktchancen positiv eingeschätzt werden (siehe Abb. 3.10).

Andere Konstellationen hinsichtlich Marktchancen und Fähigkeiten des Unternehmens führen zu weiteren Fragen bezüglich der Planung für die betreffenden Geschäftsbereiche, die im Folgenden kurz angedeutet seien:

Geringe Marktchancen, eigene starke Position
Lässt sich die Position unter Verminderung des Einsatzes von Ressourcen halten (Rentabilitätsverbesserung)?

Große Marktchancen, eigene schwache Position
Lässt sich die eigene Position verbessern, zum Beispiel durch Einsatz eigener Ressourcen, Zukauf von Know-how, Kooperation mit anderen Unternehmen?

Geringe Marktchancen, eigene schwache Position
Ist eine zeitlich begrenzte Abschöpfung von Gewinnen noch möglich? Ist ein Rückzug aus dem Geschäftsfeld möglich und angebracht?

Diversifikation versus Konzentration
Bisher sind die Attraktivität einzelner Geschäftsfelder und die daraus resultierenden Entscheidungen diskutiert worden. Darüber stellen sich auch Fragen zur Gesamtzahl bearbeiteter Geschäftsfelder und zur Heterogenität bzw. Homogenität dieser Geschäftsfelder. Diese Fragen haben unter dem Stichwort «Diversifikation» über viele Jahre in Theorie und Praxis eine wichtige Rolle gespielt. Einige große Unternehmen haben in diesem Sinne bewusst eine Ausweitung ihrer Tätigkeit auf ganz neue Geschäftsfelder vorgenommen.

Inzwischen beobachtet man verstärkt eine Konzentration auf (relativ wenige) Bereiche, in denen das Unternehmen klare Vorteile gegenüber anderen Wettbewerbern hat. Man spricht in diesem Zusammenhang auch von der «*Konzentration auf Kernkompetenzen*». Nachfolgend sollen das Konzept der Diversifikation kurz umrissen und einige Vor- und Nachteile von Diversifikation und Konzentration gegenüber gestellt werden.

	Gegenwärtige Produkte	Neue Produkte
Gegenwärtige Märkte	Marktdurchdringung	Produktentwicklung
Neue Märkte	Marktentwicklung	Diversifikation

Abb. 3.11 Diversifikation als Wachstumsstrategie (nach Ansoff)

Zunächst zu *Kennzeichnung der Diversifikation*. Dabei lässt sich an das über lange Jahre bekannte und oft zitierte Ansoff-Schema anknüpfen (siehe Abb. 3.11). Darin werden im Wesentlichen Wachstumsmöglichkeiten von Unternehmen an Hand der Kriterien alte/neue Märkte und alte/neue Produkte identifiziert. Als Diversifikation wird danach das Angebot neuer Produkte auf neuen Märkten bezeichnet. Ein inzwischen klassisches Beispiel für Diversifikation ist Apple mit der Ausweitung der Tätigkeit von Informationstechnologie auf Unterhaltungselektronik. Beispiele insgesamt stark diversifizierter Unternehmen sind Siemens, General Electric und Dr. Oetker.

> **Zitate zur weiteren Kennzeichnung der Diversifikation:**
> Becker (2013, S. 164):
> «Diversifikation ist dadurch charakterisiert, dass Unternehmen bei Anwendung dieser Strategie aus dem Rahmen ihrer traditionellen Branche (Markt) in benachbarte oder auch weitab liegende Aktivitätsfelder ‹ausbrechen›.»
> Besanko et al. (2007, S. 163): «Viele wohlbekannte Unternehmen sind diversifiziert – sie produzieren für zahlreiche Märkte.»

Gängige *Wege zur Diversifikation* sind die Entwicklung und Markteinführung entsprechender Produkte durch ein Unternehmen, Produktion und Angebot ganz neuartiger Produkte mit Hilfe von Lizenzen, der Einkauf entsprechender Produkte auf Märkten und deren Verkauf und Service durch das eigene Unternehmen sowie der Kauf von Unternehmen die in den Märkten, in die man eintreten will, bereits aktiv sind. BECKER (2006, S. 171 ff.) diskutiert diese Alternativen und fasst wesentliche Argumente in einer Übersicht zusammen, die auszugsweise in Abb. 3.12 wiedergegeben ist.

	Eigene F&E und Markt-Einführung	Lizenz-übernahme	Aufnahme von-Handelsware	Unternehmenskauf
Zeitfaktor	langsam	schnell	schnell	recht schnell
Organisationsprobleme	gering	keine	keine	erheblich
Risiko	groß	klein	klein	groß

Abb. 3.12 Vor- und Nachteile verschiedener Wege zur Diversifikation (nach BECKER 2013, S. 172)

Typische – in Theorie und Praxis allseits bekannte – Arten der Diversifikation sind:

- *Vertikale Diversifikation*: Hinzunahme von Leistungen bisher vor- oder nachgelagerter Wirtschaftsstufen. Diese Form der Diversifikation ist im Abschnitt 3.3.4 beim Aspekt der vertikalen Integration bereits kurz diskutiert worden.
- *Horizontale Diversifikation*: Hinzunahme zusätzlicher Leistungen auf der gleichen Wirtschaftsstufe, die in Beziehung (z. B. Technologie, Verkauf) zum bisherigen Leistungsprogramm stehen.
- *Laterale Diversifikation*: Hinzunahme zusätzlicher Leistungen ohne eine Verbindung zum bisherigen Leistungsprogramm.

Was spricht nun für und gegen eine Diversifikation bzw. gegen und für eine Konzentration? Ein wesentlicher Aspekt, *Diversifikation als Wachstumsmöglichkeit* in zusätzliche – vielleicht besonders stark wachsende – Märkte, ist mit Abb. 3.11 schon hervorgehoben worden. Das dürfte insbesondere für Unternehmen relevant sein, deren bisherige Märkte stagnieren oder schrumpfen. Ein Beispiel bietet das Unternehmen Philip Morris International, das früher nur Zigarettenhersteller (Marlboro u. a.) war und wegen der langfristigen Probleme des Zigarettenmarkts in den Nahrungsmittelsektor diversifizierte (Miller Breweries, Jacobs Suchard, Kraft usw.). Weitere Gesichtspunkte nach BESANKO et al. (2007, S. 166 ff.) seien hier kurz umrissen. Zunächst zur *Attraktivität der Diversifikation*:

- Risikostreuung durch Tätigkeit in einer größeren Zahl verschiedener Märkte, die einen Ausgleich zwischen unterschiedlichen Marktbedingungen (Wachstum, Wettbewerbsdruck, zyklische Schwankungen usw.) ermöglichen.
- Insbesondere bei horizontaler Diversifikation können Economies of Scale und/oder Economies of Scope (siehe Abschnitt 2.1.3) stärker genutzt werden.

- Wettbewerb unter den verschiedenen Unternehmensbereichen um Ressourcen (z. B. Kapitaleinsatz, F&E-Kapazität) und daraus resultierende Effizienzsteigerungen.

- Einsatz liquider Finanzmittel für neue Unternehmensbereiche an Stelle von Anlagen auf dem Kapitalmarkt, weil die erste Option typischerweise zu höheren Renditen führt.

Diesen Aspekten stehen gewichtige *Probleme bei der Diversifikation* gegenüber:

- Die Steuerung unterschiedlicher Unternehmensbereiche erfordert aufwändige Informations-, Kontroll- und Anreizsysteme.

- Unterschiedliche Unternehmenskulturen in verschiedenen Bereichen von Unternehmen (z. B. Investmentbanking und Privatkunden-Geschäft) können Probleme hinsichtlich ihrer Vereinbarkeit bereiten.

- Mögliche Überschreitung des Kompetenzbereichs des Managements bei sehr heterogenen Tätigkeitsfeldern.

3.4.2 Portfolio-Normstrategien

Im vorigen Abschnitt ist bereits die Grundidee von Portfolio-Modellen skizziert worden. Dort ging es vor allem um die Auswahl von Märkten, die zukünftig bearbeitet werden bzw. in denen die Anstrengungen eines Unternehmens verstärkt werden sollen. Hier soll kurz umrissen werden, welche weitergehenden Schlüsse im Hinblick auf die Vorgehensweise von Unternehmen aus dem Portfolio-Ansatz abgeleitet wurden. Der in der Überschrift zu diesem Abschnitt verwendete Begriff «*Normstrategien*» deutet schon an, dass je nach Position eines Geschäftsfelds in dem Portfolio generalisierte beziehungsweise standardisierte Strategieempfehlungen gegeben werden.

Das – inzwischen in seiner Einfachheit nicht mehr vorrangig verfolgte – Interesse an Normstrategien wird vor dem Hintergrund der Entstehung des Portfolio-Ansatzes am ehesten verständlich. Nachdem man sich in den 1970er-Jahren von dem über Jahrzehnte gewohnten kontinuierlichen wirtschaftlichen Wachstum in vielen Märkten verabschieden musste, entstand die Frage, wie das Management insbesondere größerer Unternehmen die Übersicht über die verschiedenen Geschäftsbereiche sichern kann und mit welchen Prioritäten bzw. welchem Ressourceneinsatz die Entwicklung dieser Bereiche betrieben wird. Besondere «Popularität» hat in diesem Zusammenhang die Portfolio-Matrix der Boston Consulting Group (BCG) gewonnen, weil sie besonders einfach und plastisch ist. Hinsichtlich der für Portfolio-Modelle charakteristischen Gegenüberstellung eigener Stärken und Schwächen (Fähigkeiten) mit den Chancen und Risiken der Umweltbedingungen hat man hier als (recht einfache) Operationalisierung die Maßgrößen «relativer Marktanteil» und «Marktwachstum» gewählt. Hinsichtlich der abgeleiteten Strategieempfehlungen stützt man sich vor allem auf die schon aus Unterkapitel 2.1 bekannten Lebenszyklus- und Erfahrungskurven-Konzepte sowie die Ergebnisse des PIMS-Projekts.

3.4 Marktwahl und Zielportfolio (Wo? bzw. Wohin?)

Das *Lebenszyklus-Konzept* legt eine anzustrebende Zusammensetzung des Produktmix nahe. Danach benötigt ein Unternehmen einige Produkte, die sich in der Reifephase befinden, die also nicht mehr große Investitionen erfordern, sondern vielmehr zur Finanzierung anderer Aktivitäten dienen können. Da diese Produkte irgendwann in eine Degenerationsphase geraten, müssen später andere nachrücken, deren Wachstumsphase dann zu Ende geht. Für diese Produkte müssen wiederum andere aus der Einführungsphase nachkommen. Der Weg durch die vier Felder der in Abb. 3.13 dargestellten Portfolio-Matrix von rechts oben nach rechts unten vollzieht sich weitgehend analog zum Lebenszyklus.

Aus dem PIMS-Projekt und aus dem Erfahrungskurven-Konzept wurde für die Normstrategien abgeleitet, dass es wesentlich darauf ankomme, in den bearbeiteten Märkten eine führende Stellung zu erlangen, um den Einfluss der Marktposition auf die Profitabilität und die mit dem Erfahrungskurven-Effekt verbundenen Kostenvorteile zu nutzen.

Es ergeben sich die in Abb. 3.13 dargestellten vier Felder der Portfolio-Matrix. Die dabei verwendeten Begriffe «Stars», «Cash Cows», «Question Marks» und «Poor Dogs» kennzeichnen die Position der entsprechenden Geschäftsfelder beziehungsweise Aspekte der jeweils zu verfolgenden Normstrategien.

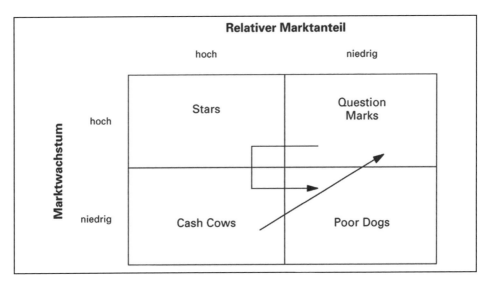

Abb. 3.13 Marktanteils-Marktwachstums-Matrix
(Boston Consulting Group)

Idealtypisch steht am Anfang der Entwicklung eines Geschäftsfelds die Position als *Question Mark*, womit die (zunächst) schwache Stellung (geringer relativer Marktanteil) in einem stark wachsenden Markt gemeint ist. Die Bezeichnung Question Mark rührt daher, dass sich dem Management die Frage stellt, ob durch Einsatz von Ressourcen (Investitionen) Wachstum und damit eine Nutzung der sich bietenden Marktchancen erreicht werden soll oder ob – angesichts begrenzter Ressourcen – darauf zugunsten anderer Bereiche verzichtet werden und ein Rückzug aus diesem Markt ins Auge gefasst werden muss. Wenn starkes Wachstum des Geschäftsfelds erreicht wird, kann daraus ein *Star* werden, also ein Geschäftsfeld mit großem relativen Marktanteil. In einem überdurchschnittlich wachsenden Markt sind zwar hohe Erträge erzielbar (BUZZELL/GALE 1989, S. 48 ff.), die Sicherung und Fortsetzung des Wachstums erfordern aber weiterhin erheblichen Ressourceneinsatz. Bei Geschäftsbereichen, die im Laufe dieser beiden Phasen eine starke Marktposition erreicht haben, ist irgendwann damit zu rechnen, dass das Marktwachstum nachlässt und Stagnation eintritt (Lebenszyklus). In dieser Situation steht einem relativ hohen (durch die starke Machtposition begründeten) Ertragspotenzial nur noch ein relativ geringer Ressourceneinsatz gegenüber, da angesichts eines wenig zukunftsträchtigen Markts nicht mehr viel investiert wird. Idealtypisch werden durch die sich ergebenden Überschüsse ausgewählte Question Marks entwickelt. Aus dieser Konstellation (starke Marktposition, Abgabe von Ressourcen) ist die Bezeichnung *Cash Cows* entstanden.

Die bei weitem unattraktivsten Geschäftsfelder sind die so genannten *Poor Dogs*. Sie kennzeichnen eine schwache Position des eigenen Angebots in einem stagnierenden bis rückläufigen Markt. Man kann daraus geringe Erträge erzielen und hat auch bei Ressourcenzufluss wenig Aussicht auf eine positive Entwicklung. Deswegen wird hier der Rückzug aus diesen Tätigkeitsbereichen empfohlen. Die in Abb. 3.13 eingezeichneten Pfeile kennzeichnen die vorstehend skizzierte Entwicklung einzelner Geschäftsfelder beziehungsweise die angenommene Verteilung von Ressourcen. Portfolio-Normstrategien sind inzwischen sehr in Frage gestellt worden. Diese *Kritik* bezieht sich vor allem auf:

- die durch die Beschränkung auf nur zwei Aspekte (Marktwachstum, relativer Marktanteil) gegebene starke Vereinfachung der Probleme der Strategieentwicklung,
- die Problematik der Abgrenzung der Felder der Portfolio-Matrix (z. B.: Wo beginnt starkes und wo endet geringes Marktwachstum?) und die Definition der Geschäftsfelder sowie
- die zu starke Vereinfachung und die begrenzte Generalisierbarkeit der Normstrategien.

Deswegen werden heute die aus der BCG-Matrix abgeleiteten Strategieempfehlungen zwar noch beachtet, sie werden aber nicht mehr als Strategien angesehen, die generell und direkt auf die jeweils «passende» Marktsituation angewandt werden können.

Das kann aber nicht die Nützlichkeit der Grundidee von Portfolio-Ansätzen relativieren, die ja darin besteht, die Attraktivität von Märkten und die eigenen Chancen, in diesen Märkten erfolgreich zu sein, gegenüberzustellen und daraus Konsequenzen für die Entwicklung von Geschäftsfeldern und den Einsatz von Ressourcen zu ziehen. Derartige Entscheidungen müssen im Rahmen der Marketingplanung getroffen werden und sind ohne die Hilfsmittel eines zweckmäßig aufgebauten Portfolios heute kaum noch denkbar. Allerdings dürfte die schematische Anwendung von Normstrategien heute wohl obsolet sein.

Einschätzung von Portfolio-Modellen
(HOMBURG 2012, S. 529)
«Im Hinblick auf eine zusammenfassende Bewertung des Portfolio-Konzepts ist zunächst festzustellen, dass es einen wesentlichen Beitrag zur systematischen Entscheidungsfindung im Hinblick auf eine zentrale Frage der Marketingstrategie (die Frage nach der marktbezogenen Ressourcenallokation) leistet. Vor diesem Hinter-

> grund kann es nicht überraschen, dass die Methode in der Unternehmenspraxis auch heute noch eine wichtige Rolle bei der Formulierung von Unternehmens- und Marketingstrategien spielt. Ein wesentlicher didaktischer Nutzen des Konzepts liegt unseres Erachtens darin, dass es Unternehmen die Wichtigkeit einer ausgewogenen Portfolio-Struktur (insbesondere im Hinblick auf Märkte mit unterschiedlich hohen Wachstumsraten) vor Augen führt.»

3.5 Grundlegende marktstrategische Optionen (Wie?)

3.5.1 Überblick

Am Beginn der folgenden Überlegungen zur Ausrichtung von Marketingstrategien soll eine einfache Darstellung stehen, die im Zusammenhang mit der Charakterisierung der Grundtypen von Wettbewerbsvorteilen unter dem Namen «*strategisches Dreieck*» eine erhebliche Verbreitung erlangt hat (siehe Abb. 3.14). Mit dem strategischen Dreieck wird einer der zentralen Aspekte des strategischen Marketing, die Wettbewerbsorientierung (siehe Unterkapitel 1.1 dieses Buchs), in den Vordergrund gestellt. Im Kern geht es um die Betrachtung der Leistungsangebote von Unternehmen einerseits aus der Perspektive der (oftmals subjektiv geprägten) Wahrnehmungen potenzieller Kunden und andererseits im Vergleich mit entsprechenden Leistungsangeboten konkurrierender Unternehmen.

Wesentlich ist es für die Analyse strategischer Möglichkeiten, sich in die Situation des Kunden zu versetzen (siehe dazu Abschnitt 2.4). Er steht auf dem Markt für das von ihm zu beschaffende Produkt in der Regel einer Vielzahl von Angeboten gegenüber, die sich im Hinblick auf diverse Leistungsmerkmale und/oder Preise mehr oder weniger voneinander unterscheiden können. Maßgeblich für die Kaufentscheidung des Kunden ist zunächst die Frage, ob er bestimmte Unterschiede überhaupt wahrnimmt und ob diese Unterschiede für ihn relevant sind. Für ein Unternehmen eröffnen sich zwei Wege, um in der Wahrnehmung potenzieller Kunden Vorteile zu gewinnen und Kaufentscheidungen zugunsten des eigenen Produkts herbeizuführen:

- Entweder muss das Leistungsangebot im Hinblick auf relevante Merkmale dem von Konkurrenten überlegen sein. Wenn dieser Produktvorteil stärker wiegt als ein möglicherweise durch ein höheres Preisniveau gegebener Nachteil, dann ist die Preis-Leistungs-Relation günstiger und ein großer Teil der Kunden kommt zu entsprechenden Kaufentscheidungen.

- Oder aber die geforderten Preise müssen deutlich unter denen von Konkurrenten liegen. Wenn dieser Preisvorteil nicht durch wesentliche qualitative Nachteile des Produkts kompensiert wird, dann ist ebenfalls die Preis-Leistungs-Relation günstiger und ein – möglicherweise anderer – großer Teil von Kunden trifft Kaufentscheidungen zugunsten dieses Produkts.

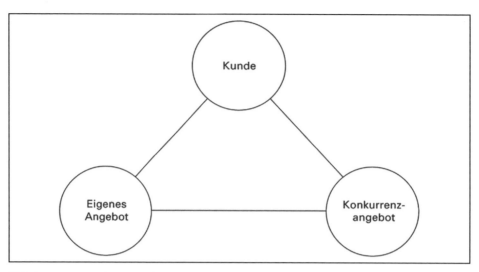

Abb. 3.14 Strategisches Dreieck

In beiden genannten Fällen hat ein Angebot einen klaren Vorteil gegenüber Konkurrenzangeboten: Überlegene Produktleistung bei vergleichbarem Preisniveau oder deutlich niedrigerer Preis bei vergleichbarer Leistung. Problematisch ist die Situation eines Anbieters, wenn er sich weder durch Qualitäts- noch durch Preisvorteile von Wettbewerbern unterscheiden kann: Versetzt man sich wieder in die Situation des Kunden, dann lässt sich leicht nachvollziehen, dass bei gleichwertigem (also austauschbarem) wahrgenommenen Leistungsangebot der Preis beziehungsweise relativ geringfügige Preisunterschiede bei Kaufentscheidungen ausschlaggebend werden. Das Ergebnis kann sein, dass ein Unternehmen bei gleichwertigem Leistungsangebot nicht unbedingt auch ein «branchenübliches Preisniveau» realisieren kann, sondern vielfach in Preiskämpfe verwickelt wird.

Hinsichtlich der Grundausrichtungen der Marketingstrategie gibt es nach den bisherigen Überlegungen also zwei strategische Stoßrichtungen: Entweder wird dem Kunden ein Produktnutzen geboten, der größer ist als der von anderen Angeboten, oder es gelingt, ein gleichwertiges Angebot zu deutlich geringeren Kosten zu erstellen und zu niedrigeren Preisen anzubieten.

Eine Weiterführung dieser Grundidee stammt von PORTER und hat in Theorie und Praxis starke Beachtung gefunden. Dabei wird – wie bisher – der strategische Vorteil betrachtet und diesem ein strategischer Zielbereich gegenübergestellt. Hinsichtlich des strategischen Vorteils werden unterschieden:

- Alleinstellung in der Sicht des Kunden und
- Kostenvorsprung.

3.5 Grundlegende marktstrategische Optionen (Wie?)

Bezüglich des strategischen Zielbereichs geht es darum, ob

- die gesamte Branche oder
- nur einzelne Segmente

zum bearbeiteten Absatzmarkt gehört bzw. gehören. Die entsprechenden Probleme der Definition und Auswahl von Märkten sowie der Abgrenzung der Unternehmenstätigkeit sind in den vorstehenden Abschnitten schon diskutiert worden. Je nach Art des Vorteils und Zielbereichs ergeben sich bestimmte Strategietypen, die in der Abb. 3.15 benannt sind und in den folgenden Abschnitten erläutert werden.

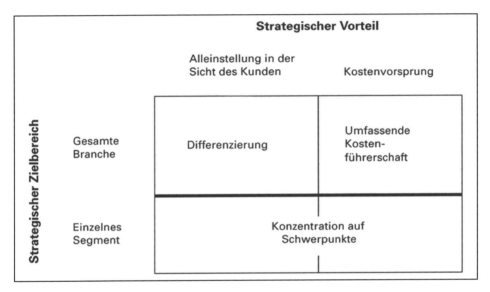

Abb. 3.15 Strategietypen (nach PORTER 1999, S. 75)

3.5.2 Differenzierung

Bei der *Differenzierung* geht es um die Erlangung von Vorteilen gegenüber Wettbewerbern bei Produktmerkmalen, die für die Kunden wichtig sind. Die Nebenbedingung dabei lautet, dass annähernde Kostenparität im Vergleich zu Wettbewerbern besteht, da ansonsten (bei deutlich höheren Kosten und Preisen) kein Wettbewerbsvorteil bestünde. Hier ist die Beziehung zu der Sichtweise von Wettbewerbsvorteilen in der R-A-Theorie (siehe Abschnitt 3.1.3) offenkundig. Die dort in Abb. 3.2 durch das Feld 6 gekennzeichnete Situation entspricht besonders deutlich den Differenzierungsvorteilen nach PORTER. Die in Frage kommenden Differenzierungsmöglichkeiten können je nach Branche, Unternehmen, Kundenbedürfnissen usw. sehr unterschiedlich sein und sollen anhand von Beispielen im Folgenden umrissen werden.

Lebensdauer und Zuverlässigkeit der Produkte

Insbesondere wenn Ausfallzeiten von Geräten mit hohen Kosten für den Anwender verbunden sind, kann Zuverlässigkeit ein relevanter Gesichtspunkt bei Differenzierungsstrategien sein. Die Lebensdauer von Produkten beeinflusst natürlich das Preis-/Leistungsverhältnis von Produkten, sofern diese nicht einem schnellen Wandel durch raschen technischen Fortschritt oder modische Veränderungen unterworfen sind. Ein Beispiel für ein Unternehmen, das sich durch Lebensdauer und Zuverlässigkeit seiner Produkte von Wettbewerbern abhebt, ist Miele als Anbieter einer Vielfalt von Haushaltsgeräten.

Design

Die äußere Gestaltung von Produkten ist nicht nur bei Produkten bedeutsam, die von modischen Entwicklungen betroffen sind oder bei denen ästhetische Kriterien kaufentscheidend sind; Designmerkmale sind häufig auch eine besonders gehaltvolle «Schlüsselinformation», die für die Einschätzung der allgemeinen Produktqualität herangezogen wird. Beispiele für Unternehmen, die sich durch gutes Design ihrer Produkte von Wettbewerbern differenzieren, sind Apple sowie Bang und Olufsen.

Kundendienst

Analog zu den Überlegungen hinsichtlich der Bedeutung der Zuverlässigkeit von Produkten können auch der Kundendienst und die damit verbundenen Verkürzungen von Anlauf- und Ausfallzeiten ein bedeutsames Differenzierungsmerkmal sein. Das klassische Beispiel hierfür bietet der amerikanische Baumaschinenhersteller Caterpillar, der in der Lage ist, weltweit innerhalb von zwei Tagen Ersatzteile und Service-Techniker bereitzustellen. Dadurch verringert sich für seine Kunden das Risiko längeren Stillstands einzelner Maschinen oder sogar ganzer Baustellen beträchtlich.

Technologie

Produktinnovation kann – insbesondere wenn der damit verbundene technische Fortschritt durch Patente geschützt ist – ebenso wie technologische Führerschaft, die durch eine Folge innovativer, überlegener Produkte gewonnen wird, zur Alleinstellung von Produkten und auch zur entsprechenden Entwicklung eines Firmenimages führen. Derartige Beispiele findet man in vielen Branchen, nicht zuletzt in der Computerindustrie. So hat Intel immer wieder eine technologische Führungsposition bei Prozessoren gehabt.

Distributionssystem

Die Wahl und Ausgestaltung von Verkaufswegen hat Auswirkungen auf eine Reihe von Faktoren, durch die sich ein Leistungsangebot von konkurrierenden abheben kann. In diesem Zusammenhang seien nur die Stichworte Erhältlichkeit des Produkts, Beratung und Anwenderschulung genannt. Ein bekanntes Beispiel für die Abhebung von Wettbewerbern durch ein besonderes Verkaufssystem ist der Kosmetik-Anbieter Avon, der einen Direktverkauf seiner Produkte an die Konsumenten aufgebaut hat. Die Coca-Cola-Organisation hat es erreicht, dass ihr Produkt an den verschiedensten Verkaufsstellen (Lebensmittelhandel, Kioske, Kantinen, Gastronomie usw.) und damit praktisch überall erhältlich ist.

Marken
Häufig verbinden potenzielle Kunden mit Produkt- oder Firmenmarken bestimmte Vorstellungen hinsichtlich der angebotenen Leistungen. So hat zum Beispiel die Automobilmarke Mercedes Wettbewerbsvorteile dadurch, dass mit der Marke Zuverlässigkeit, Langlebigkeit, Sicherheit und Prestige assoziiert werden. Auch bei vielen relativ unwichtigen Produkten des täglichen Bedarfs («Low-involvement-Produkte») treffen die Käufer ihre Entscheidungen nicht auf Basis einer sorgfältigen Abwägung von Produkteigenschaften, sondern orientieren an bekannten und vertrauten Marken (siehe dazu die Abschnitte 2.4 und 3.7). In vielen Fällen ist eine Differenzierungsstrategie ohne eine Marke kaum denkbar, weil nur damit der besondere Vorteil eines Produkts kommuniziert und bei Wiederholungskäufen wirksam werden kann.

Kundenbeziehungen
Seit den 1990er-Jahren ist die Entwicklung von Kundenbeziehungen (Customer Relationship Management) in Theorie und Praxis des Marketing stark beachtet worden. Grundidee einer entsprechenden Strategie ist es, eine Differenzierung «im Wettbewerb durch den Aufbau langfristiger und stabiler Kundenbeziehungen» zu erreichen (HOMBURG 2012, S. 503). Eine wesentliche Rolle bei einer solchen Strategie spielen Kundenbindungsprogramme, persönliche Beziehungen zu Kunden und systematische Anstrengungen zur Analyse und Befriedigung individueller Kundenwünsche.

Wenn man die Literatur zur strategischen Marketingplanung und zahlreiche Beispiele aus der Praxis betrachtet, dann gewinnt man den Eindruck, dass oftmals Differenzierungsstrategien gegenüber einer Gewinnung von Kosten- und Preisvorteilen bevorzugt werden. Dafür dürften unter anderem die folgenden Gründe eine Rolle spielen: Differenzierungsstrategien können so angelegt sein, dass ein Anbieter in mehreren entscheidungsrelevanten Dimensionen Wettbewerbsvorteile gewinnt. Dadurch lassen sich einerseits Wettbewerbsvorteile besser absichern und andererseits unterschiedliche Vorteile, die auf unterschiedliche Abnehmerbedürfnisse (bei verschiedenen Zielgruppen) ausgerichtet sind, miteinander vereinbaren. Weiterhin kann man durch Differenzierung Vorteile erringen, die durch Wettbewerber nur schwer zu imitieren sind. Man denke nur an die Überlegenheit, die aus besserem Kundendienst oder einem bestimmten Produktimage resultiert, zu deren Egalisierung es langfristiger intensiver Bemühungen von Wettbewerbern bedarf. Letztlich ist daran zu denken, dass durch Differenzierungsstrategien vermieden wird, dass sich in einer Branche Preiskämpfe entwickeln, die die Ertragssituation der gesamten Branche negativ beeinflussen.

3.5.3 Umfassende Kostenführerschaft

Bei der *Strategie umfassender Kostenführerschaft* geht es darum, kostengünstigster Anbieter der Branche zu werden. Daraus ergibt sich die Möglichkeit, dauerhaft die eigene Leistung zu niedrigeren Preisen als Wettbewerber anbieten zu können oder bei Preisen auf dem Niveau der Wettbewerber höhere Deckungsbeiträge zu erwirtschaften, die wiederum zur Festigung und Stärkung der Wettbewerbsposition genutzt werden können. Es gilt dabei die Nebenbedingung, dass ein Kostenvorteil nur wirksam ist, wenn die Akzeptanz des betreffenden Produkts vergleichbar zu der von Konkurrenzprodukten ist. Hat ein Produkt zum Beispiel einen deutlichen qualitativen Nachteil, dann sind niedrigere Kosten und Preise eben kein Wettbewerbsvorteil, sondern gleichen allenfalls die schwächere Qualität aus. Auch hier ist die Beziehung zur R-A-Theorie (siehe Abschnitt 3.1.3) klar erkennbar. Die Strategie umfassender Kostenführerschaft entspricht am ehesten der im Feld 2 von Abb. 3.2 gekennzeichneten Situation. Die Ansatzpunkte für die Gewinnung von Kostenvorteilen können sehr vielfältig sein. Auf einige gängige Möglichkeiten soll im Folgenden kurz eingegangen werden.

Größenbedingte Kostendegression
In Abschnitt 2.1.3 des vorliegenden Buches ist bereits auf Kostenvorteile bei großen Produktionsmengen pro Zeiteinheit eingegangen worden (*Economies of Scale*). So können die Möglichkeit zu weitgehender Fertigungsautomatisierung oder die bei entsprechenden Abnahmemengen günstigen Einkaufspreise für Rohstoffe, Bauteile usw. zu deutlichen Kostenvorteilen führen. Daneben lassen sich Fixkosten auf eine größere Zahl produzierter Einheiten verteilen. Ein Weg, um derartige Kostenvorteile zu ermöglichen, besteht darin, durch intensive Marketinganstrengungen Absatzmengen und Marktanteile zu steigern oder das Absatzgebiet auszuweiten (Internationales Marketing).

Technologischer Vorsprung, Erfahrung
In der wirtschaftspolitischen Diskussion findet man immer wieder Hinweise auf Kostenvorteile, die durch überlegenes Know-how und Zugang zu neuen Technologien entstehen. So wurden über lange Zeit niedrigere Stückkosten bei einigen japanischen Unternehmen auf effizientere Produktionsabläufe, geringere Lagerhaltung (Just-in-Time) und fortschrittliche Produktionstechnologien zurückgeführt. Auf den Zusammenhang zwischen Erfahrung bezüglich der Beherrschung von Produktionsprozessen und Stückkosten ist unter dem Stichwort «Erfahrungskurve» im Abschnitt 2.1.2 bereits eingegangen worden.

Zugang zu kostengünstigen Produktionsfaktoren
Die Nutzung von Kostenvorteilen an anderen Produktionsstandorten ist oft ein Motiv für die Internationalisierung der Unternehmenstätigkeit. Hier ist insbesondere an geringere Lohnkosten zu denken. Die aktuelle Diskussion um die Globalisierung liefert fast täglich entsprechende Beispiele. Daneben können geringere Energiekosten, niedrigere Grundstückspreise oder geringere Steuerbelastungen eine Rolle spielen.

Kostengünstiges Produkt-Design
Die Entwicklung und Gestaltung von Produkten bietet zwei unterschiedliche Ansatzpunkte für die Gewinnung von Kostenvorteilen. Zum einen kann das Produkt im Hinblick auf nicht zentrale Leistungsmerkmale vereinfacht werden. So sind einige Billig-Airlines dadurch erfolgreich, dass sie eine vergleichbare Kernleistung (hinsichtlich Sicherheit, Pünktlichkeit, Streckennetz) durch drastische Reduktion des Service, geringere Personalkosten, kürzere Aufenthaltszeiten usw. zu deutlich niedrigeren Preisen anbieten als ande-

re Gesellschaften. Zum anderen ist es heute selbstverständlich geworden, bei der Konstruktion neuer Produkte die Möglichkeiten zur Kostensenkung in der Produktion durch standardisierte Bauteile, geringeren Montageaufwand usw. zu beachten.

3.5.4 Konzentration auf Schwerpunkte

In den vorigen Abschnitten sind Vorgehensweisen skizziert worden, bei denen es darum ging, in einer gesamten Branche (oder zumindest großen Teilen davon) Wettbewerbsvorteile durch Differenzierung oder Kostenführerschaft zu erzielen. Im Zusammenhang mit dem Stichwort «Konzentration auf Schwerpunkte» steht die Auswahl eines begrenzten Wettbewerbsfelds in einer Branche mit dem Ziel, durch spezielle Ausrichtung darauf Vorteile zu erlangen, im Mittelpunkt. Diese Ausrichtung kann erfolgen durch das Angebot spezieller überlegener Leistungen (*Differenzierungsschwerpunkt*) oder durch die Gewinnung von Kostenvorteilen in einem eng begrenzten Bereich (*Kostenschwerpunkt*).

Für beide Arten der Konzentration auf Schwerpunkte gibt es in der Praxis eine Fülle von Beispielen. Hinsichtlich des Differenzierungsschwerpunktes sind im Konsumgüterbereich zahlreiche Markenartikel gehobenen Niveaus und Luxusgüter zu nennen. Unternehmen beziehungsweise Marken wie Ferrari, Rolex oder Armani könnten ihre spezielle Marktposition kaum behaupten, wenn sie Anbieter von Massenartikeln wären. In der Investitionsgüterindustrie bietet die Hauni-Maschinenbau AG, die weltweit Marktführer in dem sehr engen Marktsegment der Maschinen für die Tabakindustrie ist, ein entsprechendes Beispiel. Konzentration mit Kostenschwerpunkt findet man häufig im Handel, wo sich einzelne Anbieter (z. B. Discounter) auf Billig-Segmente konzentrierten und durch Ausrichtung des gesamten Geschäftsbetriebs darauf ihre Produkte zu deutlich niedrigeren Preisen als Wettbewerber anbieten können. Ein anderes Beispiel sind Unternehmen in der Autoreparaturbranche, die sich auf die Instandsetzung von Auspuffanlagen usw. spezialisiert haben und diese Leistung so effizient erbringen, dass sie dem Kunden Preisvorteile bieten können.

3.5.5 Outpacing-Strategien

Die so genannten *Outpacing-Strategien* (GILBERT/STREBEL 1987; KLEINALTENKAMP 1987) stellen in gewisser Weise eine Weiterführung der Grundideen von PORTER bezüglich der Ausgestaltung von Marketingstrategien dar. Das Wort «Outpacing» (to outpace: Konkurrenten ausstechen, besiegen) kennzeichnet den zentralen Aspekt. Es geht um den Wechsel zwischen Differenzierung und Kostenführerschaft im Zeitablauf mit dem Ziel, einen wesentlichen und dauerhaften Vorsprung gegenüber Wettbewerbern zu erreichen.

Wenn ein Unternehmen Differenzierungsvorteile erreicht hat, muss es damit rechnen, dass irgendwann andere Anbieter einen entsprechenden Leistungsstand erreichen. Als Outpacing-Strategie wird deshalb empfohlen, rechtzeitig die Ausrichtung der Strategie zu wechseln, also Kostensenkung zu betreiben, um den Differenzierungsvorteil mit Preisvorteilen gegenüber den nachkommenden Wettbewerbern zu verbinden und damit einen entscheidenden Vorteil zu gewinnen.

Analoges wird für Unternehmen mit Kostenvorteilen empfohlen. Bevor andere Konkurrenten eine vergleichbare Kostenposition erreichen, soll eine (qualitative) Differenzierung von deren Angeboten erfolgen. In beiden Fällen wäre das Ergebnis des Prozesses ein Leistungsangebot, das sich sowohl hinsichtlich Qualität als auch hinsichtlich Kosten von Angeboten von Wettbewerbern deutlich vorteilhaft abhebt. Abbildung 3.16 verdeutlicht die Vorgehensweise bei einer Outpacing-Strategie. Auch hier lässt sich direkt eine Verbindung zur R-A-Theorie (siehe Abschnitt 3.1.3) herstellen: Wenn eine Outpacing-Strategie erfolgreich betrieben wird, dann erreicht das betreffende Unternehmen die (komfortable) Position, die in Abb. 3.2 durch das Feld 3 gekennzeichnet ist.

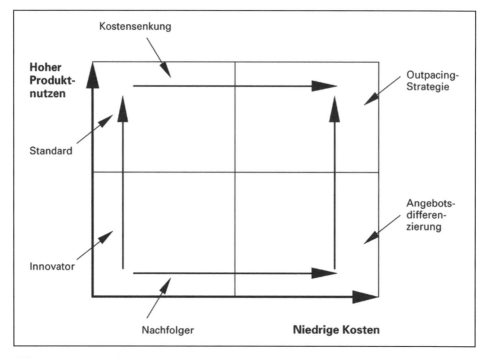

Abb. 3.16 Outpacing-Strategie
(nach GILBERT/STREBEL 1987, S. 32)

Outpacing-Strategie im Automobilsektor
(KLEINALTENKAMP 2002a, S. 169)
«Die amerikanische und europäische Automobilindustrie hatte lange Jahre vor allem den Nutzen ihrer Produkte für den Nachfrager im Auge gehabt. Diesen versuchte sie durch laufende Produktdifferenzierungen, Modellwechsel usw. immer weiter zu steigern. Darüber übersah sie jedoch die japanische Konkurrenz, die mit zunächst zwar qualitativ geringwertigen, jedoch kosten- und preismäßig extrem günstigen Produkten auf den Markt trat. Unter dem Schutzschirm des durch die amerikanischen und europäischen Anbieter hochgehaltenen Preisniveaus bei gleichbleibend niedrigen

> Kosten konnte sie ihre Produkte qualitativ ständig verbessern und so zu einer ernsten Bedrohung für die ehedem übermächtige Konkurrenz werden.»

3.6 Zeitliche Aspekte des Marketing (Wann?)

3.6.1 Früher oder später Markteintritt

Die Frage, zu welchen Zeitpunkten bestimmte strategische Maßnahmen ergriffen werden, ist bislang in Theorie und Praxis weniger beachtet worden als die bisher diskutierten Komplexe. Bezüglich strategischer Fragestellungen konzentrieren sich die vorliegenden Untersuchungen vor allem auf die Frage nach einem günstigen Zeitpunkt für einen Markteintritt. Sogar das eigentlich korrespondierende Problem eines Marktaustrittszeitpunkts wird in der Literatur wenig angesprochen. Vor allem zu der Frage, ob ein früher oder ein später Markteintritt eher Erfolg versprechend ist, sind einige theoretische Überlegungen und empirische Untersuchungen angestellt worden (siehe z. B. LIEBERMAN/MONTGOMERY 2012; SHANKAR/CARPENTER 2012).

Zunächst zu den theoretischen Gesichtspunkten, die für einen frühen Markteintritt als erster Anbieter in einer Produktkategorie («*Pionierstrategie*» bzw. «*First-Mover-Strategie*») sprechen:

- Pioniere haben naturgemäß die Möglichkeit, das *attraktivste Marktsegment* ohne Rücksicht auf Konkurrenten oder bestehende Kundenbindungen relativ frei zu wählen.

- Pioniere, die eine neuartige *Technologie* entwickelt haben, können versuchen, diese vor allem durch Patente zu schützen und dadurch den Marktzugang für andere Anbieter zu erschweren. Das kann bei vielen industriellen Produkten funktionieren. Bei Dienstleistungen oder bei modeabhängigen Produkten sind die Schutzmöglichkeiten aber wesentlich geringer.

- *Wechselkosten der Kunden* stellen für den Pionier insofern einen Vorteil dar, als Kunden nicht so leicht zu anderen später auftretenden Wettbewerbern wechseln können, da ein solcher Wechsel mit Anpassungsproblemen (z. B. Schulung betroffener Mitarbeiter, veränderte Software) und daraus resultierenden Kosten verbunden sein kann. Später folgende Anbieter müssen also entsprechend große Vorteile bieten. In diesem Zusammenhang kann auch das mit dem Wechsel von Kunden von einem bisher genutzten (Pionier-)Produkt zu einem erst später angebotenen (Folger-)Produkt verbundene Risiko eine Rolle spielen.

- Ähnliche Wirkungen haben so genannte *Netzwerk-Effekte*. «In Situationen, in denen Kunden einen gemeinsamen Standard oder die Möglichkeit zur Interaktion mit anderen Nutzern wollen, hat der Pionier die erste Möglichkeit Netzwerk-Effekte aufzubauen» (LIEBERMAN/MONTGOMERY 2012, S. 345). Im IT-Bereich und in der Kommunikationstechnik findet man besonders häufig solche Effekte im Hinblick auf die Anpassung an Standards und die Orientierung an bisher führenden Anbietern. Ein berühmtes – inzwischen historisches – Beispiel dafür ist die Durchsetzung des VHS- gegenüber dem Betamax-Standard bei Videorecordern durch die frühe Marktführerschaft von VHS und der damit verbundenen Ausrichtung der Anbieter von Spielfilmen usw. darauf.

- In einem ganz neu entstehenden Markt, in dem also noch wenig Erfahrungen und festgelegte Präferenzen auf der Abnehmerseite existieren, bestimmt der Pionier oftmals die *Maßstäbe, Standards und «Spielregeln»*, die für diesen Markt längerfristig gelten. Später folgende Anbieter müssen sich dem entsprechend daran orientieren (CARPENTER/ NAKAMOTO 1989).

- Vielfach wird der Pionier hinsichtlich des *Zugangs zu knappen Ressourcen* begünstigt. Hier ist zunächst an spezielle Rohstoffe und Bauteile, aber auch an entsprechend spezialisierte Fachkräfte zu denken. Weiterhin können der Zugang zu (kapazitätsmäßig begrenzten) Distributionskanälen und zu besonders attraktiven Standorten eine Rolle spielen.

- Bei Gültigkeit der *Erfahrungskurve* (siehe Abschnitt 2.1.2) kann sich der erste Anbieter in einem neuen Markt durch seinen Vorsprung für eine gewisse Zeit stabile Kostenvorteile verschaffen. Hierbei ist besonders zu beachten, dass die Kostensenkung idealtypisch in frühen Phasen der Marktentwicklung besonders groß ist, da hier schon bei relativ geringen Mengen jeweils die Verdopplung der kumulierten Produktionsmenge erfolgt, womit ein Kostensenkungspotenzial verbunden sein soll. Ein Pionier hat demnach schon nach relativ kurzer Zeit einen erheblichen Kostenvorteil gegenüber nachfolgenden Anbietern.

Demgegenüber stehen beträchtliche *Risiken* und besondere Anforderungen, die auf einen Pionier zukommen, und eher einen späteren Markteintritt («*Folger-Strategie*») begünstigen:

- Einige dieser Risiken betreffen die mit der technischen *Realisierbarkeit von Entwicklungsprojekten* verbundene Unsicherheit, die Einschätzung der Marktentwicklung in einer so frühen Phase sowie die damit verbundene Frage nach der Rentabilität von Investitionen in Technik und Markt. Hier kann sich der Folger an den später vorliegenden Erfahrungen orientieren.

- Weiterhin wird man Pionier dadurch, dass man besonders schnell ein innovatives Produkt auf den Markt bringt, was die Gefahr impliziert, dass ein dauerhafter Image-Schaden durch nicht ausgereifte Produkte («*Kinderkrankheiten*») entsteht.

- Der erste Anbieter hat relativ hohe Entwicklungskosten zu tragen, während sich später auftretende Wettbewerber («*Trittbrettfahrer*») an seinen technischen Lösungen orientieren können, sofern diese nicht patentrechtlich geschützt sind.

- Letztlich trägt er auch die Last, den Kunden *Informationen* über völlig neuartige Produkte zu vermitteln, den Nutzen dieser Produkte zu demonstrieren und entsprechende Präferenzen bei den Kunden aufzubauen. Folger können darauf bereits aufbauen.

Natürlich hat die Vielzahl teils widersprüchlicher Gesichtspunkte hinsichtlich der Vorteilhaftigkeit einer Pionier- oder Folger-Strategie zu entsprechender empirischer Forschung geführt. So hat die *PIMS-Studie* (siehe Abschnitt 2.1.4) zu einigen Ergebnissen geführt, die darauf hinweisen, dass ein früher Markteintritt oft vorteilhaft ist (BUZZELL/GALE 1992, S. 153 ff.). So berichteten 70 Prozent der Unternehmen, die Marktführer sind, dass sie als «Pioniere» in den Markt eingetreten sind. Ein größerer Anteil der «Pioniere» (47 Prozent) als der «Folger» (36 Prozent) profitiert von Patenten, die sich auf das Produkt oder den Fertigungsprozess beziehen. Die Produkte der «Pioniere» haben oft – möglicherweise wegen der vorliegenden umfassenden Erfahrungen – qualitative Vorteile gegenüber Wettbewerbsprodukten. Allerdings gibt es auch gewichtige Einwände gegen derartige Untersuchungen auf Basis der PIMS-Daten: Die in der PIMS-Studie zu Grunde gelegte Definition von Pionieren gilt als wenig präzise (gewissermaßen zu großzügig, weil danach 52 Prozent aller Geschäftseinheiten als Pionier angesehen werden (FISCHER/HIMME/ALBERS 2007, S. 543). Ferner wird kritisiert, dass sich die PIMS-Daten nur auf «überlebende» Pioniere beziehen, also auf Anbieter, die die Risiken der Einführungsphase bewältigt und ihren Vorsprung gegenüber «frühen Folgern» erfolgreich verteidigt haben. Insofern werden die spezifischen Risiken von Pionieren in den PIMS-Daten nicht adäquat abgebildet.

Einen ganz anderen Ansatz haben GOLDER/TELLIS (1993) gewählt. In einer historischen Analyse von Produktinnovationen, die weit ins 19. Jahrhundert (!) zurück reichte und auch Produkte erfasste, die inzwischen vom Markt verschwunden sind, zeigte sich ein viel schwächerer Vorteil für Pioniere. Einige wichtige Ergebnisse sind in Abb. 3.17 zusammengestellt. Besonders interessant ist der Vergleich mit den so genannten frühen Marktführern, worunter GOLDER/TELLIS (1993, S. 167) die Anbieter verstehen, die zu Beginn der Wachstumsphase des Produktlebenszyklus Marktführer waren. Es zeigt sich, dass die Gruppe der frühen Marktführer anscheinend einerseits ein geringeres Risiko trägt (→ Flop-Rate) und andererseits einen besseren Markterfolg (→ Marktanteil, Anteil Marktführer) erzielt. Ähnliche Ergebnisse finden sich auch bei FISCHER/HIMME/ALBERS (2007), die Vorteile für frühe Folger in der Pharma-Branche empirisch ermittelt haben. Eine relativ breit angelegte Definition früher Folger verwenden BACKHAUS/SCHNEIDER (2009, S. 156): «Anbieter, die kurz nach dem Pionier mit einer Problemlösung am Markt erscheinen, wobei offen bleibt, ob es sich hierbei um eine technologische Verbesserung handelt oder nicht».

	Flop-Rate	Mittlerer gegenwärtiger Marktanteil	Anteil gegenwärtiger Marktführer	Anzahl Fälle
Pioniere	47 %	10 %	11 %	36
Frühe Marktführer	8 %	28 %	53 %	36

Abb. 3.17 Erfolgs- und Misserfolgsindikatoren für Pioniere und frühe Marktführer (nach GOLDER/TELLIS 1993)

BACKHAUS/SCHNEIDER (2009, S. 156 ff.) und FISCHER/HIMME/ALBERS (2007) diskutieren verschiedene Vorteile früher Folger gegenüber Pionieren und späten Folgern, von denen hier einige zusammengestellt seien:

- Frühe Folger haben mehr Informationen über den Markt und geringeres Risiko als Pioniere (reduzierte Markt-Ungewissheit).
- Frühe Folger können Vorleistungen des Pioniers bei der technischen Entwicklung und Markterschließung für sich nutzen.
- Frühe Folger können sich auf etwas spätere Phasen des zu Beginn sehr schnellen technischen Fortschritts ausrichten.
- Die Entwicklung des Markts im Hinblick auf Standards und Marktpositionen der Anbieter hat sich bei *früher* Folge noch nicht verfestigt.
- Im Gegensatz zu späten Folgern können frühe Folger noch von einer relativ langen Verweildauer am Markt ausgehen (→ Produktlebenszyklus, Abschnitt 2.1.1)

> **Typische Pionier-Vor- und -Nachteile im Bereich Pay-TV in Deutschland**
> Der erste Anbieter in diesem Markt konnte sein Marktsegment frei wählen und sich für den anspruchslosen Massenmarkt entscheiden. Es bestand guter Zugang zu knappen Ressourcen, hier vor allem zu Sende- und Übertragungsrechten im Sportbereich. Weiterhin kann ein früh in den Markt eintretender Anbieter, der schon eine gewisse Zahl von Kunden gewonnen hat, seine (beim Pay-TV hohen) Fixkosten besser verteilen als ein später folgender Anbieter, der erst dann beginnt, Kunden zu gewinnen. Andererseits trägt ein Pionier – wie das Beispiel des Medienunternehmers Leo Kirch zeigte – das Risiko einer nur schwer einschätzbaren Akzeptanz eines solchen neuartigen Angebots. Außerdem muss er potenziellen Kunden verdeutlichen, welche Vorteile solch ein Angebot mit sich bringt.

Insgesamt zeigen die zahlreichen Studien über das Vorhandensein und Ausmaß von Pioniervorteilen (Übersichten bieten u. a. KERIN/VARADARAJAN/PETERSON 1992; SZYMANSKI/TROY/BHARADWAJ 1995; LIEBERMAN/MONTGOMERY 2012) eher uneinheitliche Ergebnisse. Deswegen wird davon ausgegangen, dass Pioniervorteile nicht allgemein gegeben sind, sondern eher im Zusammenhang mit bzw. in Abhängigkeit von anderen Einflussfaktoren des Markterfolgs (gewählte Strategie, technologische Fähigkeiten, Marktsituation usw.) wirksam werden. Vor diesem Hintergrund haben SHANKAR/CARPENTER (2012, S. 368) einige dieser Einflussfaktoren durch entsprechende Fragen gekennzeichnet und in Abhängigkeit davon Empfehlungen im Hinblick auf frühen oder späten Markteintritt formuliert, von denen einige in der folgenden Abb. 3.18 zusammengestellt sind.

Frage	Antwort	Empfehlung
Wie lange wird diese Produktkategorie noch am Markt existieren?	Lange	Später Eintr.
	Kurz	Pionier
Wie hoch sind die erwarteten Wechselkosten in diesem Markt?	Hoch	Pionier
	Niedrig	Später Eintr.
Wichtigkeit der Marke bei Kaufentscheidungen?	Hoch	Pionier
	Niedrig	Später Eintr.
Wie hoch sind die Kosten, um den Markt über das neuartige Produkt zu informieren?	Hoch	Später Eintr.
	Niedrig	Pionier
Gibt es in diesem Markt Netzwerk Effekte?	Ja	Pionier
	Nein	Später Eintr.

Abb. 3.18 Einflussfaktoren bei der Entscheidung über frühen oder späten Markteintritt (nach SHANKAR/CARPENTER 2012, S. 368)

Reihenfolge des Markteintritts in internationale Märkte

Im Zusammenhang des internationalen Marketing stellt sich eine zusätzliche Frage hinsichtlich der Markteintrittszeitpunkte: Soll der Eintritt in alle Märkte gleichzeitig oder zeitlich abgestuft erfolgen? Dabei lassen sich nach BACKHAUS/BÜSCHKEN/VOETH (2005, S. 110 ff.) die Wasserfall- und die Sprinklerstrategie unterscheiden.

Bei der *Wasserfallstrategie* erweitern die Anbieter den Kreis bearbeiteter internationaler Märkte Schritt für Schritt. Nachdem aus dem Heimatmarkt Erfahrungen vorliegen, erfolgt zunächst die Bearbeitung von Märkten, die diesem sehr ähnlich sind (z. B. erst Deutschland, dann Österreich). Im «Fluss» der Zeit (daher der Begriff Wasserfallstrategie) steigt dann die Unterschiedlichkeit der hinzukommenden neuen Märkte im Vergleich zum Heimatmarkt. Eine solche Strategie ermöglicht dem Anbieter Lernprozesse hinsichtlich der Erfordernisse fremder Märkte und hält das mit dem Markteintritt verbundene Risiko relativ gering, führt aber zu einem eher langsamen Prozess der internationalen Marktdurchdringung.

Der Name *Sprinklerstrategie* deutet schon an, dass es um die Erschließung verschiedener internationaler Märkte zur gleichen Zeit oder innerhalb eines kurzen Zeitraums (ein bis zwei Jahre) geht. Trotz aller Risiken liegt ein wesentlicher Vorteil darin, dass relativ schnell hohe Umsätze erzielt werden und die Amortisation des Aufwands für Forschung, Entwicklung und Markteinführung ebenfalls zügig erfolgen kann. Beachtenswert ist in diesem Zusammenhang auch der Aspekt, dass angesichts der in vielen Branchen (z. B. Elektronik; Software) heutzutage sehr kurzen Produktlebenszyklen ohnehin kaum Spielraum für eine schrittweise, langsame Durchdringung internationaler Märkte besteht (siehe auch die schon skizzierten Vor- und Nachteile eines frühen oder späten Markteintritts).

3.6.2 Strategische Fenster

Der Begriff «Strategische Fenster» ist von DEREK ABELL geprägt worden. Er versteht darunter «begrenzte Perioden, während derer sich die Bedingungen eines Markts und die Kompetenzen eines Unternehmens optimal entsprechen» (ABELL 1978, S. 21). Hier geht es also nicht mehr um frühen oder späten Markteintritt, sondern darum, im Zuge der Entwicklung von Märkten, den richtigen Eintrittszeitpunkt «abzupassen».

Drei Arten von Diskontinuitäten der Marktentwicklung, die zu strategischen Fenstern führen können, werden unterschieden:

Neuartige Nachfrage
Hier geht es um ganz neue Kundengruppen, deren Bedürfnisse sich von bisherigen Kunden einer Branche grundlegend unterscheiden. So entwickelte sich der Kundenkreis für PCs von Computer-Bastlern und -Amateuren in der ersten Phase über kommerzielle Nutzer (Unternehmen, Behörden usw.) in der zweiten Phase zu privaten Haushalten heutzutage mit jeweils neuen Chancen für Anbieter.

Wesentliche Veränderungen von Kundenpräferenzen und Produkteigenschaften
Damit ist eine Veränderung bei Kundenwünschen und den entsprechenden Produkten gemeint, die Bindungen an bisherige Anbieter lockert und damit Chancen für neue Wettbewerber bietet. Als Beispiel dafür sei der Markt für Fernseh-Programmzeitschriften, in dem sich Zeitschriften, die anhand von Tageszeiten und nicht anhand von Programmanbietern (ARD, ZDF, Arte usw.) strukturiert sind, immer mehr durchsetzten als die Anzahl der empfangbaren Fernsehprogramme deutlich stieg, genannt.

Grundlegend neuartige Technologien
Ein technologischer Bruch dergestalt, dass bisherige Kundenbedürfnisse auf neuartige Weise befriedigt werden, bietet Unternehmen, die diese neue Technologie beherrschen, die Chance, über lange Zeit verfestigte Marktstrukturen aufzubrechen. So konnten beim Übergang von mechanischen zu elektronischen Armbanduhren ganz neue Anbieter wie Seiko oder Citizen eine dominierende Stellung erringen.

Strategische Fenster in der Computerindustrie
(CZEPIEL 1992, S. 257)
Die Computerbranche war über viele Jahre durch die Dominanz von Großrechnern weniger Hersteller bestimmt und bot kaum Chancen für neue Anbieter. Zwei grundlegende Veränderungen («Diskontinuitäten») des Marktes haben diesen jeweils für neue Anbieter geöffnet. Der Übergang zu PCs bot kleinen, neuen Unternehmen die Möglichkeit, mit innovativen Produkten in diesen schnell wachsenden Markt einzutreten. Wachsende Ausbreitung und Standardisierung von PCs wenige Jahre später begünstigte dann Anbieter, wie zum Beispiel *IBM*, die in der Lage waren, ausgereifte Produkte effizient zu produzieren und zu vertreiben. Für die innovativen Unterneh-

> men der «ersten Stunde» schloss sich ein strategisches Fenster, ein anderes öffnete sich für eine Vielzahl asiatischer Unternehmen, die Imitate des von *IBM* geprägten PCs zu niedrigen Kosten produzieren und deutlich billiger anbieten konnten.

3.7 Markenführung im Unternehmen

3.7.1 Grundlagen

Nachfolgend sollen einige Grundlagen der Markenführung angesprochen werden, die in unmittelbarem Zusammenhang mit dem zuvor erläuterten Vorgehen im Rahmen der marktorientierten Unternehmensplanung stehen.

Allgemein versteht man unter einer *Marke (engl.: brand)* einen Namen, eine Form oder Gestalt, ein Bildzeichen oder ein anderes Merkmal eines Produkts bzw. einer Dienstleistung, welches anhand dieser geschützten Kennzeichnung eindeutig einem bestimmten Verkäufer zuzuordnen ist und sich klar von dem Leistungsangebot eines anderen Verkäufers unterscheidet (*American Marketing Association 2009*). Neben dieser eher funktionalen bzw. eher rechtlichen Definition einer Marke ist es für das Verständnis der Markenführung anzuraten, zudem eine wirkungsbezogene Sichtweise von Marken einzunehmen, um die Wirkung von Marken auf den Konsumenten erklären zu können. Esch (2012, S. 22) bringt das in prägnanter Weise zum Ausdruck: «Marken sind Vorstellungsbilder in den Köpfen der Anspruchsgruppen, die eine Identifizierungs- und Differenzierungsfunktion übernehmen und das Wahlverhalten prägen.»

Damit erfüllt die einzelne Marke bzw. das gesamte Markenportfolio aus Anbietersicht eine bedeutende Funktion zur Differenzierung von anderen Anbietern im Markt und besitzt große Relevanz für die strategische Unternehmensplanung. Im Hinblick auf den zuvor darlegten marktorientierten Planungsprozess finden sich wichtige Anknüpfungspunkte der Markenführung bei der Entwicklung von Wachstumsstrategien (Kernfrage: In welchen Märkten oder Teilmärkten kann eine Marke neue Potenziale erschließen bzw. bestehende ausschöpfen?) sowie bei der Entwicklung von Wettbewerbsvorteilen (Kernfrage: Mit Hilfe welcher strategischer Vorteile kann sich eine Marke im Konkurrenzvergleich behaupten?).

Vielfach entstehen in Folge der stetigen Planung und Umsetzung von Wachstums- und Positionierungsstrategien im Zeitablauf unterschiedlich ausgerichtete Marken innerhalb eines Unternehmens. Im Resultat steigen der Koordinationsaufwand sowie die Komplexität bei der Führung eines größeren Markenportfolios. Dies ist ein wesentlicher Grund dafür, warum die konsequente Maximierung des Wertes jeder einzelnen Marke und die genaue Überwachung der Kosten- und Ertragsentwicklung des Gesamtportfolios zunehmend an Bedeutung gewinnen.

Der zunehmenden Forderung einer erhöhten Transparenz der Beziehung zwischen Ressourceneinsatz und Unternehmenswert sowie der Notwendigkeit zu einer stärkeren Wertorientierung im Marketing (Reinecke 2006, S. 5) wurde unter anderem mit der noch relativ jungen Zielgröße des so genannten *Markenwerts* begegnet. Hierbei handelt es sich nach Kotler/Keller (2012, S. 265) um die durch die Markierung einer Leistung ausgelösten gegenwärtigen und zukünftigen Wertsteigerungen auf Konsumenten- und Unternehmensseite. Die Bestimmung des Markenwerts zielt stets auf eine ökonomische Bewertung einer Marke in Form eines monetären Äquivalents ab und sollte als wesentlicher Bestandteil der immateriellen Vermögensgegenstände eines Unternehmens betrachtet werden. Vom Markenwert ist die Markenstärke (engl.: brand strength) deutlich abzugrenzen (Reinecke/Janz 2007, S. 403). Bei Letzterer handelt es sich um das psychologische Potenzial einer Marke in Form positiver Assoziationen, die zu einer dauerhaft vorteilhaften Wahrnehmung der Marke bei den Kunden oder Geschäftspartnern im Vergleich zum Wettbewerber führen (Srivastava/Shocker 1991, S. 7).

Die Stärke und die Vorteilhaftigkeit von Assoziationen der Kunden mit einer Marke führen wiederum zu einer erhöhten Bereitschaft, das Produkt erstmalig oder erneut zu kaufen (siehe Abschnitt 2.4), einen erhöhten Preis für das Produkt zu zahlen, positive Weiterempfehlungen für die Marke zu tätigen sowie andere Produkte der gleichen Marke zu erwerben. Demzufolge haben die durch Bekanntheit, positive Assoziation oder Kaufpräferenzen bewirkten Verhaltensänderungen der Kunden mittelbaren oder unmittelbaren Einfluss auf den ökonomischen Erfolg eines Unternehmens. Sind die Markenassoziationen im Weiteren übertragbar auf andere Leistungsbereiche, dann steigt der Wert dieser Marke zusätzlich an, weil sich dadurch ein neues Marktpotenzial für das Unternehmen erschließt (siehe hierzu Markendehnung in Punkt 3.7.4).

3.7.2 Markenportfolio-Management

Ein *Markenportfolio* umfasst alle (mindestens jedoch zwei) Marken und Elemente von Marken, die im rechtlichen Besitz eines Unternehmens sind (Aaker 2004, S. 16). Die zentrale Aufgabe des *Markenportfolio-Managements* ist die Analyse, Planung, Koordination und Kontrolle der Marken eines Unternehmens. Innerhalb eines Portfolios von Marken bestehen unterschiedliche Abhängigkeiten, deren Stärke von der übergreifenden Markenarchitektur beeinflusst wird (siehe hierzu Abschnitt 3.7.3). Viele Unternehmen besitzen organisch gewachsene, durch Zukäufe oder Fusionen entstandene oder veränderte Markenportfolios (Kapferer 1998, S. 275). Häufig überschneiden sich die Marken hinsichtlich Positionierung und adressieren sogar die gleichen Zielgruppen. Aufgrund der hohen Kosten im Bereich Distribution und Kommunikation, die mit dem Erhalt einer Marke verbunden sind, sollte in einem solchen Fall das Gesamtportfolio im Umfang reduziert und dafür die verbleibenden Marken umso intensiver mit Ressourcen ausgestattet werden. Allerdings finden sich auch Beispiele dafür, dass eine Überschneidung einzelner Marken in der gleichen Zielgruppe bewusst erwünscht ist, um damit interne Konkurrenz in der Organisation zu fördern.

Jede Marke sollte ein eigenes «Territorium» besitzen, in welchem sie sich erfolgreich behaupten kann (Kapferer 1998, S. 285). Fehlt die klare Abgrenzung einzelner Marken, dann entstehen in einer Organisation Reibungsverluste durch Kannibalisierungen, Synergien können nur unzureichend genutzt werden und in letzter Konsequenz können sich langfristige Kundenpräferenzen nicht entfalten (Burmann/Meffert 2005).

Daher benötigen Unternehmen ein Markenportfolio-Management, welches folgende Ziele verfolgt, um die Effektivität und Effizienz der vorhandenen Marken und des Prozesses der Markenführung zu steigern (AAKER 2004, S. 33 ff.):

- eine bessere Nutzung von Synergien,
- die Ausschöpfung vorhandener Markenwerte,
- die Schaffung und Erhaltung der Markenbedeutung im Markt,
- den Aufbau und die Pflege starker Marken,
- eine klare Profilierung des Angebots.

Synergien in Markenportfolios können zum Beispiel dadurch entstehen, dass Markenassoziationen innerhalb eines größeren Portfolios von Marken (siehe Abschnitt 3.7.3) genutzt werden können. Sind die Kernwerte bzw. das Image einer Marke durch ein *klares Profil* in der Käuferschaft etabliert, dann können neue Leistungen, die andere Teilmärkte oder Geschäftsbereiche abdecken und mit der gleichen Marke markiert werden, sehr schnell und effizient vom Wert der Muttermarke profitieren. Auf diese Weise können neue Geschäftsfelder eines Unternehmens den *Wert und die Bedeutung der Muttermarke stärken*, das *Potenzial* aus dem bestehenden *Markenwert ausschöpfen* und neues Wachstum erschließen.

Aber nicht allein die *Maximierung der Performance* des gesamten Markenportfolios bedingt ein umfassendes Management aller Marken, sondern auch die Veränderungen des Umfelds nehmen erheblichen Einfluss auf die Gestaltungsoptionen der Marken und deren Beziehungen untereinander. *Dynamischer Wandel* der Kundenbedürfnisse, der Technologie, der Distributionswege und des Angebots der Wettbewerber erfordern es, das Markenportfolio permanent abzustimmen und zukunftsgerichtet zu steuern. Die Optimierung einer einzelnen Marke zu Lasten des Wertes des Gesamtportfolios soll auf diese Weise verhindert werden, um nicht unternehmensweite Ziele zu gefährden. Eine regelmäßige Analyse aller Marken kann beispielsweise in Form eines umfassenden *Markenaudits* durchgeführt werden (KAPFERER 1998, S. 277 und KELLER/APERIA/GEORGSON 2012, S. 392 ff.).

Um alle notwendigen Voraussetzungen für eine erfolgreiche Bearbeitung eines Marktes mit einem Portfolio unterschiedlicher Marken zu schaffen, ist die Entwicklung einer *Markenarchitektur* anhand eindeutig festgelegter Kriterien erforderlich. Hierzu sollen im nachfolgenden Abschnitt die relevanten Basisoptionen erläutert werden.

3.7.3 Markenarchitektur

Bearbeitet ein Unternehmen mehrere Geschäftsfelder oder mehrere Produkte mit unterschiedlichen Marken, dann sollte jeder dieser Marken eine eindeutige Position innerhalb des Portfolios zugewiesen werden. Das heißt, die Marke erhält eine so genannte *Mission* zugesprochen, welche ihre Aufgabe im Rahmen der Unternehmensstrategie klar zum Ausdruck bringt. Diese Mission ist neben dem *Inhalt* und der *Ausrichtung* Teil des *strategischen Auftrags* einer Marke (MEFFERT/PERREY 2005).

Eine solche Abgrenzung ist wichtig, damit eine unter Umständen unbeabsichtigte Kannibalisierung ausgeschlossen wird, das Portfolio insgesamt effektiv bewirtschaftet werden kann und ineffiziente Konflikte innerhalb der Gesamtorganisation reduziert werden. Auf diese Weise kann die Maximierung der einzelnen Markenwerte verfolgt und die Budget- bzw. Ressourcenplanung konsequent auf die Ausschöpfung des Gesamtportfolios ausgerichtet werden. Oftmals entscheidet allein schon die Positionierung im marktrelevanten Preisspektrum darüber, inwieweit sich Marken gegenseitig kannibalisieren (KAPFERER 1998, S. 285). «Unter einer Markenarchitektur versteht man die Anordnung aller Marken eines Unternehmens zur Festlegung der Positionierung und der Beziehung der Marken und der jeweiligen Produkt-Markt-Beziehungen aus strategischer Sicht» (ESCH 2012, S. 502).

Ein Unternehmen verfügt über eine Vielzahl unterschiedlicher Strategieoptionen, um das Markenportfolio erfolgreich zu gestalten. Eine elementare Grundsatzentscheidung betrifft das Abwägen zwischen den Vorteilen einer *starken Eigenständigkeit* der Marken, die individuell auf die Nutzenvorteile bestimmter Zielgruppen zugeschnitten bzw. positioniert worden sind, sowie den Vorteilen aus der *Nutzung von Synergien* innerhalb eines Portfolios (siehe Abb. 3.19). Im Fall der überwiegenden Dominanz der Dach- bzw. Unternehmensmarke spricht man von einer *Corporate Brand-Strategie*; bei überwiegender Dominanz einzelner, voneinander unabhängiger Produktmarken von einer *Product Brand-Strategie*.

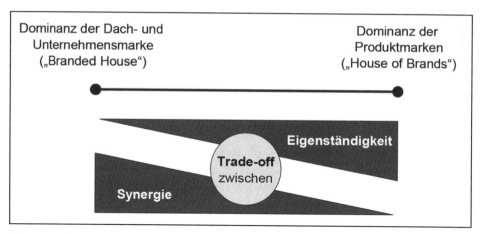

Abb. 3.19 Konkurrierende Ziele der Markenarchitekturgestaltung (nach ESCH/BRÄUTIGAM 2005, S. 858)

Corporate Brand-Strategie

Nimmt die Unternehmensmarke (auch Dachmarke genannt) eine dominierende Stellung in einem Unternehmen ein (*branded house*), dann werden im Extremfall alle Leistungen eines Geschäftsfelds oder des Gesamtunternehmens unter einer einheitlichen Dachmarke angeboten. Diese Option ist vor allem dann zu wählen, wenn die übergeordnete Dachmarke das Leistungsangebot des Unternehmens durch positive Assoziation, durch Vertrauen in das Unternehmen oder durch die Sicherstellung einer starken Marktpräsenz vorteilhaft unterstützt (AAKER/JOACHIMSTHALER 2000, S. 120 sowie ESCH 2012, S. 506 ff.). In diesem Falle stärkt das angebotene Produkt- oder Dienstleistungsspektrum die übergeordnete Marke. Diese Markenstrategie findet sich oft bei Dienstleistungs- oder Industriegüterunternehmen. Beispielsweise werden bei der *BASF AG* mit Sitz in Ludwigshafen nicht nur verschiedenartige Leistungen, sondern sogar unterschiedliche Geschäftsfelder – von petrochemischen Grundstoffen über Farb- und Kunststoffen bis hin zu Pflanzenschutzmitteln – unter einer einheitlichen Dachmarke zusammen geführt. Die Marke besitzt demnach ein sehr weites Kompetenzspektrum im Bereich der Chemie und noch weiteres Potenzial zur Dehnung. Neue Leistungen können auf eine effiziente Art und Weise unter Ausnutzung des Images und der Bekanntheit der Corporate Brand in den Markt eingeführt werden.

Product Brand-Strategie

Werden im Gegensatz zum vorherigen Fall alle Leistungen eines Unternehmens separat unter verschiedenen Markennamen vermarktet (auch Einzelmarkenstrategie genannt), dann nehmen voneinander unabhängige Produktmarken die dominierende Stellung ein (*house of brands*), und der Unternehmensname tritt bei der Kommunikation in den Hintergrund. Auf diese Weise lassen sich alle Marken präzise auf unterschiedliche Zielgruppen in Bezug auf das Nutzenversprechen, die Identität und die Kommunikation ausrichten. Esch (2012, S. 358) fasst die zentrale Idee knapp zusammen: «Eine Marke = ein Produkt = ein Produktversprechen». Synergien gehen auf diese Weise zwar verloren, und der Aufbau von Image und Bekanntheit kann sehr kostspielig sein, doch kann dieser Verlust ggf. durch höhere Preise und/oder Mengen überkompensiert werden. Das Unternehmen *Mars Inc.* verfolgt zum Beispiel eine weltweite Einzelmarkenstrategie. Dies ermöglicht nicht nur eine präzise Positionierung und Nutzenkommunikation jeder einzelnen Marke im jeweiligen Zielsegment, sondern vor allem eine klare Abgrenzung zwischen den verschiedenen Geschäftsfeldern. Bei Verwendung einer einzigen Dachmarke wäre das gleichzeitige Angebot von Nahrungsmitteln und von Tierfutter für den Endverbraucher kaum nachvollziehbar. Deshalb wurden die beiden Bereiche klar voneinander getrennt und mit eigenständigen Produktmarken ausgestattet (z. B. *Uncle Ben's*, *Milky Way* und *Whiskas*).

Family Brand-Strategie

In der Praxis finden sich oft Mischformen aus einer Corporate- und Product Brand-Strategie, um die Vorteile aus beiden Strategieformen zu nutzen und deren Nachteile zu vermeiden (siehe hierzu vertiefend Esch/Bräutigam 2006). Mit Hilfe eines Markennamens, eines Markenzeichens oder eines Form- oder Farbcodes können Marken innerhalb eines Portfolios *horizontal* (über Produktgruppen oder strategische Geschäftsfelder der gleichen Ebene hinweg) oder *vertikal* (über verschiedene Hierarchieebenen des Unternehmens hinweg) *miteinander verbunden* werden (Langner/Esch 2006, S. 124).

In diesem Zusammenhang spricht man unter Gewährleistung einer einheitlichen Positionierung der Marken von einer so genannten *Family Brand-Strategie* (Familienmarkenstrategie). Dabei ist es entscheidend, die Qualität jedes Produkts bzw. Dienstleistung innerhalb der Markenfamilie auf dem gleichen (hohen) Niveau zu halten.

Beispielsweise finden sich die bekannten «drei Streifen» von *Adidas* in einigen Markenlogos des Unternehmensportfolios (Adidas Sport Style, Adidas Sport Performance, Adidas Sport Originals). Die dadurch geschaffene Verbindung zwischen unterschiedlichen Produktgruppen ermöglicht eine schnelle Wiedererkennung und Identifikation der Marke für den Konsumenten. Falls diese Zusammengehörigkeit kommunikativ oder distributiv umgesetzt und genutzt werden kann, stellen sich – insbesondere bei einer Neuprodukteinführung – Synergieeffekte innerhalb des Markenportfolios ein. Ähnliches gilt auch für die Marke *Toblerone*, bei der die einzigartige dreieckige Form der Schokolade und der Verpackungsform ebenfalls eine starke und einzigartige Assoziation zwischen unterschiedlichen Produkten (horizontale Verknüpfung) herbeiführt.

Bei der *Deutschen Telekom AG* wurde das magenta-farbene «T» zur vertikalen Verknüpfung von Marken innerhalb des Portfolios eingesetzt. Hier tragen sowohl die Unternehmensmarke (Deutsche Telekom), als auch einzelne Geschäftsfeldmarken des Unternehmens (T-Systems, T-Online, T-Mobile usw.) den gleichen Form- bzw. Farbcode.

3.7.4 Ausweitungen der Markenkompetenz durch Markendehnung

Zur Realisierung von Wachstumspotenzialen ist es eine attraktive Alternative zu einer kostspieligen Neumarkeneinführung, wenn man eine bestehende und etablierte Marke auf weitere Leistungsbereiche ausweitet. Auf diese Weise kann auf Investitionen in den Aufbau einer neuen Marke verzichtet und die Bekanntheit sowie das Image einer bestehenden Marke genutzt werden, um einen schnellen Marktanteilsaufbau sicherzustellen. Diese Ausweitung der bestehenden Kernleistung einer Marke auf weitere, sich vom bisherigen Angebot unterscheidende Produkte oder Dienstleistungen bezeichnet man als *Markendehnung (engl.: brand leverage/extension)*. Den *Prozess*, der dazu führt, dass die Kompetenz einer Marke ausgeweitet wird, nennt man auch *Markentransfer*. Werden unter derselben Marke sehr ähnliche Produkte bzw. Dienstleistungen in der gleichen Leistungskategorie neu aufgenommen, dann handelt es sich um eine *Produktlinienerweiterung (engl.: line extension)*.

Mit Hilfe eines Markentransfers werden relevante Eigenschaften der Stammmarke auf ein neues Produkt(-spektrum) übertragen und somit die ursprüngliche Marke hinsichtlich des abgedeckten Leistungsprogramms, der Marktstellung sowie insbesondere auch der Konkurrenzsituation erheblich verändert (siehe hierzu das nachfolgende Beispiel von *Lipton*).

> **Markendehnung bei Lipton**
> Der Schotte Sir Thomas Lipton wurde 1850 in Glasgow geboren und startete bereits in jungen Jahren mit dem Handel von Lebensmitteln. Innerhalb weniger Jahre hatte er eine Kette von Lebensmittelläden in ganz Großbritannien etabliert. Um deren Nachschub zu sichern, erwarb Lipton die Rechte an Teeplantagen im heutigen Sri Lanka und gründete 1893 die Lipton Tea Company. 1938 kaufte der Nahrungsmittelkonzern Unilever das Lipton Teegeschäft mit den dazugehörigen Markenrechten und im Jahre 1972 alle weiteren Geschäftsfelder von Lipton. Heute steht die Marke

> mit ca. € 3 Mrd. für etwa 10 Prozent des weltweiten Teehandelsumsatzes und ist in mehr als 110 Ländern verbreitet. Die Familienmarke «Lipton» (Yellow Label, Green Tea, Herbal Tea, Iced Tea, Ice Tea usw.), die ihren eigentlichen Ursprung im Lebensmitteleinzelhandel hat, steht heute für innovative Teekompetenz. Die Dehnung der Marke erfolgte bereits 1941 in den USA und in Kanada mit dem Angebot von Hühnernudelsuppe. Diese neue Markenkompetenz wurde kontinuierlich im Bereich von Suppen und Fertiggerichten ausgebaut. In Europa werden diese bzw. sehr ähnliche Leistungen vom Unilever-Konzern nicht unter Lipton, sondern unter Knorr angeboten, was u. a. auf die regionalen Unterschiede des Markenimages von Lipton zurückzuführen ist.

Hierbei stellt sich die Kernfrage, wie viele und vor allem welche neuen Leistungsbereiche eine Marke potenziell überhaupt abdecken kann. Risiken der Markendehnung liegen insbesondere darin, dass bei einer zu starken Dehnung und einer ungeeigneten Markenarchitektur die neu aufgenommene Leistung andere Marken des gleichen Portfolios kannibalisiert oder die neue Leistung andere Kundensegmente als bisher anspricht und diese möglicherweise nicht kompatibel zueinander sind. Weiterhin besteht die Gefahr, dass das Profil der Marke bei der etablierten Käuferschaft verloren geht und somit das Kernimage der Stammmarke verwässert (ESCH 2012, S. 382 ff.).

Demgegenüber stehen jedoch eine Reihe wichtiger Vorteile, die eine Markendehnung oft strategisch sinnvoll erscheinen lassen. Neben der Generierung zusätzlicher Umsätze durch das neue Leistungsangebot kann durch eine Ausweitung der Kompetenz der Stammmarke beispielsweise das Image mit innovativen Produkten verjüngt werden; ferner können der Marke neue Assoziationen zugeschrieben werden und deren Bekanntheit ausgebaut werden. Die Addition neuer Assoziationen mit der Marke kann sich insbesondere vor dem Hintergrund veränderter gesellschaftlicher Rahmenbedingungen (Wendungen im Umwelt- oder Ernährungsbewusstsein, neue Lifestyle-Trends usw.) als sehr erfolgversprechend erweisen. Beispielsweise hatte die Markteinführung der als umweltfreundlich eingestuften Fahrzeuge mit Hybridantrieb positiven Einfluss auf die Wahrnehmung, die Bekanntheit und in letzter Konsequenz auf die Stärke und den Wert der Stammmarke Toyota.

Wurden im Rahmen der marktorientierten Unternehmensplanung die Märkte des Unternehmens bestimmt, Wachstumsstrategien festgelegt und/oder mögliche Wege der Differenzierung auf Basis nachhaltiger Wettbewerbsvorteile identifiziert, also ein *übergeordneter Positionierungsrahmen* für das Unternehmen entwickelt, so kann im weiteren Verlauf des Planungsprozesses auf der Ebene der marktorientierten Geschäftsfeldplanung mit einer detaillierten *Ausgestaltung der Markenpositionierung und der Markenidentität fortgefahren* werden (siehe Abschnitt 4.6.2).

Literaturempfehlungen zum 3. Kapitel

AAKER, D./MCLOUGHLIN, D. (2007): Strategic Market Management – European Edition, Hoboken (NJ).

BACKHAUS, K./SCHNEIDER, H. (2009): Strategisches Marketing, 2. Aufl., Stuttgart.

BARNEY, J./HESTERLY, W. (2008): Strategic Management and Competitive Advantage, 2. Aufl., Upper Saddle River (NJ).

BECKER, J. (2013): Marketing-Konzeption – Grundlagen des ziel-strategischen und operativen Marketing-Managements, 10. Aufl., München.

BESANKO, D./DRANOVE, D./SHANLEY, M./SCHAEFER, S. (2007): Economics of Strategy, 4. Aufl., Hoboken (NJ).

CHERNEV, A. (2009): Strategic Marketing Management, 5. Aufl., Chicago.

CZEPIEL, J. (1992): Competitive Marketing Strategy, Englewood Cliffs (NJ).

ESCH, F.-R. (2012): Strategie und Technik der Markenführung, 7. Aufl., München.

HUNT, S. D. (2010): Marketing Theory – Foundations, Controversy, Strategy, resource-Advantage Theory, Armonk (NY)/London.

KELLER, K. L./APERIA, T./GEORGSON, M. (2012): Strategic Brand Management – A European Perspective, 2. Aufl., Harlow (UK) a.a.O.

MEFFERT, H./BURMANN, C./KOERS, M. (2005): Markenmanagement – Identitätsorientierte Markenführung und praktische Umsetzung, 2.Aufl., Wiesbaden.

PORTER, M. (1999): Wettbewerbsstrategie – Methoden zur Analyse von Branchen und Konkurrenten, 10. Aufl., Frankfurt am Main et al.

PORTER, M. (2000): Wettbewerbsvorteile. Spitzenleistungen erreichen und behaupten, 6. Aufl., Frankfurt am Main et al.

4 Marktorientierte Geschäftsfeldplanung

4.1 Interdependenzen zwischen Unternehmensplanung, Geschäftsfeldplanung und Marketing-Mix-Planung

Die vielfältigen Interdependenzen, die zwischen marktorientierter Unternehmensplanung, marktorientierter Geschäftsfeldplanung und Marketing-Mix-Planung bestehen, werden im Folgenden erläutert (siehe hierfür Abb. 4.1).

In den vorangegangenen Abschnitten wurden die Zusammenhänge zwischen strategischer Unternehmens- und strategischer Marketingplanung herausgearbeitet. Die beiden Planungsbereiche sind eng miteinander verzahnt. Da letztlich der langfristige Erfolg eines Unternehmens vom Bestehen auf den Absatzmärkten abhängt, stellt die (strategische) Marketingplanung das Kernstück der strategischen Unternehmensplanung dar (MEFFERT/BURMANN 1996). Es wurde deutlich, dass im Rahmen des normativen Managements, wenn die *Vision* des Unternehmens («Was ist (sollte) unser Geschäft (sein)?») sowie daraus abgeleitet die *Unternehmenspolitik* («zu erfüllende Missionen des Unternehmens») umrissen werden, marktorientierte Überlegungen eine zentrale Rolle spielen (siehe die Ausführungen in Unterkapitel 3.1).

Orientiert an diesen Vorgaben und unter Berücksichtigung weiterer Rahmenbedingungen (u. a. Kernkompetenzen) wird der *Geschäftsfeld-Mix* als zentraler Bestandteil der marktorientierten Unternehmensplanung definiert. Im Wesentlichen ist festzulegen, in welchen *Märkten* («Kunden mit spezifischen Bedürfnissen bzw. Problemen») das Unternehmen mit welchen *Leistungen* («Grund-, Zusatz- und Nebenleistungen») agieren will (siehe hierzu Unterkapitel 3.2). Die entscheidende Rolle, die der Marktsegmentierung bei der Bildung von strategischen Geschäftsfeldern (SGF) zukommt, unterstreicht die enge Verknüpfung von Unternehmens- und Marketingplanung.

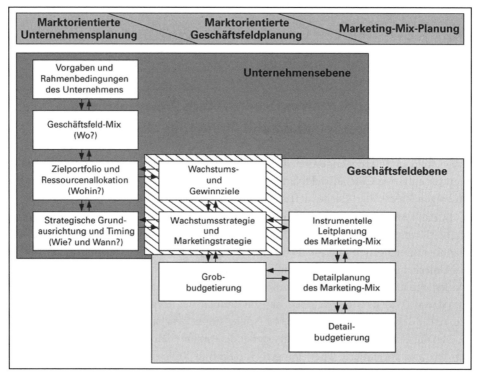

Abb. 4.1 Interdependenzen zwischen marktorientierter Unternehmensplanung, marktorientierter Geschäftsfeldplanung und Marketing-Mix-Planung (vgl. auch MEFFERT/BURMANN 1996)

Um die langfristige Existenz des Unternehmens sicherzustellen, ist es Aufgabe der marktorientierten Unternehmensplanung, einen Mix von Geschäftsfeldern anzustreben, der hinsichtlich Mittelbedarf und Mittelerzeugung sowie hinsichtlich Zukunftsaussichten und Risikoträchtigkeit ausgewogen ist. Im Rahmen des *Zielportfolios* werden Zielvorstellungen für einzelne Geschäftsfelder aus dem Gesamtzusammenhang des Unternehmens formuliert sowie Prioritäten bei der Allokation von knappen Ressourcen gesetzt (siehe Unterkapitel 3.3). Diese Festlegungen (z. B. Wachstum, Behauptung, Rückzug) konkretisieren sich im Rahmen der marktorientierten Geschäftsfeldplanung in *ökonomischen Zielgrößen*, die sich im Wesentlichen in Wachstums- und Gewinnziele unterteilen lassen.

Weitere Aufgabe der strategischen Unternehmensplanung ist es, die *strategische Grundausrichtung* des Unternehmens festzulegen. Im Einzelnen geht es um Entscheidungen bezüglich der generellen Prinzipien, Regeln und Vorgehensweisen des Unternehmens im Markt, im Wettbewerb, in der Gesellschaft, gegenüber der Umwelt, im Umgang mit Technologien usw. sowie die Bestimmung der Zeitpunkte, wann diese Prinzipien, Regeln und Vorgehensweisen Anwendung finden (*Timing*) (siehe Kapitel 3). Derartige Festlegungen stellen einen wesentlichen Orientierungsrahmen dar, wenn im Rahmen der marktorientierten Geschäftsfeldplanung die so genannte *Wachstumsstrategie* sowie das so genannte *Kernaufgabenprofil*, *Kooperationsziele* und die Positionierung formuliert werden. Das Kernaufgabenprofil, Kooperationsziele und die Positionierung werden im Rahmen dieses

Buchs unter dem Begriff *Marketingstrategie* subsumiert. Zudem wird die Grobbudgetierung vorgenommen. Bei der Wachstumsstrategie geht es darum, wie profitables Wachstum erreicht werden kann. Im Rahmen der Festlegung der Wachstumsstrategie ist somit zu bestimmen, mit welcher Intensität die zur Verfügung stehenden *Wachstums- und Gewinnquellen* genutzt werden sollen (siehe Unterkapitel 4.2). Dafür stehen dem Unternehmen grundsätzlich die folgenden Möglichkeiten zur Verfügung:

- Gewinnung neuer Kunden («Kundenakquisition»),
- Halten und Ausbau bestehender Kundenbeziehungen («Kundenbindung»).
- Entwicklung neuer Leistungsangebote («Leistungsinnovation») und
- Verlängerung und Optimierung des Lebenszyklus bestehender Leistungsangebote («Leistungspflege»).

Zentrale Elemente der *Marketingstrategie* sind die *Positionierung*, das *Kernaufgabenprofil* und *Kooperationen/Netzwerke*.

Vollständig formulierte *Positionierungsziele enthalten*:

- Angaben über die Kunden (Marktsegmente), die erreicht werden sollen;
- Angaben über deren Bedürfnisse (Probleme, Wünsche, Forderungen, Erwartungen), die befriedigt werden sollen;
- Angaben über die Art und das Ausmaß des angestrebten Wettbewerbsvorteils;
- Angaben über die geplante Ausgestaltung des Leistungsangebots (Problemlösung), welches von den Kunden als zur Befriedigung ihrer Bedürfnisse am besten geeignet wahrgenommen werden soll (siehe Unterkapitel 4.5).

Mit anderen Worten: Bei der Ausarbeitung von Positionierungszielen wird festgelegt, wie ein bestimmter Wettbewerbsvorteil bei einer bestimmten Kundengruppe erzielt werden soll (siehe Unterkapitel 3.4 und Abschnitt 4.5.1).

Aufgabe der Positionierungsstrategie ist es, den Weg zu bestimmen, der im Markt und im Wettbewerb eingeschlagen werden soll, um die jeweiligen Positionierungsziele zu erreichen (siehe Abschnitt 4.5.5).

Bei der Formulierung des *Kernaufgabenprofils* geht es um die Frage, welche Kompetenzen (für die Marketing-Kernaufgaben) intern aufzubauen bzw. zu pflegen sind, um Marktpotenziale erschließen bzw. ausschöpfen zu können (siehe Unterkapitel 4.3). Zudem ist die Frage zu klären, welche Kompetenzen (strategischer und operativer Natur) extern, das heißt via *Kooperationen und Netzwerke*, zu beschaffen sind, um die angestrebte Positionierung im Markt durchsetzen zu können (siehe Unterkapitel 4.4).

Bei der sich anschließenden *Marketing-Mix-Planung* geht es darum, orientiert an der jeweiligen Strategie in einem ersten Schritt die Einsatzschwerpunkte und -grundsätze des

Marketing-Mix (im Rahmen der so genannten instrumentellen Leitplanung) zu bestimmen, um dann in einem zweiten Schritt im Zuge einer Detailplanung des Marketing-Mix die einzelnen Instrumentalbereiche des Marketing-Mix, und zwar

- die Marktleistungsgestaltung(Produkt- und Sortimentspolitik),
- die Preisgestaltung,
- die Kommunikation sowie
- die Distribution

in Abstimmung mit der Wachstumsstrategie und der Marketingstrategie integriert und separat spezifisch planen zu können sowie die Detailbudgets festzulegen (siehe Kapitel 5).

Die in der Abb. 4.1 eingezeichneten Pfeile verdeutlichen, dass ein solcher Planungsprozess selbstverständlich nicht streng hierarchisch von oben nach unten abzuarbeiten ist. Vielmehr handelt es sich um einen iterativen, vernetzten und dynamischen Prozess, in dessen Verlauf Vorgaben, Ziele, Strategien und Maßnahmen immer wieder verändert und immer weiter konkretisiert werden müssen.

Nachdem in den vorangegangenen Abschnitten Fragen der Marketingplanung auf der Unternehmensebene behandelt wurden, sollen nun die *Wachstumsstrategie und die Marketingstrategie als Bindeglieder zwischen der Marketingplanung auf der Unternehmensebene und der Marketingplanung auf der Geschäftsfeldebene* (siehe auch die Darstellung in Abb 4.1) erörtert werden, bevor dann im 5. Kapitel auf die operative Marketingplanung eingegangen werden kann.

4.2 Festlegung der Wachstumsstrategie

4.2.1 Überblick

Der nächste Schritt im Marketingplanungsprozess beschäftigt sich mit der Frage, welche Optionen grundsätzlich zur Verfügung stehen, um die angestrebten ökonomischen Marketingziele (Deckungsbeitrag, Umsatz, Marktanteile usw.) zu erreichen.

Der von TOMCZAK/REINECKE (1996; 1999) entwickelte *aufgabenorientierte Ansatz* setzt hier an und rückt mit den so genannten Kernaufgaben des Marketing die zentralen Wachstums- und Gewinngeneratoren eines Unternehmens bzw. eines Geschäftsbereichs sowie das Management der dazu erforderlichen Kompetenzen in den Mittelpunkt der strategischen Marketingplanung.

Unternehmen können ihre Wachstums- und Gewinnziele erreichen, indem sie neue Kunden akquirieren und/oder indem sie Preisbereitschaft, Kauffrequenz und -intensität sowie Verbundkäufe (Cross Selling) von aktuellen Kunden erhöhen. Zudem können sie versuchen, neue Leistungen in den Markt einzuführen und/oder den Lebenszyklus bestehender Leistungen zu verlängern und zu optimieren. Im Einzelnen lassen sich die in Abb. 4.2 dargestellten *Wachstums- und Gewinnquellen* bei den jeweiligen Kernaufgaben unterscheiden.

Bezeichnung	Wachstums- bzw. Gewinn- quelle	Kernaufgabe	Ansätze
Kunden- akquisition	Zukünftige Kunden	Erschließen von Kun- denpotenzialen	• Gewinnen von Nichtverwendern • Erobern von Kunden der Konkurrenz
Kunden- bindung	Aktuelle Kunden	Ausschöpfen von Kundenpotenzialen	• Kunden halten (Retention) • Kunden durchdringen (Penetration)
Leistungs- innovation	Neue Leistungen	Erschließen von Leistungspotenzialen	• Echte Marktneuheiten entwickeln und einführen • Imitationen entwickeln und einführen
Leistungs- pflege	Bestehende Leistungen	Ausschöpfen von Leistungspotenzialen	• Leistungen erhalten • Leistungen ausbauen

Abb. 4.2 Überblick über die Kernaufgaben des Marketing (TOMCZAK/REINECKE/MÜHLMEIER 2002)

Die aufgabenorientierte Sichtweise im Marketing ist im Grunde nicht «revolutionär». Sie knüpft an Bestehendem an, beispielsweise der bekannten Matrix von ANSOFF (1965), und entspricht damit der Denkweise des Managements in Umsatzwachstum und Gewinnsteigerung. Auch ist keine der vier Kernaufgaben (Kundenakquisition, Kundenbindung, Leistungsinnovation und Leistungspflege) grundsätzlich neu. Zentral ist der explizite Fokus auf den Umgang mit Kunden- und Leistungspotenzialen sowie die Forderung, dies bestmöglich mit den Kompetenzen eines Unternehmens abzustimmen. Marktorientierte Unternehmensführung ist in diesem Sinne mit einem integrierten Management der vier Kernaufgaben gleichzusetzen.

4.2.2 Grundidee des aufgabenorientierten Ansatzes

Im Kern beschäftigt sich der aufgabenorientierte Ansatz mit spezifischen Kompetenzen, die ein Unternehmen benötigt, um Marktpotenziale besser als Wettbewerber nutzen zu können.

Marktpotenziale, *Kernaufgaben* und *Kompetenzen* stellen die zentralen Konstrukte des aufgabenorientierten Ansatzes dar. Um bestimmte Marktpotenziale erschließen zu können, sind von einem Unternehmen spezifische Kernaufgaben (Kundenakquisition und -bindung sowie Leistungsinnovation und -pflege) auszuführen, die wiederum bestimmte Kompetenzen verlangen (Outside-in-Perspektive). Oder anders herum formuliert: Dadurch, dass ein Unternehmen in der Lage ist, bestimmte Kernaufgaben kompetent zu erfüllen, besitzt es die grundsätzliche Fähigkeit, gewisse Marktpotenziale zu nutzen (Inside-out-Perspektive).

Marktpotenziale
Im Rahmen des aufgabenorientierten Ansatzes wird das Konstrukt *Marktpotenzial* weit definiert. Darunter werden sämtliche Bedürfnisse zusammengefasst, die von einem Unter-

nehmen (bzw. Geschäftsbereich) zukünftig befriedigt werden können. Zwei Aspekte sind hervorzuheben:

- Bedürfnisse von potenziellen Kunden bilden den entscheidenden Bezugspunkt. Denn zumindest hypothetisch lässt sich durch entsprechende Marketingmaßnahmen jedes Bedürfnis in Nachfrage umwandeln. Als Bedürfnis wird in der Regel das mit dem Streben nach Beseitigung eines Mangels verbundene Gefühl verstanden. Diese gängige Definition geht letztlich auf VON HERMANN (1870) zurück. Zu unterscheiden ist zwischen *aktuellen und latenten* (d. h. mit Blick auf einen bestimmten Markt zukünftigen) *Bedürfnissen* (zur Diskussion unterschiedlicher Arten von Bedürfnissen (siehe GESCHKA/ EGGERT-KIPFELSTUHL 1994). Aktuelle Bedürfnisse sind derzeit vorhanden, dem Kunden bekannt und werden durch eigene Angebote oder Angebote der Konkurrenz befriedigt. Latente Bedürfnisse existieren ebenfalls zum betrachteten Zeitpunkt, sind allerdings für den potenziellen Kunden mit Blick auf einen bestimmten Markt noch nicht relevant und werden in Substitutionsmärkten (teilweise unvollkommen) befriedigt.
- Um Marktpotenziale nutzen zu können, stehen Unternehmen grundsätzlich im Wettbewerb – entweder in einem eher direkten Verdrängungswettbewerb oder aber in einem eher indirekten Substitutionswettbewerb, in jedem Fall aber einem *Wettbewerb um Kaufkraft*.

Zwei Arten von Marktpotenzialen sind zu unterscheiden (siehe Abb. 4.3).

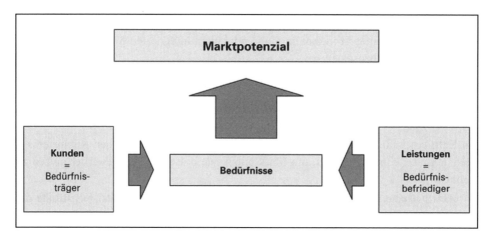

Abb. 4.3 Marktpotenzial und Bedürfnisse

Kundenpotenziale

Um Kundenpotenziale erfassen zu können, sind Kunden mit bestimmten Bedürfnissen zu identifizieren. Kunden können bildhaft auch als «*Bedürfnisträger*» bezeichnet werden, die sich einerseits hinsichtlich ihrer Bedürfnisse, andererseits aber in ihrer Kaufkraft unterscheiden. Die *Relevanz eines Bedürfnisses* differiert zum einen zwischen den Kunden und zum anderen in Abhängigkeit von Kauf- und Konsum- bzw. Verwendungssituation.

So spielt zum Beispiel im Automobilmarkt das Bedürfnis nach «Fahrdynamik» für einen bestimmten Kundenkreis (die typischen BMW- und Porsche-Kunden) eine zentrale Rolle, ist für andere Zielgruppen (z. B. Toyota-Kunden) hingegen von eher untergeordneter Bedeutung. Auch variiert mit Blick auf einen spezifischen Kunden die Bedeutung bestimmter Bedürfnisse im Zeitablauf (Tag, Jahr, Jahrzehnt). So gibt es beispielsweise Kunden, die frühmorgens sehr gesundheitsorientiert essen (bspw. ein Müsli), am Mittag sich eher convenience-orientiert verpflegen (z. B. ein Sandwich) und sich am Abend genussorientiert verhalten (z. B. Besuch eines Nobelrestaurants).

Grundsätzlich kann festgestellt werden:

- je mehr Kunden ein Bedürfnis teilen (Anzahl der Bedürfnisträger),
- je subjektiv relevanter dieses Bedürfnis ist und
- je kaufkräftiger die jeweiligen Bedürfnisträger sind,

desto größer ist das Kundenpotenzial.

Wenn lediglich die Größe des Markts sowie der Wunsch nach Mobilität betrachtet werden würden, wäre beispielsweise das Kundenpotenzial in der Volksrepublik China für Automobile als extrem hoch einzuschätzen. Durch die insgesamt niedrige durchschnittliche Kaufkraft reduziert sich allerdings das Kundenpotenzial etwas. Aufgrund des steigenden verfügbaren Einkommens wird der Markt China in Zukunft jedoch noch weiter an Bedeutung gewinnen.

Leistungspotenziale
Zur Analyse dieses Marktpotenzials gilt es festzustellen, welche Bedürfnisse sich durch bestimmte Leistungen oder Leistungseigenschaften potenziell befriedigen lassen. Leistungen – in der Regel Kombinationen von Sachgütern, Dienstleistungen und Rechten – lassen sich in diesem Sinne auch mit dem Begriff «Bedürfnisbefriediger» umschreiben. Sie sind aufgrund ihrer spezifischen Eigenschaften potenziell in der Lage, ein mehr oder weniger breites und tiefes Spektrum von Bedürfnissen zu befriedigen.

Grundsätzlich kann jede Leistung und jeder Wert (sei er materieller oder immaterieller Natur) Gegenstand eines Bedürfnisses sein. Letzteres ist in der Realität niemals rein und einheitlich, sondern immer ein Bedürfniskomplex (LISOWSKY 1968, S. 7 u. S. 79).

Der *Means-End-Chain-Ansatz* erfasst dieses Phänomen anschaulich (u. a. OLSON/REYNOLDS 1983; KUSS/TOMCZAK 2007), indem er deutlich macht, dass sich aus den Eigenschaften einer Leistung (z. B. einem Erfrischungsgetränk mit wenig Kalorien) verschiedene funktionale und psychosoziale Konsequenzen (Halten des Körpergewichts, gutes Aussehen, Gesundheit, Steigerung des Selbstbewusstseins) ableiten lassen, die als Hilfsmittel dazu dienen (= Means), übergeordnete individuelle Wertvorstellungen (= Ends), wie beispielsweise Selbstsicherheit oder Selbstachtung zu realisieren. Hierbei handelt es sich um Potenziale, die in der einzelnen Leistung bzw. Leistungseigenschaft liegen, die aber durch entsprechende Maßnahmen eines Unternehmens zu nutzen sind.

Das Leistungspotenzial ist umso größer,

- je vielfältiger das Spektrum von mit einer Leistung zu befriedigenden Bedürfnissen ist und
- je höher der Stellenwert ist, den die zu befriedigenden Bedürfnisse im Vergleich zu anderen Bedürfnissen aufweisen.

Wie die enorme Summe von zirka € 50 Mrd., die in Deutschland im Jahr 2000 insgesamt für die so genannten UMTS-Lizenzen bezahlt wurde, belegt, schätzten die Telekommunikationsunternehmen die Leistungspotenziale für diese Technologie damals als extrem hoch ein. Sie gingen davon aus, dass sich mit Hilfe der UMTS-Technologie bei einer Vielzahl von Kunden eine enorme Bandbreite unterschiedlicher Bedürfnisse (Information, Unterhaltung, Kommunikation usw.) befriedigen lassen würde.

Kompetenzen und Kernaufgaben

Um Marktpotenziale, das heißt Kunden- und Leistungspotenziale, nutzen zu können, benötigen Unternehmen spezifische Kompetenzen: Zum einen, um neue Potenziale zu erschließen und zum anderen, um bereits erschlossene Potenziale auszuschöpfen (siehe Abb. 4.4). Die folgenden vier Arten von Kompetenzen stehen somit im Mittelpunkt eines marktorientierten strategischen Managements:

- *Kundenakquisitions-Kompetenz* (Fähigkeit, Kundenpotenziale zu erschließen),
- *Kundenbindungs-Kompetenz* (Fähigkeit, Kundenpotenziale auszuschöpfen),
- *Leistungsinnovations-Kompetenz* (Fähigkeit, Leistungspotenziale zu erschließen) und
- *Leistungspflege-Kompetenz* (Fähigkeit, Leistungspotenziale auszuschöpfen).

Im folgenden Abschnitt werden die einzelnen Kernaufgaben sowie die damit verbundenen Tätigkeiten näher erläutert.

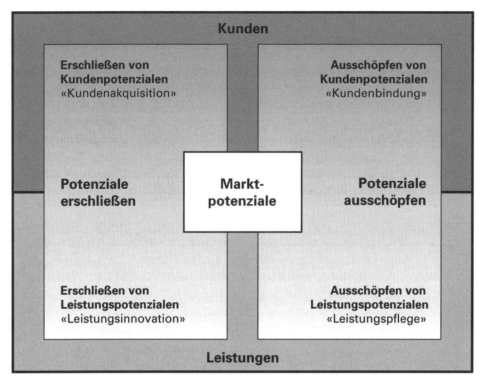

Abb. 4.4 Kompetenzen und Kernaufgaben

4.2.3 Kernaufgaben des Marketing

4.2.3.1 Nutzen von Kundenpotenzialen: Kundenakquisition und -bindung

Im Folgenden wird dargestellt, wie sich Kundenpotenziale systematisch nutzen, das heißt erschließen und ausschöpfen, lassen. Zunächst werden im Rahmen der Kundenpotenzialanalyse relevante Potenziale identifiziert, bewertet (Kundenwertbestimmung) und die richtigen Kundenpotenziale ausgewählt (Kundenselektion). Basierend auf dieser Analyse bieten sich einem Unternehmen mehrere strategische Stoßrichtungen, um die Kundenpotenziale nachhaltig zu nutzen. In einem ersten Schritt wird die Kundenpotenzialanalyse erläutert, bevor im Einzelnen auf die Kernaufgaben Kundenakquisition und -bindung eingegangen wird.

Kundenpotenzialanalyse: Identifizieren, Evaluieren und Selektieren von Kundenpotenzialen

Im Rahmen der Identifikation von Kundenpotenzialen ist zu prüfen, ob Potenziale durch Erschließen, das heißt Kundenakquisition, und Ausschöpfen, das heißt Kundenbindung, vorhanden sind. In beiden Fällen sind die gesamten Kundenpotenziale zu erfassen. Als unverzichtbare Grundlage für die Identifikation von Kundenpotenzialen dient eine umfassende Informationsbasis. Hierzu sind sowohl interne (z. B. Außendienstmitarbeiter) als auch externe Informationsquellen (zum Beispiel Lead User) heranzuziehen und unterschiedliche Techniken zur Informationsgewinnung (z. B. Monitoring, Beobachtung, Trendscouting, Gruppendiskussionen, Tiefeninterviews, Kundenzufriedenheitsumfragen) einzusetzen (zur Informationsgewinnung siehe auch Punkt 4.6.4.2).

Bewertung der Kundengruppe Golfsportliebhaber durch die BMW AG

Golfsportler und Golfsportbegeisterte werden von der BMW AG sowohl im Rahmen der Kundenakquisitions- als auch der Kundenbindungsmaßnahmen als attraktive Kundengruppe angesehen. Die Zielgruppe wird als attraktiv und markenadäquat angesehen. BMW drückt dies auf der eigenen Homepage wie folgt aus (BMW 2013): «Im internationalen Golfsport ist BMW längst nicht mehr wegzudenken. Überall dort, wo Golfer nach Perfektion streben, ist BMW nicht weit: Sei es bei der BMW International Open, dem einzigen Turnier der European Tour in Deutschland, das seit fast einem Vierteljahrhundert besteht. Sei es bei der größten internationalen Turnierserie für Amateure, dem BMW Golf Cup International. Oder bei internationalen Großereignissen wie der BMW PGA Championship in England, der BMW Championship in den USA, der BMW Masters in China und dem einzigartigen Ryder Cup: Immer heißt es: ‹Driven by Passion›.»

Im Anschluss an die Kundenidentifikation sind die Kundenpotenziale zu bewerten und die geeigneten Kundenpotenziale auszuwählen. Eine Kundenbewertung und -selektion ist sowohl für potenzielle als auch bestehende Kunden durchführbar. In der Mehrzahl der Fälle dominiert zurzeit noch die Bewertung der Bestandskunden. Zunehmend wird jedoch auch der Markt der potenziellen Käufer bereits vorbewertet und -selektiert.

Kundenwert und Kundenbewertung

Kundenpotenziale lassen sich mit einer Vielzahl möglicher Bewertungsmethoden analysieren. Der Kundenwert bringt die Gesamtbedeutung eines Kunden aus Sicht eines Anbieters zum Ausdruck. In der Regel lässt sich der Kundenwert in *monetäre* und *nichtmonetäre Bestimmungsfaktoren* zerlegen (SCHULZ 1995, S. 103 ff.; CORNELSEN 2000, S. 38).

Bei *monetären Größen* kann der jährliche Umsatz bzw. das Umsatzpotenzial des einzelnen Kunden zum einen mit einfachen ABC-Analysen differenziert betrachtet (KÖHLER 2005, S. 397 ff.). ABC-Analysen teilen die Kunden in Kategorien ein, wie beispielsweise A = Schlüsselkunden, B = «normale» Kunden und C = Kleinkunden. Zum anderen lässt sich der Kundenwert über Kundendeckungsbeitrags(potenzial)-rechnungen (KÖHLER

2005, S. 409 ff.) untersuchen, wodurch Aussagen über die Rentabilität und das zukünftige Potenzial des Kunden getroffen werden können. Das Deckungsbeitragspotenzial eines Kunden ist die Summe aus dem gegenwärtigen sowie dem für die Zukunft prognostizierten Deckungsbeitrag. Es sollte zusätzlich Vor- und Nachlaufkosten berücksichtigen (z. B. Kosten der Akquisition oder bei der Beendigung von Geschäftsbeziehungen) (LINK 1995, S. 109). Des Weiteren besteht die Möglichkeit, eine Customer Lifetime-Betrachtung vorzunehmen. Das Konzept des Customer Lifetime Value überträgt Prinzipien der Investitionsrechnung auf die Kundenbeziehung(BLATTBERG/DEIGHTON 1996). Besondere Schwierigkeiten bereitet es den Unternehmen, zukünftige Größen wie beispielsweise die Kundenabwanderungswahrscheinlichkeit zu erheben bzw. zu prognostizieren und in die Kundenbewertung einzubeziehen.

Nichtmonetäre Größen umfassen das Referenz- (Weiterempfehlung), Cross-Selling- (Absatz weiterer als der bisherigen Leistungen), Informations- (Zufluss und Nutzbarkeit von Kundeninformationen), Innovations- (Kunde als Impulsgeber für neue Leistungen), Loyalitäts- (Affinität zum Anbieter) und Kooperationspotenzial (Synergien und Wertsteigerungspotenziale durch verstärkte Zusammenarbeit und Integration der Wertschöpfungsketten) des Kunden (hierzu ausführlich SCHLEUNING 1994, S. 161 ff.; SCHULZ 1995, S. 113 ff., RUDOLF-SIPÖTZ/TOMCZAK 2001, S. 15 ff.).

Die monetären und nichtmonetären Größen lassen sich mit verschiedenen Verfahren erfassen. Zu ihnen zählen Scoring- und Portfoliomodelle.

Scoringmodelle unterstützen die Kundenbewertung, wenn dabei eine größere Anzahl an Merkmalen einbezogen werden soll (REINECKE/KELLER 2006, S. 267 f.). Neben monetären Größen und Merkmalen, die das Referenz-, Cross-Selling- oder Informationspotenzial näher beschreiben, werden zusätzlich verhaltensrelevante Merkmale (z. B. Kaufhäufigkeit) berücksichtigt. Die Bewertung erfolgt mit Hilfe von Punkten, die dann insgesamt zu einem Kundenpunktwert verdichtet werden. Je höher dieser Wert, desto wertvoller ist der Kunde für den Anbieter.

Eine besondere Form der Kundenanalyse auf der Grundlage kombinierter Kriterien bieten *Kundenportfolio-Analysen* (FINK/MEYER 1995; SCHULZ 1995, 126 ff.; REINECKE/KELLER 2006, S. 265 f.). Analog zu Unternehmensportfolios stehen statt strategischer Geschäftseinheiten hier Kunden bzw. Geschäftsbeziehungen im Mittelpunkt. Die gewählten Dimensionen bestehen entweder aus je einem Kriterium (z. B. Umsatz) oder es werden mehrere Kriterien zu einer Dimension verdichtet (z. B. Kundenattraktivität). Die Wahl der Indikatoren bestimmt den Aussagewert der Modelle. Besonders aussagekräftig ist die Darstellung des Kundenwerts in Form eines dreidimensionalen Vektors (auch HULDI/STAUB 1995, S. 27 ff.; RUDOLF-SIPÖTZ/TOMCZAK 2001, S. 80 ff.). Ein solcher Kundenkubus setzt sich aus dem gegenwärtigen Erfolgsbeitrag (z. B. Deckungsbeitrag) und dem zukünftigen Erfolgspotenzial (z. B. Umsatz- oder Deckungsbeitragspotenzial) – beides monetäre Größen – sowie den nichtmonetären Faktoren, wie dem Informations- und Referenzpotenzial usw. zusammen (siehe Abb. 4.5).

Kundenselektion

Die Kunden werden anhand der drei Dimensionen bewertet. Damit lässt sich der Kundenkubus als einfache Methode zur Visualisierung des Kundenwerts verwenden, der wiederum eine wichtige Grundlage für die Kundenselektion ist. So sind z. B. die Kunden im äußeren Quader (in der Abbildung «+++» markiert) als Top-Kunden durch eine hohe Rentabilität, großes Entwicklungspotenzial und eine hervorragende Bewertung ihres Ressourcenpotenzials erkennbar. Diese Kunden müssen vom Unternehmen gehalten (oder akquiriert) und deren Potenziale ausgebaut werden. Kunden, die in den Quader nahe am Ursprung fallen (mit «---» markiert) sind die «Verzichtskunden», bei denen kein Grund besteht, diese länger im Kundenportfolio zu halten oder diese überhaupt zu akquirieren (RUDOLF-SIPÖTZ/ TOMCZAK 2001, S. 83 ff.). Steht ein Unternehmen mit solchen Kunden in einer Geschäftsbeziehung, so ist diese nach Möglichkeit zu beenden oder deren Intensität einzuschränken (FINSTERWALDER 2002). Mit Hilfe moderner IT-gestützter Prognoseverfahren lassen sich Erwartungswerte des Kundenwerts relativ gut aus dem Profilvergleich mit bestehenden Kunden errechnen.

Nachdem die potenziellen und bestehenden Kunden identifiziert, bewertet und selektiert wurden, sind Maßnahmen der Kundenakquisition und Kundenbindung abzuleiten, um die vom Unternehmen gewünschten Kunden zu bearbeiten.

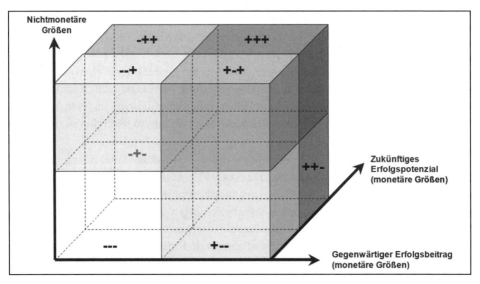

Abb. 4.5 Kundenkubus zur Bewertung und Selektion von Kunden
(HULDI/STAUB 1995, S. 27 ff.; RUDOLF-SIPÖTZ 2001, S. 193)

Kundenakquisition: Erschließen von Kundenpotenzialen

Unter dem Begriff «Kundenakquisition» wird die Aufgabe des Erschließens neuer Kundenpotenziale verstanden. Dies kann geschehen, indem beispielsweise ein neuer Distributionskanal aufgebaut, eine Verkaufsförderungsaktion durchgeführt, internationalisiert oder der Außendienst verstärkt wird. Zwei Grundstrategien der Kundenakquisition lassen sich unterscheiden (KARG 2001):

- *Kunden der Konkurrenz abwerben* und
- *bisherige Nichtverwender bzw. -verbraucher gewinnen.*

Nichtverwender sind solche Kunden, die bestimmte Produkte oder Dienstleistungen bisher nicht gekauft bzw. noch nicht in Anspruch genommen haben. Nichtverwender weisen entweder ein latentes oder ein nicht befriedigtes aktuelles Bedürfnis bezüglich einer Leistung auf. Insgesamt steht der Anbieter bei der Ansprache von Nichtverwendern eher in einem *Substitutionswettbewerb*, bei dem es im Wesentlichen darum geht, den jeweiligen Kunden davon zu überzeugen, dass ein für ihn mit Blick auf einen bestimmten Markt bisher latentes Bedürfnis relevant ist und bei seiner Kaufentscheidung berücksichtigt werden sollte («*Anders-Prinzip*»). Um latente Bedürfnisse aktivieren zu können, müssen die Umstände, die bei einem Kunden ein Bedürfnis wecken, ermittelt werden. Die Ausgestaltung der erforderlichen Maßnahmen ist dabei unter anderem von der Adaptionsbereitschaft der angesprochenen Nichtverwender bei Innovationen und von den Aktivierungsmaßnahmen der Konkurrenz abhängig (KROEBER-RIEL/WEINBERG/GRÖPPEL-KLEIN 2009, S. 93 ff.; KOTLER/BLIEMEL/KELLER 2007, S. 276 ff.). Um potenzielle Kunden mit aktuellen, nicht befriedigten Bedürfnissen zu gewinnen, muss ein Anbieter versuchen, jene Barrieren (wie z. B. finanzielle Restriktionen) abzubauen, die den Kunden davon abhalten, den Kauf zu tätigen.

Um *Kunden der Konkurrenz* zu gewinnen, ist hingegen ein anderer Ansatz erforderlich. In gesättigten Märkten, in denen im Regelfall ein intensiver Verdrängungswettbewerb herrscht, implementieren die Wettbewerber Kundenbindungsstrategien (DILLER 1996, S. 81; DITTRICH 2002, BRUHN/HOMBURG 2013). Die Aufgabe besteht hier im Wesentlichen darin, potenzielle Kunden von den relativen Vorteilen der eigenen Leistungen zu überzeugen, um sie zu einem Anbieterwechsel zu bewegen («*Besser- bzw. Billiger-Prinzip*»). Daher werden ein genaues Verständnis der Bestimmungsfaktoren der Kundenbindung (siehe hierzu auch die Ausführungen zur Kundenbindung im folgenden Abschnitt) und der Wechselgründe sowie die Wahl des richtigen Zeitpunkts zu kritischen Bestandteilen einer erfolgreichen Kundenakquisition.

Im folgenden Kasten wird ein Beispiel dargestellt, bei der beide Kundenbindungsstrategien («Gewinnen von Nichtverwendern» und «Kunden der Konkurrenz gewinnen») gleichzeitig verfolgt wurden – eine äußerst anspruchsvolle Strategie.

Gewinnen von Nichtverwendern und Kunden der Konkurrenz bei Nivea: Nivea DNAAge
(Quelle: http://www.gwa.de/images/effie_db/2009/NiveaDNAge.pdf)
2008 startete für Nivea wenig erfreulich: L'Oréal Men Expert löste NIVEA FOR MEN als Nummer 1 der Männergesichtspflege ab. Um den Thron zurückzuerobern, woll-

te NIVEA FOR MEN erfolgreich in das Anti-Aging-Segment einsteigen. Dazu sollten mit einer einzigen Kampagne gleich zwei scheinbar gegensätzliche Zielgruppen überzeugt werden: Zum einen Männer, die Anti-Aging-Produkten bisher skeptisch gegenüberstanden und darin primär sinnlose Schönheitsprodukte für Frauen sahen. Sie betrachteten Falten weniger als Makel, den es zu bekämpfen galt, sondern als männliches Zeichen von Erfahrung und Reife. Mit klassischen Versprechen zur Produktleistung waren diese Männer nicht zu gewinnen. Zum anderen sollten bestehende Kategorieverwender angesprochen werden, die hauptsächlich die Konkurrenzmarke L'Oréal Men Expert nutzen – und diese erwarteten genau das, was Nichtverwendern egal war: starke Leistungsversprechen.

Kundenbindung: Ausschöpfen von Kundenpotenzialen
Im Mittelpunkt der Kernaufgabe «Kundenbindung» steht die Frage, wie sich einmal erschlossene Kundenpotenziale ausschöpfen lassen (siehe insbesondere Dittrich 2002 sowie Bruhn/Homburg 2013). Hierzu sollten Unternehmen psychologische (Kundenzufriedenheit, Vertrauen) und faktische, das heißt technologische, rechtliche sowie ökonomische Wechselbarrieren bei selektierten Kundengruppen aufbauen. Zwei grundsätzliche Teilstrategien sind im Bereich der Kundenbindung zu unterscheiden (Tomczak/Reinecke/Mühlmeier 2002:

- *Retention (Kunden halten)* und
- *Penetration (Kunden durchdringen).*

Kundenpotenziale lassen sich schon allein dadurch ausschöpfen (*Retention*), dass kontinuierliche Wiederkäufe sichergestellt und Wechsel zur Konkurrenz vermieden oder Kunden zurückgewonnen werden. Um dies zu erreichen, sind sowohl eher proaktive Maßnahmen, wie zum Beispiel die Erhöhung der Kundenzufriedenheit (u. a. Dittrich 2002) als auch eher reaktive Maßnahmen erforderlich, wie beispielsweise ein professionelles Beschwerdemanagement(u. a. Stauss/Seidel 2007) oder ein systematisches Kundenrückgewinnungsmanagement (u. a. Stauss 2000).

Telekom-hilft Feedback-Community
(Quelle: www.telekom-hilft.de)
Beschwerde- und Feedbackmanagement ist für Unternehmen der Telekommunikationsbranche äußerst wichtig. Der Kundenservice der Telekom Deutschland strebt eine offene, direkte und persönliche Kommunikation im Sinne eines «Kundenservice 2.0» an: Egal, ob in der Feedback-Community, auf Twitter oder Facebook – die Mitarbeitenden versuchen, schnell und kompetent auf Kundenfragen einzugehen. Grundidee ist dabei auch, dass Kunden aktive Mitglieder werden können, die die Telekom aktiv unterstützen. Dadurch kann das Unternehmen das wertvolle Wissen der Kunden nutzen.

Kundenbeziehungen lassen sich ausbauen (*Penetration*), indem zum Beispiel die Preisbereitschaft besser ausgenutzt, Kauffrequenzen und -intensitäten gesteigert (Erhöhung von Wiederkäufen bzw. Up-Selling) sowie Verbundkäufe (Folgekäufe und Cross-Selling) gefördert werden. Beim Up-Selling soll der Kunde zum Kauf höherwertiger Produkte veranlasst werden (z. B. Kauf eines Autos einer Modellklasse über dem alten Produkt). Folgekäufe können sich aufgrund direkter Kaufverbunde zwischen dem Erstprodukt und einer anderen Leistung ergeben (wie z. B. Kauf einer Barbie-Puppe und anschließender Kauf von weiteren Puppen und Accessoires). Unter Cross-Selling sind Zusatzkäufe von Produkten und Dienstleistungen anderer Geschäftsbereiche zu verstehen (z. B. Verkauf einer Lebensversicherung an einen Assekuranzkunden, der bisher lediglich Sachversicherungen wie Hausrat- und Automobilversicherungen gekauft hat). Zwei Beispiele sollen die Durchdringung von Kunden illustrieren.

Kundendurchdringung durch Up-Selling, Cross-Selling und Folgekäufe bei Miele und Nespresso
(angelehnt an DITTRICH 2002, S. 141)
Aufbauend auf Kundenzufriedenheit, der starken Marke und dem sich daraus ergebenden Referenzpotenzial konnte sich der Reinigungsspezialist *Miele* auch als Küchenprofi etablieren. Die «vertikale Kundenbindung» (Wiederholungskäufe; z. B. erneuter Kauf eines Waschautomaten) soll durch eine «horizontale Kundenbindung» (Zusatzkäufe; z. B. Herd, Mikrowelle, Kaffeevollautomat, Staubsauger) ergänzt werden. Dafür sind unter anderem alle Geräte im Design und in der grundsätzlichen funktionalen Anordnung soweit wie möglich angepasst worden (Knopf auf der gleichen Seite, Farbe, gleiche Höhe von Trockner und Waschautomat usw.). Der Aufbau von Bedienungsanleitungen ist identisch. Auch Folgekäufe sind möglich, beispielsweise durch das Angebot von Garantie- und Serviceverträgen sowie von Verbrauchsmaterialien (Waschmittel, Filtertüten), die auf die Funktionalitäten der Miele-Geräte bestmöglich ausgerichtet sind.
Ein anderes Beispiel liefert der Premiumanbieter *Nespresso* als Tochterunternehmen der *Nestlé-Gruppe*. Das design- und lifestyleorientierte Nespresso-Konzept besteht aus drei Elementen: Den versiegelten, portionierten Kaffeekapseln, den Kaffeemaschinen und dem «Nespresso-Club». Da Kaffeemaschinen in der Regel nur im Schadensfall oder bei einer Produktneuheit ersetzt werden, ergibt sich ein hohes Up-Selling-Potenzial bei *Nespresso* vor allem im Zusammenhang mit der Neueinführung von Maschinen in innovativen Designs, zusätzlichen Funktionalitäten wie der Milchzubereitung oder neuen Kaffeevarietäten. Die Haupteinnahmen generiert *Nespresso* jedoch mithilfe der speziell für die eigenen Maschinen gefertigten Kapseln, die entweder via Internet, telefonisch oder in einer der «Nespresso-Boutiquen» nachgekauft werden können (Folgekäufe). Zusatzkäufe werden durch eine Vielzahl von Accessoires angeregt, wie zum Beispiel Tassen oder dekorativen Kapselaufbewahrungsbehältern.

4.2.3.2 Nutzen von Leistungspotenzialen: Leistungsinnovation und -pflege

Ebenso wie auf der Kundenseite ist auf der Leistungsseite vor dem Erschließen und Ausschöpfen von Leistungspotenzialen eine Leistungspotenzialanalyse durchzuführen, das heißt die Identifikation, Bewertung und Selektion von Leistungspotenzialen. Hierbei werden die Kernaufgaben Leistungsinnovation und Leistungspflege angesprochen. In einem ersten Schritt werden wieder die Schritte der Leistungspotenzialanalyse erläutert, bevor detailliert auf Maßnahmen eingegangen wird, mit denen Leistungspotenziale genutzt, das heißt erschlossen und ausgeschöpft werden können.

Leistungspotenzialanalyse: Identifizieren, Evaluieren und Selektieren von Leistungspotenzialen

Identifikation von Leistungspotenzialen

Die gezielte Nutzung einer breiten Informationsbasis ist unbedingt erforderlich, um die Potenziale einzelner Leistungen zu identifizieren sowie um zu entscheiden, welche strategische(n) Stoßrichtung(en) beim Nutzen von Leistungspotenzialen verfolgt werden sollen (HAEDRICH/TOMCZAK/KAETZKE 2003, S. 230 ff.). Relevante *Trends und Veränderungen* sollen rechtzeitig erkannt werden. Diese Veränderungen können die Leistung selbst (oder das gesamte Leistungsspektrum), die Technologie, die Kunden (vor allem ihre Bedürfnisse), die Konkurrenz oder die Rahmenbedingungen (rechtlich, sozial usw.) betreffen. Die im Rahmen der Identifikation von Kundenpotenzialen eingesetzten Techniken lassen sich modifiziert auch auf die Identifikation von Leistungspotenzialen anwenden (siehe Punkt 4.2.3.1).

Leistungsbewertung und -selektion

Bei der Leistungsbewertung und -selektion sind sowohl neue (Leistungsinnovationen) als auch bestehende Leistungen (Leistungspflege) zu berücksichtigen. Laufend oder in bestimmten zeitlichen Abständen muss überprüft werden, über welche Potenziale die einzelnen Leistungen (noch) verfügen, zum Beispiel in welchem Stadium des Produktlebenszyklus sie sich befinden, welche Positionierung sie einnehmen usw. (TOMCZAK et al. 2007). Zu überprüfen ist, mit welchen Produkten, Dienstleistungen und Rechten welche (potenziellen) Umsätze zu erzielen sind bzw. erzielt wurden, respektive welche gegenwärtigen und zukünftigen Produktdeckungsbeiträge möglich sind und waren. Umsatz- und Deckungsbeitragsrechnungen auf Produkt- bzw. Leistungsbasis liefern wichtige Informationen, die beispielsweise im Rahmen einer *Portfolio- oder ABC-Analyse* zur Selektion der unterschiedlichen Leistungen genutzt werden können. Ziel ist es beispielsweise, Leistungen mit geringen (zu erwartenden) Deckungsbeiträgen aus dem Leistungsspektrum zu eliminieren (TOMCZAK et al. 2007) bzw. gar nicht erst auf den Markt zu bringen (die Erfolgsträchtigkeit einer Produktinnovation lässt sich beispielsweise zum Teil mit Hilfe von Testmärkten oder Markttests einschätzen).

Bei der *Umsatzrechnung* wird der Umsatz als Bewertungskriterium betrachtet (NIESCHLAG/DICHTL/HÖRSCHGEN 2002, S. 660 ff.). Eine solche Umsatzbetrachtung soll primär die absolute und relative Bedeutung der jeweiligen Produkte/Produktgruppen als *Umsatzträger* widerspiegeln, darüber hinaus aber auch Wertabweichungen ausweisen und zwar sowohl im Hinblick auf Plandaten als auch auf Vergleichsgrößen aus der Vorperiode. Umsatzbetrachtungen können zudem Hinweise auf zu eliminierende Produkte liefern. Hierzu eignet sich beispielsweise eine ABC-Analyse, bei der die Produkte in drei Klassen eingeteilt werden, und zwar nach Maßgabe ihres Beitrags zum Unternehmenserfolg. Abbildung 4.6 zeigt eine solche Bewertung.

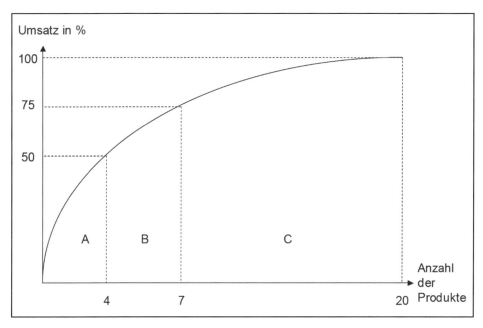

Abb. 4.6 ABC-Analyse nach Umsatz
(NIESCHLAG/DICHTL/HÖRSCHGEN 2002, S. 662)

Die Abbildung verdeutlicht, dass die ersten vier Produkte einen hohen Beitrag zum Gesamtumsatz liefern, der Beitrag der Produkte fünf bis sieben mittel ausfällt und die Produkte acht bis zwanzig einen geringen Beitrag beisteuern und eventuell aus dem Leistungsportfolio entfernt werden sollten. Häufig (aber nicht immer) zeigt sich, dass 20 % der Produkte sowohl einen Umsatz- als auch einen Deckungsbeitrag von ca. 80 % erzielen («Pareto-Prinzip»).

Bei der *Deckungsbeitragsrechnung* erfolgt eine Produktbewertung beispielsweise nach folgendem Schema (bezogen auf einen Zeitraum):

    Abgesetzte Mengen x erzielte Preise
./. direkt zurechenbare Vertriebskosten (z. B. Kommunikation, Distribution, Verkauf)
./. abgesetzte Mengen x Verrechnungsstückkosten Produktion/Fertigung
=   Deckungsbeitrag je Produkt bzw. Produktgruppe

Damit stellt der Deckungsbeitrag eines Produkts nichts anderes dar als denjenigen Teil des Umsatzes, der nach Abzug der ihm direkt zurechenbaren Kosten zur Deckung anderer Kosten in dem Unternehmen sowie zur Gewinnerzielung übrig bleibt. Informationen aus der Deckungsbeitragsrechnung können unter Verwendung einer ABC-Analyse zur Selektion von Leistungen herangezogen werden.

Mit Hilfe der *Portfoliotechnik* (siehe zur Idee und zum methodischen Vorgehen die Ausführungen in Unterkapitel 3.3) können bestehende und neue Leistungen in ein Raster eingeordnet werden, das beispielsweise nach den beiden Dimensionen Marktattraktivität (d. h. zukünftiges Marktpotenzial) und Marktposition (z. B. Umsatzbedeutung, relativer Deckungsbeitrag, Marktanteil) differenziert und aus dem sich Hinweise für die Leistungsselektion ableiten lassen. Produkte, die eine schwache Marktposition und geringe Marktattraktivität aufweisen, werden beispielsweise in das Feld der so genannten «Dogs» eingeordnet und stellen Eliminationskandidaten dar. Leistungen mit starker Marktposition und hoher Marktattraktivität stellen so genannte «Stars» dar, in die in Zukunft investiert werden sollte.

Leistungsinnovation: Erschließen von Leistungspotenzialen

Die Kernaufgabe «Leistungsinnovation» setzt sich mit dem Erschließen von Leistungspotenzialen auseinander (für das Nachfolgende auch TOMCZAK/REINECKE/MÜHLMEIER 2002). Sie umfasst sämtliche Maßnahmen, die ergriffen werden, um neue Problemlösungen zu kreieren und im Markt durchzusetzen. Eine Innovation muss auf einzigartigen Ressourcen bzw. Fähigkeiten des Unternehmens beruhen; dies kann beispielsweise eine Marke (z. B. Marlboro, Nivea), die Investitionsintensität in der Forschung & Entwicklung (wie z. B. bei SAP), eine spezifische Unternehmenskultur (z. B. bei 3M) oder ein Kernprodukt (z. B. der Kunststoff PTFE [Polytetrafluorethylen] der Firma Gore; siehe dazu auch später das Fallbeispiel unter Punkt 4.5.4.3) sein. Bei dieser Kernaufgabe lassen sich zwei Stoßrichtungen unterscheiden (VERHAGE/WAALEWIJN/VAN WEELE 1981, S. 75):

- *«New-to-the-World»-Angebote hervorbringen* und
- *Leistungen imitieren.*

Auf der einen Seite kann ein Unternehmen wirklich *echte Marktneuheiten entwickeln und einführen* («New to the World»-Angebote), auf der anderen Seite kann es durch Imitationen bereits am Markt befindliche Leistungen kopieren. Während die wirklich neuen, innovativen Leistungen hauptsächlich auf internen Faktoren und Ressourcen, beispielsweise Know-how für eine neue Technologie, basieren, stehen bei der Erstellung von *Imitationen* die Leistungen der Konkurrenz und die Fähigkeit, diese zu kopieren, im Mittelpunkt. Eine Unterscheidung des Neuheitsgrads aus Sicht des Markts und aus Sicht des Unternehmens ist hier sinnvoll. Marktneuheiten, im Extremfall «New to the World»-Angebote, sind prinzipiell neue Problemlösungen, wobei eine Herausforderung entweder auf völlig neue Weise bewältigt oder aber ein Bedürfnis befriedigt wird, für das es bisher noch kein Konzept gab. Unternehmensneuheiten, im Extremfall Imitationen, hingegen sind solche, die sich nur in ihrer äußeren Gestaltung oder in einer etwas modifizierten, meist verbesserten Funktionserfüllung von ähnlichen, bereits am Markt befindlichen Leistungen unterscheiden (NIESCHLAG/DICHTL/HÖRSCHGEN 2002, S. 692 f.), die technische Neuerung aber erstmalig vom Unternehmen genutzt wurde, unabhängig davon, ob andere Unternehmen den Schritt vor ihm getan haben oder nicht (WITTE 1973, S. 3). Als Beispiel für eine Leistungsinnovation gilt das Produkt Pralinelli von Lindt & Sprüngli.

> **Leistungsinnovation bei Hero**
> Eine von Hero in Auftrag gegebene GfK-Studie, die Zeitmangel als den wichtigsten Grund für den niedrigen Früchtekonsum in der Schweiz identifizierte, gab den Ausschlag für die Entwicklung des Neuprodukts Fruit2day. Dabei handelt es sich um eine Mischung aus Fruchtsaft, Fruchtstückchen und Fruchtpüree, in der neben Vitaminen und Mineralien auch wertvolle Nahrungsfasern wie in frischen Früchten enthalten sind. In Fruit2day lassen sich Früchte nicht nur ohne Zubereitung und jederzeit frisch konsumieren, sondern es spricht dank vielfältiger Geschmackskombinationen auch Kinder mehr an als Obst. Damit eignet es sich nicht nur für den kleinen Hunger unterwegs oder zwischendurch, sondern vor allem als gesunde Alternative zu Süßigkeiten. Mit einer unkomplizierten, verzehrbereiten und sättigenden Zwischenverpflegung, die dazu beiträgt, den täglichen Früchtekonsum zu decken, entspricht Hero modernsten Konsumgewohnheiten und greift sowohl den Convenience- als auch den LOHAS-Trend (Lifestyles of Health and Sustainability) auf, wodurch Kunden aus mehreren Segmenten angesprochen und verschiedenste Bedürfnisse wie Zeitersparnis, Fitness, Gesundheit oder Fürsorge für Kinder befriedigt werden. Im Mai 2009 wurde Fruit2day auch landesweit in den USA eingeführt.

Leistungspflege
Hat ein Unternehmen mit erfolgreichen neuen Angeboten Potenziale erschlossen, so geht es im Rahmen der Kernaufgabe «Leistungspflege» darum, diese Potenziale auszuschöpfen (hierzu insbesondere TOMCZAK et al. 2007). Das Ziel besteht darin, mit der jeweiligen Problemlösung möglichst lange und umfassend im Markt erfolgreich präsent zu sein (Stichwort: Verlängerung und Optimierung des Produktlebenszyklus) und somit nachhaltig Werte zu generieren. Zwei Ansätze stehen hierbei im Mittelpunkt (KAETZKE/TOMCZAK 2000, S. 19):

- *Leistungspotenziale erhalten* und
- *Leistungspotenziale ausbauen.*

Erhalt von Leistungspotenzialen
Variation und Revitalisierung sind Möglichkeiten für ein Unternehmen, um eine bestehende Leistung zu erhalten. Bei der *Variation* handelt es sich um marginale Adaptionen und Ablösung der bereits am Markt eingeführten Leistung, wobei die Leistung jedoch insgesamt weitgehend unverändert bleibt (z. B. die Weiterentwicklung des VW Golfs in den vergangenen 40 Jahren). Werden vorhandene Werte wiederbelebt, so spricht man

von *Revitalisierung*. Durch die Revitalisierung lassen sich je nach Ausgangslage der bisherigen Leistung und nach den angestrebten Zielen Leistungspotenziale nicht nur erhalten, sondern sogar ausbauen (z. B. der Mini von BMW).

Ausbau von Leistungspotenzialen
Differenzierung, Up-Selling, Bundling und Multiplikation sind Optionen, um Leistungspotenziale auszubauen. Bei der *Differenzierung* sollen Verkäufe ähnlicher (zusätzlicher) Leistungen erzeugt bzw. erhöht werden. So werden neben der bereits am Markt befindlichen Version einer Leistung weitere Versionen (Varietäten) dieser Leistung eingeführt (zum Beispiel bei Getränken Light-Produkte oder koffeinfreie Varianten). Beim *Up-Selling* wird versucht, die Wertschöpfung zu erhöhen, indem anstelle von bisher verkauften Grundversionen teurere Varianten abgesetzt werden (beispielsweise Ersetzen von Nivea-Crème durch die höherwertige Nivea-Gesichtscrème). Demgegenüber hat das *Bundling* zum Ziel, Verkäufe dadurch zu erzeugen bzw. zu erhöhen, dass bereits eingeführte Produkte mit komplementären Produkten oder mit (Zusatz-)Dienstleistungen kombiniert werden. Diese Option basiert auf dem Leistungssystem-Ansatz (BELZ 1991, BELZ/BIEGER 2006). Bei der *Multiplikation* werden bestehende Leistungskonzepte wiederholt und systematisch auf neue Märkte angewendet (VON KROGH/CUSUMANO 2001, die diese Strategie mit den Begriffen «Skalieren» und «Duplizieren» charakterisieren). Verkäufe in neuen Märkten sollen erzeugt bzw. erhöht werden (z. B. die Verbreitung des vor Jahrzehnten entwickelten Fastfood-Konzepts von McDonald's in aller Welt) (TOMCZAK et al. 2007).

Das folgende Beispiel schildert einige Herausforderungen und Lösungen der Leistungspflege bei Coca-Cola
(aufbauend auf ROOSDORP 1998, S. 241 ff.:)
Kaum ein anderes Produkt kann eine derartige Kontinuität in Leistung und Verpackung vorweisen wie *Coca-Cola*. Das geheime Rezept des Coca-Cola-Konzentrats blieb seit seiner Erfindung 1886 unverändert. Diese einzigartige Leistungspflege beruht auf verschiedenen Marketingmaßnahmen. Die Ergebnisse intensiver, laufender Marktforschung fließen direkt in die Planung der Kommunikationsmaßnahmen ein und regulieren somit eventuell auftretende Abweichungen zwischen Soll- und Ist-Positionierung bei den einzelnen Zielgruppen. Trotz globalem Marketing können die Teilmärkte und Subzielgruppen differenziert bearbeitet werden. Ein effektives und dichtes Distributionssystem sorgt für eine maximale Verfügbarkeit. Ein Positionierungsmodell, welches die ursprünglichen und bis heute vermittelten Markenwerte zusammenfasst, dient als Orientierung für alle Maßnahmen. Für *Coca-Cola* steht stets die Frage im Raum, was zu tun ist, um die statische, das heißt zeitlich unveränderte Produktleistung in einem dynamischen Umfeld dauernd aktuell zu positionieren. Eine kritische Phase in der Leistungspflege zeigt die Änderung der Rezeptur im Jahre 1985. *Coca-Cola* veränderte zu dieser Zeit die Zusammensetzung der klassischen Coke, um sie zu verbessern. Die neue Rezeptur sollte unter dem Namen «New Coke» den Klassiker ersetzen. Der langjährige Konkurrenzkampf mit *Pepsi*

> und dem Pepsi-Test, bei dem *Pepsi* bei den Konsumenten immer besser abschnitt, waren ausschlaggebend für diese Maßnahme der Leistungspflege. Die umfangreichen Markttests vor der Einführung wiesen jedoch einen systematischen Fehler auf, weil den Probanden nicht klar gemacht wurde, das «*New Coke*» als Ersatz und nicht als Ergänzung von «*Classic Coke*» gedacht war.
>
> Die massive Empörung der Konsumenten und der Umsatzeinbruch führten dazu, dass die klassische *Coca-Cola* schon nach wenigen Tagen wieder eingeführt wurde. *New Coke* verschwand wieder vom Markt. Den Coca-Cola-Managern wurde bewusst, wie hoch das Commitment der Konsumenten ist und welch ein beständiger Wert von der Marke ausgeht. Leistungspflege heißt für *Coca-Cola* daher vor allem, die Positionierung und nicht das Produkt zu pflegen.
>
> Im Jahr 2005 führte der Getränkekonzern die Marke «*Coca-Cola Zero*» ein. Diese Marke richtete sich zunächst an «Nichtverwender von Light-Produkten» (Männer) – sie ist im Geschmack angeblich fast nicht von der klassischen *Coca-Cola* zu unterscheiden. Inzwischen wurde die Zielgruppe nicht zuletzt aufgrund des großen Erfolgs auch auf Frauen erweitert.

Um Marktpotenziale systematisch nutzen zu können, ist eine integrierte Ausrichtung des Handelns an den vier Kernaufgaben erforderlich. In der Abb. 4.7 werden die vorgestellten Optionen, die grundsätzlich zur Verfügung stehen, um Wachstum und Gewinn zu erzielen, zusammenfassend dargestellt.

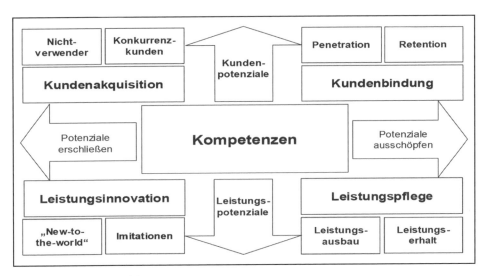

Abb. 4.7 Wachstums- und Gewinnoptionen
(TOMCZAK/REINECKE/MÜHLMEIER 2002)

4.2.3.3 Spezifische Kompetenzen für die Kernaufgaben

Im letzten Abschnitt wurde gezeigt, wie mittels der Marktpotenzialanalyse und den Kernaufgaben des Marketing die sich bietenden Wachstumsoptionen eines Unternehmens abgeleitet werden. Um die Wachstumsoptionen nutzen zu können, benötigen Unternehmen bestimmte Kompetenzen (siehe die oben angesprochenen Kundenakquisitions-, -bindungs-, Leistungsinnovations- und -pflegekompetenzen).

Im Rahmen einer *Kompetenzanalyse* können die intern verfügbaren Kompetenzen erfasst werden. Um eine Kernaufgabe erfolgreich bewältigen zu können, werden unterschiedliche, oft auch konkurrierende Kompetenzen benötigt (siehe Abb. 4.8). Bei den aufgeführten Kompetenzen handelt es sich jeweils, der wissensorientierten Definition folgend, um eine Abstimmung und Verknüpfung von Wissen und Aufgaben. So setzt beispielsweise die Kompetenz «Kreativität» zum einen voraus, dass ein Individuum über das Wissen verfügt, Ideen, Methoden und Leistungen zu entwickeln, die neu und Nutzen stiftend sowohl für den Kunden als auch für das Unternehmen sind. Zudem muss das Individuum für die Entwicklung dieser Ideen, Methoden und Leistungen Kenntnisse besitzen, um zu entscheiden, welche Informationen oder Materialien in welcher Form eingesetzt werden sollen. Des Weiteren muss dieses Wissen mit komplexen Aufgaben verknüpft werden, damit eine Kreativitätskompetenz entsteht. Denn nur bei komplexen Aufgaben kann sich dieses Wissen durch eine größere Motivation, höhere Zufriedenheit und eine höhere Produktivität voll entfalten (von Krogh/Roos 1995; Cummings/Oldham 1997; Zimmer 2001).

Kernaufgabe	Philosophie	Erforderliche Kompetenzen (Beispiele)	Unternehmensbeispiele
Kundenakquisition	„Win the customer"	◆ Risikoreduktionsfähigkeit ◆ Schlagkräftiger Verkauf, Huntermentalität, Fokussierung ◆ Fähigkeit, persönliche Netze/Beziehungen zu aktivieren	Vorwerk, WhatsApp
Kundenbindung	„Care for the customer"	◆ Fähigkeit, Kundeninformationen zu erfassen und zu verarbeiten ◆ Beratungsfähigkeit ◆ Fähigkeit zur Kundenintegration ◆ Fähigkeit, Bindungen aufzubauen	IBM, MLP, Ritz Carlton, Amazon, Zalando
Leistungsinnovation	„Leave for new shores"	◆ Kreativität und Offenheit („Thinking out of the box") ◆ Risikobereitschaft ◆ Geschwindigkeit („Time based competition")	Apple, 3M, Gore, Google
Leistungspflege	„Optimize your solution"	◆ Fähigkeit zur Optimierung ◆ Streben nach Sicherheit ◆ Fähigkeit zur Standardisierung (Economies of scale)	Procter & Gamble, McDonald's

Abb. 4.8 Spezifische Kompetenzen zur Erfüllung der Kernaufgaben (angelehnt an Tomczak/Reinecke/Mühlmeier 2002)

In diesem Zusammenhang sei aber ausdrücklich darauf hingewiesen, dass es sich bei den genannten Fähigkeiten lediglich um Beispiele handelt. Aufgrund der komplexen Struktur von Wissen ist es zumindest mit Hilfe der derzeit verfügbaren Methoden schwierig, alle Fähigkeiten zu eruieren, die in der jeweiligen Situation dazu führen, dass eine Kernaufgabe überdurchschnittlich erfüllt wird (vonKrogh/Venzin 1995, S. 420 ff. sowie die dort zitierte Literatur). Dies ist nicht zuletzt darauf zurückzuführen, dass Fähigkeiten zum Teil auf unternehmensindividuellen Entwicklungen beruhen und in komplexe Strukturen eingebettet sind; Ursache-Wirkungsbeziehungen zwischen Fähigkeit und Wettbewerbsvorteil sind häufig sogar dem Unternehmen selbst nicht bekannt. Gerade dies führt aber dazu, dass Fähigkeiten schwer imitierbar sind und somit überhaupt zu Wettbewerbsvorteilen führen können (BARNEY 1991, S. 107 ff.). Grundsätzlich sieht sich jedes Unternehmen zwei Herausforderungen gegenüber: Zum einen geht es darum, *Kompetenzen zu entwickeln*, um die einzelnen Kernaufgaben bestmöglich erfüllen zu können (siehe hierzu Punkt 4.2.3.4). Zum anderen muss im Zentrum des Bemühens die *Integration der vier Kernaufgaben* stehen. Ziel ist somit ein *optimales Kernaufgabenprofil* (siehe hierzu Unterkapitel 4.3).

4.2.3.4 Abstimmung von Marktpotenzialen und Kompetenzen

Ob – und falls ja, welche – Maßnahmen ergriffen werden, um bestimmte Kunden zu akquirieren oder zu binden bzw. neue Leistungen in einen Markt einzuführen oder in den Relaunch bestehender Leistungen zu investieren, hängt davon ab, wo die knappen Ressourcen eines Unternehmens am effektivsten und effizientesten eingesetzt werden können. Das heißt, es gilt die Frage zu beantworten, welche Wachstumsoptionen bzw. Potenziale künftig genutzt werden sollen und vor allem auch tatsächlich genutzt werden können.

Mit anderen Worten: Marktpotenziale einerseits und Kompetenzen andererseits sind miteinander abzustimmen. Dazu sind die Marktpotenziale den Kompetenzen gegenüberzustellen. Die in der Abb. 4.9 wiedergegebene *Marktpotenzial-Kompetenzen-Matrix* erfasst die möglichen Optionen, denen sich ein Unternehmen gegenübersieht.

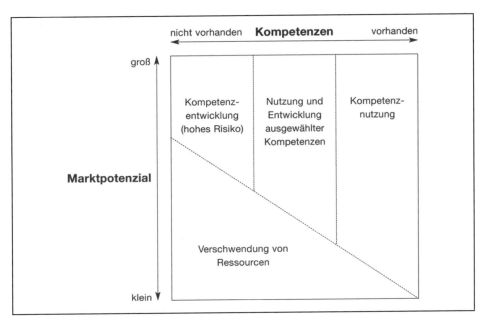

Abb. 4.9 Marktpotenzial-Kompetenzen-Matrix

Grundsätzlich sollten die Mittel dort eingesetzt werden, wo vorhandene Kompetenzen auf ein möglichst großes Marktpotenzial treffen (Kompetenznutzung). Verfügt ein Unternehmen bereits über notwendige, aber noch nicht hinreichende Kompetenzen für Wachstumsoptionen mit hohem Marktpotenzial, sollte die vorhandene Kompetenzgrundlage genutzt und durch (Weiter-)Entwicklung ausgewählter Kompetenzen ausgebaut werden (Nutzung und (Weiter-)Entwicklung selektiver Kompetenzen). Bei Wachstumsfeldern mit hohem Marktpotenzial und fehlenden Kompetenzen stellt sich dem Management die Frage, ob durch Investitionen eine rentable Nutzung der sich bietenden Marktpotenziale erreicht werden kann. Im Sinn eines effizienten Mitteleinsatzes kann es sogar sinnvoll sein, solche Kompetenzen abzubauen, für die kein Marktpotenzial (mehr) vorhanden ist.

Im Folgenden werden zur Illustration einige Beispiele für Kompetenznutzung und -entwicklung genannt.

Kompetenznutzung und -entwicklung bei verschiedenen Unternehmen
(TOMCZAK/REINECKE/MÜHLMEIER 2002)

Kompetenznutzung

- Der führende europäische Hotelkonzern *Accor* nutzt seine insbesondere in Frankreich entwickelten Kundenakquisitionskompetenzen beim Erschließen des internationalen Hotelleriemarktes (Sofitel, Novotel, Mercure, Ibis, Formule 1).
- *3M* nutzt die eigene Innovationskompetenz in sehr unterschiedlichen Feldern wie Gesundheitsfürsorge, Büromaterial, Elektronik und Kommunikation sowie Transport.
- Die Variation der Nivea-Produktreihe und ihre Erweiterung um eine Nivea for Men-Serie ist eine Nutzung der über Jahrzehnte gewachsenen Leistungspflege-Kompetenz von *Beiersdorf* (u. a. Nivea, Eucerin, Florena, 8x4, Labello).

Kompetenzentwicklung

- *Hilti*, ein internationales Unternehmen im Bereich der Befestigungs- und Abbautechnik, verfügt über eine starke Kundenakquisitionskompetenz, die bisher im Wesentlichen durch den direkten Vertrieb begründet ist. Mit einer Mehrkanalstrategie (zentraler Kundendienst, Online, Hilti-Shops und Außendienst) entwickelt Hilti diese Kompetenz weiter.
- *IBM* rundet seine traditionelle Kundenbindungskompetenz ab, indem es das Beziehungsmanagement ausbaut: neben den traditionell hervorragenden Kontakten zu den für Hardware zuständigen Personen (Informatikleiter bzw. CIO) gilt es, Kontakte zu Fachabteilungen (z. B. Marketing) aufzubauen, die häufig bei Software- und Serviceaufträgen (mit-)entscheiden.
- *Microsoft* hat mit der xbox die Entwicklung von Innovationskompetenz unter Beweis gestellt. Das Unternehmen, das bis dahin seine Kernkompetenz im Software-Bereich besaß und diese kontinuierlich ausgebaut hat, drang damit erstmalig in den Markt der Spielekonsolen vor.
- Mit der Eröffnung der ersten Starbucks-Filiale 1996 in Tokio startete das Kaffeegastronomieunternehmen *Starbucks* seine internationale Expansionsstrategie. Dadurch sollte das in den USA sehr erfolgreiche Gastronomiekonzept mit Hilfe lokaler Vertriebsorganisationen exportiert und adaptiert werden; die Fähigkeit zur Leistungspflege wurde weiterentwickelt.

4.2 Festlegung der Wachstumsstrategie

Um fehlende Kompetenzen zu erlangen und die angestrebten Ziele zu erreichen (Wachstum, Gewinn, Wertsteigerung), stehen grundsätzlich die folgenden Möglichkeiten offen (VERDIN/WILLIAMSON 1994, S. 84):

- *Interne Entwicklung*: Vorhandene eigene Kompetenzen werden auf- bzw. ausgebaut.
- *Kooperative Entwicklung*: Die grundlegende Idee besteht darin, sich auf eigene Kernkompetenzen zu konzentrieren, sich aber via Kooperationen den Zugriff auf die Kompetenzen Dritter (beispielsweise die Stärken spezialisierter Unternehmen) zu sichern.
- *Externe Entwicklung*: Via Fusionen und Akquisitionen werden fehlende Kompetenzen beschafft.

Welcher Weg zu wählen ist, um Kompetenzen zu erlangen, hängt stark von der Branchenspezifität und der Handelbarkeit der Kompetenzen ab. Entscheidend sind die relativen Kosten, die durch den Erwerb verursacht werden (VERDIN/WILLIAMSON 1994, S. 84).

Insgesamt liefert der Abgleich von Marktpotenzialen einerseits und unternehmensinternen Kompetenzen andererseits eine Grundlage für die effektive Allokation der Ressourcen (Investitionen) und somit eine Schwerpunktbildung in der strategischen Grundausrichtung. Die Einsatzschwerpunkte der unternehmenseigenen Ressourcen können anhand einer Bewertung festgelegt werden. Zum einen sind dazu die Mittel zwischen dem Erschließen und Ausschöpfen von Leistungspotenzialen zu verteilen. Zum anderen ist eine adäquate Aufteilung auf die Erschließung und die Ausschöpfung von Kundenpotenzialen vorzunehmen. Abbildung 4.10 zeigt das aus der Bewertung resultierende *Zielsystem*. Hierbei zeigen die einzelnen Zielgrößen, welche Bedeutung den einzelnen Wachstumsoptionen beigemessen und welche Wachstumsstrategie somit zugrunde gelegt wird.

	Bestehende Leistungen	**Neue Leistungen**	
Bestehende Kunden	250	150	400
Neue Kunden	200	400	600
	450	550	1.000

Abb. 4.10 Finanzielles Zielsystem

Neben der Wachstumsstrategie ist im Rahmen der marktorientierten Geschäftsfeldplanung die Marketingstrategie festzulegen. Die Marketingstrategie umfasst die Elemente Kernaufgabenprofil, Kooperationen und Positionierung. In den folgenden Abschnitten werden die einzelnen Elemente beschrieben.

4.3 Kernaufgabenprofile

Für ein Unternehmen wird es im Regelfall aufgrund mangelnder Kompetenzen nicht möglich sein, in jeder Situation sämtliche Optionen zu nutzen. Die zentrale Herausforderung besteht mithin darin, basierend auf der festgelegten Wachstumsstrategie das jeweils adäquate Kernaufgabenprofil zu identifizieren und dem unternehmerischen Handeln zugrunde zu legen, das die höchste Wertgenerierung ermöglicht. Mit anderen Worten: Welche Kompetenzen (für die Marketing-Kernaufgaben) sind intern auszubauen bzw. zu pflegen, um Marktpotenziale erschließen bzw. ausschöpfen zu können?

4.3.1 Typen von Kernaufgabenprofilen

Im Folgenden werden einige typische Kernaufgabenprofile beispielhaft erläutert (siehe hierzu die Abb. 4.11):

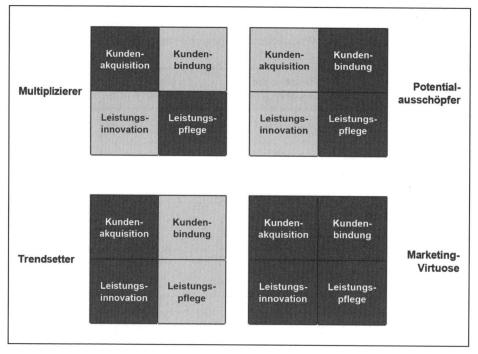

Abb. 4.11 Exemplarische Typen von Kernaufgabenprofilen (TOMCZAK/REINECKE/MÜHLMEIER 2002)

Profil des Trendsetters

In neuen und innovativen Märkten stehen insbesondere *die Kundenakquisition und die Leistungsinnovation* im Vordergrund; daraus ergibt sich das Kernaufgabenprofil eines Trendsetters, der gleichzeitig Kunden- und Leistungspotenziale erschließen möchte. Der Grenznutzen des Marketingbudgets liegt bei diesen beiden Kernaufgaben wesentlich höher als bei der Kundenbindung und der Leistungspflege. So setzen zum Beispiel Hersteller von Elektroautos ihre Marketingressourcen in Europa derzeit insbesondere für die Kundenakquisition ein. Werbung, Sponsoring und Promotionsaktionen stehen im Vordergrund. Gleichzeitig investieren die Anbieter mittels Marketingkoalitionen intensiv in den Aufbau einer Infrastruktur für Elektromobilität. Mittels Carsharing wird versucht, Neukunden zu gewinnen. Dagegen investieren diese Anbieter bisher (noch) nicht wesentlich in Maßnahmen der Kundenbindung. Auch von einer maßgeblichen Leistungspflege kann in diesem jungen Markt noch nicht die Rede sein. Für einen langfristigen Erfolg ist es notwendig, entweder als echter Trendsetter immer wieder neue Leistungen anzubieten oder aber zu einem geeigneten Zeitpunkt den Schwerpunkt allmählich von der Kundenakquisition auf die Kundenbindung zu verlagern.

Profil des Potenzialausschöpfers

Ein zum Trendsetter spiegelbildliches Kernaufgabenprofil verfolgen die Potenzialausschöpfer. Diese konzentrieren sich auf vorhandene Kunden- und Leistungspotenziale und optimieren ihre Marketingmaßnahmen so, dass diese Potenziale nachhaltig ausgeschöpft werden. Hierbei stehen die Kernaufgaben *Kundenbindung und Leistungspflege* im Mittelpunkt. Beispiel für einen Potenzialausschöpfer in der Luftverkehrsbranche ist die Lufthansa. Dieses Unternehmen verfügt über einen großen Kundenstamm und bieten eine breite Leistungspalette an. Da die Luftverkehrsmärkte liberalisiert wurden, muss die Lufthansa zum einen verhindern, dass insbesondere attraktive Kunden (Geschäftsreisende, private Vielflieger) zur Konkurrenz wechseln (z. B. mittels Vielfliegerprogramm Miles & More, Kundenzufriedenheitssteigerung). Andererseits müssen sie ihre vorhandenen Leistungsangebote und Kapazitäten an die geänderten Marktverhältnisse anpassen und beispielsweise durch neue Dienstleistungen aktualisieren und verbessern (z. B. optimiertes Kapazitätsmanagement durch Mitgliedschaft in der Star Alliance, kontinuierliches Verbessern der Inflight- oder Ground-Services in der Business Class).

Profil des Multiplizierers

Der *Multiplizierer* legt seine Schwerpunkte auf die Instrumente *Kundenakquisition und Leistungspflege*. Typisches Beispiel hierfür sind internationale Franchisegeber wie McDonald's. Ihr Ziel ist es, das Potenzial einer erfolgreichen Idee weltweit auszuschöpfen. Dazu müssen neue Kundenpotenziale erschlossen werden, wie folgende Aussage des CEO von McDonald's belegt: «The 120 countries in which we operate represent 95 percent of the world's purchasing power. Yet, we feed less than 1 percent of the world's population on any given day» (GREENBERG 2001, S. 3). So eröffnete McDonald's bis 2013 weltweit insgesamt mehr als 34 000 Filialen. Zeitweise wuchs das McDonald's-Filialnetz alle vier Stunden um eine Niederlassung. Franchisegeber wie McDonald's fokussieren eindeutig auf die Kernaufgaben Kundenakquisition und Leistungspflege. Dies zeigt auch die Arbeitsteilung mit den Franchisenehmern: Der Franchisegeber ist für die Kundenakquisition (Werbung) und

Leistungspflege (Qualitätsmanagement, Schulungen, Bereitstellen und Weiterentwickeln von Know-how, Positionierung usw.) verantwortlich. Kundenbindung ist in erster Linie Ergebnis des operativen Geschäfts («Marketing brings customers in, operations brings them back.»).

Profil des Marketingvirtuosen

Einige Unternehmen verzichten darauf, einzelne Kernaufgaben hervorzuheben; vielmehr streben sie danach, *alle vier Kernaufgaben gleichzeitig intensiv zu verfolgen*. Ein Beispiel eines solchen *Marketingvirtuosen* oder Marketingmehrkämpfers ist das Unternehmen Swisscom. Swisscom entwickelt sich vom traditionellen Telekommunikationsanbieter zum TIME-Unternehmen (TIME steht für Telecommunications, IT, Media und Entertainment). Das Unternehmen bringt permanent neue Marktleistungen hervor (Lancierung von neuen Angeboten wie digitales Fernsehen (Swisscom TV), erschließt mit bestehenden und neuen Angeboten laufend neue Kundenpotenziale, betont die Kundenbindung (Angebot von Zubehör, Erhöhen der Preisbereitschaft durch höherwertige Marktleistungen mit hervorragendem Kundendienst) und pflegt die Marke Swisscom wie auch die einzelnen Produkte und Dienstleistungen durch ständige Aktualisierung und Verbesserung.

> **Empirische Befunde zu den vier Kernaufgaben**
> (Tomczak/Reinecke/Mühlmeier 2007)
> Das Institut für Marketing und Handel an der Universität St. Gallen führte im Jahr 2006 eine branchenübergreifende empirische Studie zum Thema *«Marketing im 21. Jahrhundert»* in der Schweiz durch. Im Rahmen dieser standardisierten schriftlichen Befragung wurden insbesondere das Kernaufgabenprofil, Ressourcen und Fähigkeiten, Wettbewerbsvorteile und Erfolgskenngrößen auf Geschäftsbereichsebene erhoben. Befragt wurden jeweils Marketingleiter sowie jene Mitglieder von Geschäfts(bereichs)leitungen, die für Marketing und/oder Verkauf in Unternehmen zuständig sind. Die Grundgesamtheit für die Erhebung bildete eine Zufallsauswahl von insgesamt 2500 Unternehmen aus der Schweiz. Insgesamt beteiligten sich 379 *Führungskräfte* an dieser Befragung. 367 der 377 Befragten gaben das Kernaufgabenprofil korrekt an. Theoretisch sind 16 (= 2^4) verschiedene Kernaufgabenprofile denkbar. Aus Abb. 4.12 geht hervor, dass sich für jedes dieser möglichen Kernaufgabenprofile in der Realität Beispiele finden lassen. Andererseits zeigt es sich aber auch eindeutig, dass einige Kernaufgabenprofile wesentlich häufiger als andere auftreten. So haben 15 Prozent aller Unternehmen gleichzeitig Kompetenzvorteile in der Kundenbindung und Leistungspflege, 14 Prozent agieren als «Kundenakquirierer». Hervorzuheben ist ferner, dass immerhin zirka 8 Prozent der Unternehmen in der Lage sind, das Kernaufgabenprofil eines «Marketingvirtuosen» (Mehrkämpfer) im Markt durchzusetzen.

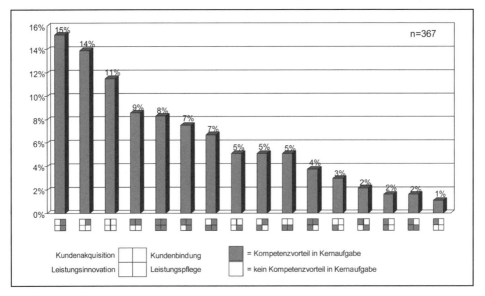

Abb. 4.12 Häufigkeit der Kernaufgabenprofile
(TOMCZAK/REINECKE/MÜHLMEIER 2007)

4.3.2 Wettbewerbsüberlegene Kernaufgabenprofile

Zwei grundsätzliche Perspektiven bei der Formulierung von Kernaufgabenprofilen lassen sich unterscheiden:

Konzentration auf Kernkompetenzen

Unternehmen fokussieren sich auf eine Kernaufgabe und versuchen, in diesem Bereich ihre Überlegenheit gegenüber dem Wettbewerb zu nutzen und weiter auszubauen. Der Nachteil dieses Ansatzes liegt darin, dass sich nicht alle denkbaren Marktpotenziale nutzen lassen. Um das Ziel «Business Excellence» zu realisieren, sollte die Zielsetzung darin bestehen, eine Konzentration auf die Kernkompetenzen vorzunehmen. Dabei sind alle nicht erfolgsentscheidenden Wertschöpfungstätigkeiten auszulagern, um so eine angestrebte Beschränkung auf Kernkompetenzen zu erreichen (TÖPFER 2006, S. 119).

Nutzung aller Marktpotenziale

Um alle denkbaren Wachstums- und Gewinnchancen realisieren zu können, müssen Unternehmen versuchen, alle Kernaufgaben gleichzeitig bestmöglich zu bewältigen («Mehrkämpfer»). Ein solches Vorgehen ist allerdings mit der Gefahr der «Verzettelung» verbunden. Aufgrund mangelnder Kompetenzen kann kein wettbewerbsüberlegenes Kernaufgabenprofil entwickelt werden. «No company can be good at everything. First, companies have limited funds and must decide where to concentrate them. Second, choosing to be good at one thing may reduce the possibility of being good at something else» (KOTLER 1999, S. 55). Die Gefahr ist somit groß, eher ein Marketing-Dilettant als ein Virtuose zu werden.

Vor dem Hintergrund des hier aufgezeigten Spannungsfelds ist zu fragen, ob sich bestimmte *generalisierbare Regeln* für die Formulierung von Kernaufgabenprofilen erkennen lassen. In der Literatur diskutieren verschiedene Autoren im Rahmen von Ansätzen, die eine ähnliche Ausrichtung wie der aufgabenorientierte Ansatz aufweisen, diese Fragestellung und liefern (erste) wertvolle Hinweise zur Formulierung wettbewerbsüberlegener Kernaufgabenprofile. Zu nennen sind hier insbesondere die Ansätze von MILES/SNOW (1978) und TREACY/WIERSEMA (1995) sowie Weiterentwicklungen bzw. Anwendungen von SLATER/OLSON/REDDY (1997) und HAGEL/SINGER (1999).

Die einzelnen Ansätze basieren auf verschiedenen Theorien und theoretischen Konzepten. Basis der neueren Ansätze sind insbesondere die generischen Wettbewerbsstrategien nach Porter, der ressourcenorientierte Ansatz sowie die Netzwerktheorie.

Nach TREACY/WIERSEMA (1995) muss ein Unternehmen bzw. eine strategische Geschäftseinheit erstens ein einzigartiges Leistungsversprechen (value proposition) abgeben, zweitens ein neues operatives Geschäftsmodell aufbauen und drittens seine Nutzenstrategien (value disciplines) trotz unablässiger Veränderungen und Verbesserungen konsequent verfolgen, um auf dem Markt erfolgreich zu agieren. Diese Überlegungen basieren auf dem Gedanken, dass in jedem Markt drei Kundentypen existieren: Kunden, die Innovationen bevorzugen, Kunden, die anstatt neuer Leistungen eher zuverlässige Leistungen präferieren, und Kunden, deren individuellen Wünschen und Bedürfnissen möglichst gut entsprochen werden soll. Daraus lassen sich insgesamt drei Nutzenstrategien ableiten, wie ein Unternehmen operatives Geschäftsmodell und Leistungsversprechen erfolgreich miteinander verbinden kann: *Operational Excellence*, *Product Leadership* und *Customer Intimacy*. Jede der drei Strategien stützt sich auf ein eigenes Geschäftsmodell, in dem Organisationsstruktur, Unternehmensprozesse, Informationssystem und Unternehmenskultur ganz bestimmte Merkmale aufweisen.

TREACY/WIERSEMA (1995) betonen, dass ein Unternehmen zum einen in einer der drei Disziplinen nach Höchstleistung streben, zum anderen aber auch bemüht sein muss, in den zwei anderen Disziplinen keine signifikanten Wettbewerbsnachteile zuzulassen.

SLATER/OLSON/REDDY (1997) fügten den drei Strategietypen nach TREACY/WIERSEMA noch den Strategietyp des *Brand Champion* hinzu. Der Brand Champion-Strategietyp betont wie der Customer Intimacy-Strategietyp die Kundenperspektive, stellt jedoch das «Massenmarktkomplementär» hierzu dar. Entscheidend bei diesem Strategietyp sind der Aufbau und die Pflege des Markenwerts inklusive der Marktsegmentierung und -analyse, der Positionierung und der Pflege guter Kanalbeziehungen.

HAGEL/SINGER (1999) unterscheiden in ihrem Ansatz mit den drei Strategietypen *Customer Relationship*, *Product Innovators* und *InfrastructureManagement* im Prinzip dieselben Typen wie TREACY/WIERSEMA. Allerdings nehmen sie explizit eine Inside-out-Perspektive ein und betonen, dass ihre Strategietypen den Schwerpunkt jeweils auf einen der zentralen Kernprozesse eines Unternehmens legen: Verkauf, Leistungsentwicklung und Infrastrukturmanagement.

Werden die Aussagen der oben vorgestellten Ansätze zusammenfassend betrachtet und in Beziehung zum aufgabenorientierten Ansatz gesetzt, so lassen sich folgende Resultate festhalten: Erstens weisen unterschiedliche Strategietypen unterschiedliche Kompetenzstrukturen auf. Um Wettbewerbsvorteile zu erreichen, ist es zweitens erforderlich, sich auf eine Disziplin bzw. einen zentralen Kernprozess zu konzentrieren.

Ähnlich wie die oben genannten Ansätze zeigen qualitative und quantitative Befunde zu erfolgreichen Kernaufgabenprofilen im Rahmen des aufgabenorientierten Ansatzes, dass Komplexität und Kapitalintensität es nur wenigen Unternehmen erlauben, sämtliche Marktpotenziale in Eigenleistung zu nutzen.

TOMCZAK/REINECKE/MÜHLMEIER (2007) identifizieren drei erfolgreiche Kernaufgabenprofile: Customer Relationship, Product Leadership und Focused Market Leadership.

Customer Relationship-Unternehmen treiben die Erhöhung des Share of Wallet und die Verbesserung der Economies of Scope fortwährend voran. Hierzu benötigen sie ein relativ diverses und breites Leistungsangebot. Sie legen ihren Fokus auf die Kernaufgaben Kundenakquisition und Kundenbindung. Zentrale Herausforderung ist somit individuelles Kundenverständnis und Kontrolle des Kundenzugangs. Den Kundenzugang sichern sie sich insbesondere durch direkte Distribution. Beispiele für Customer Relationship-Unternehmen sind Dell, Amazon oder typische Einzelhändler wie die deutsche Rewe oder die Schweizer Coop.

Product Leadership-Unternehmen konzentrieren sich auf die Leistungsseite des aufgabenorientierten Ansatzes, das heißt auf die Kernaufgaben Leistungsinnovation und -pflege. Sie bringen kontinuierlich Produkte hervor, die den Stand der Technik neu definieren. Ferner halten sie ständig Ausschau nach First-Mover-Vorteilen. Das Management ist auf Economies of Scale ausgerichtet und nimmt eine globale Perspektive ein. Für diese Art von Unternehmen zählt eine breite und schnelle Ausbreitung in den Märkten. Hierfür setzen sie hauptsächlich indirekte Distribution, Key Account Management und ein relativ schmales Programm an standardisierten Leistungen mit Leistungsvorteilen (Qualität, Marke) ein. Als erfolgreiche Beispiele für diese Art von Kernaufgabenprofil sind Procter & Gamble, Gore, Nike, SAP und Hilcona zu nennen.

Focused Market Leadership-Unternehmen richten ihren Fokus simultan auf Customer Relationship und Product Leadership. Dementsprechend kombinieren sie alle Kernaufgaben. Allerdings fokussiert sich diese Art von Unternehmen hierbei auf begrenzte, aber attraktive Marktsegmente. In den ausgewählten Marktsegmenten streben sie Preispremiums für innovative Leistungen durch Kundenkenntnis und intensive Kundenpflege an. Kennzeichnend für dieses Kernaufgabenprofil ist eine selektive Distribution mit starkem direkten Lead Channel. Zu Focused Market Leadership-Unternehmen zählen beispielsweise Starbucks, Hilti oder Nespresso.

Empirische Befunde zu erfolgreichen Kernaufgabenprofilen
(TOMCZAK/REINECKE/MÜHLMEIER 2007)

In Abschnitt 4.3.1 wurde bereits die Anlage der empirischen Studie des Instituts für Marketing und Handel an der Universität St. Gallen im Jahr 2006 zum Thema *«Marketing im 21. Jahrhundert»* in der Schweiz vorgestellt. Im Rahmen dieser standardisierten, schriftlichen Befragung wurden unter anderem das Kernaufgabenprofil und Erfolgskenngrößen auf Geschäftsbereichsebene erhoben. Ein Ziel der empirischen Studie war es unter anderen, den Zusammenhang zwischen Erfolg und Kernaufgabenprofilen zu analysieren. Hierzu ist es erforderlich, die Variable «Erfolg» zu operationalisieren. Erfolg erfordert das Übertreffen der Konkurrenz (AMBLER 1999, S. 706). Daher wurde im Rahmen dieser Studie auf die Operationalisierung des Erfolgs im Vergleich zum Hauptwettbewerber zurückgegriffen. Als Erfolgsmaße dienten die Gesamtgewinn- und die Umsatzvolumenentwicklung.

Abbildung 4.13 gibt die ermittelten Erfolgsmaße der einzelnen Kernaufgabenprofile wieder. Die empirischen Befunde deuten ebenfalls darauf hin, dass die Kernaufgabenprofile Customer Relationship, Product Leadership und Focused Market Leadership überdurchschnittlich erfolgreich sind. Demgegenüber ist zum Beispiel das Kernaufgabenprofil mit keinem Wettbewerbsvorteil in einer Kernaufgabe oder Kernaufgabenprofile mit Wettbewerbsvorteilen in diametralen Kernaufgaben (z. B. in Kundenbindung und Leistungsinnovation) unterdurchschnittlich erfolgreich.

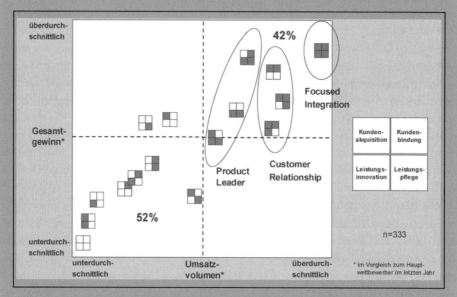

Abb. 4.13 Zusammenhang zwischen Kernaufgabenprofil und Erfolg (TOMCZAK/REINECKE/MÜHLMEIER 2007)

Zur Systematisierung der *wettbewerbsüberlegenen Kernaufgabenprofile* lässt sich die in der Abb. 4.14 dargestellte Matrix heranziehen. Die Matrix setzt sich aus den beiden Dimensionen «Kunden- bzw. Leistungsorientierung» und «Breite des Marktpotenziales» zusammen.

4.3 Kernaufgabenprofile

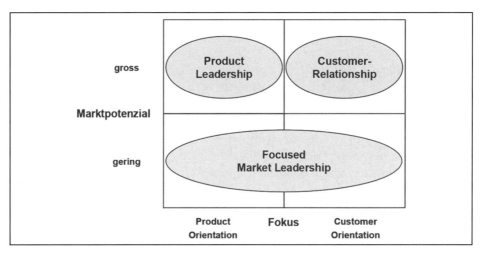

Abb. 4.14 Wettbewerbsüberlegene Kernaufgabenprofile
(TOMCZAK/REINECKE/MÜHLMEIER 2007)

Unternehmen, die sämtliche Kernaufgaben kombinieren, fokussieren aus Komplexitätsgründen eher auf ein relativ kleines Marktsegment. Sie werden daher auch als Focused Market Leadership-Unternehmen bezeichnet. Demgegenüber zielen Unternehmen mit Fokus auf der Leistungsseite mittels eines relativ begrenzten Leistungsangebots auf einen breit definierten Absatzmarkt. Kundenorientierte Unternehmen werden ihre Wettbewerbsvorteile in den Kernaufgaben Kundenakquisition und -bindung ausbauen. Kennzeichnend für diese Art von Unternehmen ist, dass sie ihre relativ enge Zielgruppe mit einem relativ breiten Leistungsangebot bearbeiten. Zur Veranschaulichung der einzelnen wettbewerbsüberlegenen Kernaufgabenprofile dienen Beispiele aus der Befestigungsbranche.

> **Beispiele für wettbewerbsüberlegene Kernaufgabenprofile aus der Befestigungsbranche**
>
> *Customer Relationship-Unternehmen*
> Das Befestigungs- und Montagetechnikunternehmen *Würth* aus Deutschland ist ein weltweit führender Handelskonzern mit einer generellen Spezialisierung auf den Vertrieb über Außendienstmitarbeiter. Zu den Kunden zählen vornehmlich Unternehmen aus den Bereichen Bau, Holz, Auto, Metall und Industrie. Ein integraler Bestandteil der Kundenorientierung bei *Würth* ist der hohe Servicegrad. Die konsequente Kundenorientierung ermöglicht *Würth* den Zugang zu wertvollen Kundeninformationen und führt zu einer höheren Bindung und Loyalität der Kunden. *Würth* bietet seinen Kunden ein breites Produktsortiment von Befestigungs- und Montagematerial über Werkzeuge mit zirka 120 000 verschiedenen Produkten an. Hierbei reicht die Produktpalette von einfacher Massenware wie Schrauben bis hin zu kundenindividuellen Speziallösungen. Die Produkte werden über Fremdvergabe hergestellt, jedoch unter der Marke *Würth* vertrieben. *Würth* ist damit eines der größten nicht-börsennotierten Unternehmen Deutschlands.

Product Leadership-Unternehmen:
Die Unternehmensgruppe *fischer* aus Deutschland umfasst vier Geschäftsbereiche: Befestigungstechnik (Dübel und Bauzubehör), automotive systems (Multifunktionskomponenten für den Auto-Innenraum), fischertechnik (Konstruktionsspielzeug) sowie Prozessberatung. Der Bereich Befestigungstechnik ist mit Abstand größter Umsatzträger. Mehr als drei Viertel des Umsatzes werden im Ausland generiert. Die globale Perspektive zeigt sich auch in den inzwischen 42 Landesgesellschaften. Klaus Fischer: «Wir expandieren sehr dynamisch, um unsere Kunden noch schneller und besser bedienen zu können, um neue Marktanteile zu gewinnen und neue Kundengruppen zu erreichen» (www.fischer.com). Das Management folgt dem Prinzip des schlanken Unternehmens und forciert somit die Generierung von Skaleneffekten.
Fischer entwickelt und produziert Leistungen für alle relevanten Bereiche der Befestigungstechnik und versteht sich als Innovationsführer. So lautet der Slogan der Unternehmensgruppe: «Wer Innovationen sucht, wird fischer finden». *Fischer* weist mehr als 2 000 Patente auf und bringt jährlich rund 40 neue Erfindungen hervor. Die Produkte werden vornehmlich über Baumärkte und Handelspartner vertrieben. Zu den Kunden zählen sowohl Gewerbetreibende als auch Heimwerker.
In den vergangenen fünf Jahrzehnten ist *fischer* zum Weltmarktführer in der Dübeltechnik aufgestiegen und erzielte 2013 einen konsolidierten Umsatz von € 633 Mio.

Focused Market Leadership-Unternehmen:
Der Baufestigungstechnik-Konzern *Hilti* aus Liechtenstein ist ein weltweit führendes Unternehmen in der Entwicklung, Herstellung und dem Vertrieb von qualitativ hochwertigen Produktsystemen für den Bau. *Hilti* wendet sich über ein eigenes Vertriebsnetz direkt an den gewerblichen Endverbraucher. Je nach Bedürfnis stehen Verkaufsberater, das *Hilti Center*, der telefonische Kundenservice oder das Internet zur Verfügung. Von den weltweit mehr als 21 000 Mitarbeitern pflegen zwei Drittel unmittelbaren und direkten Kontakt zum Kunden. In den ausgewählten Marktsegmenten realisiert *Hilti* ein Preispremium für seine innovativen Leistungen mit Leistungsvorteilen wie hochwertige Qualität und die starke Marke (Die Marke *Hilti* hat eine ganze Werkzeuggattung geprägt. In der Baubranche heißt es nicht «Gib mir mal den Bohrhammer!», sondern «Gib mir mal die Hilti!»). Hilti hat 2013 mehr als CHF 4,3 Mrd. Umsatz und ein Betriebsergebnis von CHF 304 Mio. erzielt.

Wie oben erläutert, erlauben Komplexität und Kapitalintensität nur wenigen Unternehmen, sämtliche Marktchancen in Eigenleistung zu nutzen. Eine mögliche Handlungsalternative kann das Eingehen strategischer Partnerschaften sein. Nach der Festlegung des Kernaufgabenprofils geht es daher im nächsten Schritt darum, die strategischen Kooperationen und Netzwerke zu planen.

4.4 Kooperationen und Netzwerke

Unter *strategischen Kooperationen* ist eine Zusammenarbeit von zwei oder mehr Unternehmen mit dem Ziel zu verstehen, die individuellen Stärken (Ressourcen und Fähigkeiten) in den einzelnen Geschäftsfeldern zu vereinen und zu ergänzen. Durch strategische Kooperationen können Unternehmen Wettbewerbsvorteile erlangen, die sie allein nicht erreichen könnten. Hierzu zählen beispielsweise (WRONA/SCHELL 2005, S. 335 ff.):

- Zeitvorteile,
- Zugang zu bzw. Schutz strategisch relevanter Ressourcen,
- Erzielung von Kostenvorteilen,
- Zugang bzw. Schutz strategisch relevanter Märkte,
- Wissensakquisition und Ausweitung der Möglichkeiten eines organisationalen Lernens,
- Risikominimierung,
- Machtgewinn.

Einordnung von Kooperationen nach Anzahl beteiligter Partner
Bei der Klassifikation von Kooperationen nach Anzahl der Kooperationspartner und der daraus resultierenden Beziehungen lassen sich

- bilaterale Bindungen,
- trilaterale Bindungen,
- einfache Netzwerke sowie
- komplexe Netzwerke

unterscheiden (siehe Abb. 4.15). Eine kooperative Zusammenarbeit von zwei Partnern wird als *bilaterale Beziehung* verstanden. Wenn drei Partner miteinander kooperieren, spricht man von einer *trilateralen Beziehung*. Kooperiert ein Unternehmen mit mehr als drei Partnern, wird diese Zusammenarbeit auch als Unternehmensnetzwerk bezeichnet. *Einfache Netzwerke* sind in der Regel sternenförmig aufgebaut. Hierbei hat ein zentrales Unternehmen jeweils eine bilaterale Beziehung zu anderen Unternehmen des Netzwerkes. Das zentrale Unternehmen wird auch als fokales Unternehmen bezeichnet. Typisches Beispiel für ein einfaches Netzwerk ist das Franchising-System (z. B. McDonalds-Restaurantkette). Hierbei agiert ein Franchisegeber jeweils bilateral mit mehreren Franchisenehmern. *Komplexe Netzwerke* setzen sich aus multilateralen Beziehungen zwischen einzelnen, (nicht-fokalen) Unternehmen zusammen (THELING/LOOS 2004, S. 10 f.).

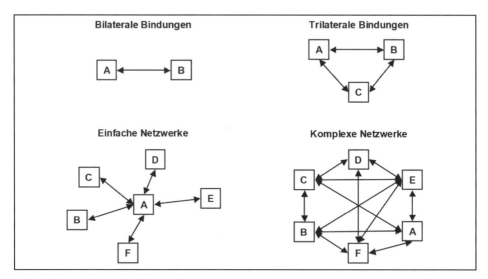

Abb. 4.15 Klassifikation unterschiedlicher Kooperationen nach der Anzahl der Bindungen (in Anlehnung an KUTSCHKER 1994, S. 126 und FRIESE 1998, S. 147)

Einordnung von Kooperationen nach Richtung der Kooperation

Je nach Richtung können Kooperationen in horizontale, vertikale und diagonale (konglomerate) Kooperationen unterteilt werden (HELM/JANZER 2000, S. 25; SYDOW 2001; S. 248 THELING/LOOS 2004, S. 8; SCHÖGEL 2006, S. 20):

- Bei einer *horizontalen Kooperation* handelt es sich um eine Partnerschaft auf derselben Wertschöpfungsstufe. Ein Beispiel für eine horizontale Kooperation ist das Fitness-Tracker-Armband «Fuelband SE» von Nike, das – zumindest bei der Lancierung im Jahr 2013 – nur zusammen mit Apple-iOS-Geräten wie zum Beispiel dem iPhone 5 genutzt werden konnte.

- *Vertikale Kooperationen* werden von Unternehmen unterschiedlicher Wertschöpfungsstufen eingegangen. Beispielsweise erfolgt die Zusammenarbeit der Automobilhersteller mit den Zulieferern zunehmend durch eine kooperative Einbindung der Lieferanten in ihre Wertschöpfungskette.

- Bei *diagonalen Kooperationen* nehmen die Kooperationspartner wie bei der vertikalen Kooperation Positionen auf verschiedenen Stufen der Wertschöpfungskette ein. Die Kooperationspartner gehören im Gegensatz zur vertikalen Kooperation unterschiedlichen Branchen an.

Nach der Institutionenökonomie können Kooperationen als eine zwischen Markt (Kaufvertrag, Tauschgeschäft) und Hierarchie (100 %-Tochter, Fusion) angesiedelte Koordinationsform wirtschaftlicher Aktivitäten angesehen werden (siehe Abb. 4.16). Kooperationen werden daher auch als «hybride» Organisationsformen bezeichnet (WILLIAMSON 1985).

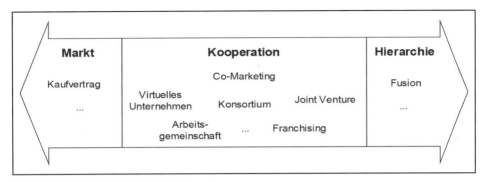

Abb. 4.16 Kooperationsformen und ihre Einordnung zwischen Markt und Hierarchie (in Anlehnung an SIEBERT 1991, S. 294 und SCHÖGEL 2006, S. 47)

Die einzelnen Kooperationsformen wurden isoliert dargestellt. In der Praxis sind diese Formen in der Reinform jedoch meist nicht vorzufinden. Tatsächlich liegen Kombinationen der Kooperationsformen vor (MORSCHETT 2005, S. 388).

Trotz der Vielzahl an Vorteilen von Unternehmenskooperationen gibt es ebenfalls Nachteile, die zu beachten sind:

- Kooperationen verursachen Kosten, wie z. B. erhöhte Kommunikations-, Koordinations- und Kontrollkosten.
- Kooperationen können zur Abhängigkeit von Partnerunternehmen führen.
- Kooperation kann eine ungünstigere Verhandlungsposition zur Folge haben.
- Durch die gemeinsame Nutzung von Kernkompetenzen erhalten die beteiligten Partner Einblicke in Betriebsgeheimnisse (z. B. in Technologien und Know-How).

Nachdem im Rahmen der Marketingplanung das Kernaufgabenprofil bestimmt wurde, mit dem die jeweiligen Wachstumsziele erreicht werden sollen, und ergänzend die strategischen Kooperationen festgelegt wurden, geht es im nächsten Planungsschritt darum, das so genannte Positionierungszielsystem festzulegen. Im Wesentlichen ist zu bestimmen, welcher Wettbewerbsvorteil im Markt auf- bzw. ausgebaut werden soll.

4.5 Positionierung

Dieser Abschnitt basiert in weiten Teilen auf der Darstellung von HAEDRICH/TOMCZAK (1996, S. 136 ff.).

4.5.1 Überblick

Die Wachstumsstrategie lässt sich in der Regel nur realisieren, wenn bestimmte Positionierungsziele erreicht werden. Generell kann gesagt werden, dass sich überdurchschnittliche

Wachstums- und/oder Gewinnziele realisieren lassen, wenn es gelingt (siehe u. a. auch SIMON 1988),

1. relevante Bedürfnisse bzw. Probleme
2. von ausreichend großen («wirtschaftlich tragfähigen») Kundengruppen
3. mit maßgeschneiderten, effizienten, auf solider Kompetenz gründenden Angeboten
4. besser als irgendein anderer Anbieter
5. nach Ansicht der Kunden
6. nachhaltig zufrieden zu stellen bzw. zu lösen.

Das heißt, bei der Formulierung eines Positionierungsziel-Systems sind möglichst präzise Antworten auf die folgenden Fragen zu geben:

1. Welche (kaufentscheidungs-)relevanten Bedürfnisse müssen und sollen angesprochen werden?

Festzulegen ist, welche Bedürfnisse, Probleme, Wünsche, Forderungen usw. der jeweiligen Kunden überhaupt und mit welcher Intensität angesprochen werden sollen. Verschiedene Typen von Bedürfnissen sind zu unterscheiden: Grund-, Zusatz- und Nebenbedürfnisse, artikulierte und latente Bedürfnisse, Minimalanforderungen sowie Bedürfnisse vor und nach dem Kauf (Streben nach Zufriedenheit, Vermeiden von Unzufriedenheit). Je nach Kundentyp (z. B. Neu- versus Stammkunde, Fach- versus Machtpromotoren, Käufer versus Verwender) beeinflussen unterschiedlich strukturierte Bedürfnisbündel die jeweiligen Kauf- und Wiederkaufentscheidungen. Spezifische Präferenzen für das eigene Angebot sind herauszubilden.

2. Wer muss und soll dem bearbeiteten Kundenkreis zugerechnet werden?

Hier sind Angaben darüber zu machen, welcher Kreis von Konsumenten oder Organisationen generell angesprochen werden soll (Makro-Segmentierung), welche Individuen oder Gruppen die Kaufentscheidung beeinflussen (Mikro-Segmentierung, Bezugsgruppen, Buying Center), ob sich das Marketing auf Kern- oder Randzielgruppen konzentrieren soll. In vielen Märkten müssen zudem mit Endkunden und Absatzmittlern zumindest zwei Typen von Kunden unterschieden werden, deren Bearbeitung eng miteinander verknüpfte Marketingkonzepte verlangt.

3. Welche Leistungen müssen und sollen angeboten werden?

Zu bestimmen ist, mit welchen Kernleistungen bzw. Minimalqualitäten und Zusatzleistungen bzw. Werterhöhungsqualitäten die jeweiligen Bedürfnisse der verschiedenen Typen von Kunden befriedigt werden sollen. Zu den *Kernleistungen* gehören in der Regel das «generische Produkt» bzw. die «generische Dienstleistung» mit seinen bzw. ihren fundamentalen, rudimentären, technologischen Grundleistungen und die *Minimalleistungen*, die die jeweiligen Kunden hinsichtlich Nutzbarkeit, Preis, Information und Verfügbarkeit erwarten (GROSSE-OETRINGHAUS 1996, S. 62). *Zusatzleistungen* sind Leistungen, die von den Kunden nicht grundsätzlich erwartet werden (können) (u. a. STAUSS 1996, S. 243 f.). Zusatzleistungen lassen sich grundsätzlich in allen Feldern des Marketings erbringen (Nutzbarkeit, finanzielle Anreize, Image, Beziehungen, Verfügbarkeit). Was in einer spezifischen Marktsituation Kern- oder Zusatzleistungen sind, hängt in erster Linie von den Erwartungen der Kunden ab, die insbesondere vom Reifegrad des Marktes, der Wettbewerbssituation und der herrschenden Marktnorm beeinflusst werden.

4. *Welche Positionen müssen und sollen gegenüber dem Wettbewerb eingenommen werden?*
Es sind Aussagen darüber zu treffen, welche Positionen die angebotenen Leistungen bei den jeweiligen Kunden im Verhältnis zum Wettbewerb einnehmen sollen. Gemäß MEFFERT/BURMANN (1996,) lassen sich die fünf Grunddimensionen Qualitäts-, Preis- (Kosten-), Image- (u. a. Markierung, Vertrauen), Innovations- (Zeit-)und Flexibilitätsorientierung («Kundennähe») unterscheiden. Entlang dieser Dimensionen und im Hinblick auf die zu bearbeitenden Kunden und deren Bedürfnisse ist zu definieren, welcher bzw. welche Wettbewerbsvorteil(e) realisiert werden soll(en). Ziel muss es dabei sein, in der Wahrnehmung der Kunden einen dauerhaften, das heißt von der Konkurrenz nur schwer einholbaren Vorsprung aufzubauen (u. a. SIMON 1988). Das heißt, die zentrale Zielsetzung besteht nicht in einer Maximierung des Nutzens für den jeweiligen Kunden, sondern darin, einen relevanten Kundennutzen besser als die Konkurrenz oder der Kunde selbst zu erbringen. Im Mittelpunkt steht die relative Steigerung des Kundennutzens (GROSSE-OETRINGHAUS 1996).

Somit liegt der Kern aller Marketingbemühungen darin, Wettbewerbsvorteile zu erzielen. Ein *Wettbewerbsvorteil* bzw. – in der Sprache der Praxis – eine «*Unique Selling Proposition (USP)*» oder «*Unique Marketing Proposition (UMP)*» ergibt sich, wenn die folgenden Forderungen erfüllt sind (insbesondere MAGYAR 1987, S. 142 ff.; MEFFERT 1988, S. 119 ff.):

1. Ein echter, das heißt für die anvisierte Kundengruppe bedeutsamer Kundennutzen muss angesprochen werden. Die Leistungen des eigenen Angebots sind in eine Leistung für den jeweiligen Kunden zu übersetzen. Die Größe eines Wettbewerbsvorteils hängt unter anderem davon ab, welche Bedeutung das zu lösende Problem für den jeweiligen Kunden besitzt. Es gilt: Je wichtiger das Problem für den Kunden ist, desto größer ist das Potenzial zur Erlangung von Wettbewerbsvorteilen.
2. Der Nutzen muss das eigene Leistungsangebot möglichst dauerhaft von Wettbewerbsangeboten positiv abgrenzen. Die zentrale Zielsetzung besteht nicht in einer Maximierung des Nutzens des jeweiligen Kunden, sondern darin, einen relevanten Kundennutzen besser als irgendein anderer Wettbewerber oder der Kunde selbst befriedigen zu können. Mit anderen Worten: Im Mittelpunkt steht die relative Steigerung des Kundennutzens (GROSSE-OETRINGHAUS 1996).
3. Der Nutzen sollte auf Kernkompetenzen in dem Unternehmen treffen. Dauerhafte Wettbewerbsvorteile liegen demnach nur dann vor, wenn tatsächlich überlegene Fähigkeiten und Ressourcen vorhanden sind (DAY/WENSLEY 1988).

4. Der Nutzen muss für die Kunden deutlich wahrnehmbar sein. In diesem Zusammenhang führt Trommsdorff (1992, S. 324 f.) aus: «Wie in anderen Erfolgsfaktorenprojekten auch, stellt sich bei PIMS heraus, dass die von den Kunden wahrgenommene Produktqualität neben dem Marktanteil der wichtigste Erfolgsfaktor ist; gemeint ist nicht die technisch gemessene objektive Qualität, sondern der Qualitätseindruck, den die Kunden (…) von der Produktqualität (…) haben.» (siehe auch die Ausführungen zu PIMS in Abschnitt 2.1.4) Maßstab für die erfolgreiche Umsetzung einer Positionierung ist somit die subjektive Wahrnehmung der Kunden (Tomczak/Müller 1992). Diese Aussage ist nicht nur für die Konsumgüter- oder Dienstleistungsbranche, sondern auch für die Investitionsgüterindustrie von Relevanz. Auch hier entscheidet nicht eine wie auch immer definierte objektive Qualität, sondern die von den Kunden subjektiv wahrgenommene Qualität der angebotenen Leistungen über den Markterfolg.

Die dauerhafte Verankerung einer differenziert wahrgenommenen Marke in den Köpfen der Konsumenten ist notwendige Voraussetzung für die erfolgreiche Positionierung. Die Marke gilt hierbei als «Essenz» des Nutzenversprechens für den Kunden (siehe auch Abschnitt 3.7.1). Dieses Versprechen kann jedoch nur dann erfolgreich gegenüber externen Anspruchsgruppen kommuniziert werden, wenn die eigene Organisation, also alle involvierten Führungskräfte und Mitarbeiter eines Unternehmens ein gemeinsames Verständnis über die gemeinsamen Werte, Kompetenzen und die Persönlichkeit der Marke entwickelt haben (Burmann/Blinda/Nitschke 2003, S. 7; Tomczak et al. 2009).

4.5.2 Zusammenhang zwischen Markenidentität und Markenpositionierung

Bei der *Markenidentität* handelt es sich um die Summe derjenigen raum-zeitlich gleichartigen Merkmale der Marke, die aus Sicht der internen Zielgruppen in nachhaltiger Weise den Charakter der Marke prägen (Meffert/Burmann 1996, S. 31). Die Markenidentität ist Ausgangsbasis für die Positionierung einer Marke im Wettbewerbsumfeld und dient der Schaffung eines eindeutig identifizierenden Images bei den Kunden. Das Vorgehen folgt hierbei einem iterativen Prozess. Ausgehend von der Markenvision und der Herkunft einer bestehenden Marke werden die Markenpersönlichkeit, die Markenwerte und die Markenführungskompetenzen herangezogen, um die Markenleistungen festzulegen(Burmann/Blinda/Nitschke 2003, S. 7 und Esch 2012, S. 117 f.). In den Markenleistungen (Was leistet die Marke?) manifestiert sich das relevante Nutzenversprechen für den Kunden, welches emotionaler, funktionaler oder symbolischer Natur sein kann (Soll-Größe). Diese Konvention, die auch als Führungsinstrument innerhalb der Organisation eingesetzt werden kann, bildet die Grundlage für die sich anschließende strategische Positionierung der Marke gegenüber den Wettbewerbern. Durch die Umsetzung der Positionierung mittels Marketing-Mix bildet sich im Zeitablauf ein Markenimage bei den Kunden aus, welches die zu überwachende Ist-Größe in diesem Prozess darstellt. Weicht die gemessene Ist-Größe (das Markenimage) von der beabsichtigten Soll-Größe (das Markenleistungsversprechen) ab, so sind entsprechende Gegenmaßnahmen einzuleiten.

Offensichtlich zeigt sich, dass die Fokussierung auf einige wenige kaufentscheidungsrelevante Merkmale einer Marke, wie z. B. Zuverlässigkeit und Langlebigkeit bei der Marke *Miele* oder einzigartiger Lifestyle bei der Marke *Harley Davidson*, einem Unternehmen langfristige Wettbewerbsvorteile sichert (Esch 2012, S. 103 f.).

Bei der Dehnung einer Marke ist grundsätzlich auf den Erhalt dieser Merkmale zu achten. Ansonsten müssen Um- oder sogar Neupositionierungsmaßnahmen für die Marke getroffen werden. Zum Beispiel steht die Marke *Ricola* für Kompetenz in Kräuter und ist ein Symbol für Gesundheit. Der Markentransfer von dem original Kräuterzucker auf (Wohlfühl-)Kräutertee ist beispielsweise sehr gut gelungen. Der Transfer der Marke auf Hustensaft, welcher eher mit Krankheit als mit Wohlbefinden assoziiert wurde, war in den USA ein Flop. Hierfür fehlt es der Marke offenbar an der entsprechenden Glaubwürdigkeit im medizinischen Bereich.

4.5.3 Klassisches Positionierungsmodell

4.5.3.1 Darstellung des klassischen Positionierungsmodells

Ein zentraler Grundgedanke des Marketing lautet: Kunden wählen diejenigen Produkte bzw. Leistungen, deren wahrgenommene Eigenschaften ihren (Nutzen-) Erwartungen am besten entsprechen. Es gilt, sich an dieser zentralen Hypothese zu orientieren, wenn Produkte bzw. Leistungen im Markt erfolgreich positioniert werden sollen.

Diese Grundgedanken liegen dem klassischen Positionierungsmodell zugrunde. Hierbei werden die Positionen verschiedener, miteinander im Wettbewerb stehender Produkte bzw. Leistungen in einem so genannten Positionierungsraum wiedergegeben. Dieser *Positionierungsraum* wird durch Achsen gebildet, die die kaufentscheidungsrelevanten Produkteigenschaften eines Markts widerspiegeln (u. a. Freter 1983, S. 33 ff.; Brockhoff 2001).

Um sich mit einem beherrschbaren und kommunizierbaren Entscheidungsproblem auseinandersetzen zu können, ist man in der Praxis vielfach bemüht, die von den Kunden wahrgenommene Marktrealität in einem möglichst niedrig dimensionierten Positionierungsraum abzubilden. So finden im Regelfall zwei- oder dreidimensionale Positionierungsmodelle Anwendung. Selbstverständlich stellt ein solches Vorgehen in der Regel eine erhebliche Vereinfachung der Realität dar, da bei den Kunden üblicherweise mehr als zwei oder drei Eigenschaften bzw. Nutzenerwartungen den Kauf eines Produkts bzw. einer Marke beeinflussen. Andererseits ist ein solches Vorgehen in vielen Fällen sachlich gerechtfertigt: Durch die Reduktion der Eigenschaften wird die Grundlage für eine kompakte Positionierung geschaffen, die sich im Markt und somit bei den Kunden durchsetzen lässt (Kroeber-Riel/Esch 2004, S. 51 ff.). «Nur wer seine volle Kraft auf wenige Parameter konzentriert, wird dort wahrnehmbar und dauerhaft bessere Leistungen erreichen» (Simon 1988, S. 471).

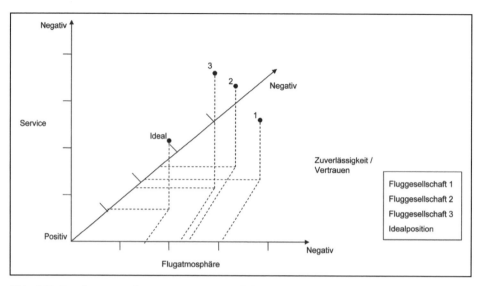

Abb. 4.17 Dreidimensionales Positionierungsmodell – Beispiel Fluggesellschaften (TROMMSDORFF 1992, S. 330)

In Abb. 4.17 wird beispielhaft ein dreidimensionales Positionierungsmodell dargestellt; abgebildet werden die Positionen von Fluggesellschaften. Neben den Positionen von Produkten bzw. Leistungen, so genannten *Realmarken*, lassen sich in derartigen Positionierungsmodellen auch Ansatzpunkte für eventuell offene Marktsegmente erfassen, indem so genannte *Idealmarken* erhoben werden, die die Idealvorstellungen bzw. Präferenzen einer bestimmten Kundengruppe im Hinblick auf den betrachteten Markt bündeln.

Das *klassische Positionierungsmodell* weist vier Kernelemente auf (insbesondere WIND 1982; FRETER 1983, S. 34 f.):

- *Eigenschaften:* Die relevanten produktspezifischen (Nutzen-)Erwartungen der Kunden sind zu ermitteln. Zu beachten ist, dass Eigenschaften nicht gleichgewichtig auf die Kaufentscheidungen der Kunden Einfluss nehmen. Für Flugpassagiere sind die Eigenschaften «Service», «Flugatmosphäre» und «Zuverlässigkeit/Vertrauen» von besonderer Bedeutung für die Kaufentscheidung und -zufriedenheit.

- *Positionen von Produkten bzw. Leistungen:* Jedes Produkt bzw. jede Leistung wird durch die von den Kunden wahrgenommenen Ausprägungen in den relevanten Eigenschaften charakterisiert. Im Beispiel sind dies die Fluggesellschaften, die in dem für Fluggäste relevanten Eigenschaftsraum positioniert werden.

- *Positionen von Kunden:* Jeder Kunde verfügt über ein Anforderungs- bzw. Präferenzprofil an ein ideales Produkt bzw. an eine ideale Leistung. Kunden mit ähnlichen Anforderungen und somit homogenen Bedürfnissen bilden ein Marktsegment. Im Beispiel aus dem Fluggeschäft wird nur der durchschnittliche Idealpunkt eines Segments bzw. des gesamten Markts wiedergegeben.

- *Distanzen zwischen Produkt- und Kundenpositionen:* Zwischen der Position eines Kunden und den wahrgenommenen Ausprägungen der betrachteten angebotenen Leistungen bestehen Distanzen. Die zentralen Hypothesen des klassischen Positionierungsmodells lauten:

(a) Je geringer die Real-Ideal-Distanz, desto größer wird die Wahrscheinlichkeit, dass der Kunde ein bestimmtes Produkt kauft.

(b) Es wird das Produkt mit der geringsten Real-Ideal-Distanz bevorzugt (gekauft)

Grundsätzlich lassen sich zwei Stoßrichtungen bei der Entwicklung einer Positionierung unterscheiden (ESCH 1992, S. 10 f.; KROEBER-RIEL/WEINBERG/GÖPPEL-KLEIN 2009, S. 269 f.)

1. *Anpassung der angebotenen Leistungen an die Nutzenerwartungen (Bedürfnisse, Wünsche) der Kunden*
   Bei dieser Vorgehensweise werden die Nutzenerwartungen der Kunden an die so genannte Idealmarke als gegeben angenommen. Es wird das Ziel verfolgt, ein Angebot auf den Markt zu bringen, das der Idealmarke möglichst gut entspricht.

2. *Anpassung der Nutzenerwartungen der Kunden an die angebotenen Leistungen*
   Hier wird versucht, die Nutzenerwartungen der Kunden an die Idealmarke so zu verändern, dass ihnen die angebotenen Leistungen («Realmarken») zusagen.

Die Zielsetzung beider Vorgehensweisen besteht somit immer in einer Verringerung des von den Kunden wahrgenommenen Abstandes zwischen Ideal- und Realmarken. In der Regel kommen in der Praxis beide Ansätze kombiniert zum Einsatz.

4.5.3.2 Möglichkeiten und Grenzen des klassischen Positionierungsmodells

Das klassische Positionierungsmodell liefert dem Marketingpraktiker zweifellos wertvolle und unverzichtbare Hinweise für die Planung des zukünftigen Einsatzes seines Marketing-Mix. Auf Basis einer Ist-Analyse lassen sich Erkenntnisse darüber gewinnen, ob mit der aktuell verfolgten Positionierungsstrategie die relevanten Bedürfnisse der Zielgruppe befriedigt werden oder ob gewisse Verschiebungen bei der Wahrnehmung des Images stattgefunden haben. Auch lassen sich – wie aufgezeigt – bis zu einem gewissen Grad wettbewerbsorientierte Strategien ableiten, indem beispielsweise angestrebt wird, das eigene Leistungsangebot möglichst nahe bei einer bisher vom Wettbewerb nicht bedienten Idealmarke zu positionieren.

Angesichts der intensiven Wettbewerbsverhältnisse weist eine lediglich an dem klassischen Positionierungsmodell ausgerichtete Positionierungsstrategie in zahlreichen Märkten allerdings einige *schwerwiegende Mängel* auf. Im Einzelnen sind dies:

- *Trend zur Gleichschaltung der konkurrierenden Angebote:* Alle Wettbewerber in einem Markt verfügen heutzutage nahezu über dieselben Informationen und kommen in der Folge dann zumindest in der Tendenz zu ähnlichen Schlussfolgerungen bezüglich der

Ausrichtung der Marketing- und Wettbewerbsstrategien. Die Wettbewerber in einem bestimmten Markt müssten modellgemäß immer ähnlichere Strategien verfolgen, wodurch ihre Angebote sowohl bezüglich der objektiven Funktionalität als auch der emotionalen Qualität für die Kunden austauschbar werden.

- *Vergangenheitsorientiertes Marketing*: Das Modell ist vergangenheitsorientiert (TROMMSDORFF 1992, S. 332). Sowohl Wettbewerb als auch Kundenerwartungen bzw. -bedürfnisse sind jedoch dynamisch. Auf Basis einer solchen Analyse lassen sich typischerweise lediglich Imagedefizite erkennen, die beseitigt werden sollen. Dieses Vorgehen ist vielfach sicherlich notwendig, aber letztlich Ausdruck eines reaktiven Marketings.

- *Mangelnde Innovationsorientierung*: Die Präferenzen der Kunden (Idealmarken) werden in der Praxis durch gängige Methoden der Marktforschung ermittelt, in der Regel durch repräsentative, standardisierte Befragungen. Auf diesem Weg lassen sich aber nur die verbreiteten Ansichten der Kunden erheben, die maßgeblich durch das in der Vergangenheit betriebene Marketing geprägt wurden. Eine Positionierung, die sich an zukünftigen Marktpotenzialen orientiert, lässt sich auf diesem Weg nicht erreichen.

Fazit: Mit Hilfe des klassischen Positionierungsmodells wird versucht, entweder die angebotenen Leistungen an die Erwartungen der Kunden oder die Erwartungen der Kunden an die angebotenen Leistungen anzupassen. Im Mittelpunkt eines solchen Vorgehens stehen Wünsche, die von den Kunden in welcher Form auch immer explizit mit Blick auf eine bestimmte Produktkategorie artikuliert wurden. Daher kann das Positionierungsvorgehen nach diesem Modell als reaktiv bezeichnet werden.

4.5.4 Aktive Positionierung

4.5.4.1 Überblick

Aufgrund der oben diskutierten Grenzen des klassischen Positionierungsmodells wird ein ergänzender Positionierungsansatz benötigt (TOMCZAK/REINECKE 1995). Es reicht nicht aus, das Marketing an artikulierten Kundenwünschen auszurichten. Vielmehr wird es erforderlich, latent vorhandene Kundenwünsche zu eruieren und mit entsprechenden Marketingmaßnahmen zu bedienen (siehe auch Abb. 4.18).

Die hier vorgestellten Überlegungen zur *aktiven Positionierung* greifen Überlegungen von RIES/TROUT auf (TROUT/RIES 1972, RIES/TROUT 1986; 1993). Bei der aktiven Positionierung geht es darum, eine neue, dem Kunden bis zu diesem Zeitpunkt unbekannte, für seine Kaufentscheidung aber wichtige Eigenschaftsdimension (möglichst die wichtigste) in einzigartiger Weise zu besetzen. Nach RIES/TROUT (1986) liegt nur in einem solchen Fall ein «echter» Wettbewerbsvorteil vor. Mit anderen Worten: Eine Marktleistung verfügt nur dann über einen Wettbewerbsvorteil, wenn sie quasi einen eigenen Markt bedient. So empfehlen RIES/TROUT (1986, S. 79 ff.) Marktherausforderern, nicht das Ziel zu verfolgen, die vorhandenen Marktregeln besser als der Marktführer zu beherrschen («Größer-und-Besser»-Philosophie), sondern eine Strategie zu wählen, die nach neuen Regeln bzw. nach einem neuen Markt sucht («New-Game-Strategien»).

4.5 Positionierung

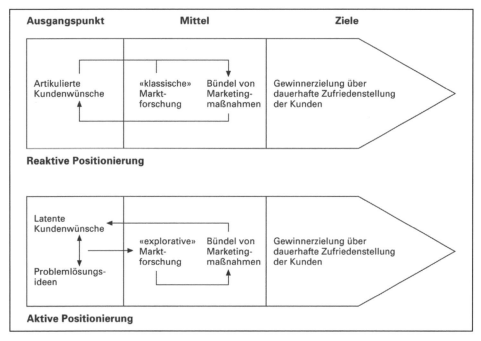

Abb. 4.18 Reaktive und aktive Positionierung (Tomczak 1994)

Für die Entwicklung einer aktiven Positionierung stehen zwei Ansatzpunkte zur Verfügung (siehe hiezu insbesondere auch die Ausführungen in Abschnitt 3.1.2):

- *Outside-in-Orientierung*: In einem ersten Schritt wird versucht, latent vorhandene Bedürfnisse von bestimmten Kundengruppen zu identifizieren, um dann in einem zweiten Schritt nach innovativen Problemlösungen zu suchen.

- *Inside-out-Orientierung*: In einem ersten Schritt werden ausgehend von einer spezifischen Ressourcenausstattung (u. a. Kernkompetenzen) innovative Problemlösungen kreiert, für die in einem zweiten Schritt Kunden mit (latent vorhandenen) Bedürfnissen gesucht werden.

4.5.4.2 Outside-in-Orientierung: Identifikation latent vorhandener Kundenbedürfnisse

Im Gegensatz zur klassischen Positionierung gilt es bei der aktiven Positionierung, neue Eigenschafts- bzw. Imagedimensionen zu entwickeln, um dadurch die Regeln des Markts und des Wettbewerbs neu zu bestimmen (Esch/Levermann 1995; Esch/Andresen 1996).

Hamel/Prahalad (1992, S. 46 f.) unterstreichen diese Entwicklung von einem reaktiven zu einem aktiven Marketing: «Selbstverständlich ist es wichtig, auf die Kunden zu hören, aber wer nicht mehr als das tut, wird kaum zum Marktführer.» *Es wird somit notwendig, sich von der Diktatur der bislang bedienten Märkte zu befreien*, nach innovativen Produktkonzepten zu suchen und die Kunden aktiv zu führen, statt ihnen hinterherzulaufen: «Marktführer [...] wissen, was ihre Kunden wollen, noch ehe sie sich selbst darüber im klaren sind» (HAMEL/PRAHALAD 1992, S. 47). Es ist daher erforderlich, Vermutungen über Problemlösungserwartungen der Kunden anzustellen, um den *zukünftigen Bedarf* besser als die Konkurrenz erfüllen zu können (BACKHAUS/VOETH 2007, S. 22).

> **Identifikation latent vorhandener Kundenbedürfnisse am Beispiel Swatch**
> Die Uhrenmarke *Swatch* wurde nicht etwa deshalb ein seit Jahrzehnten andauernder Markterfolg und eine Ikone des Marketing, weil es gelang, die Marke in einem Modell mit bekannten Imagedimensionen so zu positionieren, dass sie besser den Idealvorstellungen einer bestimmten Kundengruppe entsprach. Vielmehr gelang es zum Zeitpunkt der Markteinführung, neue Dimensionen wie «modische Aktualität» für den Uhrenmarkt zu entdecken und einzigartig zu besetzen.

Latente oder zukünftig relevante Bedürfnisse lassen sich jedoch mit den klassischen Methoden der Marktforschung nicht erheben. Vielmehr ist es notwendig, neben einer umfassenden Analyse der vorhandenen internen und externen Informationen in einem Unternehmen auch neue Informationen im Rahmen einer Innovationsbedarfserfassung zu generieren. Ziel dieses explorativen Vorgehens ist es, die Probleme der Kunden besser zu verstehen und diese schneller als die Konkurrenz im Rahmen der eigenen Marktleistungsgestaltung zu berücksichtigen. Zur Informationsgewinnung kann auf verschiedene Ansätze zurückgegriffen werden (GESCHKA/EGGERT-KIPFELSTUHL 1994):

- *Informationsgewinnung durch Kundenpartizipation:* Durch eine intensive Zusammenarbeit mit Kunden wird versucht, Informationen zu erhalten, die für die eigene Leistungsgestaltung in Zukunft von Relevanz sein werden. Von besonderer Relevanz ist in diesem Zusammenhang das so genannte Lead-User-Konzept, bei dem innovative und möglichst wegweisende Kunden in die Marktleistungsgestaltung einbezogen werden (VON HIPPEL 1988, HERSTATT 1991, HERSTADT/HIPPEL 1992).

- *Informationsgewinnung durch Situationsanalyse:* Hierbei versucht man, Kundenbedürfnisse durch eine intensive Anwenderbeobachtung zu erheben. Ziel ist es, Probleme der Kunden in möglichst realen Anwendungssituationen festzustellen und Lösungsmöglichkeiten zu entwickeln. Zweckmäßig ist beispielsweise der Einsatz der «Critical Incident Technique» (STAUSS 1996) oder die Analyse von Kundenwünschen mit Hilfe von Means-End-Chains (KUSS/TOMCZAK 2007, S. 58).

- *Informationsgewinnung durch Kreativitäts- oder Prognosetechniken:* Durch eine Verfremdung der Situation und ständigen Perspektivenwechsel sollen mit Hilfe von Kreativitäts- und Szenariotechniken Informationen gewonnen werden, die Hinweise auf latente Bedürfnisse und gegebenenfalls bereits erste Lösungsansätze offenbaren.

- *Informationsgewinnung durch explorative Expertengespräche:* Durch eine sorgfältige Auswahl von Spezialisten bzw. Experten sollen möglichst alle denkbaren und in der Diskussion befindlichen Aspekte eines bestimmten Themenkreises eingefangen werden, um mögliche Trends zu erkennen und abzuschätzen, die Hinweise auf potenzielle latente Bedürfnisse in den Märkten geben. Bei der Auswahl der Experten kommt es darauf an, verschiedene Fachrichtungen sowie unterschiedliche und kontradiktorische Auffassungen zu berücksichtigen (WEINHOLD-STÜNZI 1994b).

4.5.4.3 Inside-out-Orientierung: Ausnutzen spezifischer Ressourcenausstattungen

Dem ressourcenorientierten Ansatz liegt primär eine Inside-out-orientierte Denkhaltung zugrunde, die der effizienten Ausnutzung unternehmensspezifischer Ressourcen oberste Priorität einräumt (siehe Abschnitt 3.1.2).

Ansatzpunkt für innovative Positionierungen können beim ressourcenorientierten Ansatz beispielsweise neuartige technologische Möglichkeiten sein (insbesondere KLICHE 1991; TÖPFER/SOMMERLATTE 1991). Bei solchen *technologiegetriebenen Innovationen* liegt zuerst das technische Konzept vor, aufgrund dessen dann der potenzielle Anwender die Gelegenheit erhält, eine Vorstellung vom Produktgebrauch und vom Produktnutzen zu entwickeln (GESCHKA/EGGERT-KIPFELSTUHL 1994, S. 127). Einen dauerhaften Wettbewerbsvorteil begründen solche Innovationen, wenn sie einen Kundennutzen erbringen und zudem auf ein *spezifisches Ressourcenpotenzial* im Unternehmen treffen.

Beispiele für materielle Ressourcen sind die Kapitalausstattung, Produktionsanlagen, EDV-Systeme oder ein weit reichendes Distributionssystem. Zu den immateriellen Ressourcen zählen technologisches Wissen, die Reputation des Unternehmens, ein Markenwert usw. (WOLFRUM/RASCHE 1993; von KROGH/ROGULIC 1996).

Trotz dieser primären Inside-out-Orientierung ist es notwendig, dass eine strategisch relevante Ressourcenbasis zu einem Wettbewerbsvorteil führt (siehe hierzu Abschnitt 3.1.1).

Ein Beispiel für die Nutzung unternehmensspezifischer Ressourcen ist das Unternehmen Gore, wie das folgende Fallbeispiel veranschaulicht.

Ausnutzen spezifischer Ressourcenausstattungen am Beispiel Gore-Tex
(nach Gore 2007)
Die Gore-Tex-Membrane wurde ursprünglich für die Raumfahrtindustrie entwickelt. 1957 schlägt Bill Gore, späterer Mitbegründer von *W. L. Gore & Associates*, erstmals den Stoff Polytetrafluoroethylen (PTFE) vor, um eine bessere Isolierung gegen Kälte zu erhalten. 1969 nutzen die Astronauten Edwin Aldrin und Neil Armstrong Ausrüstungsteile, die aus diesem Stoff fabriziert sind. 1972 wird die erste Gore-Tex-Faser fabriziert und später kontinuierlich weiterentwickelt. Aufgrund ihrer besonderen Eigenschaften, wie Wind-, Wasser und Kälteundurchlässigkeit sowie extreme Belastbarkeit, ließ sie sich für verschiedene andere Bereiche nutzen. Gore-Tex-Membranen werden heute für Handschuhe, Hüte und Mützen, Schuhe, Socken, Gamaschen und alle erdenklichen Arten von Kleidungsstücken verwendet.
Das Militär verwendet die Membranen in Bekleidung und Schuhen, ebenso wie die Polizei, die Feuerwehr und andere Berufsgruppen, die bei Wind und Wetter

> im Freien arbeiten. Neben dem Einsatz im Arbeitsbereich findet die Faser auch im Mode- und Freizeit- bzw. Sportbereich ihren Einsatz, wie z. B. für Wander- und Skiausrüstungen, im Motor- und Radsport oder im Fußball. *Gore* hat seine spezifische Ressourcenausstattung (Polytetrafluoroethylen bzw. die dahinter stehende Technologie) genutzt, um durch die Produkte auf dem Markt einen besonderen Kundennutzen zu schaffen.

4.5.4.4 Synthese von Outside-in- und Inside-out-Orientierung

Ein isoliertes Verfolgen eines der beiden Ansätze führt, wie bereits angesprochen, in der Regel nicht zu dauerhaften Wettbewerbsvorteilen.

Gelingt es beispielsweise einem Unternehmen, latente Kundenbedürfnisse zu erkennen und mit einem für viele Kunden interessanten Angebot zu bedienen, wird die Konkurrenz, wenn keine durch eine spezifische Ressourcenausstattung begründeten Eintrittsbarrieren existieren, nachziehen, um ebenfalls von den Gewinnmöglichkeiten eines derart attraktiven Markts zu profitieren.

Der «Königsweg» zu dauerhaften Wettbewerbsvorteilen führt über eine *Synthese von externer Bedürfnis- und interner Ressourcenorientierung*: «… it is the ability of the business to use these inside-out capabilities to exploit external possibilities that matters. Thus, there has to be a matching ‹outside-in› capability to sense these possibilities and decide how best to serve them.» (DAY 1994, S. 40 f.) DAY spricht davon, dass so genannte «spanning capabilities» («Überbrückungspotenziale») notwendig sind, um die internen und externen Fähigkeiten zu verbinden (DAY 1994, S. 41).

> **Erkennen und Nutzen von Bedürfnissen im Wettbewerb am Beispiel IBM**
> In vielen Marktsegmenten überließ es beispielsweise *IBM* der Konkurrenz, neue Leistungen zu entwickeln und auszuprobieren. Erwies sich eine Innovation als Erfolg, stieg *IBM* massiv in das Geschäft ein.
> Eindrucksvoll wurde dies am Beispiel des Personal Computers deutlich. Apple lancierte zwar als Innovator den PC auf dem Markt, *IBM* etablierte als Imitator aber den Industriestandard. Inzwischen hat sich die Marktsituation im Hardwaremarkt stark verändert, so dass sich IBM entschieden hat, aus vielen Teilmärkten auszusteigen (z. B. Verkauf des PC-Geschäfts an Lenovo). *IBM* hat die Bedürfnisse des Marktes allerdings nicht aus den Augen verloren, sondern lukrative neue Tätigkeitsfelder, insbesondere in der Beratung und bei anderen Business-to-Business-Dienstleistungen erschlossen.

Überlegungen, die sich von der Analyse eines «klassischen» Positionierungsmodells leiten lassen (reaktive Positionierung), sind mit Ansätzen zu einer aktiven Positionierung zu kombinieren. Je nach Situation müssen die Schwerpunkte allerdings entweder eher bei einer reaktiven oder eher bei einer aktiven Positionierung liegen. Insbesondere in jungen Märkten, in denen die Wettbewerbsintensität noch nicht so hoch ist, lassen sich auch heute noch mit Hilfe einer reaktiven Positionierung Wettbewerbsvorteilen erlangen. In nahezu allen gesättigten Märkten müssen dagegen innovative Wege mittels einer aktiven Positionierung beschritten werden, um auf diese Weise quasi einen neuen Markt zu definieren.

4.5.5 Positionierungen im Endkunden- und im Absatzmittlermarkt

Unternehmen, die ihre Leistungen über indirekte Distributionskanäle vertreiben, müssen ihre Marketingbemühungen neben den *Endkunden* auch auf *Absatzmittler und -helfer* (in der Lebensmittelbranche z. B. auf Groß- und Einzelhandel; in der Pharmabranche z. B. auf Ärzte, Apotheken, Krankenhäuser; beim Absatz von Heizungssystemen z. B. auf Installateure, Architekten) ausrichten. Sie agieren somit simultan in zwei oder – je nach Differenziertheit des Distributionssystems – sogar in mehreren Märkten, die sich, wie im Folgenden dargestellt wird, unterscheiden:

Endkunden
Hierbei kann es sich sowohl um Individuen und/oder Organisationen (Unternehmen, öffentliche Institutionen usw.) handeln. Diese verwerten im Regelfall die über Absatzmittler bezogenen industriellen Leistungen endgültig oder wandeln sie in grundsätzlich neue Leistungen um (Industrie und Handwerk).

Absatzmittler
Dies sind Unternehmen, die Güter von anderen Unternehmen beschaffen, um sie weitgehend unverändert an Endkunden weiterzuveräußern.

Endkunden und Absatzmittler besitzen sehr unterschiedliche Bedürfnisse bzw. Probleme. Beispielsweise wollen Konsumenten beim Kauf eines Premium-Biers ihren Durst löschen und unter anderem gewisse Prestige-Bedürfnisse befriedigen. Ein Unternehmen des Lebensmitteleinzelhandels möchte hingegen durch die Aufnahme dieses Premium-Bieres in sein Sortiment zum Beispiel einen bestimmten Umsatz erzielen und einen gewissen Deckungsbeitrag erwirtschaften. Im Endkunden- und im Absatzmittlermarkt sind somit *differenzierte Positionierungen* anzustreben, die auch zu unterschiedlichen Wettbewerbsvorteilen führen. Allerdings bedingt sich der Erfolg in beiden Märkten wechselseitig. Ein Anbieterunternehmen wird in der Regel nur dann Wettbewerbsvorteile im Absatzmittlermarkt erlangen, wenn es Leistungen anbietet, die von den Endkunden bei den Absatzmittlern nachgefragt werden (so genannter Pull-Effekt). Umgekehrt wird ein Anbieterunternehmen nur dann erfolgreich im Endkundenmarkt sein, wenn seine Leistungen auch in einer bestimmten Quantität (Stichwort: Distributionsgrad) und Qualität (Stichwort: z. B. Beratungsleistungen) distribuiert sind. Im Rahmen der Marketingplanung müssen daher zum einen spezifische Marketingstrategien (Kernaufgaben und Positionierungsziele und -strategien) und Marketingmaßnahmen in Richtung Endkunden- und Absatzmittlermarkt entwickelt werden, zum anderen muss eine enge Verzahnung dieser Marketingstrategien und -maßnahmen erfolgen (siehe auch Abb. 4.19).

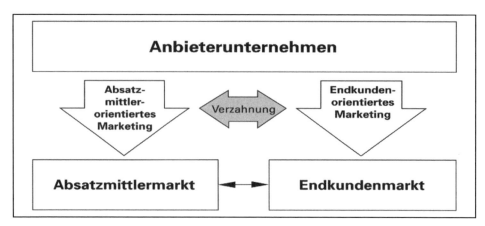

Abb. 4.19 Verzahnung des absatzmittler- und endkundenorientierten Marketing

Im nächsten Abschnitt werden – dem idealtypischen Ablauf des Marketingplanungsprozesses folgend – Fragen der Planung von Positionierungsstrategien behandelt.

4.5.6 Positionierungsstrategie auf Geschäftsfeldebene

4.5.6.1 Überblick

Nachdem im vorangegangenen Abschnitt die theoretischen Grundlagen des Positionierungs-Konzepts erläutert wurden, sollen im Rahmen dieses Kapitels die zentralen Entscheidungsdimensionen behandelt werden, die bei der Formulierung einer Positionierungsstrategie, abgeleitet aus dem Kernaufgabenprofil und den Positionierungszielen, zu beachten sind.

Ausgehend von einer Analyse der Ausgangssituation, deren zentrales Ergebnis die Ist-Positionierung des jeweiligen Angebots darstellt, geht es im nächsten Schritt darum, die Positionierungsstrategie zu bestimmen. Ziel ist es, eine Soll-Positionierung im Markt durchzusetzen, die es erlaubt, die angestrebten ökonomischen Marketingziele (Deckungsbeitrag, Umsatz, Marktanteil usw.) und das jeweilige Kernaufgabenprofil zu realisieren. Eine Positionierungsstrategie konkretisiert die Verhaltensweisen gegenüber Kunden sowie Wettbewerbern. Oder anders ausgedrückt: Eine Positionierungsstrategie gibt Richtlinien für den Einsatz des Marketing-Mix vor (HAEDRICH/TOMCZAK/KAETZKE 2003, S. 99 f.).

In der Literatur existieren inzwischen zahlreiche Ansätze, Positionierungsstrategien nach verschiedenen Dimensionen zu strukturieren (insbesondere BECKER 2013, S. 139 ff.); darauf soll an dieser Stelle nicht näher eingegangen werden (zusammenfassende Überblicke bei TOMCZAK 1989, S. 111 ff.; MEFFERT/BURMANN 1996, S. 111 ff.). Aus diesen Ansätzen, die sich konzeptionell teilweise unterscheiden, zum Teil aber auch ergänzen, kristallisieren sich für die Marketingplanung auf der Geschäftsfeldebene die folgenden vier strategischen Dimensionen mit ihren jeweiligen Optionen heraus:

- *Strategie-Variation* (In welchem Ausmaß ist die bisher verfolgte Positionierungsstrategie zu verändern?),

- *Strategie-Stil* (Welches Wettbewerbsverhalten soll gewählt werden?),
- *Strategie-Substanz* (Welcher Nutzen soll den Kunden angeboten werden?),
- *Strategie-Feld* (Welche Zielgruppen sollen prioritär bearbeitet werden?).

Die einzelnen strategischen Dimensionen und ihre Bedeutung für die Durchsetzung einer Positionierung werden im Folgenden erläutert. An dieser Stelle ist eine Vorbemerkung wichtig: In der Praxis lassen sich die einzelnen Entscheidungsfelder einer Positionierungsstrategie selbstverständlich nicht isolieren, sondern sie sind eng miteinander verknüpft (siehe Abb. 4.20). Entscheidungen in einer Dimension bedingen Entscheidungen in einer anderen Dimension.

In den folgenden Abschnitten wird die Planung einer Positionierungsstrategie zwar mit Blick auf den Endkundenmarkt erläutert, die Ausführungen lassen sich aber analog auch auf die Absatzmittlerebene beziehen.

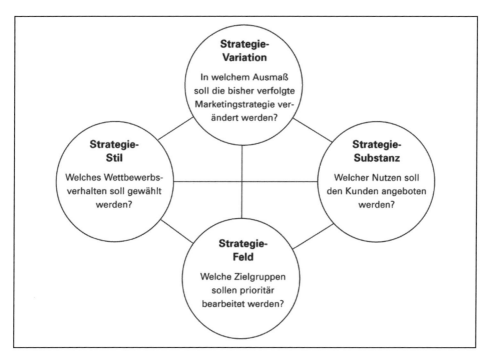

Abb. 4.20 Elemente einer Positionierungsstrategie auf Geschäftsfeldebene

4.5.6.2 Strategie-Variation: Änderungsgrad der Positionierungsstrategie

Bei dem grundsatzstrategischen Entscheidungsfeld Strategie-Variation geht es vorrangig darum zu prüfen, ob die bisherige Position des jeweiligen Geschäftsfeldes im Markt weiterhin tragfähig ist oder *ob Änderungen vorgenommen werden müssen* und wenn ja, in welchem Ausmaß diese zu erfolgen haben. Dafür ist jeweils die markt- und unternehmensspezifische Ausgangssituation maßgebend. Im Wesentlichen verleihen der technische

Fortschritt auf der Produzentenseite und Bedarfsverschiebungen auf der Nachfragerseite den Märkten eine mehr oder weniger starke Dynamik.

Fraglos stellen ständig wechselnde Positionierungen eines der zentralen Probleme des Marketings dar. Zahlreiche Unternehmen agieren erfolglos in den Märkten, weil Positionierungen willkürlich (z. B. weil ein neuer Marketingleiter für die Marke verantwortlich ist), zufällig (z. B. aufgrund mangelnder Koordination zwischen Verkauf und Produkt-Management) oder orientiert an momentanen Entwicklungen im Umfeld geändert werden. Dies hat zur Folge, dass die (potenziellen) Kunden keine bzw. nur eine diffuse Vorstellung vom «einzigartigen» Nutzen haben, der ihnen angeboten werden soll. Ein weit verbreiteter, im Kern sicherlich auch richtiger Grundsatz im Marketing fordert daher, dass eine einmal erfolgreiche Marktposition konsequent beizubehalten ist. Die Schwächen einer solchen statischen Positionierung sind angesichts der teilweise hohen Veränderungsgeschwindigkeit in Markt, Wettbewerb, Gesellschaft und Technologie offensichtlich. Konsequenz im Positionierungs-Management ist zweifellos kein Wert an sich, vielmehr muss der Grundsatz lauten: Soviel Konsequenz wie möglich und soviel Flexibilität wie nötig. Fazit: *Dynamische Positionierungen* müssen an die Stelle von statischen treten (TOMCZAK/ROOSDORP 1996, S. 33 f.).

Im Einzelnen lassen sich grob drei Typen von Vorgehensweisen unterscheiden: Beibehaltung der Marktposition, Um- und Neupositionierung (HAEDRICH/TOMCZAK/KAETZKE 2003, S. 102 ff.).

Beibehaltung der Marktposition
Eine Beibehaltung der Marktposition äußert sich im Wesentlichen darin, dass das bisher anvisierte Marktsegment auch weiterhin mit derselben Positionierungsstrategie bearbeitet wird. Ein solches Vorgehen sollte immer dann gewählt werden,

- wenn aktuell bei dieser Zielgruppe ein Wettbewerbsvorteil vorliegt und sichergestellt ist, dass dies auch in Zukunft so sein wird (u. a. sind keine gravierenden Präferenzänderungen der Kunden oder relevante Konkurrenzmaßnahmen zu erwarten),
- und wenn diese Zielgruppe aktuell und zukünftig als wirtschaftlich tragfähig eingeschätzt wird (das bedeutet z. B. auch, dass die Wachstumserwartungen des Unternehmens nicht das jeweilige Marktwachstum übertreffen dürfen, ansonsten müssen unter Umständen neue Kundengruppen, bei denen momentan offensichtlich kein Wettbewerbsvorteil vorliegt, erschlossen werden).

Wenn die Position im Markt beibehalten werden soll, geht es im Wesentlichen darum, diese weiter zu festigen. Die Positionierungsstrategie wird im Prinzip nicht verändert. Dies heißt allerdings nicht, dass der Marketing-Mix unverändert beibehalten werden kann. Notwendig sind in der Regel bestimmte *Veränderungen auf instrumentellem Niveau*. Im produktpolitischen Bereich ist es gegebenenfalls erforderlich, die Verpackung neuen modischen Strömungen anzupassen. In der Kommunikationspolitik muss unter Umständen die Werbekampagne dem Wertewandel gerecht werden.

> **Veränderungen in der Kommunikation bei Axe**
> Die emotionale Komponente «Erfolg des Mannes bei den Frauen» spielt bei der sehr erfolgreichen Positionierung der Marke *Axe* seit über zwanzig Jahren eine zentrale Rolle. Allerdings war es im Laufe der Zeit notwendig, Anpassungen hinsichtlich der Darstellung des Rollenverhaltens von Männern und Frauen vorzunehmen, wenn es um die Verführung des anderen Geschlechts geht. So wurde in den frühen 90ern noch ein «echter Gentleman» gezeigt, der einer Frau bei einem Missgeschick zur Hilfe eilt, ihr dabei sehr nahe kommt und sie schließlich mit seinem «Duft, der Frauen provoziert» zu betören vermag. In den Kampagnen der letzten Jahre setzte man hingegen auf eine jugendlich-ironische Ebene der Darstellung. Aus Frauen werden «Girls», die weder unbeholfen sind, noch die Initiative des Mannes abwarten. Sie sind sich ihrer Reize bewusst und nehmen sich einfach selbst, was sie wollen. Verwenden die «Boys» das beworbene Bodyspray, setzt «The Axe Effect» ein – Männer verwandeln sich zum Objekt der weiblichen Begierde.

Umpositionierung

Eine Umpositionierung zeichnet sich dadurch aus, dass zum einen das bisher bearbeitete Marktsegment – die so genannte *Kernzielgruppe* – weitgehend erhalten bleibt, dass zum anderen aber gleichzeitig eine Erweiterung des bearbeiteten Markts erfolgen soll, indem Randzielgruppen hinzugenommen werden. Diese können aber nur angesprochen werden, wenn die bis dahin angestrebte Positionierung zumindest marginal verändert wird. Gründe, die die Umpositionierung eines Produkts bzw. einer Marke notwendig machen, sind im Wesentlichen:

- *Schrumpfung des Marktsegments* (z. B. weil aufgrund der Alterspyramide jugendliche Zielgruppen immer kleiner werden oder weil sich die Nutzenerwartungen von Teilen der Zielgruppe gewandelt haben),
- *Wachstumsziele* und/oder *Ertragsziele* des Unternehmens, die sich im angestammten Marktsegment nicht mehr realisieren lassen,
- *Konkurrenzaktivität*, die den erarbeiteten Wettbewerbsvorteil allmählich beeinträchtigen (z. B. Me-too-Strategien des Wettbewerbs, Substitutionswettbewerb),
- Forderungen anderer *Anspruchsgruppen* (z. B. ökologischer, sozialer Art).

Um eine Umpositionierung zu realisieren, muss die bisherige Positionierungsstrategie modifiziert werden. Hierbei ist es notwendig, auf grundsatzstrategischem Niveau anzusetzen, indem z. B. die verfolgte Präferenzstrategie inhaltlich variiert wird, um auch die Nutzenerwartungen (Bedürfnisse) von Randzielgruppen zu erfüllen. Änderungen auf instrumentellem Niveau, die sowohl die qualitative (Gestaltung) als auch die quantitative Seite (Intensität) des Marketing-Mix betreffen, leiten sich zwangsläufig aus derartigen strategischen Modifikationen ab.

Die erfolgreiche *Realisierung einer Umpositionierung* stellt eine sehr schwierige und hochkomplexe Aufgabe dar, die in der Praxis aus den oben angeführten Gründen aber immer wieder in Angriff genommen werden muss. Das zentrale Problem einer Umpositionierung besteht darin, dass zum einen die Kernzielgruppe weitgehend erhalten bleiben soll. Diese wird durch die ursprüngliche Positionierung ja auch nahezu hundertprozentig angesprochen. Es liegt in der Wahrnehmung der Kernzielgruppe ein Wettbewerbsvorteil vor. Zum anderen müssen aber aus den genannten Gründen auch weitere Zielgruppen hinzugewonnen werden. Dies ist nur durch einen modifizierten Wettbewerbsvorteil möglich, der sowohl die Kernzielgruppe als auch die neuen Zielgruppen, die ja durch die alte Positionierung nicht bzw. nur in Ansätzen angesprochen werden, relevant ist.

Die Risiken einer Umpositionierung sind offensichtlich: Die Marketingmaßnahmen, die die Umpositionierung bewirken sollen, können von der Kernzielgruppe als irrelevant – oder noch schlimmer – als negativ bewertet werden, mit der Folge, dass der Wettbewerbsvorteil im Zeitablauf verringert wird oder sogar verloren geht. Gleichzeitig werden unter Umständen die anvisierten neuen Zielgruppen nicht erreicht, weil beispielsweise Mängel bei der Implementierung der Strategie auftreten. Beide Effekte lassen sich in der Praxis immer wieder beobachten.

Umpositionierung bei Porsche

Ein erfolgreiches Beispiel für eine Umpositionierung stellt die Einführung des Cayenne unter der Marke *Porsche* dar. Porsche war als Spezialist im Sportwagenbau positioniert. Der 911 war und ist das Herzstück der Marke, der als klassischer Dritt- oder Viertwagen keine echten Transportbedürfnisse erfüllen muss. Der typische 911-Käufer ist männlich, verheiratet, verfügt über ein Haushaltsbruttoeinkommen von über 300.000 Euro und ist im Schnitt 45 Jahre alt. Um das Potential der Marke Porsche nutzen und als Unternehmen weiter wachsen zu können, wurde im Jahr 2002 die Marke Porsche umpositioniert, indem ausgehend von der Erkenntnis, dass der typische 911er-Kunde 3.2 Fahrzeuge im Haushalt besitzt, davon 36 Prozent Sports Utility Vehicles (SUV), der Cayenne mit fünf Sitzen und einem großen Transportvolumen als alltagstauglicher Porsche bzw. als «Sportwagen unter den Geländewagen» eingeführt wurde. Schon im Geschäftsjahr 2003 waren die Hälfte der rund 77.000 verkauften Porsche-PKW Cayenne. Durch den Cayenne eröffneten sich der Marke Porsche neue Dimensionen hinsichtlich Vielseitigkeit, Praktikabilität und Fahreigenschaften. Er ist ein klassisches Erst- bzw. Zweitfahrzeug. (Quelle: CLEF 2004).

Neupositionierung

In Fällen, in denen auf der Basis der bisherigen Positionierung keine Marktchancen mehr vorhanden sind, existiert entweder die Möglichkeit, das Produkt aus dem Unternehmensportfolio zu eliminieren (z. B. Desinvestition, Verkauf) oder eine Neupositionierung vorzunehmen.

Eine Neupositionierung ist mit einer Produktneueinführung bzw. der Besetzung einer grundlegend neuen Image-Dimension gleichzusetzen. Eine Neupositionierung wird beispielsweise erforderlich,

- wenn sich die *Einstellungen* der Zielgruppe zu dem Angebot in den negativen Bereich hinein verschoben haben,
- wenn *kein Wettbewerbsvorteil* vorliegt und auch keine Chance besteht, den Vorsprung der Konkurrenz aufzuholen,
- wenn die bearbeitete Zielgruppe *wirtschaftlich nicht mehr interessant* ist (z. B. weil sie inzwischen volumenmäßig zu klein geworden ist).

Eine Neupositionierung verlangt eine grundlegend neue grundsatzstrategische Orientierung des Anbieters, die von einer stark veränderten bzw. neuen Zielgruppe ausgeht. Um einen Wettbewerbsvorteil zu erlangen, muss ein neuer, von der Konkurrenz bis dahin unbesetzter Produktnutzen gefunden werden, der auf kaufentscheidungsrelevante Bedürfnisse bei der Zielgruppe trifft (Stichwort: aktive Positionierung). Ähnlich wie eine Produktneueinführung ist auch eine Neupositionierung mit erheblichen Risiken verbunden; die Flop-Rate von Neupositionierungen dürfte vergleichbar mit der von Produktneueinführungen sein.

Neupositionierung bei Triumph Adler
Eine Extremform einer strategischen Neuausrichtung ist die *Änderung des Geschäftszwecks.* So stellte beispielsweise die als Schreibmaschinenhersteller bekannt gewordene Firma *Triumph Adler* früher einmal Fahrräder und Motorräder her, aber keine Schreibmaschinen. Nach mehrmaligem Eigentümerwechsel verfolgte das Unternehmen ab 1994 zunächst einen vollkommen anderen, dienstleistungsorientierten Geschäftszweck – es fungierte als Management Holding Gesellschaft für mittelständische Unternehmen. Inzwischen hat *Triumph Adler* den Großteil der Beteiligungen veräußert und eine weitere Umstrukturierung vorgenommen. Seit 2006 konzentriert sich das Unternehmen auf einen einzigen Geschäftszweck. Es nutzt seine in den vergangenen Jahren entwickelte Kompetenz im Bereich Imaging und ist als Beratungsunternehmen auf die Optimierung von Workflow-Prozessen im Document Business spezialisiert.

Kontinuum von Variationsstrategien
Die hier vorgestellten drei Typen geben selbstverständlich nur grobe Orientierungspunkte auf einem Kontinuum möglicher Variationsstrategien an, das von dem einen Extrem «Beibehaltung der Marktposition» bis hin zu dem anderen Extrem «Neupositionierung» reicht. In der Praxis werden die meisten Strategien mehr oder weniger Umpositionierungen sein,

wobei einige eher den Charakter einer Neupositionierung und andere eher den Charakter einer Beibehaltung der Marktposition aufweisen.

Verdeutlicht wird diese *Strategietypologie* mit der in Abb. 4.21 dargestellten Matrix, die sich aus den beiden Dimensionen «Änderungsgrad der Positionierungsstrategie» und «Veränderung des Zielsegments» zusammensetzt. Unter der Prämisse zielgerichteter und rationaler Planung stellen allerdings nur Punkte auf der Diagonalen sinnvolle Kombinationen dar, da die beiden Dimensionen, wie im Rahmen der obigen Ausführungen herausgearbeitet wurde, voneinander abhängig sind. Die zugrunde liegende These lautet: Jede Veränderung der Positionierung schlägt sich in einer modifizierten Positionierungsstrategie nieder, die wiederum andere Zielgruppen anspricht.

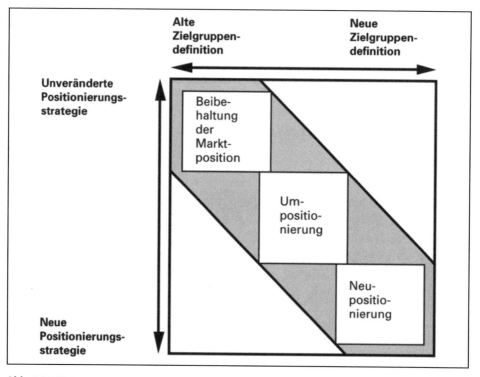

Abb. 4.21 Typen von Positionierungsstrategien (HAEDRICH/TOMCZAK/KAETZKE 2003, S. 107)

Allerdings lässt sich nicht bestreiten, dass in der Realität auch die nicht auf der Diagonalen befindlichen Möglichkeiten anzutreffen sind. So ist es sicherlich einerseits denkbar, dass eine Umpositionierung nicht die beabsichtigte Wirkung hat, oder andererseits, dass aktiv bzw. willentlich nichts an der Positionierung geändert wurde und trotzdem neue Zielgruppenkreise erschlossen wurden. Derartige Konstellationen sind dann allerdings nicht das Ergebnis eines rationalen und zielorientierten Planungsprozesses, sondern die Folge von bei der Planung unberücksichtigten oder unvorhersehbaren Umständen (z. B. weil gewisse Ernährungstrends falsch eingeschätzt oder überhaupt nicht beachtet wurden).

4.5 Positionierung

Für die Umsetzung von Um- und Neupositionierungsstrategien reicht es nicht, bei einzelnen Marketinginstrumenten, wie z. B. der Werbung, anzusetzen. Vielmehr sind *sämtliche Instrumentalbereiche des Marketing-Mix* vor dem Hintergrund der veränderten bzw. neuen Positionierung zu überprüfen und gegebenenfalls zu modifizieren.

Dynamische Positionierung

Wie weiter oben angesprochen, stellt das Nachdenken über – aus welchen Gründen auch immer notwendige – Variationen der Positionierungsstrategie eine kontinuierliche Aufgabe für das Marketing-Management dar. In diesem Zusammenhang stellt sich in erster Linie die Frage, wie ein bestimmtes Leistungsangebot über den Produktlebenszyklus hinweg im Markt geführt werden soll (dynamische Positionierung). Das Festhalten an einer starren Positionierung von der Produkteinführung bis zur Eliminierung wird in der Regel ebenso wenig erfolgreich sein wie dauernde, konzeptionslose Um- bzw. Neupositionierungen. Ein Mittelweg zwischen diesen beiden Extremen ist zu suchen.

> **Dynamische Positionierung am Beispiel VW Golf**
> Am Beispiel des *Golf* (Volkswagen AG) lässt sich anschaulich nachvollziehen, wie über einen langen Zeitraum eine starke und aussagekräftige Position im Markt aufrechterhalten werden kann. Nachdem der *Golf* 1974 als kleines Kompaktauto an den Start ging, ist er heute das meistverkaufte Auto Europas. 2012 begann der Verkauf der siebten Generation. Die Position der Marke «*Golf*» wurde während ihrer gesamten historischen Entwicklung durch einige wenige Positionierungsaussagen geprägt. Im Kern besteht die Markenführung darin, Gutes zu bewahren und Verbesserungswürdiges zu verbessern (Tomczak/Reinecke 1998, S. 260 ff.).
> Da das Produkt von Anfang an erfolgreich war, bestand keine Notwendigkeit, grössere Veränderungen vorzunehmen. Die Kernposition «Qualität, Kaufsicherheit, Wirtschaftlichkeit und Klassenlosigkeit wird kontinuierlich weitergeführt» und bei Modellwechseln durch weitere Elemente wie Sicherheit, Umweltschutz, Komfort oder Design unterstützt. Der *Golf* der siebten Generation sollt die Variabilität der Modellpolitik erhöhen, unter anderen durch die Einführung eines modularen Querbaukastens.

Die Positionierungspflege der Volkswagen AG im Fall des «VW Golf» veranschaulicht die wesentlichen *Richtlinien*, denen eine dynamische Positionierung folgen sollte (Tomczak/Roosdorp 1996, S. 33 f.):

- Die *periodische Reduktion* der Positionierung auf eine (bzw. einige wenige) Kerndimension(en) fördert die einmal erreichte (starke) Marktposition. Sie unterstützt die eindeutige Wahrnehmung durch die Kunden und verhindert eine Verwässerung und Abschwächung der Positionierungsaussage.

- Die *periodische Betonung* einiger (weniger) zusätzlicher Positionierungsdimensionen aktualisiert das Angebot im Zeitablauf.

4.5.6.3 Strategie-Stil: Festlegung des Wettbewerbsverhaltens

Das zweite strategische Entscheidungsfeld befasst sich mit der Festlegung des Strategie-Stils. Ausgehend von der spezifischen Unternehmens- und Marktsituation (u. a. Marktanteil, spezielle Ressourcen und Kompetenzen, Marktpotenzial und -wachstum) sind Entscheidungen darüber zu treffen, welche *Verhaltensweisen gegenüber aktuellen und potenziellen Konkurrenten* zu wählen sind, um die angestrebte Positionierung zu realisieren. KOTLER/KELLER (2012,) unterscheiden die vier Rollen des Marktführers, Marktherausforderers, Marktmitläufers und Marktnischenbearbeiters.

Hauptziel von *Marktführern* ist es, die dominierende Stellung im jeweiligen Markt beizubehalten (z. B. einen Marktanteil von 40 Prozent). Hierzu bieten sich insbesondere drei Unterzielsetzungen an: die Ausweitung des Gesamtmarkts mit überproportionalen eigenen Anteilen, die Erhaltung oder die Steigerung des Marktanteils. Marktführer beherrschen die in einem Markt geltenden Regeln besser als die Konkurrenz und nutzen Erfahrungskurveneffekte potenziell am besten aus. Ihr Interesse besteht daher im Regelfall darin, den Status quo möglichst beizubehalten. *Marktherausforderer* sind bestrebt, ihren Marktanteil (von z. B. 20 Prozent) durch Angriffe auf den Marktführer, auf Anbieter ihrer eigenen Größenordnung oder auf kleinere Wettbewerber auszubauen. Hierbei intensivieren sie entweder den Wettbewerb im Rahmen der bestehenden Regeln oder sie versuchen neue Wettbewerbsregeln in den Markt einzuführen. Im Gegensatz dazu sind *Marktmitläufer* bemüht, ihre Marktstellung (z. B. einen Marktanteil von 10 Prozent) zu halten. Sie versuchen, dem direkten Wettbewerb aus dem Weg zu gehen, indem sie ihr Wettbewerbsverhalten an den vom Marktführer vorgegebenen Regeln orientieren.

Marktnischenbearbeiter sind in einem kleineren und spezielleren Teilbereich des Markts aktiv und streben an, eine Konfrontation mit größeren Wettbewerbern zu vermeiden. Für die von ihnen bearbeitete Marktnische haben sie spezielle Fähigkeiten entwickelt, die es ihnen ermöglichen, diese langfristig rentabel zu bearbeiten.

Aus dieser überblicksartigen Erörterung der verschiedenen Rollen, die den Anbietern eines Marktes im Wettbewerb zur Verfügung stehen, kristallisieren sich drei Dimensionen heraus, die bei der Wahl des Strategie-Stils zu beachten sind (TIMMERMANN 1982; GUSSEK 1992, S. 127 ff.; BECKER 2013, S. 384 ff.):

Grad der Wettbewerbsintensität:
Soll ein eher *offensiver* oder soll ein eher *defensiver* Wettbewerbsstil gewählt werden?

Umgang mit den Wettbewerbsregeln:
Soll den *etablierten Regeln* des Wettbewerbs gefolgt werden, oder soll versucht werden, die Wettbewerbsregeln *innovativ* zu gestalten?

Wettbewerbsarena:
Soll der *Gesamtmarkt* bearbeitet werden, oder sollen die Ressourcenpotenziale auf eine *Marktnische* konzentriert werden?

Überlegungen, die sich mit der Einflussnahme auf die Wettbewerbsregeln und mit der Wahl der Wettbewerbsarena beschäftigen, beziehen auch immer implizit Aspekte des wettbewerbsstrategischen «Timing» ein. Es stellt sich jeweils die Frage, ob bestimmte Strategien und/oder Maßnahmen in einem bestimmten Marktausschnitt eher früh («Führer»,

4.5 Positionierung

«Innovator», «Marktinitiator», «Pionier») oder eher spät («früher Folger» oder «später Folger») ergriffen werden sollen. Beide Vorgehensweisen beinhalten je nach Situation Vor- oder Nachteile (siehe hierzu die grundlegenden Ausführungen in Unterkapitel 3.6; und insbesondere zu Timing-Strategien auf der Geschäftsfeldebene WOLFRUM 1994).

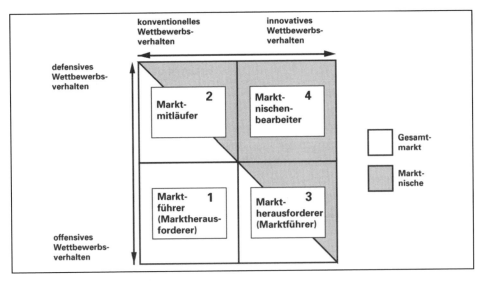

Abb. 4.22 Wettbewerbsstrategische Optionen
(HAEDRICH/TOMCZAK/KAETZKE 2003, S. 115)

Im Einzelnen lassen sich somit die folgenden wettbewerbsstrategischen Optionen unterscheiden:

1. Option: offensives und konventionelles Wettbewerbsverhalten
Die bestehenden Regeln des Wettbewerbs werden im Kern nicht verändert. Das aggressive Verhalten äußert sich in einer Intensivierung der Aktivitäten (z. B. massivere Werbung, aggressiverer Verkauf, Programmerweiterungen, Verbesserung der Serviceleistungen, Intensivierung des Preiswettbewerbs), auf die der bisherige Markterfolg vorrangig zurückzuführen ist. Diese Option ist in erster Linie für *Marktführer*, bedingt aber auch für starke *Marktherausforderer* geeignet. Zahlreiche Geschäftsfelder von Procter & Gamble, Coca-Cola, McDonald's, VW, der deutschen und schweizerischen Großbanken sowie Versicherungsgesellschaften (Deutsche Bank, UBS, Credit Suisse und Allianz, Zürich Versicherungen, AXA Winterthur Versicherungen) sind Beispiele für ein solches Wettbewerbsverhalten.

2. Option: defensives und konventionelles Wettbewerbsverhalten
Diese Option erfasst die Rolle eines *Marktmitläufers*. Um erfolgreich im Markt bestehen zu können, versuchen Marktmitläufer, ihre Fähigkeiten so einzusetzen, dass sie am Marktwachstum beteiligt sind. Hierbei treten sie defensiv auf und befolgen die üblichen Wettbewerbsregeln. Marktmitläufer verfügen über einen geringen Wettbewerbsvorteil und agieren

von der strategischen Ausrichtung her im Gesamtmarkt, besetzen vielfach aber, ob bewusst oder unbewusst, zum Beispiel regionale Teilmärkte, die für die größeren Wettbewerber uninteressant sind oder sich nur schwer bearbeiten lassen. Typisches Beispiel für ein solches Verhalten sind regionale Möbelhändler mit mittleren bis kleinen Ausstellungsflächen, die aufgrund ihres Standortes einen kleinen Wettbewerbsvorteil besitzen. Eine Marktmitläuferstrategie ist zweifellos Ausdruck eines reaktiven Marketing, stellt aber unter gewissen Bedingungen, unter anderem beim Verfolgen einer Desinvestitionsstrategie (z. B. hat VW das «Käfer-Cabrio» in Europa über Jahre «mitlaufen» lassen, bevor es dann vom Markt genommen wurde) oder beim Verfolgen einer Dritt-Marken-Strategie, ein durchaus effizientes Wettbewerbsverhalten dar.

3. Option: offensives und innovatives Wettbewerbsverhalten

Diese Option verlangt den aktiven Auf- und Ausbau eigenständiger und dauerhafter Wettbewerbsvorteile («aktive Positionierung»). Ein solches Verhalten ist charakteristisch für *Marktherausforderer*, unter Umständen aber auch für Marktführer, die im Rahmen der bestehenden Wettbewerbsregeln keine Wachstumschancen mehr erkennen. Ziel ist es, für den jeweiligen Markt grundsätzlich neue strategische Optionen zu finden, die bei erfolgreicher Implementierung eine Umkehrung der bisher in diesem Markt gültigen Regeln bewirken («New-Game-Strategien» bzw. «Anti-Strategien»). Im Kern geht es darum, einen Marketing-Mix einzusetzen, der von der tradierten Marktnorm abweicht. Bekannte Beispiele für eine konsequente, nahezu das gesamte Marketinginstrumentarium umfassende Umsetzung eines aggressiven und innovativen Wettbewerbsverhaltens sind IKEA (siehe auch Abb. 4.28; BECKER 2013, S. 859 f.) und Swatch. Die genannten Beispiele veranschaulichen zudem zwei Aspekte:

- Derartige «*New-Game-Strategien*» können mit der Zeit auch *Bestandteil der* Marktnorm werden. So stellt das Selbstabholen im Möbelhandel inzwischen eine Selbstverständlichkeit dar. Zum einen existieren neben IKEA andere Möbelhändler wie Interio in der Schweiz, die mit einem ähnlichen Konzept arbeiten, zum anderen ist inzwischen nahezu in jedem traditionellen Möbelhandelsgeschäft eine Abteilung für Abholmöbel anzutreffen.

- Damit einhergehend findet teilweise auch ein *Wechsel der Wettbewerbsarena* statt: Von der Marktnische in den Gesamtmarkt. Beispielsweise sind IKEA und Swatch in den meisten Ländern in der Zwischenzeit Marktführer.

Vielfach reicht es aber auch, lediglich in ausgewählten Instrumentalbereichen für den Markt innovative Wege zu gehen, um einen Wettbewerbsvorteil zu erlangen.

Norm-Marketing-Mix im Möbelhandel	Marketing-Mix von IKEA
Anlieferung durch Möbelhändler Montage durch Möbelhändler	Selbstabholung Selbstmontage
Abdeckung des gesamten Preisspektrums (Billig- bis Luxusmöbel)	generell relative Preisgünstigkeit
regionale Präsenz	internationale Markenstrategie
Aktionswerbung	Imagewerbung
persönliche Kundenberatung	SB; Kataloge; Info-Desk

Abb. 4.23 Gegenüberstellung des Norm-Marketing-Mix eines traditionellen Möbelhändlers und des Marketing-Mix von IKEA

4. Option: defensives und innovatives Wettbewerbsverhalten
Ein derartiges Verhalten ist gleichzusetzen mit der aktiven Suche nach *Marktnischen*, um dem Wettbewerb im jeweiligen Markt weitgehend aus dem Weg gehen zu können. Folgende Voraussetzungen müssen vorliegen, damit eine solche Marktnische langfristig rentabel bearbeitet werden kann:

- ausreichende Größe oder gewisses Wachstumspotenzial,
- uninteressant für größere Konkurrenten,
- vorhandener bzw. erreichbarer Wettbewerbsvorteil.

In der Praxis lassen sich zahlreiche Unternehmen finden, die seit Jahren mit einigen oder auch allen Geschäftsfeldern sehr erfolgreich in solchen Marktnischen agieren. Allgemein bekannte Beispiele sind der zu L'Oreal gehörende Einzelhändler Body Shop, Markenartikel wie Ajona-Zahncreme und Seba-med-Seifenprodukte. Typischerweise sind in der Investitionsgüterindustrie viele erfolgreiche Marktnischenbearbeiter anzutreffen. Dies ist im Wesentlichen darauf zurückzuführen, dass in diesen Märkten zahlreiche (kleine) Kundengruppen existieren, die sehr spezielle Probleme haben, die nur durch Sonderanwendungen und technische sen auf Seiten des Anbieters gelöst werden können (z. B. der Spezialist Mekra Lang, der Spiegelsysteme für Transporter, Busse, Wohnmobile und LKW anbietet).

Anzumerken bleibt, dass in einem Unternehmen, welches über zahlreiche Geschäftsfelder verfügt, häufig alle Rollen vom Marktführer über den Marktherausforderer bis hin zum Marktnischenbearbeiter besetzt sind.

4.5.6.4 Strategie-Substanz: Festlegung des Kundennutzens

Das dritte Entscheidungsfeld bei der Planung einer Positionierungsstrategie, die Strategie-Substanz, befasst sich mit der *Art des angestrebten Wettbewerbsvorteils*.

Die beiden Einflussgrößen Preis und Leistung lassen sich im so genannten *Preis-/Leistungsverhältnis* erfassen. Der Nutzen eines Angebots setzt sich für einen Kunden aus der subjektiv wahrgenommenen Leistung und dem entsprechenden, auch subjektiv eingeschätzten Preis zusammen. Demzufolge ist ein Kontinuum von im Prinzip gleichwertigen Nutzenkombinationen vorstellbar (siehe die Abb. 4.24). Am einen Ende dieses Kontinuums liegen Angebote, die gegenüber anderen Angeboten der Wettbewerber eine Leistungsverbesserung gewähren. Am anderen Ende liegen Produkte, deren vorrangiger Nutzen eine Kostenersparnis für den Kunden ist (Kreilkamp 1987, S. 114 ff.).

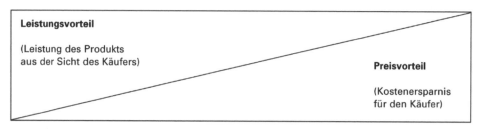

Abb. 4.24 Denkbare Nutzenkombinationen für den Kunden (Kreilkamp 1987, S. 118)

Somit existieren im Wettbewerb, wie bereits grundlegend in Unterkapitel 3.5 dargelegt, zwei Möglichkeiten, einen Wettbewerbsvorteil zu erlangen: Entweder wird ein umfassender Kostenvorsprung, der den Kunden als Preisvorteil weitergegeben wird, angestrebt, oder das Angebot wird derart differenziert, dass qualitativ bzw. leistungsmäßig etwas aus Sicht der Kunden Einzigartiges geschaffen wird. Für die Planung einer Positionierungsstrategie auf der Geschäftsfeldebene bedeutet dies, dass fokussiert auf eine bestimmte Kundengruppe (Gesamtmarkt oder Segment) jeweils zwei Aspekte zu beachten sind:

Typ des Kundennutzens
Soll dem Kunden ein *Leistungs-* oder ein *Preisvorteil* angeboten werden?

Einsatz des Marketinginstrumentariums
Soll der Einsatz des Marketing-Mix eher *leistungsfokussiert oder eher preisfokussiert* erfolgen? Eine eher leistungsfokussierte Marktbearbeitung verlangt den Einsatz aller nicht-preislichen Marketinginstrumente. Bei der preisfokussierten Marktbearbeitung werden hingegen alle nicht-preislichen Marketinginstrumente an der im relevanten Markt herrschenden Norm ausgerichtet, lediglich mit Hilfe eines niedrigen Preises wird eine Differenzierung vom Wettbewerb angestrebt.

Becker (2013, S. 185 ff.) bezeichnet die beiden skizzierten strategischen Ausrichtungen als *Präferenz-* bzw. *Preis-/Mengen-Strategien* (siehe zur Illustration auch Abb. 4.25).

4.5 Positionierung

	Präferenzstrategie	Preis-Mengen-Strategie
Art des Kundennutzen	Leistungsvorteil auf der Basis von Produkteigenschaften (USP) oder Imageeigenschaften (z. B. UAP) führt zu einer relativ besseren (multidimensionalen = emotionalen und/oder rationalen) Bedürfnisbefriedigung	Preisvorteil führt zu einer relativen Kostenersparnis
Wettbewerbsvorteil	«Besser»-Prinzip: Höhere Leistung in Relation zur Konkurrenz bei gleichem bzw. marktüblichem Preis (u. U. Ausnutzung von akquisitorischem Potential) «Anders»-Prinzip: Differenziertes Image in Relation zur Konkurrenz bei gleichem bzw. marktüblichem Preis	«Billiger»-Prinzip: Geringerer Preis in Relation zur Konkurrenz bei gleicher bzw. marktüblicher Leistung
Einsatz des Marketing-instrumentariums	Kombinierter und konsequenter Einsatz aller nicht-preislichen Marketinginstrumente zur Beeinflussung der Kunden	Preis als zentrales Marketinginstrument zur Beeinflussung der Kunden (Norm-Marketing-Mix)
Beispiele Handel Automobil Computer Bank Getränke	Globus, Douglas BMW, Mercedes-Benz Apple Julius Bär Perrier	Aldi, Denner Kia, Skoda Medion Bank Coop Oettinger Bier

Abb. 4.25 Charakteristika von Präferenz- und Preis-/Mengen-Strategie

An dieser Stelle sei noch einmal betont: Die zentrale Marketingzielsetzung besteht nicht in einer Maximierung des Kundennutzens schlechthin, sondern darin, ein relevantes Bedürfnis des Kunden nach dessen Einschätzung besser als andere Wettbewerber befriedigen zu können. Mit anderen Worten, im Mittelpunkt steht die relative Steigerung des Kundennutzens (GROSSE-OETRINGHAUS 1996).

Nahezu in jedem Markt lassen sich sowohl leistungsorientierte als auch preissensible Käuferkreise identifizieren, so dass sich in der Regel sowohl mit Präferenz- als auch mit Preis-/Mengen-Strategien bei konsequenter Umsetzung Wettbewerbsvorteile aufbauen lassen. Anzumerken ist allerdings, dass in einem bestimmten (relevanten) Markt idealtypisch jeweils nur ein *Anbieter einen Wettbewerbsvorteil via Preis-/Mengen-Strategie* erzielen kann, da schon aufgrund von Plausibilitätsüberlegungen nur ein Anbieter von den Kunden als «billiger» als die anderen wahrgenommen werden kann. Hingegen existieren in nahezu jedem Markt mehrere Möglichkeiten, mittels einer Präferenzstrategie einen Wettbewerbsvorteil zu erlangen (BECKER 2013, S. 446 f.; siehe auch Abb. 4.26).

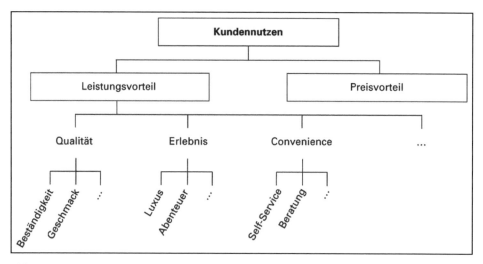

Abb. 4.26 Leistungs- und Preisvorteile

Präferenz- und Preis-/Mengen-Strategien können, wie auch die in der Abb. 4.27 aufgeführten Beispiele aus der Praxis verdeutlichen, sowohl im Gesamtmarkt als auch in einzelnen Teilmärkten erfolgreich verfolgt werden.

Insbesondere PORTER (1999, S. 70 ff.) hat darauf hingewiesen, dass eine wichtige Voraussetzung für den Markterfolg eine eindeutige strategische Ausrichtung ist, das heißt es ist eine klare «*Entweder/Oder-Strategie*» (BACKHAUS 1995, S. 148) zu verfolgen:

- *Entweder* gilt es, «multidimensionale Präferenzbündel mit Hilfe eines differenzierten Marketing-Mix besser als die Konkurrenz zu befriedigen»
- *oder* «dem Kunden via Preisvorteil eine relative Kostenersparnis anzubieten».

«Weder/Noch»-Strategien, die weder im Hinblick auf den Preis noch auf die Leistung eine eindeutige Profilierung anstreben, sind als wenig Erfolg versprechend einzustufen, da sie nach Einschätzung der Kunden keinen eindeutigen Vorteil aufweisen («Strategie zwischen den Stühlen»). Bei derartigen Angeboten stellt sich für den Kunden – pointiert formuliert – die Frage: «Warum soll man etwas kaufen, was weder besonders preisgünstig noch besonders gut ist?»

4.5 Positionierung

	Präferenz-Strategie	Preis-/Mengen-Strategie
eher Gesamtmarkt	• VW-Golf • Nivea • Gillette	• Hyundai • ALDI • Oettinger Bier
eher Marktsegment	• Porsche • Apple • Perrier	• Otto's • Lada • InterSky

Abb. 4.27 Beispiele für Präferenz- und Preis-/Mengen-Strategien im Gesamt- bzw. Teilmarkt

In der Abb. 4.28 wird die so genannte *U-Kurve nach* PORTER (1999, S. 70 ff.) wiedergegeben, die den Zusammenhang zwischen strategischer Ausrichtung und Markterfolg (Rendite, Gewinn, Cash-flow) beschreibt. Im Unterschied zu Porter wird auf der Abszisse allerdings nicht der relative Marktanteil, sondern explizit die Art der Stimulierungsstrategie abgetragen (BECKER 2013, S. 179). Dies hat die folgenden Gründe:

- Der relative Marktanteil stellt eine Zielgröße dar, die durch Präferenz- oder Preis-/Mengen-Strategien beeinflussbar ist.
- In der Praxis lassen sich auf der einen Seite Geschäftsfelder beobachten, die erfolgreich Preis- bzw. Kostenführerschaftsstrategien verfolgen, obwohl sie nicht Marktführer sind, und auf der anderen Seite Geschäftsfelder, die mit Differenzierungs- bzw. Präferenzstrategien die Marktführerschaft erlangt haben.

Selbst bei so genannten *Outpacing-Strategien* (siehe hierzu auch Abschnitt 3.5.5), die durch das Anbieten eines hohen Leistungsniveaus bei gleichzeitig niedrigen Kosten charakterisiert sind, werden die Kunden in der Regel eine eindeutige (entweder «besser» oder «billiger») und nicht eine doppelte Profilierung (sowohl «besser» als auch «billiger») wahrnehmen. Angebote, die objektiv sowohl besser als auch billiger als Konkurrenzangebote sein mögen, werden, wie Erfahrungen in der Praxis zeigen, von den Kunden trotzdem entweder deswegen gekauft, weil sie eine Kostenersparnis gegenüber vergleichbaren Konkurrenzangeboten versprechen oder weil sie von der Leistung her als überlegen eingestuft werden.

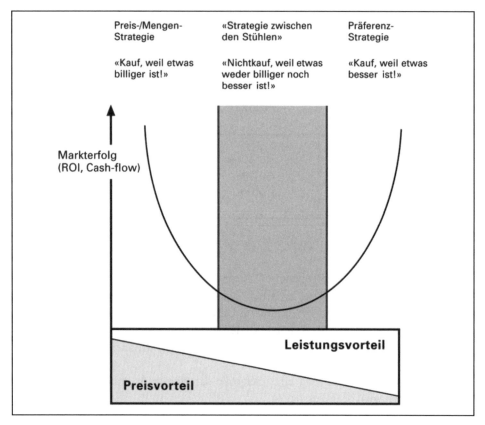

Abb. 4.28 U-Kurve nach Porter
(PORTER 1999, S. 70 ff.)

Betrachtet man beispielsweise japanische Automobile der Luxus-Klasse wie den Lexus, so werden diese von bestimmten Kundenkreisen gekauft, weil sie bei vergleichbarer Leistung als billiger als die Angebote von Mercedes und BMW eingeschätzt werden. Im Leistungsbereich bieten sie nach Ansicht der Kunden lediglich die Marktnorm, die sich im Luxussegment allerdings auf einem relativ hohen Niveau befindet; einen Wettbewerbsvorteil weisen japanische Automobile in Europa typischerweise im Preiswettbewerb auf.

In vielen *reifen Märkten* besteht die Problematik für Anbieter, die Präferenzstrategien verfolgen, darin, dass mit der Zeit der gesamte Wettbewerb in nahezu allen Leistungsbereichen gleichgezogen und sich die Marktnorm auf einem sehr hohen Niveau etabliert hat. Da in derartigen Märkten für die Nachfrager vielfach die Differenzierung nicht mehr oder kaum mehr wahrnehmbar ist, wird der Preis für immer größere Käuferkreise zum kaufentscheidenden Argument. Zudem besteht in solchen Märkten auch die Gefahr, dass von den Kunden zwar Qualitätsvorteile wahrgenommen, aber durch Preisvorteile von Leistungen mit annähernd vergleichbarem Nutzen überkompensiert werden. Mit anderen Worten, die leistungsorientierten Käuferschichten schrumpfen in solchen Märkten. BECKER (2013, S. 731 ff.) spricht in diesem Zusammenhang treffend von «Preisanpassungen nach unten».

Value Positioning
Diese Entwicklungen unterstreichen die Notwendigkeit, sich explizit mit der Struktur des den Kunden angebotenen Preis-/Leistungsverhältnisses auseinanderzusetzen. KOTLER (1999, S. 59 ff.) spricht in diesem Zusammenhang von Value Positioning. Fünf wettbewerbsrelevante Ausprägungen lassen sich unterscheiden:

More for More
In sehr vielen Märkten (u. a. Automobile, Uhren, Textilien, Kücheneinrichtungen) sind Unternehmen anzutreffen, die so genannte Luxusprodukte (wie z. B. Ferrari, Lange & Söhne, Gucci, Bulthaupt) zu extrem hohen Preisen erfolgreich anbieten. Kunden in diesen Märkten sind bereit, für ein hohes Maß an wahrgenommener Leistung einen entsprechend hohen Preis zu bezahlen. Zudem stellt der Preis gerade in solchen Märkten einen wichtigen Qualitätsindikator dar. Die Wertrelation «Leistungsvorteile für einen überdurchschnittlichen Preis» spielt allerdings nicht nur in extremen Luxusmärkten eine Rolle, sondern lässt sich in nahezu jedem Markt als eine wettbewerbsrelevante Alternative beobachten. Der «More-for-More»-Ansatz stellt die reinste Form einer Leistungsvorteils- bzw. Präferenzstrategie dar. Die Wertrelationen «Überlegene Leistung bei vergleichbarem Preis (More for the Same)» und «Vergleichbare Leistung bei einem geringeren Preis (The Same for More)» stellen Ansätze dar, mit denen Positionierungen von Angeboten des «More-for-More»-Typs in immer mehr Märkten angegriffen werden.

> **Beispiele für «More-for-More»-Positionierung**
> Anbieter wie *Mercedes, BMW, Audi* und *Jaguar* im Automobilmarkt, Versicherungsunternehmen wie die *AXA Winterthur,* die *Zürich* und die *Allianz* oder Konsumgüteranbieter wie der Schweizer Backwarenproduzent *Kambly,* der Bierbrauer *Beck's* oder das Unternehmen *Henkel* mit seiner Marke Persil setzen seit Jahrzehnten diesen Ansatz erfolgreich in ihren Märkten durch.

More for the Same
Einer «More-for-the-Same»-Positionierung liegt im Kern eine Leistungsvorteils- bzw. Präferenzstrategie zugrunde. Allerdings besteht ein wesentlicher Unterschied darin, dass der Kunde mehr Leistung in Relation zu einem in einem bestimmten relevanten Markt gegebenen Referenzpreis erhält.

> **«More-for-the-Same»-Positionierung bei Lidl**
> Im deutschen Einzelhandel ist es *Lidl* mit diesem Ansatz gelungen, sich neben dem Discounter *Aldi* als Mitbewerber im Billigsegment zu etablieren. *Lidl* hat es geschafft, in der Wahrnehmung der Kunden preislich mit *Aldi* nahezu gleichzuziehen. Parallel gelang es *Lidl* u. a. immer besser, die Leistungskraft der Markenartikelindustrie hinter sich zu bündeln, um den Kunden ein breiteres und tieferes sowie innovativeres Sortiment als der sich im Wesentlichen auf Eigenmarken konzentrierende *Aldi* zu bieten.

The Same for Less
Eine «The-Same-for-Less»-Positionierung ist die typischste Form einer Preisvorteils- bzw. Preis-/Mengen-Strategie. Die Unternehmen, die diesem Ansatz folgen, behaupten, vergleichbare Leistungen anzubieten, allerdings zu einem geringeren Preis. Automobilanbieter wie beispielsweise Hyundai orientieren sich insbesondere im Rahmen ihrer Produkt- und Kommunikationspolitik an Anbietern wie VW und bemühen sich deutlich zu machen, dass sie nahezu dieselbe Leistung anbieten, allerdings zu einem niedrigeren Preis. So warb Hyundai beispielsweise in der Schweiz mit der Headline «Der Deutsche unter den Asiaten».

Less for much Less
Eine Spielform der Preisvorteilsstrategie, die in den letzten Jahren in verschiedenen Märkten an Bedeutung gewonnen hat, ist der Ansatz «Less for much Less». Hier bieten Unternehmen zu einem extrem tiefen Preis Leistungen an, die unter der im jeweiligen Markt üblichen und von vielen Kunden erwarteten Qualität liegen. Der Grund, warum ein solcher Ansatz in immer mehr Märkten funktioniert, ist im Wesentlichen darin zu sehen, dass zunehmend Leistungen angeboten werden, die Bestandteile enthalten, die bestimmten Kunden bzw. Kundengruppen keinen Nutzen bieten, für den diese bereit wären, einen höheren Preis zu bezahlen. Typische Beispiele im Einzelhandel sind so genannte Hard-Discounter, wie z. B. Aldi, die die Einzelhandelsleistung auf das Wesentliche – ein bestimmtes Sortiment – reduziert haben.

More for Less
Überlegen wäre zweifellos ein Angebot positioniert, welches sowohl Leistungs- als auch Preisvorteile verspricht. Wie oben bereits diskutiert, ist es allerdings äußerst fraglich, ob ein Anbieter in der Lage sein wird, eine solche Positionierung im Markt, das heißt in der Wahrnehmung der Kunden, durchzusetzen. Auch «Category Killer Stores», wie z. B. IKEA oder Zara, sind bei genauer Analyse in der Wahrnehmung der Kunden als Preisvorteilsanbieter positioniert. Allerdings sorgt der Anbieter dadurch, dass er die Standardqualität in seinem Markt ständig nach oben entwickelt, dafür, dass sich der Druck auf die Wettbewerber permanent verstärkt. Jack Welch, ehemaliger Chairman von General Electric, stellte hierzu schon zur Jahrtausendwende fest: «If you can't sell a top-quality product at the world's lowest price, you're going to be out of the game … the best way to hold your customers is to constantly figure out how to give them more for less» (zitiert nach KOTLER 1999, S. 54). Mit anderen Worten: Unabhängig davon, welches Value Positioning ein Anbieter gewählt hat, muss es angesichts eines intensiven und dynamischen Wettbewerbs für jeden Anbieter darum gehen, sich sowohl auf der Leistungs- als auch auf der Preisseite ständig zu verbessern.

4.5.6.5 Strategie-Feld: Festlegung der zu bearbeitenden Marktsegmente
Die vierte grundsatzstrategische Dimension setzt sich mit der Wahl des Strategie-Felds auseinander. Die *Definition der Geschäftstätigkeit* stellt eines der zentralen Entscheidungsfelder der strategischen Marketingplanung auf der Gesamtunternehmensebene dar (Stich-

wort: Marktwahl) und wurde daher schon in Unterkapitel 3.3 behandelt. Bei der Planung der «Geschäftsfelddefinition» spielen natürlicherweise Überlegungen zur Marktsegmentierung, wie sie im Folgenden diskutiert werden, im Rahmen des so genannten Bottom up-Ansatzes zur Definition von Märkten eine zentrale Rolle.

4.5.6.5.1 Bedeutung der Marktsegmentierung

Die Marktsegmentierung gehört zu den wichtigsten Konzepten des modernen Marketings. Vor einer Fortführung der Diskussion sei hier zunächst eine Definition angegeben:

- *Marktsegmentierung* ist die Aufteilung eines heterogenen Gesamtmarkts in relativ homogene Käufergruppen mit dem Ziel der differenzierten Ansprache dieser Gruppen.

> **Zur Relevanz der Marktsegmentierung**
> (KOTLER/KELLER/BLIEMEL 2007, S. 356)
> «Ein Unternehmen, das einen weitläufigen Markt bearbeiten will – sei es der Konsumgüter-, der Industriegüter-, der Wiederverkäufermarkt oder der Beschaffungsmarkt der öffentlichen Hand – stellt oft fest, dass es in diesem Markt nicht allen Kunden gleichermaßen dienen kann. Diese sind zu zahlreich, weit verstreut und haben zu unterschiedliche Kaufanforderungen. [...] Statt in allen Bereichen den Wettbewerb aufzunehmen [...] sollte das Unternehmen die attraktivsten Marktsegmente ermitteln, die es erfolgreich bedienen kann.»

Einige der mit der Marktsegmentierung verbundenen Überlegungen werden besser deutlich, wenn man dieser differenzierten Ausgestaltung des Marketings die undifferenzierte Form gegenüberstellt. In der folgenden Abb. 4.29 (in Anlehnung an ASSAEL 1985, S. 225) wird dies getan.

Undifferenziertes Marketing	Differenziertes Marketing
homogene Bedürfnisse im Gesamtmarkt	heterogene Bedürfnisse im Gesamtmarkt, homogene Bedürfnisse innerhalb des Segments
ein Produkt für einen Massenmarkt	spezifische Produkte für definierte Segmente
Vorteile gegenüber der Konkurrenz durch ein Produkt mit klarem Preisvorteil, besseren Eigenschaften oder starker Werbung	Vorteile gegenüber der Konkurrenz durch einzigartige Produkte, die den Bedürfnissen von Segmenten entsprechen
besondere Gewinnmöglichkeiten durch Größenvorteile bei Produktion und Marketing	besondere Gewinnmöglichkeiten durch höhere Spannen bei spezifischen Produkten

Abb. 4.29 Undifferenziertes und differenziertes Marketing

Nachdem in hoch entwickelten Industriegesellschaften die undifferenzierten Grundbedürfnisse immer weiter gehend gedeckt sind, ist die Marktsegmentierung in vielen Märkten zu einem Schlüssel für den Erfolg geworden. Von der Umsetzung des Grundgedankens der Marktsegmentierung in entsprechende Strategien verspricht man sich unter anderem folgende Vorteile:

- Zufriedenstellung der Kunden durch spezifische Produkte
- Effizienterer (weil gezielter) Einsatz von Werbung, Verkaufsförderung und Distribution
- Minderung des Wettbewerbsdrucks durch Verringerung der Zahl der Konkurrenten im Vergleich zum Gesamtmarkt
- Präzisere Zielfestlegung für die Marketingplanung

MEFFERT, BURMANN und KIRCHGEORG (2012, S. 187) fassen den entscheidenden Gedanken in einem Satz zusammen: «Hauptziel der Marktsegmentierung ist es, einen hohen Identitätsgrad zwischen der angebotenen Marktleistung und den Bedürfnissen der Zielgruppen zu erreichen.»

Natürlich gibt es auch Nachteile bzw. Begrenzungen bei einer Strategie der Marktsegmentierung. Diese treten dann in Erscheinung, wenn ein Unternehmen an Stelle eines einheitlichen Produkts für einen Massenmarkt mehrere Produkte für verschiedene Teilmärkte anbietet. Damit fallen in der Regel erhöhte Kosten für Produktion, Lagerhaltung usw. an. Daneben kann man gelegentlich beobachten (z. B. im Waschmittelmarkt), dass große Firmen mit mehreren Produkten (Marken) im gleichen Markt oder in nicht deutlich getrennten Teilmärkten operieren. Dann ist häufig eine Konkurrenz dieser Produkte aus gleichem Hause untereinander um Marktanteile nicht zu vermeiden. Dieser Effekt wird in der der Marketing-Praxis als «Kannibalisierung» bezeichnet.

4.5.6.5.2 Vorgehensweise bei der Marktsegmentierung

Für die Bildung von Marktsegmenten müssen einige Voraussetzungen gegeben sein. Die wichtigsten sollen hier kurz diskutiert werden. Anschließend werden gängige Kriterien für die Marktsegmentierung in Konsumgüter- und Investitionsgüter-Märkten vorgestellt.

Die elementarste Voraussetzung der Marktsegmentierung besteht darin, dass *Unterschiede zwischen mehreren Produkten für die Kunden relevant* sind und von diesen überhaupt wahrgenommen werden. Der Lebensmittelsektor bietet zahlreiche Beispiele sowohl für (noch) nicht differenzierbare Produkte (Mehl, Zucker usw.) als auch für eine sehr weit gehende Aufteilung von Märkten nach Preisniveaus, Geschmacksrichtungen, Altersgruppen von Kunden usw. (z. B. Kaffeemarkt). Es gibt auch genügend Beispiele dafür, dass durch Veränderung des Käuferverhaltens und/oder durch gezielte Marketing-Maßnahmen früher undifferenzierte Märkte Segmentierungsmöglichkeiten bieten. Man denke dabei nur an den Biermarkt, in dem früher nur wenige Sorten von regionalen Brauereien angeboten wurden, während heute vielfältige Geschmacksrichtungen (Pils, Alt, Export, Weizen usw.) in unterschiedlichen Preiskategorien (Premium-, Konsum-, Billig-Bier) auch international verfügbar sind.

4.5 Positionierung

Eine zweite Voraussetzung für die Konstituierung eines Marktsegments besteht darin, dass *ausgeprägte Ähnlichkeiten der Bedürfnisse bei Gruppen von Kunden* existieren müssen. Anderenfalls bestehen wenige Möglichkeiten, für diese Gruppen ein attraktives Produkt anzubieten. Beispiele für sehr unterschiedliche Bedürfnisse bieten die Märkte für bestimmte Dienstleistungen (z. B. Friseure, Unternehmensberater), die stark individualisiert sind.

Die Bearbeitung eines Marktsegments kann natürlich nur sinnvoll sein, wenn es nach Größe und Potenzial für eine profitable Strategie ergiebig ist. In Märkten mit geringer Zahl von Kunden und/oder selten auftretendem Bedarf verbietet sich meist die Einführung einer größeren Zahl unterschiedlicher Produkte für dann jeweils sehr kleine Marktsegmente.

Die vierte Voraussetzung der Marktsegmentierung ist die *Identifizierbarkeit und Erreichbarkeit der Kunden*. Wenn gezielte Marketingstrategien für eine Kundengruppe entwickelt werden sollen, dann hat das nur Sinn, wenn man diese durch bestimmte Merkmale beschreiben und dann auch über geeignete Medien, Verkaufswege usw. erreichen kann.

Letztlich soll noch erwähnt werden, dass eine erfolgreiche Marktsegmentierung auch mit der Fähigkeit eines Unternehmens verbunden sein muss, für das jeweilige Segment eine entsprechende Strategie entwickeln und umsetzen zu können. Beispielsweise ist für die Bearbeitung des Marktsegments «Höchstleistungscomputer» ein bestimmtes technisches Know-how notwendig. Ein Kleinwagenhersteller dürfte Schwierigkeiten haben, für ein neues Modell im Marktsegment «Luxuslimousinen» hinreichende Akzeptanz bei der dafür in Frage kommenden Klientel zu erzielen. Hier wird auch eine Beziehung zu dem in Abschnitt 3.1.2 vorgestellten «ressourcenbasierten Ansatz» sichtbar.

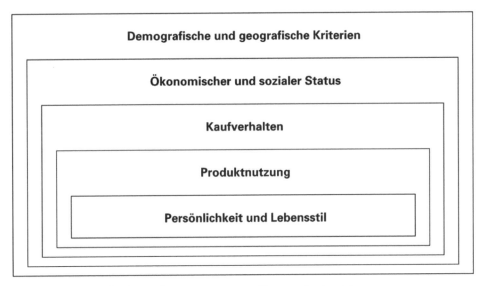

Abb. 4.30 Kriterien für die Marktsegmentierung im Konsumgüterbereich

Die meisten der für die Marktsegmentierung angewandten Kriterien lassen sich in Gruppen zusammenfassen. In Abb. 4.30 sind die im Konsumgüterbereich gängigen Kriteriengruppen dargestellt. Diese sollen im Folgenden anhand von Beispielen charakterisiert und illustriert werden.

- *Demografische und geografische Kriterien* (Alter, Geschlecht, Familienstand und -größe, Region des Wohnsitzes, städtische oder ländliche Bevölkerung),
- *Ökonomischer und sozialer Status* (Einkommen, Berufstätigkeit, Soziale Schicht, Ausbildung),
- *Kaufverhalten* (Kaufhäufigkeit, Einkaufsstättenwahl, Markentreue, Art des Kaufentscheidungsprozesses),
- *Produktnutzung* (Verwendungszweck des Produkts, Art der beachteten Produkteigenschaften, Wichtigkeit der beachteten Produkteigenschaften),
- *Persönlichkeit und Lebensstil* (Innovationsfreudigkeit, Genussorientierung, Sicherheitsstreben).

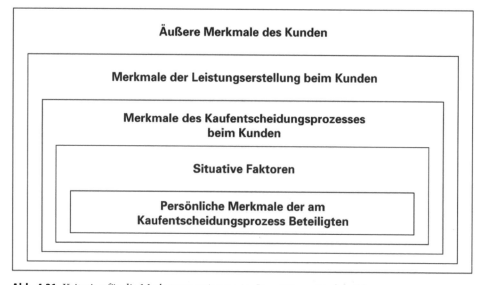

Abb. 4.31 Kriterien für die Marktsegmentierung im Investitionsgüterbereich

Die Grundprinzipien der Marktsegmentierung gelten für den Konsumgüter- und den Investitionsgüterbereich in gleicher Weise. Allerdings werden bei der Segmentierung von Investitionsgütermärkten andere Kriterien angewandt. Die wichtigsten Kriteriengruppen sind in Anlehnung an SHAPIRO/BONOMA (1984) in Abb. 4.31 zusammengestellt.

Die Bedeutung der Kriteriengruppen aus Abb. 4.37 soll wieder durch Beispiele für einzelne Segmentierungskriterien veranschaulicht werden:

- *Äußere Merkmale der Kunden:*
  Branche, Unternehmensgröße, Region

- *Merkmale der Leistungserstellung beim Kunden:*
  Angewandte Technologien, bisherige Lieferanten, Fähigkeiten/Know-how

- *Merkmale des Kaufentscheidungsprozesses beim Kunden:*
  Organisatorische Einordnung der Beschaffung, Machtverhältnisse im Unternehmen, Prinzipien der Beschaffungspolitik, Entscheidungskriterien

- *Situative Faktoren:*
  Dringlichkeit des Bedarfs, Auftragsgröße

- *Persönliche Merkmale der am Kaufentscheidungsprozess Beteiligten:*
  Risikofreudigkeit/Sicherheitsstreben, kognitiver Stil, kaufmännische versus technische Orientierung

Den beiden in den Abb. 4.30 und 4.31 wiedergegebenen Schemata ist gemein, dass die darin aufgeführten Merkmale im Hinblick auf ihre Beobachtbarkeit geordnet sind. Je besser ein Merkmal erkennbar ist, je leichter also die Beschaffung entsprechender Daten ist, desto weiter außen ist es im jeweiligen Schema eingeordnet. Zur Vermeidung von Fehlinterpretationen müssen noch zwei einschränkende Bemerkungen gemacht werden:

- Die vorgenommene Ordnung der Kriteriengruppen bedeutet nicht, dass diese unabhängig voneinander sind.

- Die Schemata sagen nichts über die Wichtigkeit der einzelnen Kriterien für ein bestimmtes Segmentierungsproblem aus.

Im Investitionsgüter-Marketing ist daneben die Unterscheidung von Makro- und Mikro-Segmentierung gebräuchlich. Die *Makro-Segmentierung* bezieht sich auf Merkmale der als Kunden in Betracht kommenden Unternehmen bzw. Organisationen (z. B. Unternehmensgröße, Standort) während im Hinblick auf die *Mikro-Segmentierung* die an der Beschaffung beteiligten Personen individuell und als Gruppe («Buying Center») betrachtet werden (z. B. ihre hierarchische Stellung, persönliche Charakteristika, Entscheidungskriterien) (KLEINALTENKAMP 2002b).

In den meisten Fällen verwendet man für die Definition von Marktsegmenten mehrere Kriterien. Beispielsweise könnten zur Beschreibung des für eine sportliche Version eines Mittelklasse-Autos in Frage kommenden Marktsegments die Kriterien Alter (20 bis 40 Jahre), Einkommen (€ 40000 bis 60000 pro Jahr), Region (Europa) und Lebensstil (freizeitorientiert) verwendet werden.

Die Marktsegmentierung ist bei der Erläuterung des Abell-Schemas (Abschnitt 3.3.2) schon angesprochen worden. Dort ging es ebenso wie im vorliegenden Abschnitt um die Identifizierung relativ homogener Kundengruppen. Dabei ist zu beachten, dass die Segmentierung auf den unterschiedlichen Planungsstufen von der marktorientierten Unternehmensplanung bis zur Planung des Marketing-Mix unterschiedlich differenziert erfolgen kann. So mag bei der Marketingplanung auf der Unternehmensebene beispielsweise die Festlegung auf «Speditionen im europäischen Markt» durchaus ausreichen. Dagegen kann zum Beispiel für einen Marketing-Mix aus produkt-, preis-, kommunikations- und distributionspolitischen Maßnahmen die Ausrichtung auf das Segment «mittelständischer Speditionen (15 bis 50 Beschäftigte) mit Standort Deutschland und Ausrichtung auf den Transport von Frischwaren (Kühlwagen)» erforderlich sein.

Ein *strategisches Geschäftsfeld* ist ex definitione als die Verknüpfung eines Leistungsangebots mit einem bestimmten Markt bzw. Marktsegment zu betrachten (Stichwort: Produkt/Markt-Kombination). Die Marketingplanung auf der Geschäftsfeldebene beschäftigt sich daher nicht mit der Grundsatzentscheidung, welcher Markt bearbeitet werden soll. Vielmehr geht es darum,

- vor dem Hintergrund sich wandelnder Markt-, Konkurrenz- und Umfeldbedingungen (u. a. Kundenbedürfnisse, Kaufverhalten, Werte, Substitutionswettbewerb, Entwicklung der Medien) festzulegen,
- welche Modifikationen an der bestehenden Markt- bzw. Marktsegment-Definition vorgenommen werden müssen (z. B. Erschließen von Randzielgruppen, Konzentration auf Großkunden oder Lead User, verstärkte Bearbeitung von Stammkunden, Fokussierung der Marktbearbeitung auf Machtpromotoren im Buying Center),
- um die angestrebten Marketingziele (u. a. Ertrags-, Wachstumsziele) zu erreichen.

Die Trennlinien zwischen Segmentierungsentscheidungen auf der Gesamtunternehmensebene und auf der Geschäftsfeldebene verlaufen vielfach nicht eindeutig. Im Kern handelt es sich hierbei um eng miteinander verzahnte Entscheidungsfelder, bei denen iterativ die Top-Down- mit der Bottom-Up-Perspektive der Marketingplanung im Sinn des in Punkt 3.3.2 erwähnten Ansatzes von Day verknüpft sind.

So ist es in der Marketingpraxis auch üblich, terminologisch zwischen Marktsegmenten und Zielgruppen zu unterscheiden. In der Versicherungsbranche werden beispielsweise unter Marktsegmenten übergeordnete Kundengruppen, wie z. B. «Unternehmen» und «Private», verstanden. Ein Marktsegment setzt sich jeweils aus mehreren Zielgruppen zusammen. Das Marktsegment «Unternehmen» umfasst zum Beispiel die Zielgruppen «Gewerbe/freie Berufe», «Unternehmen» und «Öffentliche Hand» (Abb. 4.32).

Um die einem Unternehmen zur Verfügung stehenden Ressourcen möglichst effektiv und effizient einzusetzen, werden Entscheidungen, die die grundsätzliche Marktwahl und -segmentierung betreffen, zweckmäßigerweise vorrangig «Top-Down», das heißt aus dem Gesamtunternehmenskontext heraus, getroffen. Entscheidungen, die die spezifische Bearbeitung eines Marktsegments und seiner Zielgruppen berühren, werden hingegen sinnvollerweise eher aus der Geschäftsfeldperspektive «Bottom-Up» behandelt.

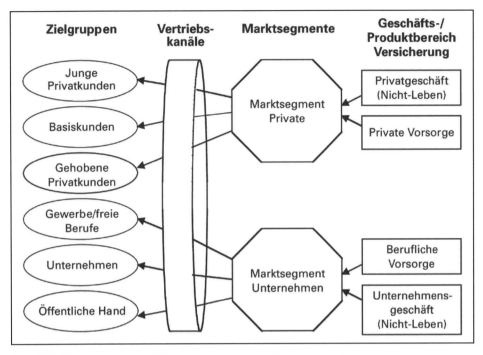

Abb. 4.32 Marktsegmente und Zielgruppen in der Versicherungsbranche (SCHÖGEL/FINSTERWALDER 1999, S. 29)

4.5.6.6 Formulierung der Positionierungsstrategie auf Geschäftsfeldebene

In den vorangegangenen Abschnitten wurden mit der Strategie-Variation, dem Strategie-Stil, der Strategie-Substanz und dem Strategie-Feld die einzelnen Entscheidungsfelder vorgestellt, die bei der Formulierung einer vollständigen Positionierungsstrategie auf der Geschäftsfeldebene zu beachten sind. Wie angesprochen, hängen diese Entscheidungsfelder eng zusammen und müssen simultan bei der Marketingplanung berücksichtigt werden. Die vorgestellten vier Bausteine sind so zusammenzufügen, dass sich eine konsistente Positionierungsstrategie ergibt. BECKER (2013, S. 352 ff.) bezeichnet eine solche Kombination marketing-strategischer Bausteine als «Strategie-Chip».

Im Einzelnen ist die *Strategie-Variation* zu fixieren. Zu entscheiden ist, ob die Position im Wettbewerbsumfeld beibehalten, ob umpositioniert werden soll bzw. ob eine neue Positionierung anzustreben ist. Im Zusammenhang damit ist der *Strategie-Stil* festzulegen, das heißt es werden Entscheidungen über eine aggressive oder defensive und innovative oder konventionelle Bearbeitung des Gesamtmarkts bzw. einer Marktnische gefällt (*Strategie-Feld*). Wie es dann gelingt, einen Wettbewerbsvorteil aufzubauen, ist eine Entscheidung im Hinblick auf die *Strategie-Substanz*.

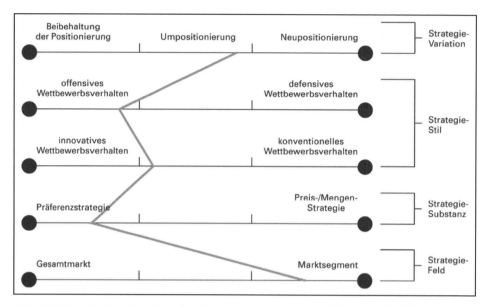

Abb. 4.33 Entscheidungskontinua einer Positionierungsstrategie auf der Geschäftsfeldebene

In der Abb. 4.33 werden die Entscheidungsfelder, aus denen sich eine Positionierungsstrategie auf der Geschäftsfeldebene zusammensetzt, dargestellt. Jedes Entscheidungsfeld lässt sich auch als Entscheidungskontinuum auffassen (Tomczak 1989, S. 141 ff.), das beispielsweise im Falle der Strategie-Variation von dem Extrempunkt «Beibehaltung der Marktposition» bis zu dem Extrempunkt «Neupositionierung» reicht. Eine «Umpositionierung» stellt die Mitte des Kontinuums dar.

Eine bestimmte Positionierungsstrategie lässt sich somit als eine Verknüpfung spezifischer Ausprägungen der vier Entscheidungskontinua begreifen (wie in der Abb. 4.39 durch die eingezeichneten Linien beispielhaft angedeutet). Grundsätzlich steht eine Vielzahl von Kombinationsmöglichkeiten zur Verfügung, um mit Hilfe der zur Verfügung stehenden Entscheidungsoptionen eine Positionierungsstrategie zu formulieren. Allerdings werden in bestimmten Branchen- und Unternehmenssituationen nicht alle Kombinationen Erfolgsvarianten sein.

So legen etwa die Ergebnisse einer umfangreichen empirischen Studie, die Gussek (1992) für 203 Geschäftsfelder durchführte, die Annahme nahe, dass in Konsumgütermärkten drei Typen von Positionierungsstrategien überdurchschnittlich erfolgreich sind (Gussek 1992, S. 276):

- «*Präferenzorientierte Marktsegmentierungsstrategie*»: innovativer und aggressiver Strategie-Stil, Teilmarktabdeckung, Präferenzstrategie (z. B. Red Bull)

- «*Präferenzorientierte Massenmarktstrategie*»: innovativer und aggressiver Strategie-Stil, Gesamtmarktabdeckung, Präferenzstrategie (z. B. Nivea, Knorr)

- «*Aggressive Preis-/Mengen-Strategie*»: innovativer und aggressiver Strategie-Stil, Gesamtmarktabdeckung, Preis-/Mengen-Strategie (z. B. Aldi).

Diese Ergebnisse erscheinen plausibel und decken sich zudem auch weitgehend mit den in den vorangegangenen Abschnitten vorgestellten Überlegungen zur marketingstrategischen Ausrichtung von Geschäftsfeldern. Zum einen besitzen offenbar grundsätzlich aggressive und innovative Positionierungsstrategien das größte Erfolgspotenzial. Zum anderen wird deutlich, dass, um mit einer Preis-/Mengen-Strategie überdurchschnittlichen Erfolg zu haben, die Aktivitäten zumindest auf einen nationalen Gesamtmarkt bzw. globalen Teilmarkt auszurichten sind, denn nur dann besteht die Basis, um Erfahrungskurven- und Größendegressionseffekte in relevantem Umfang ausnützen zu können. Hingegen lassen sich mit Präferenzstrategien sowohl in Teilmärkten als auch im Gesamtmarkt überdurchschnittliche Erfolge erzielen.

Unternehmen, die bei der Distribution ihrer Leistungen auf Absatzmittler angewiesen sind, müssen, wie in Abschnitt 4.6.4 angesprochen, zwei (oder gegebenenfalls mehr) eng miteinander verzahnte Positionierungsstrategien entwickeln: Zum einen bedarf es einer Endkunden- zum anderen einer expliziten Absatzmittlerorientierung. Bei der Entwicklung einer absatzmittlerorientierten Positionierungsstrategie müssen ebenso wie bei der Konzeption einer endkundenorientierten Positionierungsstrategie Entscheidungen im Hinblick auf die Strategie-Variation, den Strategie-Stil, die Strategie-Substanz und das Strategie-Feld getroffen werden.

Literaturempfehlungen zum 4. Kapitel

ASSAEL, H. (1993): Marketing – Principles & Strategy, 2. Aufl., Boston.

BACKHAUS, K/VOETH, M. (2007): Industriegütermarketing, 9. Aufl., München.

BECKER, J. (2013): Marketing-Konzeption – Grundlagen des ziel-strategischen und operativen Marketing-Managements, 10. Aufl., München.

HOMBURG, C./KROHMER, H. (2006): Marketingmanagement, Strategie – Instrumente – Umsetzung – Unternehmensführung, 2. Aufl., Wiesbaden.

KLEINALTENKAMP, M./PLINKE, W. (Hrsg.) (2002): Strategisches Business-to-Business Marketing, 2. Aufl., Berlin u. a.

KOTLER, P./KELLER, L./BLIEMEL, F. (2007): Marketing-Management – Analyse, Planung und Verwirklichung, 12. Aufl., Stuttgart.

MEFFERT, H./BURMANN, C. (1996): STRATEGISCHES MARKETING-MANAGEMENT: ANALYSE – KONZEPTION – IMPLEMENTIERUNG, WIESBADEN.

MÜLLER-STEWENS, G./LECHNER, C. (2003): Strategisches Management – Wie strategische Initiativen zum Wandel führen, 3. Aufl., Stuttgart.

RIES, A./TROUT, J. (1986): Positionierung: Die neue Werbestrategie, Hamburg.

Marketing-Mix-Planung 5

5.1 Überblick: Elemente und Wirkung des Marketing-Mix

Jedem Unternehmen stehen in einer bestimmten Situation eine mehr oder weniger große Anzahl von Variablen zur Verfügung, um die jeweilige Wachstums- und Marketingstrategie (Kernaufgabenprofil, geplante Kooperationen und Positionierungsziele und -strategien) umzusetzen und die angestrebten Marketingziele zu erreichen. Diese Variablen lassen sich verschiedenen so genannten *Marketing-Instrumentalbereichen* zuordnen und werden unter der Bezeichnung *Marketing-Mix* zusammengefasst. Im Mittelpunkt der operativen Marketingplanung steht somit die Planung des Marketing-Mix.

In der Regel werden die Marketinginstrumente in die folgenden vier Instrumentalbereiche eingeteilt (u. a. McCarthy 1960; Assael 1993; Weinhold-Stünzi 1994a, S. 149; Meffert/Burmann/Kirchgeorg 2012; Kotler/Keller 2012):

- die Marktleistungsgestaltung (Produkt- und Sortimentspolitik),
- die Preisgestaltung,
- die Kommunikation,
- die Distribution.

Die Marketinginstrumente werden häufig auch als die *4 Ps* (für product, price, promotion, place) bezeichnet. Andere Autoren untergliedern die Marketinginstrumente in nur drei Gruppen, indem sie die Produkt- und Preisgestaltung zu einem Instrument «Angebotspolitik» zusammenfassen (u. a. Haedrich/Berger 1982; Becker 2012), wieder andere unterscheiden insbesondere im Dienstleistungsmarketing sieben Instrumentalbereiche (u. a. Magrath 1986): die vier «klassischen» Instrumente sowie Personen, Prozesse und physische Ausstattung. Die Unterscheidung der Anzahl der Marketinginstrumente ist somit immer eine Frage der Zweckmäßigkeit; international weitgehend durchgesetzt haben sich allerdings die vier oben genannten Grundinstrumente. Die Instrumente sind ohnehin nicht trennscharf: So kann beispielsweise ein Kundenclub alle Instrumente betreffen (z. B. spezifische Dienstleistungen für Clubmitglieder, Rabatte für Stammkunden, Kundenclubmagazin sowie Webseiten, auf denen ausschließlich Mitglieder bestellen können). Auch wenn der Marketing-Mix aufgrund seiner starken Produktfokussierung inzwischen häufig als sehr traditionell gilt, so ist er unbestritten ein wertvolles didaktisches Instrument, an das innova-

Tomczak et al., Marketingplanung,
DOI 10.1007/978-3-8349-3752-0_1, © Springer Fachmedien Wiesbaden 2014

tive Konzepte anknüpfen können. Die einzelnen Instrumentalbereiche setzen sich, wie in der Abb. 5.1 dargestellt, aus einer Vielzahl von Subinstrumenten zusammen.

Während die strategische Marketingplanung auf längere Zeiträume (je nach Branche zirka 3 bis 10 Jahre) bezogen ist, wird die operative Marketingplanung bzw. die Planung des Marketing-Mix typischerweise auf kürzere Perioden (oft ein Jahr) ausgerichtet. Dabei ist zu beachten, dass in der Regel häufige kurzfristige Änderungen bei der Zusammensetzung des Marketing-Mix vermieden werden, da einige Instrumente (z. B. Werbung) erst bei längerfristigem Einsatz ihre Wirkung voll entfalten und manche Instrumente (z. B. Distributionssystem) kaum kurzfristig änderbar sind.

Um die angestrebten Marketingziele zu erreichen, kommt es wesentlich auf ein Zusammenwirken der einzelnen Marketinginstrumente an. Dieser Gedanke äußert sich im Begriff Marketing-Mix, der schon andeutet, dass es um eine Kombination von Instrumenten geht, zumal die Instrumente auch nicht unbedingt trennscharf sind: Ein Automobilsondermodell kann beispielsweise als Teil der Marktleistungsgestaltung aufgefasst werden, hat aber auch einen maßgeblichen Einfluss auf die Kommunikation; ebenso wird es Implikationen für die Preisgestaltung haben.

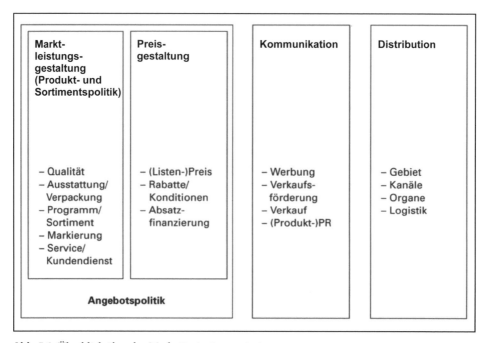

Abb. 5.1 Überblick über das Marketinginstrumentarium

Der Marketing-Mix ist die für einen bestimmten Planungszeitraum ausgewählte Kombination von Marketinginstrumenten. Bei seiner Planung steht das Auffinden einer günstigen *Mittelkombination* im Vordergrund, nicht die Optimierung einzelner Instrumente. Die Bedeutung dieses Aspekts soll durch ein Beispiel illustriert werden.

> **Mittelkombination am Beispiel eines Parfums**
> Man denke an das Marketing für ein hochwertiges Parfum. Hier müssen für einen dauerhaften Markterfolg offenbar bestimmte Ausprägungen der Marketinginstrumente zusammenkommen: gute und einzigartige Produktqualität, luxuriöse Verpackung, hoher Preis (Qualitätsindikator), anspruchsvolle Werbung, Distribution über exklusive Fachgeschäfte. Eine einzige «nicht passende» Komponente im Marketing-Mix, z. B. eine billig wirkende Verpackung oder die Distribution über Discount-Geschäfte würde dazu führen, dass die Akzeptanz des Produkts bei den Konsumenten und/oder beim Handel deutlich geringer wäre.

Bei der Planung des Marketing-Mix ist daher Folgendes zu beachten: Kunden nehmen die Wirkung der einzelnen Instrumente des Marketing-Mix gesamthaft wahr.

> **Wahrnehmung der Elemente des Marketing-Mix durch den Kunden am Beispiel BMW**
> Bei einem *BMW* hängt beispielsweise der vom Kunden wahrgenommene Wert nicht nur von der Motorleistung, Zuverlässigkeit und Verarbeitung des Fahrzeugs ab. Der Wert wird beispielsweise auch vom Image der Marke, vom Umfeld beim Kauf (z. B. Gestaltung des Verkaufsraums) und von den Erlebnissen bei der Verkaufsverhandlung (z. B. Freundlichkeit und Kompetenz des Verkaufspersonals) beeinflusst.

Der vom Kunden wahrgenommene *Wertgewinn* stellt den zentralen Auslöser für Kaufentscheidungen dar (GROSSE-OETRINGHAUS 1996; KOTLER/KELLER/BLIEMEL 2007, S. 43 ff.). Ein Kunde entscheidet sich für den Kauf eines bestimmten Angebots bzw. Leistungssystems, wenn es ihm aufgrund seiner subjektiven Beurteilung einen Wertgewinn erbringt. Unter alternativen Wertangeboten wird er das Angebot bzw. Leistungssystem wählen, das ihm den höchsten Wertgewinn verspricht. Der Wertgewinn ergibt sich, wie in Abb. 5.2 veranschaulicht, für den Kunden aus der Differenz von Wertsumme und Kostensumme des Angebots. Sowohl die Wertsumme als auch die Kostensumme werden mehr oder weniger von sämtlichen Marketinginstrumenten beeinflusst. Beispielsweise hängt die vom Kunden wahrgenommene Kostensumme unter anderem davon ab:

- wie der Kunde die ihm entstehenden monetären Kosten einschätzt (Leasing-Angebote, Rabattsysteme, Finanzierungsmodelle oder auch «Lockvogel-Angebote» können zu unterschiedlichen subjektiven Preiswahrnehmungen bei den Kunden führen);
- wie er die von ihm aufzuwendende Zeit und Mühe bei der Beschaffung bewertet (beispielsweise Selbstabholung beim Hersteller versus Auslieferung über den Händler, Eigenkonfiguration im Internet versus Verkaufsberatung);

- wie er den ihm entstehenden psychischen Aufwand beurteilt: Das Image des Anbieters, Garantieleistungen oder das Verhandlungsprozedere schaffen ein mehr oder weniger positives Geschäftsklima und erhöhen oder senken das Gefühl der Sicherheit bei einer Kaufentscheidung.

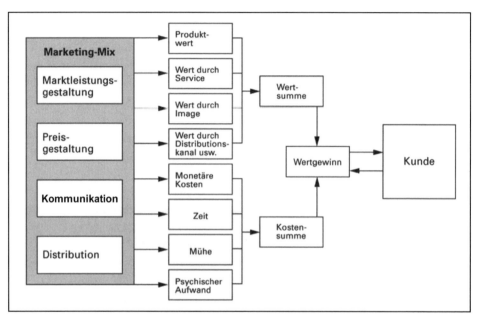

Abb. 5.2 Wertgewinn des Kunden (nach KOTLER/KELLER/BLIEMEL 2007)

Ein Schwerpunkt der Marketingbemühungen sollte darauf ausgerichtet sein, zufriedene Kunden zu schaffen. Bei der Planung des Marketing-Mix ist daher zu beachten, dass Kunden nicht nur zum Kauf zu motivieren sind, indem ihnen ein hoher Wertgewinn versprochen wird (Stichwort: Kundenakquisition). Vielmehr ist ebenso sicherzustellen, dass der von den Kunden nach dem Kauf wahrgenommene Wertgewinn («Ist») möglichst den erwarteten Wertgewinn vor dem Kauf («Soll») übersteigt bzw. ihn zumindest erreicht (KOTLER/KELLER/BLIEMEL 2007, S. 44 ff.), denn nur dann wird der Kunde zufrieden bzw. wenigstens nicht unzufrieden sein (Stichwort: Kundenbindung).

«Digitalisierung» und Marketing-Mix
Eine der zentralen Herausforderungen, der sich heutzutage Unternehmen gegenüberstehen, stellt die zunehmende Digitalisierung und «Virtualisierung» der Märkte dar (Stichworte: *E-Business, Social Media).* Die voranschreitende Entwicklung von einer Industrie- zu einer Informationsgesellschaft wirkt sich auf sämtliche Bereiche des Marketing bzw. jedes Marketinginstrument aus. Die folgenden Aspekte sind hervorzuheben

- erhöhte Markttransparenz bei reduzierten Informations- und Transaktionskosten,
- personalisierte Produkt- und Dienstleistungsangebote (Stichworte: One-to-one-Marketing, Customizing),

- Integration der Kunden in den Leistungserstellungsprozess sowie Interaktivität in der Kommunikation, weil der Kunde sowohl als Sender als auch als Empfänger von Informationen auftritt und damit aktiver Bestandteil des Kommunikationsprozesses ist,
- zeit- und ortsunabhängige Verfügbarkeit von Informationen und Produkten (24-Stunden, 7 Tage, weltweit) und Unmittelbarkeit des Zugriffs auf Informationen in Echtzeit und
- Multimedialität der Angebote (Audio, Video, Text, Bild und ggf. 3D-Drucke).

In den folgenden Abschnitten werden jeweils kurze Überblicke über die Instrumentalbereiche des Marketing-Mix gegeben. Ziel ist es, die Rolle der einzelnen Marketinginstrumente und -subinstrumente im Marketing-Mix zu verdeutlichen sowie die für die einzelnen Marketinginstrumentalbereiche relevanten Entscheidungsfelder und -optionen in ihren Grundzügen aufzuzeigen.

5.2 Marktleistungs- bzw. Produkt- und Sortimentsgestaltung

5.2.1 Rolle und Aufgaben der Marktleistungsgestaltung

Die Marktleistungsgestaltung beschäftigt sich mit der *Gestaltung der Absatzleistung* eines Unternehmens (Sachgüter, Dienstleistungen und/oder Rechte) mit dem Ziel, bestimmte Zielsetzungen zu erreichen (in der Regel Umsatz-, Absatz- sowie Deckungsbeitrags- bzw. Gewinnziele). Da das Produkt bzw. die Marktleistung den eigentlichen Austauschgegenstand darstellt, welcher dem Nachfrager einen bestimmten Nutzen verschaffen soll, für den er bereit ist, eine bestimmte Gegenleistung (in der Regel Zahlung des Kaufpreises) zu erbringen, spielt im Marketing vieler Unternehmen die Marktleistungsgestaltung im Verhältnis zu den anderen Instrumentalbereichen eine dominierende Rolle («Herz des Marketing»). Allerdings können die strategischen Erfolgspotenziale auch in den anderen Marketinginstrumentalbereichen liegen.

Die Frage, was eigentlich ein «Produkt» ist, lässt sich nicht einfach beantworten. Produkte können *Sachgüter, Dienstleistungen und Rechte* sowie Kombinationen davon sein. Unter Rechten wird der Anspruch auf Nutzung bestimmter Sachgüter oder Dienstleistungen sowie der Anspruch auf ausgewählte finanzielle Leistungen verstanden.

Produkte sind in der Regel nicht «nackte» Grundleistungen, sondern *Leistungsbündel* (ENGELHARDT et al. 1993) bzw. *Leistungssysteme* (BELZ et al. 1991, BELZ/BIEGER 2006) (siehe Abschnitt 5.2.4), die sowohl aus materiellen als auch immateriellen Komponenten bestehen. Der Grundidee des Marketing folgend ist zudem zu betonen, dass Nachfrager im Grunde nicht Produkte bzw. Bündel von Teilleistungen, sondern einen Komplex von Nutzenkombinationen kaufen. Die in Abb. 5.3 wiedergegebene Leistungstypologie von ENGELHARDT et al. (1993) macht die Komplexität des Produktbegriffs deutlich und hilft, die Wechselbeziehung zwischen Produkteigenschaften und Nutzenkomponenten zu veranschaulichen. Der Nutzen eines «Produktes» (z. B. einer Flugreise) ergibt sich für einen Kunden sowohl aus dem Leistungsergebnis (z. B. pünktliche Ankunft am richtigen Ort durch modernes Fluggerät und gut ausgebildete Piloten) als auch aus Leistungen, die während des Erstellungsprozesses erbracht werden (z. B. Wohlfühlen durch den freundlichen Service während des Fluges). Zudem geht aus der Abbildung hervor, dass ein «Produkt» sowohl materielle als auch immaterielle Komponenten umfassen kann (z. B. Bequemlichkeit der Sitze, Internetverfügbarkeit, angenehmer Bordservice, Sicherheitsgefühl aufgrund der Reputation der Airline) und dass der Prozess der Leistungserstellung eher autonom durch den Anbieter (z. B. Transport von Postsendungen) oder integrativ, das heißt unter Einbezug von Kunden (z. B. Personentransport) erfolgen kann.

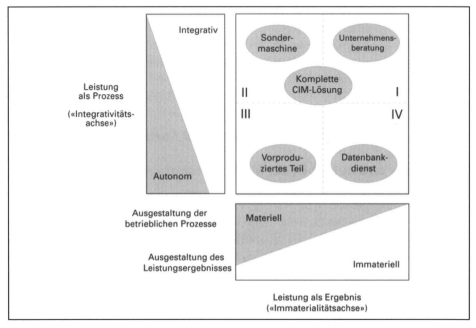

Abb. 5.3 Leistungstypologie
(ENGELHARDT et al. 1993, S. 417)

Bei Produkten wird häufig zwischen Industrie- und Konsumgütern unterschieden. Diese Unterscheidung orientiert sich primär am Kunden (BACKHAUS/VOETH 2009, S. 3): *Konsumgüter* sind Ge- und Verbrauchsgüter, die direkt oder über den Handel an «Letztkonsumenten» vermarktet werden (Beispiele: Lebensmittel, Autos), während *Industriegüter* von Organisationen gekauft werden, die damit weitere Leistungen erstellen wollen (Beispiel: Rohstoffe, Produktionsmaschinen). Diese derivative (= abgeleitete) Nachfrage ist somit das gemeinsame Merkmal aller Industriegüter.

Bei der Gestaltung von Produkten und Sortimenten müssen Unternehmen die Bedürfnisse, Erwartungen sowie Verhaltensweisen aktueller und potenzieller Kunden in den Mittelpunkt stellen und mit Hilfe der Marktforschung kennen und verstehen lernen. Im Wesentlichen sind die folgenden Aspekte zu beachten (HERRMANN/HUBER 2009, S. 3):

- Die angebotenen Produkte müssen in der Lage sein, die *Bedürfnisse* von Kunden besser als Konkurrenzprodukte zu befriedigen. Die zunehmende Orientierung der Marktleistungsgestaltung an den Nutzenvorstellungen der Kunden hat zur Folge, dass sich traditionelle produktgeprägte Branchengrenzen zunehmend verschieben oder sogar auflösen und sich Unternehmen mit ihren Produkten vollkommen neuen Wettbewerbern gegenübersehen. So stehen heutzutage exklusive Wintersportorte wie St. Moritz in einem harten Wettbewerb mit Fernreisedestinationen wie den Malediven.

- Nicht die physikalisch-chemisch-technischen Merkmale eines Sachgutes oder die Art der Verrichtung einer Dienstleistung determinieren eine Kaufentscheidung, sondern das *dem Angebot vom Kunden zugemessene Nutzenpotenzial*, welches durch Informationsaufnahme- und -verarbeitungsprozesse bestimmt wird (Stichwort: Konsumentenverhalten). Im Ergebnis kann dies dazu führen, dass «objektive» Gegebenheiten von Produkten und subjektive Einschätzungen von Kunden nicht übereinstimmen. Zudem wandeln sich sowohl die Bedürfnisse der Kunden als auch die Beurteilung der Eignung bestimmter Produkteigenschaften zur Bedürfnisbefriedigung im Zeitablauf.

- Nicht alle Eigenschaften eines Produktes stiften für jeden Kunden einen Nutzen, da zum einen nicht jeder Kunde über alle Eigenschaften eines Produktes informiert ist und zum anderen Kunden unterschiedliche Bedürfnisse besitzen (Stichwort: *Marktsegmentierung*).

Die Marktleistungsgestaltung umfasst zwei Schwerpunkte: Zum einen stehen Maßnahmen im Mittelpunkt, die sich auf einzelne isolierbare Produkte im Laufe ihres Lebenszyklus beziehen und sich mit Fragen des Produktlebenszyklusses beschäftigen (*«Produktpolitik»*), zum anderen geht es um Maßnahmen, die sich mit der Struktur und dem Umfang des Angebotsprogramms eines Unternehmens bzw. einer Geschäftseinheit befassen (*«Sortiments- bzw. Programmpolitik»*). Anzumerken ist, dass in der Regel das Angebotsprogramm von Industrie- und Dienstleistungsunternehmen als Produktprogramm und der von Handelsunternehmen angebotene Mix von Leistungen als Sortiment bezeichnet wird.

5.2.2 Struktur und Umfang des Produktprogramms bzw. Sortiments

Das sortiments- bzw. programmpolitische Entscheidungsfeld umfasst sämtliche Tätigkeiten eines Unternehmens bzw. einer Geschäftseinheit, die sich mit der Struktur und dem Umfang des Angebotsprogramms beschäftigen. Terminologisch ist es zweckmäßig, in Anlehnung an ASSAEL (2001), die Begriffe Produktmix, Produktlinie und Produkt zu unterscheiden.

Unter *Produktmix* ist das gesamte Angebotsprogramm bzw. Sortiment zu verstehen, das ein Unternehmen bzw. eine Geschäftseinheit dem Markt anbietet. Der Produktmix setzt sich aus verschiedenen Produktlinien bzw. Produktkategorien zusammen, die für bestimmte Teilmärkte (z. B. Haarpflegeprodukte, Waschmittel) oder Marktsegmente (z. B. Senioren, Junioren) konzipiert sind.

Eine *Produktlinie* umfasst eine bestimmte Zahl von Produkten, die gewisse Charakteristiken oder Technologien teilen, komplementäre Eigenschaften aufweisen («Bundling») oder verschiedene Elemente der anderen Marketinginstrumente gemeinsam nutzen (z. B.

Distributionskanäle). Produktlinien unterscheiden sich hinsichtlich ihrer Tiefe und Breite, wobei die Tiefe die Auswahl an Leistungen kennzeichnet, die grundsätzlich zur Lösung eines identischen Problems des Nachfragers geeignet sind (z. B. Shampoos für normales oder fettiges Haar), und die Breite einer Produktlinie die Auswahl an Leistungen umfasst, die vom Nachfrager zur Lösung unterschiedlicher Probleme zu verwenden sind (z. B. Haarshampoo, -festiger, -spülung).

Das Anbieten eines umfangreichen und *differenzierten Produktmix,* welcher verschiedene Produktlinien umfasst, die zudem eine gewisse Breite und Tiefe aufweisen, bietet Unternehmen verschiedene Vorteile:

- So lassen sich generell Umsätze und ggf. Gewinne erhöhen,
- lässt sich die Marktposition mit Hilfe der auf individuelle Kundenbedürfnisse ausgerichteten Produkte besser gegen den Wettbewerb verteidigen,
- können gewisse Ressourcen in der Forschung & Entwicklung, in der Produktion und in der Beschaffung ökonomischer genutzt werden («Economies of Scope and Scale»),
- kann die Verhandlungsmacht gegenüber Absatzmittlern und Lieferanten gestärkt werden,
- können Markenwerte via Imagetransfer genutzt werden und
- kann besser mit der Dynamik im technischen, sozialen und konjunkturellen Umfeld sowie mit dem Wandel im Kundenverhalten umgegangen werden (bspw. können sich in unterschiedlichen Konjunkturphasen Preis- und Qualitätsangebote substituieren).

Andererseits besitzt ein zu ausdifferenzierter Produktmix potenziell auch erhebliche Nachteile: Eine zu große Variantenvielfalt führt zu Überkomplexitäten, die ungesunde Kostenstrukturen, zum Beispiel in der Produktion, zur Folge haben können oder die die Verkaufskompetenz des Außendienstes überfordern. Auch besteht die Gefahr, dass sich gesamte Produktlinien oder einzelne Produkte «kannibalisieren». Extrem umfangreiche Sortimente können zudem die Informationsverarbeitungsbereitschaft und -fähigkeit der Kunden überfordern und für Verwirrung und Reaktanz sorgen *(«Consumer Confusion»)* (RUDOLPH/KOTOUC 2005; kritisch SCHEIBEHENNE/GREIFENEDER/TODD 2010).

Eine der zentralen Aufgaben der Produkt- und Sortimentsgestaltung besteht daher darin, über den Zeitablauf hinweg einen sinnvollen, das heißt die langfristigen Unternehmensziele unterstützenden, Marktleistungsmix anzubieten. Dies ist nur möglich, wenn laufend Umfang und Struktur des Angebots eines Unternehmens analysiert und den internen (z. B. Unternehmensvision, Ressourcenausstattung) sowie externen Erfordernissen (z. B. Kunden-, Wettbewerbsverhalten, technologischer Wandel) angepasst werden.

5.2 Marktleistungs- bzw. Produkt- und Sortimentsgestaltung

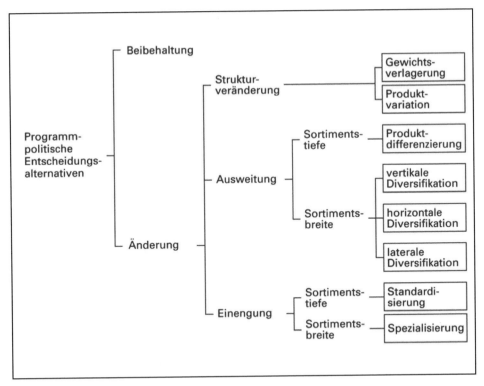

Abb. 5.4 Programmpolitische Entscheidungsalternativen
(in Anlehnung an ENGELHARDT/PLINKE 1979, S. 160)

Unabhängig davon, ob der gesamte Produktmix eines Unternehmens oder einzelne Produktlinien betrachtet werden, reicht das Entscheidungsspektrum der Programm- bzw. Sortimentsgestaltung von Einengung, über Beibehaltung und Strukturveränderung bis hin zu Ausweitung (siehe Abb. 5.4; siehe hier und nachfolgend ENGELHARDT/PLINKE 1979, S. 160 ff.; ASSAEL 2001, S. 420). Mit Blick auf das Planungsobjekt Produktlinien lassen sich die einzelnen Entscheidungsalternativen wie folgt beschreiben:

Eine *Strukturveränderung* im Sinne einer *Gewichtsverlagerung* liegt vor, wenn eine Verschiebung der Umsatz-, Absatz- oder Gewinnanteile unterschiedlicher Programm- bzw. Sortimentsbestandteile angestrebt wird, ohne dass die Zahl der Produkte verändert wird. Von einer *Produktvariation* wird dagegen gesprochen, wenn einzelne Elemente eines Produktes, zum Beispiel im Rahmen eines Modellwechsels, verändert werden. Programm- bzw. Sortimentsänderungen durch *Ausweitung* («Line Extension») oder durch *Einengung* beziehen sich entweder auf die *Tiefe* oder auf die *Breite* einer Produktlinie bzw. eines Sortiments (siehe oben).

Die Ausweitung bzw. Einengung der Tiefe einer Produktlinie oder eines Sortiments kann durch Produktdifferenzierung bzw. -standardisierung erfolgen. Beim gleichzeitigen Angebot verschiedener Varianten einer Produktart wird von *Produktdifferenzierung* gesprochen («Line Deepening»). Bei der *Produktstandardisierung* werden die für ein spezifisches Problem angebotenen Produkte vereinheitlicht, so dass die Zahl der Produkte innerhalb einer Produktlinie reduziert wird («Line Pruning»).

5.2.3 Entscheidungen bei Einzelleistungen

Sämtliche Entscheidungen bezüglich einzelner Produkte müssen aufgrund möglicher substitutiver oder komplementärer Beziehungen zwischen einzelnen Produkten und Produktlinien getroffen werden; dabei ist das gesamte Angebotsprogramm zu beachten. Die grundsätzliche Fragestellung besteht nun darin, welche Eigenschaften bzw. Gestaltungsmerkmale eine Marktleistung aufweisen sollte. Die Kunden beurteilen das Wirken sämtlicher Marketinginstrumente als Ganzheit (Stichworte: Leistungssystem bzw. Komplex von *Nutzenkombinationen*). Mit Blick auf die Marktleistungsgestaltung bedeutet dies, dass neben dem Kernprodukt untrennbar auch Merkmale der Produktgestaltung, der Ausstattung, der Verpackung, der Markierung und der (Zusatz-)Dienstleistungen in diese Beurteilung einfließen. Um die Erwartungen der Kunden mit den angebotenen Leistung bestmöglich zu erfüllen, ist ein abgestimmter Einsatz des gesamten produktpolitischen Instrumentariums erforderlich. Üblicherweise werden die folgenden *Subinstrumente im Rahmen der Marktleistungs- bzw. Produktgestaltung* unterschieden (u. a. HAEDRICH/TOMCZAK 1996, S. 28 ff.; HERRMANN/HUBER 2009, S. 2 f.):

- *Kernprodukt bzw. Leistungskern:*
  Der «Kern» des Produkts umfasst die zentralen funktionalen Eigenschaften und deren Qualität (z. B. bei Wein die Flüssigkeit mit einer bestimmten Geschmacksausprägung). Im Fall eines Dienstleistungsunternehmens steht der Kern-Leistungserstellungsprozess im Mittelpunkt der Betrachtung (z. B. im Fall einer Airline die eigentliche Flugreise). Qualität bezieht sich zum einen auf objektive Eigenschaften des Produktes (Material, Funktionalität, Haltbarkeit, Dauer usw.), zum anderen aber auch auf die subjektiven Einschätzungen der Kunden.

- *Markierung:*
  Die Kennzeichnung von Produkten durch Namen und Symbole und ein charakteristisches Design besitzen im Marketing eine besondere Bedeutung. Daher ist es sinnvoll, das Markenmanagement – wie u. a. von MEFFERT/BURMANN/KIRCHGEORG (2012) vorgeschlagen – sogar als eigenständigen und übergeordneten Entscheidungsbereich des Marketing zu behandeln.

- *Verpackung und Ausstattung:*
  Verpackungen dienen dazu, das Produkt bei Transport und Lagerung zu schützen, seine Stapelbarkeit und Präsentation am Ort des Verkaufs zu ermöglichen sowie seine Nutzung zu erleichtern. Besonders hervorzuheben ist ihre Kommunikations- und Informationsfunktion.

- *Kauf- und nutzungsbezogene (Zusatz-)Dienstleistungen:*
  Zahlreiche – z. B. technisch komplexe – Produkte lassen sich ohne begleitende Dienstleistungen kaum absetzen. Diese Leistungen, wie z. B. Beratung, Lieferung, Montage, Wartung, Schulung, Garantien können in der Vorkauf-, Kauf- und Nachkaufphase erbracht werden.

5.2.4 Individualisierung vs. Standardisierung von Marktleistungen

Im Rahmen der Marktleistungsgestaltung ist insbesondere zu klären, ob eher für einen Massenmarkt konzipierte, standardisierte Produkte oder eher für einzelne Kunden individualisierte Problemlösungen angeboten werden sollen. Insbesondere im Business-to-Business-Bereich werden in der Regel die Produkte auf die Belange einzelner Nachfrager zugeschnitten und können deshalb erst in der Zusammenarbeit mit dem Kunden tatsächlich erstellt werden *(Kundenintegration)*.

Auch bei der Bearbeitung von Massenmärkten im Konsumgüterbereich eröffnen sich aufgrund der fortschreitenden Entwicklungen im Feld der Informations- und Kommunikationstechnologien immer neue Möglichkeiten, standardisierte Produkte zu individualisieren (z. B. PILLER 2006). Eine solche *«Mass Customization»* ist eine Mischstrategie, bei der Produkte oder Dienstleistungen derart flexibel gestaltet werden, dass sie sich sowohl in Massen herstellen als auch auf die spezifischen Anforderungen einzelner Kunden zuschneiden lassen.

> **mi adidas – «Customised shoes for you»**
> (aufbauend auf REICHWALD/PILLER 2009, S. 257 ff.)
> Die Adidas-Gruppe ist mit ihrem Baukastensystem *mi adidas*, eines der Vorreiterunternehmen im Bereich der Mass Customization. Seit dem Jahr 2001 können Kunden über *mi adidas* aus einer breiten Palette an Gestaltungsmöglichkeiten wählen, um ihren Sportschuh an individuelle Bedürfnisse anzupassen, wie es zuvor nur Fussballstars möglich war. Die Individualisierungsoptionen beziehen sich auf die Dimensionen Passform, Funktionalität und Design: So wird die optimale Passform (Vermessen der Füße) und Funktionalität (Untersuchung des Laufverhaltens) an den Konfigurationsterminals in den Shops, die mit statischen und dynamischen Messsystemen, einem Laptop und Probeschuhen ausgestattet sind, gewährleistet. Im Bezug auf das Design kann der Kunde mit Hilfe von Farben und verschiedenen Varianten von Zunge, Oberleder und Streifen das Aussehen seiner Schuhe bestimmen. Darüber hinaus lancierte *Adidas* auch ein Internet-basierte Ideenwettbewerb für Kunden, mit dem Zweck, den bestehenden Kaufvorgang über *mi adidas* zu optimieren; mit dieser Initiative ging das Unternehmen bezüglich der Kundenintegrationstiefe noch einen Schritt weiter, nämlich von der Mass Customization zur Open Innovation.

Der *Ansatz der Leistungssysteme* nach Belz versucht, Aspekte der Standardisierung mit jenen der Individualisierung zu verbinden (BELZ et al. 1991, BELZ/BIEGER 2006). Die Grundidee besteht darin, integrierte Problemlösepakete für attraktive Kundensegmente zu konzipieren. Je nach Kundenattraktivität und Kosten der Individualisierung kann ein Leistungssystem individuell für einen zentralen Schlüsselkunden (Key Account) konfiguriert werden (beispielsweise im Geschäft mit komplexen Industriegütern), oder aber die Leistungen werden für Kleinkunden stark standardisiert, können aber beispielsweise durch Selbstkonfiguration (beispielsweise über Modulsysteme) maßgeschneidert werden. Eine zentrales Ziel ist es, möglichst unter Mitwirkung der Kunden Querbeziehungen zwischen Einzelleistungen eines Unternehmens herzustellen und bisher getrennte Teilleistungen zusammenzufassen.

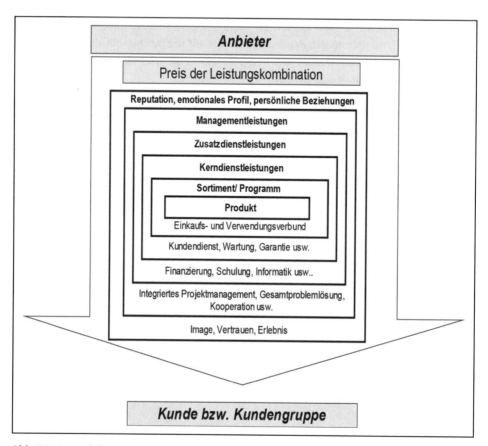

Abb. 5.5 Beispiel für ein Leistungssystem
(nach BELZ et al. 1991, S. 12 und HAEDRICH/TOMCZAK 1996, S. 57)

Die Abb. 5.5 zeigt beispielhaft die systematische Erweiterung von einem «Kern»-Produkt zu einem Leistungssystem. Ziel ist es, die Schnittmenge zwischen angebotener Leistungskombination und den Bedürfnissen des Kunden(-segments) zu maximieren, um «Blindleistungen» (Leistungsbestandteile, die nicht auf ein relevantes Bedürfnis treffen) zu minimieren, denn «einen Nutzen erreicht eine Leistung nur dann, wenn sie ein Bedürfnis befriedigt» (WEINHOLD-STÜNZI 1994a, S. 175). Gleichzeitig sollen möglichst alle kaufentscheidenden Bedürfnisse mit dem Leistungssystem abgedeckt werden, um der Konkurrenz nicht unnötigen Raum zu bieten. Leistungssysteme gehen allerdings deutlich über das Instrument der Marktleistungsgestaltung hinaus, weil sie insbesondere auch Aspekte der Preisgestaltung () und der Kommunikation (Stichwort: emotionales Profil) betreffen.

5.3 Preisgestaltung

5.3.1 Aufgaben und Rolle der Preisgestaltung

Der *Preis* eines Produkts oder einer Dienstleistung ist die Zahl der Geldeinheiten, die ein Käufer für eine Mengeneinheit des Produktes bzw. der Dienstleistung in bestimmter Qualität entrichten muss (SIMON/FASSNACHT 2009, S. 6; DILLER 2008, S. 30). Somit besteht der Preis immer aus zwei Komponenten: dem Geldbetrag (Preiszähler) und der definierten Leistung (Preisbezugsbasis bzw. Preisnenner), zum Beispiel Euro/m², Schweizer Franken/ Stück usw. Der Kunde bezieht in seine subjektive Bewertung sowohl die zu erwartenden Leistungen des Anbieters (seinen Nutzen) als auch den dafür zu zahlenden Preis ein. Er wird das Produkt nur kaufen, wenn der Nettonutzen – als Differenz zwischen Nutzen und Preis – positiv ist. Unter Einbezug der Konkurrenzprodukte zieht er das Produkt vor, das für ihn den größten subjektiv wahrgenommenen Nettonutzen erbringt. Aus diesem Grund ist der Preis nicht allein, sondern immer in Relation zur Leistung zu betrachten (Stichwort: Preis-/Leistungsverhältnis), wobei sich Preis- und Leistungswahrnehmung auch immer gegenseitig beeinflussen.

Aufgabe der Preisgestaltung ist es, den Zielen des Unternehmens entsprechend Preise zu bestimmen und am Markt durchzusetzen. Dabei wird zum einen die akquisitorische Wirkung von Preisen angesprochen, zum anderen deren Funktion der Kosten- und Gewinndeckung. Beide Aufgaben können partiell oder total im Konflikt stehen.

Die *Konditionengestaltung* als Teilbereich der Preisgestaltung ermöglicht die systematische Steuerung des Verhaltens von Marktpartnern durch die Differenzierung von so genannten Normal- oder Listenpreisen. Typische Konditionen sind beispielsweise

- Rabatte (Preisnachlässe, sofern bestimmte Bedingungen wie z. B. Mindestmengen erfüllt sind),
- Boni (bspw. Rückvergütungen am Jahresende aufgrund der im gesamten Jahr getätigten Umsätze),
- Skonti (bspw. 3 Prozent bei Bar- bzw. Sofortzahlung),
- spezielle Lieferungsbedingungen (bspw. Aufteilung der Transport- und Versicherungskosten) sowie
- spezielle Zahlungsbedingungen (z. B. Finanzierungs- und Leasingangebote).

Der Preisgestaltung kommt im Rahmen des Marketing-Mix eine gewisse *Sonderstellung* zu, weil sie – im Gegensatz zu den anderen drei Instrumenten – die Gegenleistung des Kunden darstellt. Der Preis sollte daher niemals isoliert, sondern immer in Zusammenhang mit anderen Instrumenten des Marketing-Mix betrachtet werden. Preisprobleme reflektieren in der Regel lediglich andere Schwächen im Mix, zum Beispiel der Produktqualität oder der Distribution.

Änderungen des Preises haben meistens eine stärkere und schneller einsetzende Wirkung auf Absatz und Marktanteil als andere Marketinginstrumente und lassen sich ohne großen Zeitverzug umsetzen. Da Konkurrenten somit auch zügig auf Preisänderungen reagieren können, ist ein dauerhafter Wettbewerbsvorteil allein mit dem Preis schwer zu etablieren (SIMON/FASSNACHT 2009, S. 7). Andererseits wirken sich Preisänderungen auch deutlich schneller und stärker auf den unternehmerischen Erfolg aus als andere Marketinginstrumente, weil sie direkt erlöswirksam sind.

Preisentscheidungen sind äußerst komplex, mit hoher Unsicherheit verbunden und können – sind sie erst einmal umgesetzt – zu gravierenden Konsequenzen für das Unternehmen führen. Bei der Überprüfung des Preises eines etablierten Produkts bzw. bei der Preisentscheidung für ein neues Produkt ist es zunächst erforderlich, Die Bedeutung des Preises im Gesamtmarketing-Mix festzulegen. Diese hängt zum einen vom Konsumentenverhalten (beispielsweise der Preissensitivität der Kunden), aber auch vom Verhalten der Konkurrenz, der Konjunkturlage, der Kostenstruktur sowie etwaigen Branchenveränderungen ab.

Nachfolgend wird zunächst auf die Ziele der Preisgestaltung eingegangen (REINECKE/ HAHN 2003, S. 341 ff.). Danach werden Verfahren der grundsätzlichen Preisfestlegung sowie der Preisdifferenzierung dargestellt.

5.3.2 Ziele der Preisgestaltung

Preisziele müssen sich inhaltlich und zeitlich in das Gesamtmarketingzielsystem einfügen. Als zentrale Leitplanke dient dabei die Marketingstrategie, insbesondere die *Positionierungsstrategie*. Dabei sind zwei idealtypische Optionen zu nennen (SIMON 1992, S. 60 ff.; siehe hierzu auch Abschnitt 4.5.6.4 zur Strategie-Substanz):

- Aufgrund einer besseren Leistung/eines höheren Nutzens und mit Unterstützung entsprechender nichtpreislicher Instrumente kann das Unternehmen einen höheren Preis am Markt durchsetzen.

- Durch das Angebot gleicher Leistungen wie die Konkurrenz kann das Unternehmen durch einen niedrigeren Preis einen Wettbewerbsvorteil erzielen, bei dem langfristig geringere Kosten Voraussetzung sind.

Auch die Gewichtung der vier zentralen Kernaufgaben Kundenakquisition, Kundenbindung, Leistungsinnovation und Leistungspflege beeinflusst die Anforderungen an die Preisgestaltung; so sind beispielsweise im Rahmen der Kundenbindung Spezialkonditionen für besonders attraktive Stammkunden sowie bei der Leistungsinnovation zeitlich befristete Einführungs- und Testangebote denkbar.

Grundsätzlich lassen sich bezüglich der Preisgestaltung quantitative und qualitative Ziele unterscheiden.

Quantitative Preisziele

Bewährt hat sich in der Marketingwissenschaft die Unterscheidung der Zielkategorien *Gewinn* bzw. *Profitabilität* (langfristig, kurzfristig), Wachstum (Umsatz, Absatz, Marktanteil) und Sicherheit bzw. Risikominimierung (BECKER 2012). Die Gewichtung hängt dabei insbesondere von der Unternehmenssituation und dem Risikoprofil der Eigentümer ab: Mittelständische Familienunternehmen gewichten in der Regel die Aspekte Sicherheit (= Unabhängigkeit von Banken) und Rentabilität besonders hoch, während börsennotierte Großunternehmen Wachstum gefolgt von Profitabilitätsaspekten priorisieren. Auch werden die drei Ziele je nach Lebenszyklus der Branche, des Unternehmens und seiner Marktleistungen unterschiedlich gewichtet, was sich maßgeblich in der Preisgestaltung niederschlägt. In relativ neuen Märkten, wie beispielsweise High-Speed-Daten-Telekommunikation, kommt dem Wachstum und damit dem Umsatz eine höhere Bedeutung zu, während in reifen Branchen die Profitabilität stärker im Mittelpunkt steht.

Die quantitativen Preisziele müssen im Rahmen der Marketingplanung klar operationalisiert werden: Es ist differenziert festzulegen, mit welchen Marktleistungen, bei welchen Kunden, welche Umsätze und Deckungsbeiträge erwirtschaftet werden sollen.

Qualitative Ziele der Preisgestaltung

Da allein der subjektiv wahrgenommene und nicht der objektive Preis kaufentscheidend ist und oft erhebliche Unterschiede zwischen empfundenem und objektivem Preisniveau vorliegen (SCHINDLER 1998, S. 3), sind neben den quantitativen Zielen im Rahmen der Preisplanung insbesondere auch qualitative Preisziele festzuhalten. Bei der Preisplanung muss das Unternehmen für die verschiedenen Marktleistungen und Kundengruppen somit Entscheidungen treffen, in welchem Ausmaß insbesondere die folgenden Preisziele angestrebt werden (siehe hierzu ausführlich DILLER 2008, S. 138 ff.):

- *Preisgünstigkeit*: Hierbei handelt es sich um eine Einschätzung der absoluten Preishöhe aus Kundensicht. Eine Marktleistung gilt insbesondere dann als günstig, wenn ihr Preis als deutlich niedriger als Konkurrenzleistungen oder aber als niedriger als eine kundenindividuelle Preisschwelle (beispielsweise € 9,99 für eine Audio-CD) wahrgenommen wird.

- *Preiswürdigkeit*: Wie schätzen Kunden das Preis-Leistungsverhältnis ein? Dafür sind nicht nur der absolute Preis, sondern insbesondere auch Qualitäts- und Präferenzaspekte entscheidend.

- *Preisvertrauen und -fairness:* Werden die Preise aus Kundensicht als gerecht und ehrlich angesehen? Kommen die Preise konsistent und fair zustande? Wie zuverlässig werden einmal vereinbarte Preise in der Realität eingehalten? Hat der Kunde die Möglichkeit, die Preise zu beeinflussen? Wie schätzt der Kunde die Preiskulanz des Anbieters ein? Verhält sich der Anbieter aus Kundensicht opportunistisch, das heißt, ist er auf seinen Eigennutzen fokussiert?

- *Preiszufriedenheit* mit einer Geschäftsbeziehung: Entsprechen die ursprünglichen Preiserwartungen den später tatsächlich wahrgenommenen Preiserfahrungen?

Bei Beziehungsgeschäften, wie beispielsweise langfristigen Verträgen, kommt der Preiszufriedenheit und dem Preisvertrauen eine besondere Bedeutung zu; bei reinen Transaktionsgeschäften (z. B. einmaligen Käufen) ist es aber durchaus möglich, kurzfristig Gewinn- und Wachstumsziele mit Hilfe einer vom Kunden wahrgenommenen (subjektiven) Preisgünstigkeit zu erreichen, die durch bewusst verursachte Preisintransparenz hervorgerufen wurde.

Ergänzende qualitative Preisziele können darin bestehen, Signale der Kampfbereitschaft an Konkurrenten zu senden (BELZ/SCHINDLER 1994) oder potenzielle Wettbewerber vom Markteintritt abzuhalten.

Beispiele aus der Telekommunikations- und Luftverkehrsbranche belegen ferner, dass die qualitativen Ziele der Preisgestaltung keinesfalls unabhängig voneinander sind. Die Planung und Sicherstellung eines konsistenten Zielsystems ist daher eine der größten Herausforderungen der Preisplanung.

Wie die quantitativen so müssen auch die qualitativen Preisziele eindeutig und klar operationalisiert und priorisiert sein, so dass sie allen an der Preisentscheidung und -durchsetzung Beteiligten bekannt sind und von ihnen verstanden werden (MONROE 2003, S. 433 ff.).

5.3.3 Preisfestlegung bzw. -findung

Die drei zentralen Determinanten der Preisentscheidung (3 K's) sind die *Kosten* des Anbieters, Struktur und Verhalten der *Konkurrenz* sowie das Verhalten und die Wahrnehmungen der *Konsumenten* bzw. Nachfrager (TUCKER 1966, S. 19; DILLER 2008, S. 59 ff.). In Abhängigkeit von der jeweiligen Blickrichtung lassen sich kosten-, wettbewerbs- und abnehmerorientierte Preisfindungsprozesse unterscheiden, denen wiederum zahlreiche Methoden der Preisbildung zugeordnet werden können. Preisfestlegungen aus statischer Sicht beziehen sich auf die Bestimmung des optimalen Preises zu einem festen Zeitpunkt. Werden bei der Preisentscheidung mehrere Perioden berücksichtigt, spricht man von einer dynamischen Preisgestaltung (siehe hierzu auch SIEMS 2008, S. 231 ff.).

5.3.3.1 Preisfestlegung aus statischer Sicht

Kosten- und unternehmensorientierte Verfahren

Bei Preisentscheidungen in der Praxis stehen oft die Kosten im Vordergrund. Aus langfristiger Sicht kann ein Produkt wirtschaftlich nur angeboten werden, wenn es seine variablen und fixen Kosten deckt (Vollkostenrechnung). Bei einer kurzfristigen Betrachtung sind fixe Kosten nicht abbaubar und sollen möglichst weitgehend ge- bzw. überdeckt werden. Wenn der Preis über den variablen Stückkosten eines Produkts liegt, wird ein Stückdeckungsbeitrag erwirtschaftet. Die kurzfristige Preisuntergrenze liegt demnach bei den variablen Stückkosten (Teilkostenrechnung).

Zwei Formen lassen sich hinsichtlich Ansatz und Ziel unterscheiden: Die retrograde Kalkulation geht vom Verkaufspreis aus und überprüft, ob die Preise, die von den Abnehmern erwartet werden, auch betriebswirtschaftlich tragfähig sind. In der Praxis wird insbesondere die Methode der Kosten-plus-Preisbildung (progressive Kalkulation, *Zuschlagskalkulation*) angewandt. Ausgangsbasis bilden die Kosten des Produktes. Nach ihrer Ermittlung wird ein absoluter Gewinnaufschlag addiert.

Preisentscheidungen auf der Grundlage von Kostendaten erscheinen zunächst recht einfach, da in der Regel die erforderlichen Daten in den Kostenrechnungssystemen der Unternehmen vorhanden sind. Herausfordernd sind für viele Unternehmen die Erfassung und Zuordnung der diversen Kosten. Problematisch an dieser traditionellen Form der Preisfestlegung ist die Vernachlässigung von Konkurrenz und Kundenverhalten.

Neben den Kosten beeinflussen auch weitere Unternehmensfaktoren die Preisfestlegung, beispielsweise andere *Marken und Produktlinien*. Bei Mars müssen beispielsweise die Preise von Snickers und Mars miteinander abgestimmt werden. Ebenso muss der Volkswagen-Konzern die Preis- und Marktleistungsgestaltung vergleichbarer Modelle von Skoda, Volkswagen und Audi koordinieren, um unerwünschte Kannibalisierungs- und Substitutionseffekte zu vermeiden.

Wettbewerbsorientierte Verfahren

Struktur und Verhalten der Wettbewerber spielen für die Preisgestaltung ebenfalls eine wichtige Rolle. Insbesondere in oligopolistischen Märkten, in denen sich wenige Anbieter gegenüberstehen, müssen Konkurrenzreaktionen auf Preismaßnahmen generell in die Preisentscheidung einbezogen werden. Eine Preiserhöhung kann sich beispielsweise als unvorteilhaft herausstellen, wenn die Konkurrenz nicht mitzieht und das betreffende Unternehmen Marktanteile verliert. Andererseits kann bei einer Preissenkung unter Umständen das allgemeine Preisniveau abrutschen, wenn die Konkurrenten folgen und ebenfalls ihre Preise senken.

Gelegentlich kommt es insbesondere in Industriegütermärkten vor, dass Unternehmen einen wichtigen Kunden unter allen Umständen gewinnen oder behalten wollen, beispielsweise weil er eine wichtige Imagefunktion für ein gewisse Branche erfüllt. In solchen Fällen werden stark an der Konkurrenz orientierte, «*strategische» Preise* verlangt, die häufig kaum die eigenen (Voll-)Kosten decken (und häufig auch betriebswirtschaftlich durchaus fragwürdig sind).

Je heterogener die angebotenen Marktleistungen im Vergleich zur Konkurrenz sind, desto größer ist tendenziell der Spielraum der Preisgestaltung eines Unternehmens. So streben Unternehmen mit einer *Nischenstrategie* in der Regel eine bewusste Abgrenzung von den Konkurrenzpreisen an. Weit verbreitet ist allerdings auch die Anpassungsstrategie, bei der sich alle Konkurrenten am Preis eines «Preisführers» orientieren (SIEMS 2008, S. 77).

Nachfrageorientierte Verfahren

Um beurteilen zu können, ob ein Preis bzw. eine Preisänderung optimal ist, sollte die aus einer Preisänderung resultierende Nachfrageänderung bekannt sein. Richtung und Ausmaß der Nachfrageänderung sind von der so genannten Preiselastizität abhängig:

$$\text{Preiselastizität} = \frac{\text{relative Absatzänderung in \%}}{\text{relative Preisänderung in \%}}$$

Die Beziehung zwischen Absatz und Preis lässt sich als *Preis-Absatz-Funktion* darstellen. Ihr Verlauf kann sehr verschiedenartig sein (z. B. DILLER 2008, S. 77 ff.). In der Abb. 5.6 werden einige Beispiele dargestellt. (Hinweis: In der volkswirtschaftlichen Literatur ist der Preis die abhängige Variable und somit auf der Y-Achse dargestellt. In der betriebswirtschaftlichen Literatur ist es aber sinnvoll, den Preis als Marketinginstrument und somit als unabhängige, zu gestaltende Variable zu betrachten; daher wird der Preis dann üblicherweise auf der X-Achse abgebildet.)

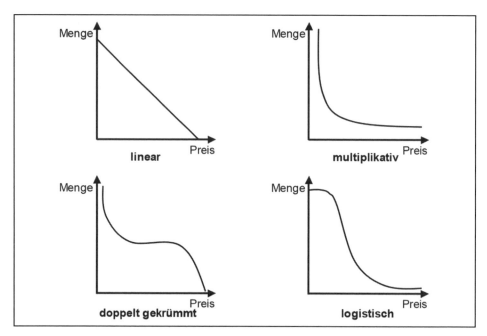

Abb. 5.6 Varianten von Preis-Absatz-Funktionen (in Anlehnung an DILLER 2008, S. 77)

Ein Einflussfaktor auf die Preis-Absatz-Funktion ist beispielsweise die Preiskenntnis der Kunden: Je ausgeprägter die Preiskenntnis (bspw. bei preislich besonders im Fokus stehenden so genannten Eckartikeln wie Butter, Milch und Kaffee bzw. im Non-Food-Bereich DVDs und CDs), desto stärker steht der Preis im Mittelpunkt (SHAPIRO 1968) und desto höher ist tendenziell die Preiselastizität der Nachfrage. Außerdem gilt: Je leichter ein Produkt durch andere substituiert werden kann (bspw. ein Medikament durch ein gleich wirksames Generikum), je weniger dringlich ein Bedarf ist (bspw. Luxusgüter im Vergleich zu Grundnahrungsmitteln), desto preiselastischer ist die Nachfrage. Demgegenüber können einzigartige Produktvorteile, ein unverwechselbares Image oder stabile Kundenbeziehungen eine geringere Preiselastizität der Nachfrage bewirken (SIEMS 2008, S. 100 u. 392).

Im Mittelpunkt nachfrageorientierter Verfahren steht somit die Bestimmung der Preis-Absatz-Funktion und damit die *Abschätzung des aus Kundensicht wahrgenommenen Nutzens einer Marktleistung*. Dieser lässt sich mit folgenden Methoden ermitteln (SIMON/FASSNACHT 2009, S. 109 ff. und VÖLCKNER 2006):

- *Verwendung realer Marktdaten* oder Daten aus Pilotmärkten: Marktdaten ähnlicher Produkte oder Preisinformationen aus anderen Ländern helfen ebenfalls, die Preis-Absatz-Funktion zu bestimmen.
- *Preisexperimente:* Hierbei wird der Preis in verschiedenen Verkaufsregionen oder in verschiedenen Geschäften variiert; man untersucht dabei, wie sich die unterschiedlichen Preise auf den Absatz ausgewirkt haben.

- *Lotterien und Auktionen:* Bei diesen Verfahren tastet man sich schrittweise an die Zahlungsbereitschaft der Kunden heran (ähnlich wie bei einer Versteigerung eines Produkts über ebay).

- *Kundenbefragungen:* Bei direkten Preisabfragen werden die Kunden gefragt, zu welchem Preis sie eine Marktleistung erwerben würden bzw. ob sie bereit wären, ein Produkt zu einem bestimmten Preis zu kaufen. Diese Methode erscheint sehr einfach, ist aber in der Regel nicht besonders valide, weil Kunden einerseits ihre Preisbereitschaft oft nicht kennen und andererseits nicht immer ehrlich antworten. Bei indirekten Preisabfragen muss der Kunde verschiedene, detailliert beschriebene und mit Preisen versehene Angebote nach seiner Präferenz ordnen und gegebenenfalls angeben, welche Produkte er kaufen würde. Mit Hilfe so genannter Conjoint-Analysen lässt sich dann die Preis-Absatz-Funktion ermitteln.

- *Expertenbefragungen:* Insbesondere bei sehr innovativen Produkten, bei denen Kunden selber den Nutzen nicht sofort erkennen können, kann es sinnvoll sein, gut ausgewählte, ausgewiesene Experten die Preis-Absatz-Funktion (ggf. untereinander) erörtern und einschätzen zu lassen.

Bei den im Folgenden vorgestellten Preisentscheidungen aus dynamischer Sicht sind ebenfalls Kosten-, Markt- und Wettbewerbsveränderungen zu berücksichtigen.

5.3.3.2 Preisfestlegung aus dynamischer Sicht

Eine dynamische Preisgestaltung bezieht bei der Preisentscheidung mehrere Perioden ein. Dies ist dann notwendig, wenn der Preis in einer bestimmten Periode die Gewinnsituation in späteren Perioden beeinflusst. Hervorzuheben sind auf der Absatzseite so genannte *Carry-over-Effekte* (Wiederholungskäufe der Nachfrager in einer späteren Phase) und *Preisänderungswirkungen* (Nachfrager orientieren ihr Verhalten an früheren Preisen). Die Entwicklung der Preiselastizität im Lebenszyklus ist ebenfalls an dieser Stelle zu nennen. Auf der Kostenseite bilden die Erfahrungskurve und die Economies of Scale die wichtigsten Determinanten der dynamischen Preisgestaltung (siehe die Abschnitte 2.1.2 und 2.1.3).

Insbesondere bei der Einführung neuer Produkte ist eine Preisentscheidung unter Berücksichtigung dynamischer Aspekte hervorzuheben. Idealtypische Optionen sind entweder Skimming- oder Penetrationsstrategien (DEAN 1951; 1976; SIMON/FASSNACHT 2009, S. 328 ff.):

Skimming-Strategie	Penetrations-Strategie
Realisierung hoher kurzfristiger Gewinne, die von Diskontierung wenig getroffen werden.	durch schnelles Absatzwachstum trotz niedriger Stückdeckungsbeiträge hohe Gesamtdeckungsbeiträge
bei echten Innovationen Gewinnrealisierung im Zeitraum mit monopolistischer Marktposition, Reduktion des langfristigen Konkurrenzrisikos, schnelle Amortisation des FuE-Aufwands	aufgrund von positiven intrapersonellen (Verbrauchsgüter) Carry-over-Effekten Aufbau einer langfristigen starken und überlegenen Marktposition (höhere Preise und/oder höhere Absatzmengen in der Zukunft)
Gewinnrealisierung in frühen Lebenszyklusphasen, Reduktion des Obsoleszenzrisikos	
Schaffung eines Preisspielraums nach unten, Ausnutzung positiver Preisänderungswirkung wird möglich	Ausnutzung von statischen Economies of Scale, kurzfristige Kostensenkung
graduelles Abschöpfen der Preisbereitschaft (Konsumentenrente) wird möglich (zeitliche Preisdifferenzierung)	schnelle Erhöhung der kumulativen Menge, als Konsequenz schnelles «Herunterfahren» auf der Erfahrungskurve; Erreichen eines von der Konkurrenz nur schwer einholbaren Kostenvorsprungs
Vermeidung der Notwendigkeit von Preiserhöhungen (Kalkulation nach der sicheren Seite)	Reduzierung des Fehlschlagrisikos, da niedriger Einführungspreis mit geringerer Flopwahrscheinlichkeit verbunden
positive Prestige- und Qualitätsindikationen des hohen Preises	Abschrecken potenzieller Konkurrenten vom Markteintritt
Vermeidung des Aufbaus hoher Kapazitäten, damit geringere Ansprüche an finanzielle Ressourcen	

Abb. 5.7 Argumente für Skimming- und Penetration-Strategie (in Anlehnung an SIMON/FASSNACHT 2009, S. 329)

Bei der *Skimmingstrategie (= Abschöpfungsstrategie)* wird das neue Produkt zu einem vergleichsweise hohen Preis eingeführt. Dieser Preis wird dann im Laufe der Zeit sukzessive gesenkt. Besonders geeignet ist diese Strategie für Produkte mit einem sehr hohen Neuheitsgrad und einer niedrigen kurzfristigen Preiselastizität. Sie betont stärker den kurzfristigen Aspekt, das heißt das Erzielen kurzfristiger Gewinne bzw. das Decken hoher Entwicklungskosten.

Bei der *Penetrationsstrategie (= Durchdringungsstrategie)* wird eine Marktleistung zu einem besonders niedrigen Preis eingeführt, um möglichst schnell Umsatz zu generieren und Marktanteil zu gewinnen. Die Preisänderung im Laufe der Zeit ist nicht grundsätzlich festgelegt. Wichtigstes Argument für das Verfolgen dieser Strategie ist eine hohe kurzfristige Preiselastizität. Die Penetrationsstrategie beabsichtigt die Erzielung eher langfristiger Erträge.

Abbildung 5.7 zeigt in einer Übersicht Argumente für die jeweilige Strategie.

5.3.4 Preisdifferenzierung und -variation

Unterschiede bezüglich der kundenindividuellen Beurteilung von Marktleistungen, der jeweiligen Kaufkraft sowie der Preiselastizität der Nachfrager bieten Unternehmen die Möglichkeit, Preisdifferenzierungen vorzunehmen, das heißt ähnliche Marktleistungen zu unterschiedlichen Preisen anzubieten. Arten, Formen und Umsetzungsprobleme der Preisdifferenzierung sind in der Abb. 5.8 dargestellt, wobei die internationale Preisgestaltung als ein Sonderfall der *regionalen Preisdifferenzierung* separat aufgeführt wird.

Die *Preisdifferenzierung nach Nachfragern* basiert auf bekannten Modellen zur Marktsegmentierung. Die *nicht lineare Preisbildung* (TACKE 1989) ist für Güter relevant, bei denen in Abhängigkeit vom Preis unterschiedliche Mengen gekauft werden. Der Preis sinkt (ggf. kontinuierlich) pro Einheit mit zunehmender Bezugsmenge; dies kann auch diskontinuierlich beispielsweise mittels Preispunkten erfolgen (z. B. bei Passfotos: 4 Stück für 10 €, 8 Stück für 15 €, 16 Stück für 20 €). Zweiteilige Tarife sind insbesondere in der Telekommunikation üblich (Grundgebühr und Nutzungsentgelt). Bei Blocktarifen können Kunden zwischen verschiedenen angebotenen, zweiteiligen Tarifen wählen, um diese an ihr Nutzungsverhalten anzupassen (bspw. in der Stromwirtschaft). Die Bahncard der Deutschen Bahn bzw. das Halbtax-Abonnement der Schweizerischen Bundesbahnen sind ebenfalls Beispiele für nichtlineare Preise: Der Kunde zahlt eine Grundgebühr und danach ein (niedrigeres) Entgelt pro gefahrenem Bahnkilometer. Preisbündelung ist vor allem in einem Mehrproduktunternehmen relevant, welches mehrere Produkte zu einem Gesamtpreis verkauft (beispielsweise ein Geschirrset anstelle einzelner Teller und Tassen). In diesem Fall wird somit die nicht ausgenutzte Preisbereitschaft eines Käufers bei einem Produkt auf das andere Produkt des Bündels übertragen.

Art der Preis-differenzierung	nach Nach-fragern/Markt-segmenten	nach Menge (nichtlineare Preis-bildung)	nach Ländern
Basis	Unterschiede in den individuellen Nutzen/ Maximalpreisen/ Preiselastizitäten	Unterschiede in den Grenznutzen der 1., 2., ..., n-ten Einheit	Unterschiede in Nutzen/Maximalpreisen/ Preiselastizitäten nach Ländern
Formen	• persönlich • regional • zeitlich • unterstützt durch Differenzierung anderer Instrumente	• zweiteiliger Tarif • Blocktarif • Mengenrabatt • Preispunkte • kontinuierliche Preisstruktur	internationale Preis-differenzierung, Sonderprobleme: • Wechselkurse • Inflation • Zölle, Quoten
Umsetzungs-probleme	• Segmentdefinition • Trennung der Segmente	• Verhinderung von Nachfragebünde-lung • Messung, Optimierung • Kommunikation	• graue Importe/ Arbitrage • Preisanpassung • Organisation • politische Restriktionen

Abb. 5.8 Arten, Formen und Probleme der Preisdifferenzierung (SIMON 1992, S. 43)

> **Preisbündelung bei McDonald's**
> *McDonald's* bietet sehr erfolgreich Menüs an. Damit nutzt das Unternehmen die Tatsache aus, dass manche Kunden primär Hunger haben, aber für einen etwas niedrigeren Betrag gerade noch bereit sind, ebenfalls ein Getränk mitzukaufen. Andere Kunden haben Durst und wenig Hunger, lassen sich aber durch den attraktiven Preis für Menüs dazu verleiten, ein Gesamtmenü zu bestellen. Zusätzlich besteht die Möglichkeit, für einen geringfügigen Mehrpreis ein «Menu plus» zu erwerben, bei dem die Getränke- und Essensportionen größer sind. Eine solche Preisgestaltung bewirkt Mehrkonsum (weshalb sie von Konsumentenschützern kritisiert wird), hat sich für McDonald's aber finanzwirtschaftlich sehr positiv ausgewirkt.

Die *Preisvariation* bezeichnet eine preisliche Anpassung im Zeitablauf. Beispiele sind Saison-, Einführungsrabatte oder Sonderangebotsaktionen. Solche Maßnahmen sind sorgfältig zu planen, da auch negative Nebeneffekte auftreten können, wie beispielsweise Imageverlust, «Hamsterkäufe» oder eine dauerhafte Senkung der Preisbereitschaft. Preisdifferenzierungen nach Zeit sind insbesondere bei Fluggesellschaften üblich: Häufig steigt der Preis für einen Flug, je kurzfristiger man bucht. Auch bei Transportdienstleistern oder in der Hotellerie sind Preisvariationen üblich (bspw. Sondertarife am Wochenende). Gerade Dienstleister greifen gerne auf Instrumente der Preisvariation zurück, um ihre Kapazitäten bestmöglich auszulasten und ihre Erträge zu optimieren («Yield Management»).

> **Preisvariation bei der Deutschen Bahn**
> Die *Deutsche Bahn AG* belohnt frühe Initiative durch günstige «Sparpreise». Kunden, die ihre Tickets mindestens drei Tage im Voraus buchen, erhalten (kontingentierte) Rabatte zwischen 25 und 50 Prozent (abhängig vom Termin der Rückreise). Die Fahrpreise werden somit nicht mehr ausschließlich auf Basis der gefahrenen Kilometer berechnet. Bahnfahrer, die ihre Zugtickets unmittelbar vor Fahrtantritt erwerben, müssen den höheren, aber flexibleren «Normalpreis» zahlen.

Preisdifferenzierungen und -variationen sind wichtige Elemente einer aktiven Preisgestaltung, die zu maßgeblichen Ertragssteigerungen führen können. Allerdings haben sie auch zum Teil negative Auswirkungen auf die qualitativen Preisziele wie das Preisvertrauen und die Preiszufriedenheit, weshalb die Intensität des Einsatzes gut evaluiert werden muss. Ferner erhöhen stark differenzierte Preise auch die unternehmensinterne Komplexität, weil das Preissystem unternehmensintern kommuniziert und Mitarbeiter geschult werden müssen.

5.4 Kommunikation

5.4.1 Aufgaben und Rolle der Kommunikation

Eine wichtige Voraussetzung für den Erfolg eines Anbieters besteht darin, dass die von ihm angebotenen Problemlösungen vom Kunden auch wahrgenommen und akzeptiert werden. Mit *Kommunikation* wird allgemein «die Übermittlung von Informationen und Bedeutungsinhalten zum Zweck der Steuerung von Meinungen, Einstellungen, Erwartungen und Verhaltensweisen bestimmter Adressaten gemäß spezifischer Zielsetzungen verstanden» (BRUHN 2013, S. 3 angelehnt an MEFFERT/BURMANN/KIRCHGEORG 2012, S. 608). Wird Kommunikation als Marketinginstrumentalbereich aufgefasst, so ist sie von den anzusprechenden Zielgruppen her enger zu fassen: Zielgruppe der Kommunikation sind dann primär Kunden, (Absatz-)Marktpartner, Mitarbeiter und andere, den Absatzmarkt beeinflussende Personen oder Organisationen. *Marketingkommunikation* umfasst somit jene Elemente des Marketing-Mix, durch die die Beziehungen zwischen der Organisation und ihren Kunden durch den Austausch von Informationen, Ideen, Meinungen usw. gefördert werden (KUSS/KLEINALTENKAMP 2011, S. 221).

In vielen Branchen nimmt die Bedeutung der Kommunikation (und jene der Markenführung) deutlich zu: Gründe hierfür sind die steigende Zahl austauschbarer Produkte, bei denen der Anbieter versucht, sich mittels Kommunikation positiv von der Konkurrenz abzugrenzen. Insbesondere auch bei Industriegütern kommt der Kommunikation aufgrund des erreichten hohen Grades an Technisierung einzelner Leistungskomponenten und der ausgeprägten Komplexität der Problemlösungen eine zentrale Stellung zu: Weil Nachfrager die Qualität häufig kaum noch einschätzen können, hilft sie, die mit der Entscheidung verbundenen Unsicherheiten zu verringern.

Folgende Fragestellungen charakterisieren die *zentralen Aspekte der Kommunikation* (BRUHN 2013, S. 41 MEFFERT/BURMANN/KIRCHGEORG 2012, S. 606):

- Wer (Organisation, Unternehmen),
- sagt was (Kommunikationsbotschaft),
- unter welchen Bedingungen (situative Gegebenheiten),
- über welche Kanäle (Medien, Kommunikationsträger),
- zu wem (Zielpersonen bzw. Kommunikationsempfänger),
- in welchem Gebiet (Einzugsgebiet),
- mit welchen Kosten (Kommunikationsaufwand),
- mit welchen Konsequenzen (Kommunikationserfolg)?

Kommunikationsziele bzw. Wirkungskomponenten
Die *Ziele der Kommunikation* richten sich auf den Austausch von Informationen, Ideen und Meinungen, häufig um damit (Kunden-)Verhalten im Markt zu beeinflussen.

Da im Allgemeinen keine direkten Beziehungen zwischen kommunikationspolitischen Maßnahmen und Verhalten bzw. Verhaltensänderungen nachweisbar sind, unterscheidet man – neben allgemeinen ökonomischen Marketingzielen wie Absatz, Umsatz und Marktanteil – bei der Kommunikation kognitive (die Erkenntnis betreffende), affektive (das Gefühl betreffende) und konative (Intentionen bzw. Handlungen betreffende) *Ziele bzw. Wirkungskomponenten* (KROEBER-RIEL/WEINBERG/GRÖPPEL-KLEIN 2009, S. 635 ff.; nachfolgend nach BRUHN 2013, S. 182 ff.):

Kognitiv-orientierte Zielgrößen steuern die Informationsaufnahme, -verarbeitung und -speicherung, ohne unmittelbar Handlungen zu beeinflussen. Dazu gehören unter anderem:

- Aufmerksamkeit und Wahrnehmung,
- Kenntnis von Marken bzw. Marktleistungen (Bekanntheit),
- Wissen über Eigenschaften von Marktleistungen (bspw. Produktvorteile).

Affektiv-orientierte Zielgrößen erweitern das Zielspektrum durch gefühlsbetonte Aspekte, so dass beispielsweise eine Marktleistung gegenüber Wettbewerbsangeboten abgegrenzt und individuell positioniert werden kann. Dazu zählen unter anderem:

- Interesse an Leistungsangeboten,
- Aufbau von Vertrauen,
- Einstellung, Image und Kundenzufriedenheit,
- Marktleistungs- und Markenpositionierung,
- emotionales Erleben.

Konativ-orientierte Zielgrößen beziehen sich auf die Reaktionen der Kommunikationsempfänger auf die Kommunikationsmaßnahmen, insbesondere auf Intentionen und Verhalten wie:

- Informationsverhalten,
- Kaufbereitschaft und -absichten,
- Wiederholungskäufe und
- Weiterempfehlungen.

5.4 Kommunikation

Voraussetzung für eine Kommunikationswirkung ist der *Kontakt*: So muss beispielsweise Werbung von den Sinnesorganen der Empfänger aufgenommen werden, um eine Wirkung zu erzielen (unabhängig davon, ob die Aufnahme bewusst oder unbewusst, mit oder ohne Aufmerksamkeit erfolgt) (KROEBER-RIEL/WEINBERG/GROEPPEL-KLEIN 2009, S. 636).

Das älteste und zugleich bekannteste Kommunikationswirkungsmodell wird mit der so genannten *AIDA-Formel* zusammengefasst, die von E. Lewis im Jahr 1898 als Verkaufstechnik erstmals beschrieben wurde. Danach bestehen Kommunikationsziele darin, zunächst Aufmerksamkeit (Attention), dann Interesse (Interest) und darauf aufbauend einen Kaufwunsch (Desire) zu erreichen, um damit die Kaufhandlung (Action) auszulösen. Diese Formel gilt inzwischen allerdings aufgrund ihrer zu starken Vereinfachung als weitgehend überholt. So ist die strikte Reihenfolge der Ziele in gewissen Situationen, wie beispielsweise bei Impulskäufen von Süßigkeiten, fragwürdig. Ferner wird auch die Interaktion mit Kunden kaum berücksichtigt. Dennoch kann man vereinfachend festhalten, dass in der Regel die Bekanntheit oder Aktualität einer Marke bzw. einer Marktleistung das erste Kommunikationsziel ist. Ein Angebot, das dem Nachfrager nicht bekannt ist, wird normalerweise nicht in den Entscheidungsprozess einbezogen. Um ein Produkt zumindest in die engere Auswahl (*«evoked set»*, KROEBER-RIEL/WEINBERG/GRÖPPEL-KLEIN 2009, S. 425 f.) einzubeziehen, muss der Nachfrager zu diesem eine positive Einstellung einnehmen, das heißt es grundsätzlich akzeptieren. Erst durch eine klare Profilierung kann erreicht werden, dass sich das eigene Angebot in der Wahrnehmung der Nachfrager gegenüber Angeboten der Konkurrenz positiv abhebt.

Grundtypen von Kommunikationsstrategien
KROEBER-RIEL/ESCH (2011, S. 77 ff.) identifizieren vier Grundtypen von Kommunikationsstrategien, die der Positionierung eines Angebots dienen. Sie gehen dabei von zwei Determinanten aus, die für die Kommunikationswirkung entscheidend sind: (1) die *Art der Werbung* (emotional, informativ oder gemischt) und (2) die *Höhe des Involvements* der Kunden, also der Grad ihres inneren Engagements (KROEBER-RIEL/WEINBERG/GRÖPPEL-KLEIN 2009, S. 637):

- Bei der *informativen Positionierung* werden dem Empfänger im Wesentlichen sachliche Informationen über zum Beispiel Preis oder Produktfunktionen vermittelt. Die Information über Produkteigenschaften erfolgt im Hinblick auf die jeweiligen Bedürfnisse der Nachfrager.

- Die *emotionale Positionierung* verzichtet weitgehend auf kognitiven Informationsgehalt der Kommunikation, weil die Produktinformationen trivial wären und/oder vom Nachfrager als unwichtig empfunden werden.

- Die *emotionale und informative Positionierung* arbeitet nach dem klassischen Schema: «Appelliere an ein Bedürfnis und zeige, dass dein Angebot geeignet ist, dieses zu befriedigen» (siehe KROEBER-RIEL/ESCH 2011, S. 99. Diese Kommunikationsstrategie ist in der Realität die häufigste.

- Die *Positionierung durch Aktualität* erscheint dann erfolgträchtig, wenn die Zielgruppe für das Kommunikationsobjekt emotional und kognitiv wenig bis gar nicht involviert ist. Die Werbung ist lediglich darauf ausgerichtet, das Produkt im Bewusstsein der Konsumenten zu aktualisieren.

Bedeutung von Medien

Die Bedeutung von Massenmedien wie Fernsehen, Radio, Internet und Druckerzeugnissen hängt einerseits von der Reichweite, andererseits von der werblichen Eignung ab (hier und nachfolgend KROEBER-RIEL/WEINBERG/GRÖPPEL-KLEIN 2009, S. 631 ff.). Bei der *Reichweite* wird untersucht, wie viele Personen ein Medium erreicht (*quantitative Reichweite*) sowie welche Personen erreicht werden (*qualitative Reichweite*). Um Streuverluste möglichst gering zu halten, sollte das von den Medien erreichte Publikum mit den Zielgruppen der Kommunikation möglichst übereinstimmen. Die werbliche Eignung eines Mediums wird einerseits durch die Anmutungsqualität des Mediums bestimmt: So sind beispielsweise das Prestige und die Glaubwürdigkeit von Fernsehwerbung in der Regel höher als jene von Gratisanzeigern; Kinowerbung hat gegenüber TV-Werbung den Vorteil, dass die Zuschauer ihr mehr Aufmerksamkeit widmen. Andererseits bestimmt die äußere Gestaltung eines Mediums deren Eignung: Beispielsweise sind Plakate in der Regel nicht geeignet, um akustische Signale zu übermitteln.

Bei der Betrachtung der Kommunikationsmedien hat sich inzwischen eine Dreiteilung durchgesetzt. Während die meisten klassischen Werbemedien den so genannten «*Paid Media*» zugeordnet werden (Unternehmen müssen für die Nutzung dieser Medien bezahlen, beispielsweise Fernsehen, TV, Radio, Internet-Banner, aber auch klassische Messen), entstehen insbesondere durch die Nutzung sozialer Medien oder Bewertungportale «*Earned Media*», d. h. Kommunikation, die durch die Interaktion von Kunden untereinander entsteht. Diese ist zwar deutlich kostengünstiger und aufgrund ihrer Unabhängigkeit sehr wirksam, allerdings allenfalls indirekt vom Unternehmen beeinflussbar. «*Owned Media*» sind alle Medien, die das Unternehmen selbst unter Kontrolle hat, beispielsweise eigene Publikationen wie Kundenzeitschriften, die eigenen Webseiten oder auch unternehmensspezifische eigene Veranstaltungen. Eine Herausforderung der Kommunikation besteht darin, diese drei Medienarten effektiv und effizient miteinander zu verknüpfen (siehe auch Abb. 5.9).

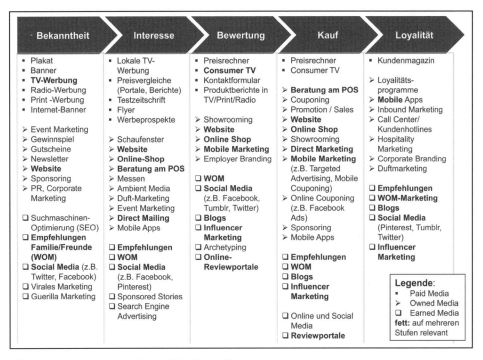

Abb. 5.9 Paid, Owned und Earned Media im Kunden(kommunikations)prozess

5.4.2 Instrumente der Kommunikation

Kommunikationsinstrumente sind letztlich eine *gedankliche Bündelung ähnlicher Kommunikationsmaßnahmen* (BRUHN 2013, S. 6).

Nachfolgend wird zunächst auf die beiden klassischen Instrumente Werbung und Verkaufsförderung sowie den persönlichen Verkauf eingegangen. Letzterer ist ein zentrales Instrument der persönlichen Kommunikation; da er jedoch auch Distributionsaufgaben übernimmt, wird er gelegentlich auch dem Instrument der Distribution zugeordnet.

Werbung

Die «Werbung lässt sich als versuchte Verhaltensbeeinflussung mittels besonderer Kommunikationsmittel auffassen» (KROEBER-RIEL/ESCH 2011, S. 55, ausführlich auch BEHRENS 1996, S. 1 ff.). Dabei umfasst Werbung sowohl die indirekte (Massen-)Kommunikation durch Medien als auch die direkte Kommunikation, beispielsweise durch Werbebriefe oder E-Mails. Im Unterschied zum persönlichen Verkauf kommt es allerdings nicht zu einem persönlichen Kontakt, so dass Werbung als unpersönliches, einseitiges Kommunikationsinstrument gilt. Diesem Defizit wird häufig durch das Hinzufügen von Dialogkomponenten (Coupons, Telefonnummern von Hotlines, Hinweise auf Internetseiten, Kommentarfunktionen) entgegengewirkt (BRUHN 2013, S. 366). Werbung kann sich entweder auf die angebotenen Leistungen des Unternehmens oder auf das Unternehmen selbst beziehen.

Ein Vorteil der Werbung besteht darin, dass beispielsweise über Fernsehen, Printmedien, Hörfunk und elektronische Kanäle (z. B. Online-Banner) gleichzeitig viele Informationsempfänger angesprochen werden und somit die Kosten pro Kommunikationskontakt verhältnismäßig gering sind. Aufgrund der hohen Informationsüberlastung der Konsumenten und der damit einhergehenden Informationsselektion sowie bestehender Vorurteile gegenüber werblicher Beeinflussung ist die Werbewirkung (vielfach) jedoch eingeschränkt. Bei klassischer Massenkommunikation wird häufig ferner die wenig handlungsauslösende Wirkung kritisiert (RUTSCHMANN 2013); diese ist beim Direct Marketing sowie bei Suchmaschinen-Marketing oder Online-Marketingkampagnen deutlich höher (zum E-Business siehe KOLLMANN 2013).

Persönlicher Verkauf
Der «Verkauf als wirtschaftssozialer Prozess umfasst alle beziehungsgestaltenden Maßnahmen, bei welchen Verkaufspersonen (Verkäufer) durch persönliche Kontakte Absatzpartner (Käufer) direkt oder indirekt zu einem Kaufabschluss bewegen wollen» (WEINHOLD-STÜNZI 1994a, S. 256). Charakteristisch für den Verkauf ist insbesondere die Tatsache, dass mittels vorwiegend persönlicher Kontakte ein Dialog mit dem Kunden geführt wird (BELZ 1999, S. 5); dadurch soll eine individuelle Kundenbeziehungspflege erfolgen, um letztlich die wirtschaftlichen Absatzziele zu erreichen (WEINHOLD-STÜNZI 1994a, S. 256).

Grundsätzlich ist der persönliche Verkauf sehr teuer, weil verglichen mit anderen Kommunikationsinstrumenten nur sehr wenige Kunden in derselben Zeit kontaktiert werden können. In vielen Bereichen wurde der Prozess des persönlichen Verkaufens daher auch durch Selbstbedienungskonzepte ersetzt. Bei komplexen Problemlösungen mit hoher Individualität müssen dem Nachfrager im Rahmen persönlicher Gespräche die Kosten- und Nutzenelemente jedoch detailliert dargelegt werden. Daher nimmt der Verkauf bei erklärungsbedürftigen Marktleistungen eine herausgehobene Stellung ein, und zwar sowohl in Business-to-Consumer-Märkten (bspw. Automobile, Immobilien oder Vermögensverwaltung) als auch im Business-to-Business-Bereich (bspw. in High-Tech-Märkten). Grundsätzlich lässt sich feststellen, dass sich der persönliche Verkauf als Kommunikationsinstrument eher empfiehlt, wenn folgende Bedingungen erfüllt sind (KUSS/KLEINALTENKAMP 2011, S. 251):

- hoher Wert des einzelnen Auftrags,
- relativ geringe Zahl von Markttransaktionen,
- hoher Beratungsbedarf aus Sicht des Kunden,
- kundenindividuelle Ausrichtung der Marktleistung sowie
- intensive Verhandlungsprozesse über Marktleistungen, Preise und Konditionen.

Häufig werden auch Telefon oder Onlinekanäle eingesetzt, um den Verkauf kostengünstiger und zugleich kundenorientierter zu gestalten. So versuchen beispielsweise Inbound Marketing-Ansätze, Kontaktaufnahmen, die vom Kunden ausgehen (beispielsweise bei Serviceanliegen oder Informationsbedürfnissen), auch für Verkaufszwecke zu nutzen (SCHAGEN 2013).

Der persönliche Verkauf ist insbesondere im Industriegütermarketing häufig wesentlich komplexer, weil die Kaufentscheidung nicht durch einen einzelnen Käufer, sondern vielmehr durch ein formelles oder informelles Einkaufsgremium (Buying Center) gefällt wird (ausführlich BÜSCHKEN 1994). Somit müssen die Bedürfnisse mehrerer Personen (bspw. Benutzern, Einkäufern, Beeinflussern, formellen Entscheidern) sowie deren Beziehungen berücksichtigt werden.

Verkaufsförderung
Die Verkaufsförderung (Sales Promotion oder Promotion) umfasst zeitlich befristete Maßnahmen mit Aktionscharakter, die andere Marketingmaßnahmen unterstützen und den Absatz bei Händlern und Konsumenten fördern sollen (GEDENK 2002, S. 11). Im Mittelpunkt steht dabei das Ziel, schnelle Reaktionen beim Käufer anzuregen, also unmittelbar den Verkauf eines Produkts zu unterstützen (SHIMP 1993, S. 9). Je nach Zielgruppe unterscheidet man (GEDENK 2002, S. 13):

- Handelspromotions (Trade Promotions),
- Händlerpromotions (Retailer Promotions),
- Verbraucherpromotions (Consumer Promotions).

Mit Hilfe von *Handelspromotions (Trade Promotions)* will der Hersteller den Handel beispielsweise mit Hilfe von Rabatten, Schulungen oder Werbekostenzuschüssen dazu motivieren, seinerseits *Händlerpromotions (Retailer Promotions)* gegenüber den Konsumenten durchzuführen. Beispielsweise kann der Händler erhaltene Rabatte weitergeben oder Displays in Zweitplatzierungen aufstellen.

Bei *Verbraucherpromotions* (Consumer Promotions) wendet sich ein Hersteller direkt an den Konsumenten, beispielsweise mit Gewinnspielen, Coupons, Produktzugaben oder Warenproben. Sie dienen in frühen Phasen des Produktlebenszyklus in erster Linie dazu, Versuchskäufe zu stimulieren, und in späteren Phasen vor allem zur Steigerung der Wiederholungskäufe.

Gelegentlich werden auch Maßnahmen, die sich primär auf den eigenen Außendienst richten und somit den persönlichen Verkauf unterstützen ,der Verkaufsförderung zugerechnet (siehe WEINHOLD-STÜNZI 1994a, S. 257). Solche *Außendienstpromotions* haben das Ziel, die Motivation der betreffenden Mitarbeiter bzw. deren Fähigkeit zum Verkaufen zu verbessern. Typische Maßnahmen sind Schulungen, Prämien, Verkaufswettbewerbe oder die Bereitstellung von Verkaufshilfen.

Weitere Kommunikationsinstrumente
Neben den klassischen Instrumenten Werbung und Verkaufsförderung lassen sich eine Vielzahl weiterer Instrumente dem Instrumentalbereich der Kommunikation zuordnen. Beispielsweise kommt dem *Sponsoring* (Förderung von Personen oder Organisationen, um Kommunikationsziele wie Steigerung von Bekanntheit, Image oder Mitarbeitermotivation zu erreichen; ausführlich BRUHN 2003) eine zunehmende Bedeutung zu. Beim *Event-Marketing* (MEFFERT/BURMANN/KIRCHGEORG 2012, S. 697 inszeniert ein Unternehmen ein firmen- oder produktbezogenes Ereignis (bspw. Jubiläen oder Produktneueinführungen).

Auch das *Product Placement* als bezahlte Verwendung bzw. Abbildung einer Marktleistung im Rahmen der Handlung eines Spielfilms oder einer Fernsehsendung findet insbesondere in den USA, zunehmend aber auch in Europa Verbreitung, auch wenn die gesetzlichen Bestimmungen hier restriktiver sind. *Internet-Kommunikation* (insbesondere World Wide Web, Suchmaschinen-, Banner- und E-Mail-Marketing, Social Media) gehört inzwischen bereits zu einem Standardinstrument, auch wenn die Kommunikationsaufwändungen hierfür im Vergleich zu den klassischen Instrumenten immer noch meist unterdurchschnittlich ausfallen.

Ausstellungen und Messen (KIRCHGEORG et al. 2003, KIRCHGEORG/SPRINGER/BRÜHE 2010) haben vor allem im Business-to-Business-Bereich eine zentrale Bedeutung.

Eine besondere Bedeutung kommt der *Öffentlichkeitsarbeit (Public Relations)* zu (ausführlich ZERFASS 2004). Diese geht deutlich über die reine Absatzförderung hinaus; vielmehr ist es das Ziel der Öffentlichkeitsarbeit, die Beziehungen der Organisation und einer nach Gruppen gegliederten Öffentlichkeit (bspw. Aktionären, Lieferanten, Arbeitnehmer, Kunden, Politik, Umweltorganisationen) planmäßig, systematisch und wirtschaftlich sinnvoll zu gestalten, um bei diesen Teilöffentlichkeiten Vertrauen und Verständnis zu gewinnen bzw. auszubauen (MEFFERT/BURMANN/KIRCHGEORG 2012, S. 688). Während Marketing primär (aber nicht ausschließlich!) auf die marktrelevanten Stakeholder Kunden, Mitarbeiter, Konkurrenten und Marktpartner fokussiert, richtet sich die Öffentlichkeitsarbeit an alle Teilöffentlichkeiten einer Organisation.

Somit ist Öffentlichkeitsarbeit nicht als Teilbereich des Marketing zu sehen, auch wenn sie aufgrund ihrer Wirkung auf die Gruppe der Kunden durchaus für das Marketing relevant ist. Dies ist insbesondere der Fall, wenn sich die so genannte leistungsbezogene Public Relations («*Product-PR»*) auf konkrete Marktleistungen bezieht. Sowohl Ziele als auch Zielgruppen und eingesetzte Instrumente von Marketing und Öffentlichkeitsarbeit können sich somit überschneiden. So bedient sich auch die Public Relations-Abteilung manchmal des Instruments der (Unternehmens-)Werbung, um ihre Kommunikationsziele zu erreichen. Andererseits zählen Pressekonferenzen, Geschäftsberichte, Firmenanlässe zu klassischen Instrumenten der Öffentlichkeitsarbeit. Eine wichtige Aufgabe der Öffentlichkeitsarbeit ist die Gestaltung der Beziehung zu den Medien. Wenn Botschaften als Nachrichten über (Massen-)Medien kommuniziert werden können, so hat das den Vorteil, dass dies relativ kostengünstig ist, weil in der Regel keine Einschaltkosten anfallen. Andererseits sind der Kommunikationsprozess und somit auch die -wirkung nicht in gleicher Art und Weise beeinflussbar wie beispielsweise bei der klassischen Werbung.

5.4.3 Integrierte Marktkommunikation

Integrierte Kommunikation ist einerseits ein beliebtes Schlagwort von Marketingpraxis und -wissenschaft, andererseits aber auch ein zentrales Konzept zur Optimierung der Kommunikationswirkung. Unter integrierter Marktkommunikation wird die inhaltliche, zeitliche und formale Abstimmung aller Maßnahmen der Marktkommunikation verstanden, um die von der Kommunikation erzeugten Eindrücke zu vereinheitlichen und zu verstärken (angelehnt an ESCH 2011, S. 25 ff.). So sollte beispielsweise der persönliche Verkauf auf dieselben Argumente fokussieren wie die Werbung (*inhaltliche* Integration). Ferner ist es zweckmäßig, den Auftritt beispielsweise von Werbung, Verkaufsförderung und Internetauftritt *formal* aufeinander abzustimmen (Logos, Farben, Schrifttypen), um unter anderem die Wiedererkennbarkeit zu fördern. Dies kann beispielsweise mit Schlüsselbildern (lilafarbene Kuh bei Milka, grüne Segel bei Beck's Bier) unterstützt werden. Auch eine *zeitliche* Abstimmung verschiedener Medien und Kommunikationsinstrumente ist sinnvoll, um eine bestmögliche Wirkung zu erzielen.

Häufig ist im Zusammenhang von integrierter Marketingkommunikation auch von «360-Grad-Kommunikation» die Rede; damit ist gemeint, dass Marketingkampagnen On- und Offline-Medien im Rahmen des gesamten Kundenkaufprozesses miteinander kombinieren sollten, um Wirksamkeit und Wirtschaftlichkeit zu optimieren. Abbildung 5.9 zeigt die Instrumentalvielfalt beispielhaft auf; dabei wird auch zwischen Paid, Owned und Earned Media unterschieden.

Die integrierte Marktkommunikation kann auch in ein Konzept der integrierten Gesamtkommunikation eingefügt werden, wobei die gesamte interne und externe Kommunikation einer Organisation Gegenstand der Integration ist (einschließlich bspw. der Mitarbeiter- und der Börsenkommunikation) (siehe hierzu BRUHN 2009).

5.5 Distribution

5.5.1 Aufgaben und Rolle der Distribution

Die Distribution umfasst alle Aufgaben und Institutionen, durch welche Marktleistungen zur «Verwendungs- bzw. Konsumreife» (WEINHOLD-STÜNZI 1994a, S. 338) geführt werden. Dazu zählen alle Entscheidungen eines Unternehmens, die dazu dienen, die verschiedenen Leistungselemente des Angebots dem Nachfrager zur Verfügung zu stellen. Grundsätzlich sind zwei Teilbereiche der Distribution zu unterscheiden, die allerdings nicht vollkommen unabhängig von einander sind (SPECHT/FRITZ 2005, S. 48 ff.; SCHÖGEL 2013, S. 28):

- *Akquisitorische Distribution:* Dieser Teilaspekt betrifft die Gestaltung der rechtlichen, ökonomischen, informatorischen und sozialen Beziehungen zwischen allen an der Güterübertragung beteiligten Akteuren. Letztlich geht es hierbei um das Management von Distributionskanälen bzw. -wegen, also die Frage, welche Institutionen bei der verfügbar zu machenden Marktleistung eingeschaltet werden und wie sich die notwendigen und möglichen Tätigkeiten auf die Betroffenen aufteilen.

- *Logistische (physische) Distribution:* Diese ist darauf ausgerichtet, Raum und Zeit durch Transport und Lagerung der Marktleistungen zu überbrücken. Ferner zählen Auftragsabwicklung und Auslieferung hierzu. Im Mittelpunkt stehen Entscheidungen darüber, wie Logistik (Transport, Lagerung, Auslieferung) sowie Auftragseinholung und -abwicklung zu gestalten sind.

Entscheidungs- und Gestaltungsbereiche des Distributionsmanagements beziehen sich insbesondere auf (AHLERT 2005 und SCHÖGEL 2013, S. 295 ff.):

- die *Selektion* (Distributionskanäle bewerten und geeignete auswählen),
- die *Akquisition* (Beteiligte im Distributionskanal zur Zusammenarbeit mit dem Hersteller motivieren) und
- die *Koordination* (Steuern und Koordinieren des bzw. der Distributionskanäle gemäß der eigenen Ziele).

Distributionsentscheidungen sind meistens *langfristig* orientiert, weil sie nur schwer revidierbar sind. Der Aufbau sachlicher und personeller Kapazitäten kann zu weit reichenden Kosten- und Kapitalbelastungen führen. Bei der Wahl eines indirekten Absatzes über Marktpartner ergibt sich für den Anbieter zwangsläufig eine gewisse Abhängigkeit von diesen Organisationen. Entscheidungen können dann nicht allein aus der Sicht des einzelnen Unternehmens gefällt werden. In zahlreichen Märkten ist der Handel bereits stark konzentriert; diese Tendenz verstärkt sich in der Regel, so dass es zu einer Machtverschiebung von Herstellern zum Handel kommt. In zahlreichen Märkten nimmt der institutionelle Handel erheblichen Einfluss darauf, in welchem Umfang und in welcher Form die Marketingmaßnahmen der Hersteller zum Endkunden gelangen; beispielsweise legt er fest,

- ob eine Leistung überhaupt im Einzelhandel erhältlich ist (Stichworte: Listung, Distributionsgrad),
- ob die Leistung in (aus Sicht der Hersteller) strategieadäquaten Betriebstypen geführt wird (Kompatibilität des Images des Handelskanals mit dem Image des angebotenen Produkts/der angebotenen Marke),
- in welcher Form die Leistung dem Endkunden physisch und kommunikativ präsentiert wird (Stichworte: Platzierung, Umfeld der Platzierung, Beratung, Preis),
- und gegebenenfalls in welchem Umfang und in welcher Qualität Kundendienstleistungen vor und nach dem Kauf erbracht werden.

Nach MEFFERT (1988, S. 102) strebt jedes Industrieunternehmen «die uneingeschränkte Kontrolle aller Marketinginstrumente über den gesamten Absatzweg» bei geringstmöglichem eigenen Ressourceneinsatz an. Im Prinzip ist es das Ziel der Hersteller, rechtlich und weitgehend auch wirtschaftlich selbstständige Absatzmittler so in die eigene Marketingplanung einzubinden, dass sich die angestrebte Positionierung im Endkundenmarkt realisieren lässt.

5.5.2 Organe der Distribution

Grundsätzlich können folgende Institutionen bzw. Organe Distributionsaufgaben übernehmen:

- Distributionsorgane des Anbieters,
- Absatzmittler oder -helfer,
- Kooperationspartner des Herstellers und
- beschaffungswirtschaftliche Organe der Nachfrager, z. B. beim Fabrikverkauf.

Im Hinblick auf eine aktive Gestaltung der Distribution durch den Anbieter sind insbesondere die ersten drei von Bedeutung.

Distributionsorgane des Anbieters

Die Verkaufsabteilung hat die Aufgabe, Aufträge zu gewinnen und organisatorisch abzuwickeln. (Wie bei der Erörterung des persönlichen Verkaufs in Abschnitt 5.4.2 erläutert, betreffen diese Aufgaben häufig sowohl die Marketinginstrumente der Kommunikation als auch der Distribution).

Verkaufsstellen des Anbieters können werkseigen, werksgebunden (nur rechtliche Selbstständigkeit) bzw. rechtlich und wirtschaftlich ausgegliedert betrieben werden. Werkseigene Verkaufsniederlassungen bieten sich beispielsweise bei großen Unternehmen an, um in die Nähe ihrer Abnehmer zu gelangen. Elementares Organ des Verkaufs ist der einzelne Verkäufer, Verkaufsingenieur oder auch ein Key-Account-Manager bzw. Geschäftsleitungsmitglied, das an besonders wichtigen Verhandlungen mit bedeutenden Kunden teilnimmt.

In den meisten Branchen ist auch das Internet ein zentraler direkter Distributionskanal (ausführlich SCHÖGEL 2013, S. 468 ff.), auch wenn für die logistische Distribution dennoch meist Partner (Absatzhelfer, s. u.) benötigt werden.

Absatzmittler und Absatzhelfer

Absatzmittler und Absatzhelfer sind rechtlich selbstständig und in der Regel auch hinsichtlich Anzahl und Austauschbarkeit ihrer Auftraggeber weitgehend wirtschaftlich unabhängig.

Absatzhelfer erwerben kein Eigentum an der Ware, sondern werden lediglich vermittelnd tätig (SPECHT/FRITZ 2005, S. 48); sie übernehmen somit eine dienende Funktion in der Logistik (Transportunternehmen, Lagerhäuser), in der Akquisition (unabhängige Handelsvertreter, -makler, Kommissionäre sowie Messegesellschaften und Marktveranstaltungen) bzw. unterstützen oder beeinflussen den Vermarktungsprozess (bspw. Berater, wissenschaftliche Institute, Architekten).

Dagegen treten *Absatzmittler* als Eigenhändler auf, das heißt sie kaufen Waren im eigenen Namen und auf eigene Rechnung. Sie tragen somit das gesamte Absatzrisiko. Bei Absatzmittlern wird grundsätzlich zwischen Groß- und Einzelhandel (= Detailhandel) unterschieden. Der *Großhandel* veräußert seine Ware «unverändert oder nach handelsüblichen Manipulationen, das heißt ohne wesentliche Be- oder Verarbeitung, an andere Handelsunternehmen, Weiterverarbeiter, gewerbliche Verbraucher oder behördliche Großverbraucher» (SPECHT/FRITZ 2005, S. 71); häufig wird zwischen Binnen- und Außengroßhandel sowie zwischen Produktions- und Konsumptionsverbindungshandel unterschieden.

Im Gegensatz zum Großhandel verkauft der *Einzel- bzw. Detailhandel* seine Ware hauptsächlich an Konsumenten bzw. private Haushalte; er nimmt somit eine zentrale Position in der Distribution ein, wenn der Anbieter seine Waren indirekt vermarktet (SPECHT/ FRITZ 2005, S. 79).

Der Handel erfüllt folgende Funktionen (KLEINALTENKAMP 2006, S. 324 ff., basierend auf einer Typologie von Karl-Christian Behrens):

- *zeitlicher Ausgleich* zwischen Produktion und Nachfrage (Lagerhaltung),
- *räumlicher Ausgleich* (Transport),
- *preislicher Ausgleich* (Preiskenntnis, Arbitragefunktion, Verhandlungskompetenz),
- *quantitativer und qualitativer Ausgleich* (bedarfsgerechte Bereitstellung der richtigen Mengen in der von den Kunden benötigten Sortimentstiefe und -breite),
- *informatorischer Ausgleich* (Information und Beratung der Kunden über das Angebot, aber auch Information über Marktbedürfnisse an die Hersteller).

Sowohl Groß- als auch Einzelhandel treten aufgrund von der Varietät und Dynamik verschiedener Märkte in sehr vielfältigen Formen in Erscheinung. Leistungsspezialisierungen führen zu speziellen Betriebsformen (NIESCHLAG 1954; MCNAIR 1958), die sich durch folgende Merkmale beschreiben lassen (SPECHT/FRITZ 2005, S. 80 ff.):

- *Struktur des Sortiments*:
    - Warengruppenstruktur (Spezial-, Fach- oder Vollsortiment),
    - Qualitätslage,
- *Struktur der Dienstleistungen hinsichtlich*
    - des Orts der Warenübergabe (z. B. Ladengeschäft, Wochenmarkt, Versand),
    - Form der Warenübergabe (z. B. Bedienung, Selbstbedienung),
- *Anteil der Dienstleistungen* an der Gesamtleistung; diese ist beispielsweise beim Discounter in der Regel niedriger als im Bedienungsfachgeschäft.

Je nach Ausprägung dieser Merkmale lassen sich im Einzelhandel folgende Betriebsformen unterscheiden (SPECHT/FRITZ 2005, S. 83 ff.), wobei die Grenzen aufgrund der Entwicklungsdynamik fließend sind: Fachgeschäfte, Spezialgeschäfte, Kauf- und Warenhäuser, traditionelle Versandhäuser, Supermärkte, Verbrauchermärkte bzw. SB-Warenhäuser, Discounter, Verkaufsautomaten, Fachmärkte (z. B. Heimwerkerfachmärkte), Convenience Stores (z. B. Tankstellenshops), Internetshops und Teleshops.

5.5.3 Management der Distributionskanäle

Entscheidungen bezüglich Distributionskanälen (= Distributionswegen) beziehen sich insbesondere auf die Struktur, das heißt auf die Art, Länge und Kombination der Distributionskanäle (Anzahl der Distributionsstufen und Betriebsform der beteiligten Institutionen). Weitere Fragen, wie zum Beispiel Umfang und Form der Beteiligung der einzelnen Akteure und ob die Erbringung der Distributionsleistung allein oder in einer Form der Kooperation durchgeführt wird, sollen an dieser Stelle nicht weiter behandelt werden.

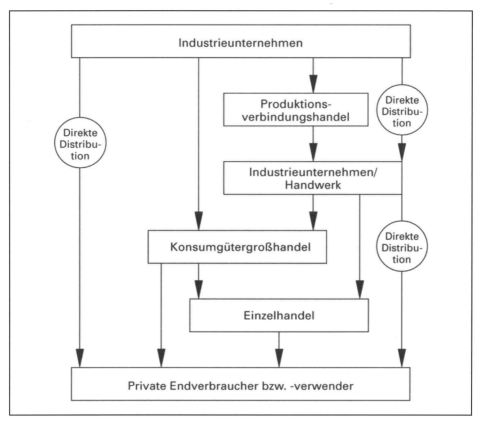

Abb. 5.10 Absatzwege eines Industrieunternehmens (in Anlehnung an MEYER 1984, S. 257)

Nach der Zahl eingeschalteter Handelsstufen sind die beiden Grundtypen der direkten und der indirekten Distribution zu unterscheiden. Von *direkter Distribution* (Direktabsatz) wird gesprochen, wenn ein Hersteller auf die Einschaltung selbstständiger Handelsbetriebe verzichtet und der Distributionsprozess sich im Wesentlichen allein zwischen Hersteller und Verwender der betreffenden Leistung vollzieht und/oder dabei Absatzhelfer eingesetzt werden. Voraussetzung dafür ist die Existenz und entsprechende Ausgestaltung der anbietereigenen Verkaufsorgane. So vermarktet beispielsweise das Unternehmen Dell seine Hardware im Business-to-Business ausschließlich direkt, also ohne dass Groß- oder Einzelhandel dazwischengeschaltet sind. Die Wahl zwischen unternehmenseigenen Organen bzw. die Nutzung der Leistungsfähigkeit von Absatzhelfern ist im *Kern eine «Make-or-Buy-Entscheidung»*.

Bei der *indirekten Distribution* (indirekter Absatz) werden selbstständige Handelsunternehmen als Absatzmittler eingesetzt. Sie vertreten eigene Interessen und versuchen, diese auch gegenüber ihren Lieferanten und Kunden durchzusetzen. Deshalb besteht grundsätzlich die Notwendigkeit, herstellerspezifische Marketingvorstellungen zumindest mit den beeinflussbaren Marketingmaßnahmen der nachgelagerten Absatzstufe(n) abzustimmen (Stichwort: *vertikales Marketing,* TOMCZAK 1991). Ein wesentliches Merkmal der indirekten Distribution ist die Mehrstufigkeit der Distributionskanäle, da mindestens zwei oder mehr Stufen (z. B. Hersteller, Großhändler und Einzelhändler) daran beteiligt sind. Abbildung 5.10 gibt einen Überblick über typische Absatzwege eines Industrieunternehmens.

Die Verschiedenartigkeit der einzelnen Distributionskanäle bietet dem Hersteller die Möglichkeit, sich mehrerer davon gleichzeitig zu bedienen. Unternehmen, die dies tun, verfügen über ein *Mehrkanalsystem* (SCHÖGEL 1997 und 2013, S. 455 ff.). Um Konflikte in den parallelen Distributionskanälen zu vermeiden und geeignete Kanäle optimal abzustimmen, ist in der Regel eine klare Produktdifferenzierung und/oder Marktsegmentierung Voraussetzung.

Beispiele für Mehrkanalsysteme

So nutzen beispielsweise Hersteller von Bonbons zahlreiche Distributionskanäle, insbesondere: Automaten, Lebensmitteleinzelhandel, Süßwarenfachgeschäfte, Drogerien & Apotheken, Bäckereien, Kioske, Gaststätten und Tankstellen sowie Internetkanäle.

Fluggesellschaften distribuieren ihre Angebote über eigene Verkaufsbüros bzw. Internet-Onlineshops, selbständige Reisebüros, Touroperator und Broker sowie über horizontale Kooperationspartner.

Die Distribution von *Nespresso* erfolgt beispielsweise per Online-, Telefon- und Mailorder-Versand, in eigenen Nespresso-Boutiquen, über auf Geschäftskunden spezialisierte Absatzmittler sowie über Kooperationen mit Hotels und Cateringunternehmen sowie Fluggesellschaften.

Bei *intensiver Distribution* streben Unternehmen eine hohe Präsenz ihrer Marktleistungen in sehr vielen einschlägigen Verkaufsstellen an. Im Gegensatz dazu wird bei der *exklusiven Distribution* die Anzahl der eingeschalteten Händler bewusst niedrig gehalten. Eine mittlere Position nimmt die *selektive Distribution* ein. Ihr Kennzeichen ist die Beschränkung auf eine begrenzte Zahl von Absatzmittlern in einem Verkaufsgebiet.

Bei der Evaluation alternativer Absatzwege sind zahlreiche Einflussfaktoren aus den Bereichen Unternehmen, Markt und Umfeld zu berücksichtigen. Ausgewählte Einflussfaktoren werden nachfolgend beschrieben; sie unterstreichen die Mehrdimensionalität der Entscheidungssituation.

Kapital-, Kosten- und Erlöswirkungen

Da der Aufbau einer eigenen Verkaufs- und Distributionsorganisation erhebliche Mittel erfordert, wird ein Unternehmen nach Kapital- und Kostengesichtspunkten eher die indirekte Distribution bevorzugen. Andererseits kann der Hersteller beim Direktabsatz einen höheren Erlös am Markt durchsetzen, weil die sonst zu entrichtende Handelsspanne für die Leistungen der Absatzmittler entfällt. Für die direkte Distribution spricht auch, dass das Unternehmen die Kontrolle über den Distributionskanal behält; somit wird das Verfolgen eigener Marketingziele erleichtert.

Eigenschaften der Nachfrage
Eine Distribution an viele Kunden mit geringer räumlicher Konzentration sowie kleiner Einkaufsmengen pro Einkaufsvorgang begünstigt eher «lange», das heißt indirekte und mehrstufige Distributionskanäle. Je individueller die Leistungsanforderungen und je komplexer die Kaufentscheidungsprozesse seitens der Nachfrager sind, desto eher wird sich der Anbieter auf direkte Distributionswege ausrichten. Dies ist beispielsweise im Business-to-Business-Bereich sehr häufig der Fall.

Eigenschaften der Marktleistungen
Produkteigenschaften beeinflussen nicht nur die Entscheidung, ob ein «kurzer» (direkt oder wenige Stufen) oder «langer» (mehrere Handelsstufen) Distributionsweg gewählt wird, sondern auch, welche Anforderungen an die Absatzmittler und -helfer bestehen. Für beratungsbedürftige, technisch komplizierte Marktleistungen sowie verderbliche oder wertvolle Güter wird tendenziell ein kurzer Absatzweg bevorzugt. Produkte, die lagerfähig sind, einer schnellen Auslieferung bedürfen oder nur in kleinen Mengen gekauft werden (bspw. Produkte des täglichen Bedarfs, auch «Fast Moving Consumer Goods» genannt), sind eher für die indirekte Distribution geeignet.

Eigenschaften der Absatzmittler bzw. -helfer
Sowohl bei Entscheidungen, ob Distributionsfunktionen auf unternehmenseigene Organe oder auf externe Organe zu übertragen sind, als auch bei der Wahl einzelner Absatzmittler bzw. -helfer, sind folgende Kriterien zu berücksichtigen (OLBRICH/SCHRÖDER 1995, Sp.18 f.):

- *Grad der Funktionserfüllung:* Umfang der ausgeübten Distributionsfunktionen, Umfang des übernommenen Risikos, Spezialisierungsgrad, Erfahrungspotenzial, Qualität der Funktionserfüllung;

- *Kosten* bei der Einschaltung und beim Wechsel von Absatzmittlern bzw. -helfern;

- *Image der Absatzmittler bzw. -helfer* bei den Zielgruppen des Auftraggebers;

- *Flexibilität der Absatzmittler bzw. -helfer:* Dauer des Aufbaus einer funktionsfähigen Erfüllung der übernommenen Aufgaben, Anpassungsfähigkeit und -willigkeit bei Strategieänderungen des Anbieters, Grad der erforderlichen Bindung des Auftraggebers an den Absatzmittler bzw. -helfer, Kombinierbarkeit unterschiedlicher Absatzmittler bzw. -helfer;

- *Steuerbarkeit und Kontrollierbarkeit der Absatzmittler bzw. -helfer:* relative Machtposition des Auftraggebers, Bereitschaft zur Verhaltensabstimmung mit dem Auftraggeber.

Unternehmen, die im Rahmen der Vermarktung ihrer Leistungen an Endkunden mit Absatzmittlern zusammenarbeiten, agieren simultan zumindest in zwei Märkten: im Endkunden- und im Absatzmittlermarkt. In solchen Fällen werden für beide Märkte spezifische, allerdings eng miteinander verzahnte Strategien und Maßnahmenpakete benötigt. In der Regel stellen Distributionsentscheidungen, die mit Blick auf den Endkundenmarkt gefällt werden, den Input für die strategische Marketingplanung im Absatzmittlermarkt dar, indem, abgeleitet aus der endkundenmarktorientierten Positionierungsstrategie, Anforderungen an die auszuwählenden Distributionskanäle und -organe (Stichworte: z. B. Distributionsgrad, Beratungsqualität) formuliert werden.

Auf der anderen Seite müssen auch mit Blick auf den Absatzmittlermarkt Distributionsentscheidungen getroffen werden. Auch hier ist festzulegen, auf welchen Wegen und mit welchen Organen die angebotenen Marktleistungen an die Kunden auf der Absatzmittlerebene herangetragen werden sollen. So werden beispielsweise von der Konsumgüterindustrie Key-Account-Manager eingesetzt, um den Handelskunden die eigenen Leistungen zu verkaufen.

Daraus ergeben sich unterschiedliche Formen der *vertikalen Kooperation* in der Distributionskette. Dabei lassen sich drei Formen unterscheiden (siehe ausführlich SCHÖGEL 2013, S. 365 ff.):

- Bei der *handelsorientierten Markenführung* strebt der Hersteller danach, seine eigene Marktleistung mit möglichst geringen Reibungsverlusten gemäß seiner eigenen Ziele für den Endkunden zu vermarkten; die Marketingführerschaft liegt somit beim Hersteller.

- Bei der *Zulieferstrategie* übernimmt der Handel die Marketingführerschaft. Der Hersteller begreift sich «lediglich» als Zulieferer des Handels; dieser wird somit quasi als Endkunde aufgefasst.

- Bei der *Wertschöpfungspartnerschaft* streben Hersteller und Handel im Rahmen eines kooperativen Ansatzes danach, Synergien und somit Effektivitäts- und Effizienzsteigerungsmöglichkeiten in der Distribution auszunutzen (beispielsweise durch eine gemeinsame Sortimentsgestaltung, Stichwort: Category Management).

5.6 Planung des Marketing-Mix

5.6.1 Planung des Marketing-Mix als komplexes Entscheidungsproblem

Das zentrale Ziel bei der Planung des Marketing-Mix besteht darin, eine günstige – im Idealfall die optimale – *Kombination der Marketinginstrumente* zu finden. Im Einzelnen ist festzulegen, welche Instrumente zu welchen Zeitpunkten in welchen Intensitäten und Ausgestaltungen einzusetzen sind, um ein vorgegebenes Zielsystem bestmöglich zu erreichen.

Eine geeignete Abstimmung der einzelnen Marketinginstrumente bzw. -maßnahmen zu finden und umzusetzen, stellt in Theorie und Praxis ein erhebliches Problem dar. Insbesondere die folgenden Gründe erschweren die Planung des Marketing-Mix (siehe auch NIESCHLAG/DICHTL/HÖRSCHGEN 2002, S. 329 ff.; KÜHN/VIFIAN 2003):

Große Zahl von Kombinationsmöglichkeiten der Marketinginstrumente

Nahezu alle Instrumente bzw. Subinstrumente des Marketing-Mix weisen eine Vielzahl von Dimensionen auf, die in der Regel nochmals in weitere Einzeldimensionen zu unterteilen sind, die wiederum vielfältige Ausprägungen annehmen können. In der Abb. 5.11 wird beispielhaft und zur Veranschaulichung ein Zweig einer solchen Instrumentalhierarchie wiedergegeben. Der Marketingplaner sieht sich somit einer unüberschaubaren Menge möglicher Kombinationen von Maßnahmen konfrontiert. Es ist undenkbar, alle Kombinationen zu prüfen, um eine besonders günstige auszuwählen.

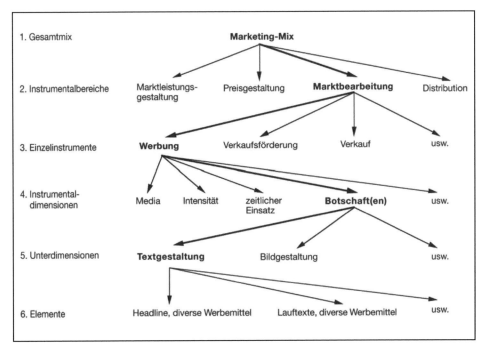

Abb. 5.11 Beispiel einer Instrumentalhierarchie (nach KÜHN/VIFIAN 2003)

Dynamik bei der Entwicklung neuer Instrumente und Instrumentaldimensionen

Da in allen Instrumentalbereichen laufend neue Instrumente und Instrumentaldimensionen entwickelt werden, lässt sich die Menge der den Unternehmen zur Verfügung stehenden Entscheidungsoptionen nicht für einen längeren Zeitraum erfassen. Beispielsweise verlangt der dynamische und intensive Kommunikationswettbewerb den Einsatz eines viel breiter gefächerten Kommunikationsinstrumentariums als in der Vergangenheit. In der Kommunikationspraxis äußert sich dies in einer Zunahme neuer Kommunikationsinstrumente. Instrumente wie Electronic Mail, Multimedia-Promotions, Eventmarketing, Internet-Auftritte, Social Media, Wissenschafts- und Kultursponsoring, Szenemarketing, Kundenschulungen, Hausmessen, Akustik Design, Product Placement usw. eröffneten den Unternehmen vielfach neue Wege, um ihre Botschaften an die Zielgruppen heranzutragen. Auch in den anderen Instrumentalbereichen kommen häufig neue Subinstrumente dazu: in der Distribution haben sich beispielsweise Instrumente wie «Teleshopping» oder «elektronische Märkte» in den letzten Jahren etabliert; inzwischen gehören Mehrkanalsysteme in der Distribution fast schon zum Standard.

Interdependenzen von Marketinginstrumenten
Zwischen einzelnen Marketinginstrumenten bestehen funktionale, zeitliche und hierarchische Interdependenzen. *Funktionale Abhängigkeiten* machen sich beispielsweise in der Form bemerkbar, dass der Einsatz eines Instruments ein anderes Instrument substituieren (z. B. ein durch Werbung aufgebautes Image erlaubt einen reduzierten Einsatz des persönlichen Verkaufs) oder auch ergänzen kann (ein besonders profiliertes Angebot ermöglicht die Durchsetzung eines relativ hohen Preises). Auch konkurrierende Beziehungen zwischen einzelnen Instrumenten sind denkbar (z. B. gefährdet eine Häufung von Verkaufsförderungsaktionen mit Sonderpreisen eine eigentlich verfolgte Premiumpreisstrategie). *Zeitliche Beziehungen* zwischen dem Einsatz einzelner Marketinginstrumente sind von besonderer Bedeutung: So sollte beispielsweise ein spezielles Angebot zunächst im Distributionskanal verfügbar sein, bevor die Werbung für dieses Angebot einsetzt. Grundsätzlich können Marketinginstrumente gleichzeitig, zeitlich versetzt, zeitlich unterbrochen oder sich gegenseitig ablösend eingesetzt werden.

Zudem stehen Marketinginstrumente in einer bestimmten *Rangordnung* zueinander, das heißt es existieren Instrumente, die eine höhere Priorität als andere besitzen. In der einschlägigen Literatur lassen sich instrumentell- und situativ-orientierte Ansätze der Hierarchisierung unterscheiden (siehe HAEDRICH/TOMCZAK/KAETZKE 2003, S. 140 ff.). Instrumentell-orientierte Ansätze postulieren eine generelle Rangordnung zwischen den Instrumenten. So stellen beispielsweise Produkt, Preis und Distribution konstitutive Leistungen dar, die unbedingt zu erbringen sind, damit überhaupt eine Marktleistung zustande kommt; kommunikationspolitische Instrumente weisen hingegen eher akzessorischen Charakter auf; sie sind zwar nicht zwingend erforderlich, aber dennoch für den Markterfolg häufig sehr wichtig. Situativ-orientierte Ansätze nehmen eine Stufung der Marketinginstrumente in Abhängigkeit von bestimmten Gegebenheiten vor, die zum Beispiel durch die Branche, die Wirtschaftsstufe, einzelne Märkte und die Produktgattung definiert werden (siehe u. a. MEFFERT/BURMANN/KIRCHGEORG 2012 S. 786 ff.).

Ausstrahlungseffekte zwischen verschiedenen Geschäftsfeldern
Maßnahmen, die auf ein bestimmtes Geschäftsfeld bezogen sind, können sich auf andere Geschäftsfelder auswirken. Beispiele dafür sind die Effekte von Werbung für ein Produkt auf andere Produkte des gleichen Herstellers oder auf Produkte, die unter dem gleichen «Markendach» vertrieben werden, oder der «Kannibalisierungseffekt», der darin besteht, dass die Steigerung des Absatzes eines Produkts die Nachfrage nach anderen Produkten des gleichen Herstellers im gleichen oder einem «benachbarten» Markt vermindert. So kann beispielsweise bei VW eine Absatzsteigerung beim Polo teilweise zu Lasten des Absatzes beim Golf erfolgen – und umgekehrt.

Unsicherheit hinsichtlich der Wirkung von Maßnahmen
Typischerweise ist der Erfolg einzelner Maßnahmen im Marketing nur ungenau und unsicher festzustellen oder gar zu prognostizieren, was wiederum die Planung des Zusammenwirkens mehrerer Maßnahmen wesentlich erschwert.

Ressourcenbeschränkungen
Häufig wird in der Praxis die Identifizierung und Implementierung eines besonders günstigen (evtl. optimalen) Marketing-Mix durch zeitliche und personelle Restriktionen bei der Planung («knappe Management-Kapazität») und/oder enge Begrenzungen der einsetzbaren finanziellen Ressourcen weiter erschwert. Beispielsweise ist im Pharmamarketing der Einsatz von Pharmareferenten (= Außendienst), die Ärzte besuchen, ein so teures Marketinginstrument, dass dieses bei nicht (mehr) Patent geschützten Medikamenten mit niedrigen Margen aus Kostengründen kaum zum Einsatz kommt.

Koordinationsprobleme zwischen unterschiedlichen Funktionsträgern
Im Marketingbereich existieren eine Vielzahl von spezialisierten Stellen und Abteilungen. In manchen Unternehmen tragen Produkt-Manager, Account-Manager, Länder- bzw. Regionen-Manager, Verkaufsleiter, Werbeleiter, Onlineverantwortliche und Marketingleiter jeweils in einem bestimmten Umfang gemeinsam für bestimmte Marketinginstrumente Verantwortung. Eine solche Arbeitsteilung schafft nicht nur einen hohen Koordinationsaufwand, sondern es besteht auch die Gefahr, dass unterschiedliche Beurteilungen zu widersprüchlichen Entscheidungen führen, die dann einen uneinheitlichen Marketing-Mix zur Folge haben.

5.6.2 Zur Problematik der Optimierung des Marketing-Mix

Die möglichst optimale Gestaltung des gesamten Marketing-Mix und nicht einzelner Instrumente bzw. Subinstrumente stellt – wie angesprochen – die zentrale Zielsetzung der operativen Marketingplanung dar. Aus theoretischer Sicht, aber auch aus dem Blickwinkel der Praxis wäre es daher erforderlich oder wünschenswert, wenn die Planung des Marketing-Mix simultan über alle Marketinginstrumente, -subinstrumente sowie Dimensionen und Elemente hinweg erfolgen könnte. Um einen *optimalen Marketing-Mix* zu erreichen, müssten bei der Planung unter anderem (siehe KAAS 2001, S. 1002 ff.; WÖHE/DÖRING 2013, S. 466 f.):

- sämtliche Marketingziele bekannt sein,
- alle denkbaren Kombinationen und Interdependenzen möglicher Marketinginstrumente und -aktivitäten beachtet werden,
- ein derart langfristiger Planungshorizont zugrunde liegen, dass auch die in späteren Perioden eintretenden Wirkungen berücksichtigt werden,
- sichere Informationen über die Zukunft vorliegen,
- die Kosten jeder Marketingmaßnahme und
- die Marktreaktionsfunktionen (z. B. Verhalten von Kunden, Absatzmittlern und Konkurrenten) bekannt sein.

Wären all diese Informationen verfügbar, insbesondere die Kosten- und Ertragswirkungen jeder Marketingmaßnahme bzw. -aktivität, so würde jener Marketing-Mix realisiert werden, dessen Grenzertrag größer/gleich den zugehörigen Grenzkosten ist. Grundlegend für entsprechende Kalküle ist das so genannte DORFMAN-STEINER-Theorem (DORFMAN/ STEINER 1954). Dieses ist eine marginal-analytische Ableitung der Bedingungen für ein Optimum der Aufteilung der Ressourcen im Marketing-Mix. «Das Optimum ist erreicht, wenn eine zusätzliche Geldeinheit, die in das Marketing-Mix investiert wird, einen gleich hohen Grenzerlös bringt, gleichgültig, in welches Instrument sie investiert wird» (KAAS 2001, S. 334).

Die Ausführungen im vorangegangenen Abschnitt zu den vielfältigen Problemen bei der Planung des Marketing-Mix und insbesondere zu den funktionalen, zeitlichen und hierarchischen Interdependenzen von Marketinginstrumenten haben jedoch verdeutlicht, dass die erforderlichen Informationen nicht oder in ungenügend präziser Form vorliegen, so dass derartige *marginal-analytische Auswahlverfahren* bzw. Simultanplanungen im Rahmen eines Totalmodells in der Marketingpraxis *kaum realisierbar* sind (siehe auch WÖHE/ DÖRING 2013, S. 466 f.).

Immerhin haben langjährige Forschungsanstrengungen zur Schätzung von Marktreaktionsfunktionen doch Früchte getragen. Inzwischen sind typische Verläufe solcher Funktionen identifiziert und Methoden zu ihrer Schätzung entwickelt worden (siehe ESCH/ HERRMANN/SATTLER 2013, S. 374 ff.; LILIEN/KOTLER/MOORTHY 1992, S. 650 ff.; LEEFLANG et al. 2000, S. 66 ff.). Gängig sind dabei unter anderem lineare Verläufe, die trotz gravierender Nachteile (konstanter Grenzertrag, keine Berücksichtigung von Sättigungseffekten) oftmals geeignet sind, Wirkungen von Veränderungen einer unabhängigen Variablen (z. B. Werbebudget) in einem relativ engen Bereich um den bisherigen Wert wiederzugeben. Daneben sind konkave und S-förmige Funktionsverläufe verbreitet, die die im Marketing typischen Sättigungseffekte besser abbilden. Die Komplexität des Problems der Schätzung von Marktreaktionsfunktionen wird dadurch vergrößert, dass oft dynamische (zeitabhängige) Effekte berücksichtigt werden müssen. So ist es im Marketing sehr verbreitet, dass sich die Wirkung von Instrumenten erst mit Verzögerung zeigt und/oder dass die Wirkung noch anhält, obwohl das betreffende Instrument nicht mehr eingesetzt wird («Carry-over-Effekte»).

In der Praxis wird man wegen der begrenzten Datenlage kein Optimum im engeren Sinne ermitteln können. Die Bemühungen gehen aber dahin, sich daran anzunähern. ESCH/HERRMANN/SATTLER (2013, S. 389 f.) erläutern auch, dass vielfach nennenswerte Abweichungen von der optimalen Aufteilung der Ressourcen im Marketing-Mix nur zu geringen Einbußen beim wirtschaftlichen Ergebnis führen.

Aufgrund der erheblichen Probleme bei der Anwendung modellgestützter Optimierungsverfahren ist die praktische Marketingplanung noch meist durch

- partielle, das heißt unvollständige Betrachtungen,
- sukzessive Festlegungen
- und (vielfach) nicht-quantitative Beurteilungen

der Marketinginstrumente und -maßnahmen gekennzeichnet, wobei in Kauf genommen wird, dass unter Umständen (wenn überhaupt) nur eine brauchbare, vielleicht aber nicht die beste Lösung gefunden wird.

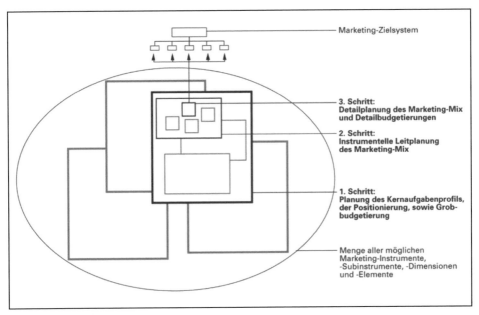

Abb. 5.12 Reduzierung der Planungskomplexität durch eine heuristische Vorgehensweise

Um zu einer solch (zumindest) brauchbaren Lösung zu kommen, empfiehlt sich der Einsatz so genannter heuristischer Verfahren (siehe GUSSEK 1992, S. 31 ff.). Den folgenden Ausführungen zu *heuristischen Vorgehensweisen* bei der Planung des Marketing-Mix, sei ein Zitat von WÖHE zum Für und Wider des Einsatzes von Heuristiken vorangestellt: «Subjektivem Ermessen ist hierbei Tür und Tor geöffnet. Optimale Lösungen können [...] nicht erwartet werden. Andererseits gilt auch hier: Planvolles Wirtschaften ist nur begrenzt berechenbar. Wer vom Prinzip optimaler Entscheidungen keine Abstriche machen will, ist praktisch zum Nichtstun verdammt. Die Ergebnisse des Nichtstuns sind aber meist schlechter als die Ergebnisse unzulänglichen unternehmerischen Handelns» (WÖHE/DÖRING 2013).

Bei der Anwendung heuristischer Verfahren wird das Gesamtproblem der Bestimmung des Marketing-Mix in eine Folge sukzessiv zu bearbeitender Teilprobleme zerlegt, die schrittweise abgearbeitet werden, indem zuerst konzeptionelle Grundsatzentscheidungen und daran orientiert immer differenziertere operative Entscheidungen zu treffen sind (siehe KÜHN/VIFIAN 2003).

Folgendes *heuristisches Vorgehen bei der Planung des Marketing-Mix* ist für viele Situationen in der Praxis zweckmäßig:

1. *Schritt:* Planung der Wachstumsstrategie und der Marketingstrategie sowie Grobbudgetierung
2. *Schritt:* Instrumentelle Leitplanung des Marketing-Mix
3. *Schritt:* Detailplanung des Marketing-Mix und Detailbudgetierungen

Der in den Unterkapiteln 4.2 bis 4.5 bereits abgearbeitete erste Schritt mit den Entscheidungsfeldern Wachstumsstrategie, Marketingstrategie (Kernaufgabenprofil, Kooperationen und Positionierung) und Grobbudgetierung grenzt den zur Planung des Marketing-Mix zur Verfügung stehenden Entscheidungsraum bereits in einem gewissen Umfang ein. Orientiert an der Wachstumsstrategie, der Marketingstrategie und der Grobbudgetierung sind die Entscheidungen über die Mittel und Maßnahmen zu treffen, mit denen das jeweilige Marketingzielsystem realisiert werden soll. Allgemein kann davon ausgegangen werden, dass eine formulierte Marketingstrategie noch eine Vielzahl von Optionen offen lässt, das heißt, es existieren noch zahlreiche mögliche Marketing-Mix-Kombinationen, die die gewählte Marketingstrategie mehr oder weniger gut umsetzen würden. Um sicherzustellen, dass tatsächlich ein klarer und konsistenter Marketing-Mix zum Einsatz gelangt, ist es nützlich, bevor die einzelnen Marketinginstrumentalbereiche detailliert geplant werden, einen weiteren Planungsschritt zwischenzuschalten, der die Detailplanung des Marketing-Mix über alle Instrumente hinweg koordiniert, die Planungskomplexität reduziert und die Wachstumsstrategie sowie die Marketingstrategie einbezieht. Eine solche *instrumentelle Leitplanung des Marketing-Mix* übernimmt die Aufgabe, die Breite des durch die Wachstumsstrategie und die Marketingstrategie vorgezeichneten Strategiekanals weiter zu verringern und die Kreativität des Planers in festere Bahnen zu lenken. Sie ist ein wesentlicher Schritt im Hinblick auf die Reduktion der komplexen Realität und hinsichtlich der Abstützung der Entscheidungsfindung in der Marketingplanung (siehe auch die Abb. 5.12). Auch an dieser Stelle ist anzumerken, dass ein solcher Planungsprozess nicht streng sequenziell ablaufen, sondern durch Iterationen, Vernetzung und Dynamik gekennzeichnet sein sollte. Im Folgenden werden zunächst mit

- dem Dominanz-Standard-Modell von Kühn/Vifian (2003) und
- dem Zonenmodell der Profilierung von Rudolph (1993)

beispielhaft zwei Ansätze vorgestellt, die bei der instrumentellen Leitplanung isoliert oder auch kombiniert eingesetzt werden können. Anschließend wird die Verknüpfung der instrumentellen Leitplanung mit den Kernaufgaben erläutert.

5.6.3 Instrumentelle Leitplanung

5.6.3.1 Dominanz-Standard-Modell von Kühn

Um das Problem der Simultanbehandlung der Vielzahl möglicher Marketingmaßnahmen zu lösen, geht das Dominanz-Standard-Modell von Kühn (1985; 1986) bzw. Kühn/Vifian (2003) von der Frage aus, «ob nicht Ansatzpunkte existieren, die es erlauben, bestimmte

Marketinginstrumente in den weiteren Überlegungen in den Vordergrund zu stellen bzw. eine Sequenz der Bestimmung der Instrumente des Marketing-Mix festzulegen» (KÜHN/ VIFIAN 2003). Hierzu wurde von Kühn eine Typologie entwickelt, die so genannte dominierende, komplementäre, marginale und Standardinstrumente unterscheidet. Die Kategorien können wie folgt charakterisiert werden (siehe auch die Abb. 5.13):

Dominierende Instrumente
Das sind Instrumente, deren Ausgestaltung bzw. Einsatz

- Freiheitsgrade enthält,
- für den Markterfolg gegenüber der Konkurrenz ausschlaggebend ist und
- hoher finanzieller, personeller oder intellektuell-kreativer «Investitionen» bedarf.

Komplementäre Instrumente
Das sind Instrumente, deren Ausgestaltung bzw. Einsatz

- Freiheitsgrade enthält,
- für den Markterfolg von Bedeutung ist und sich zur Stützung der Wirkung der dominierenden Instrumente als notwendig oder zweckmäßig erweist.

Standardinstrumente
Das sind Instrumente, deren Ausgestaltung bzw. Einsatz

- keine bzw. geringe Freiheitsgrade enthält und einem durch die Marktsituation bestimmten Standard anzupassen ist,
- wobei die Nichterreichung des Standards mit an Sicherheit grenzender Wahrscheinlichkeit zu Misserfolgen führt,
- während ein Übertreffen des Standards entweder nicht möglich ist oder von den Kunden nicht honoriert wird.

Marginale Instrumente
Das sind Instrumente, deren Einsatz bzw. Ausgestaltung für den Markterfolg in einer bestimmten Situation bedeutungslos ist und bleibt.

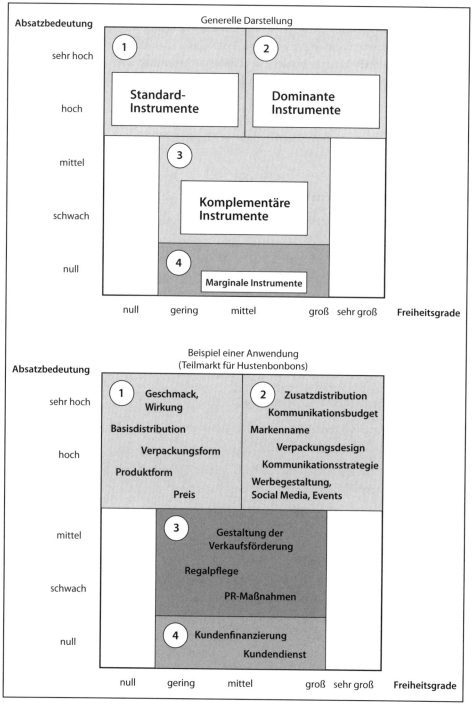

Abb. 5.13 Dominanz-Standard-Modell von Kühn
(aufbauend auf KÜHN 1997, S. 45)

Diese Kategorien lassen sich nicht definitiv bestimmten Marketinginstrumenten zuordnen. Vielmehr wechselt ihre Bedeutung in Abhängigkeit von der jeweiligen Situation (Markt, Segment, Zeitablauf, Unternehmen usw.). Aufgabe des Marketingplaners ist es mithin, in einem *ersten Schritt*, aufbauend auf einer fundierten internen sowie externen Analyse und orientiert an der Marketingstrategie, die potenziell zur Verfügung stehenden Marketinginstrumente zu kategorisieren.

In einem *zweiten Schritt* geht es darum, mit Hilfe der erarbeiteten Kategorisierung das Management des Marketing-Mix weiter zu konkretisieren. Zunächst werden die dominierenden Instrumente und an zweiter Stelle die komplementären Instrumente behandelt, während die Standardinstrumente keiner eigentlichen Entscheidungen bedürfen, da die Markt- bzw. technischen Standards keine Freiheitsgrade aufweisen (siehe KÜHN/VIFIAN 2003). Die Bestimmung und Ausgestaltung der dominierenden Instrumente stellt die zentrale konzeptionelle Entscheidung und damit das Ergebnis der instrumentellen Leitplanung dar. Abbildung 5.14 illustriert diesen Ablauf.

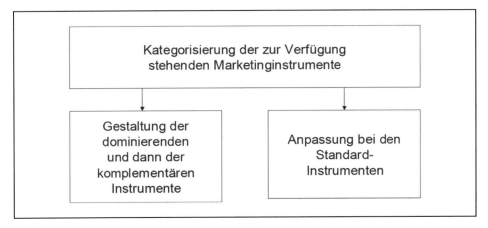

Abb. 5.14 Anwendung des Dominanz-Standard-Modells

5.6.3.2 Das Zonenmodell der Profilierung von Rudolph

Das Zonenmodell der Profilierung wurde von RUDOLPH mit Blick auf den Einzelhandel entwickelt. Es lässt sich allerdings, geringfügig modifiziert, auch in anderen Wirtschaftsbranchen einsetzen (RUDOLPH 1993 und RUDOLPH/NAGENGAST/WEBER 2014). Bei der Entwicklung seines Modells ging Rudolph von der Grundthese aus, dass Unternehmen immer dann besonders erfolgreich sind, wenn sie zum richtigen Zeitpunkt als erste neue Maßnahmen realisieren (siehe RUDOLPH/WEINHOLD-STÜNZI 1993, S. 94).

Ähnlich wie im Dominanz-Standard-Modell von KÜHN soll im Modell von Rudolph die Komplexität bei der Planung des Marketing-Mix dadurch reduziert werden, dass die zur Verfügung stehenden Marketinginstrumente und -subinstrumente bestimmten Kategorien zugeordnet werden. RUDOLPH unterscheidet drei Kategorien (siehe auch die Abb. 5.15):

Sicherheitszone

In diese Kategorie gehören Leistungen bzw. Marketinginstrumente, die vom Kunden als Selbstverständlichkeit vorausgesetzt und somit auch von nahezu allen Konkurrenten erbracht werden.

Profilierungszone

Dieser Zone sind Leistungen bzw. Marketinginstrumente zuzuordnen, die vom Kunden nachgefragt, aber von der Konkurrenz noch nicht oder nur unzulänglich erbracht werden.

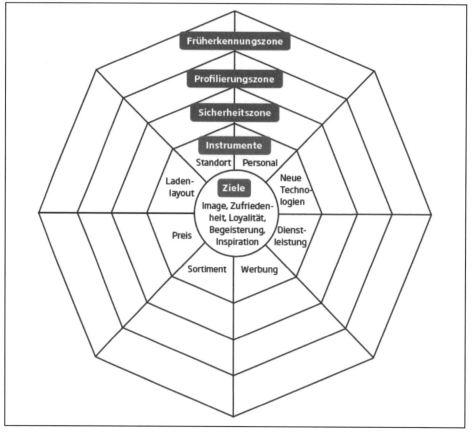

Abb. 5.15 Zonenmodell der Profilierung
(Rudolph/Nagengast/Weber 2014, S. 193)

Früherkennungszone

In diese Zone gehören Leistungen bzw. Marketinginstrumente, die momentan noch von keinem Anbieter erbracht werden, die vom Kunden in Zukunft aber (wahrscheinlich) nachgefragt werden.

Für Marketinginstrumente, die der Profilierungszone zugeordnet werden, stellen artikulierte Kundenwünsche den Ausgangspunkt der weiteren Planungen dar. Bei Marketinginstrumenten, die in die Früherkennungszone eingruppiert werden, ist zu prüfen, ob bestimmte innovative Problemlösungsideen auf latente und/oder zukünftige Kundenwünsche treffen.

Bei der Anwendung des Zonenmodells der Profilierung von RUDOLPH empfiehlt sich ein stufenweises Vorgehen. So ist es zweckmäßig, zunächst das *Ist-Profil* zu analysieren, um eigene Stärken und Schwächen sowie Chancen und Gefahren im Markt und Wettbewerb zu identifizieren. Anschließend ist – orientiert an der Wachstumsstrategie und der Marketingstrategie – das *Soll-Profil* aufzustellen, wobei es im Sinne einer instrumentellen Leitplanung darum geht, die Schwerpunkte und Richtlinien für den Einsatz des Marketing-Mix festzulegen.

5.6.3.3 Instrumentelle Leitplanung in Abstimmung mit der Wachstums- und Marketingstrategie

Marketingverantwortliche müssen die definierten Schwerpunktinstrumente in Beziehung zu den im Rahmen der in den einzelnen Geschäftsfeldern anvisierten Wachstums- und Marketingstrategie setzen. Dabei ist es Ziel, die Schwerpunktinstrumente bestmöglich für die jeweilige(n) Kernaufgabe(n) einzusetzen.

Grundsätzlich stehen für jede Kernaufgabe bzw. für das zukünftig zu verfolgende Kernaufgabenprofil alle Marketinginstrumente zur Verfügung. Die Kernaufgaben prägen die Gestaltung der jeweils einzusetzenden Marketinginstrumente jedoch unterschiedlich. Während sich einige Marketinginstrumente schwerpunktmäßig, aber nicht ausschließlich, einer Kernaufgabe zuordnen lassen – hierzu zählen beispielsweise Kundenclubs oder -zeitschriften für die Kundenbindung – ist dies bei anderen Marketinginstrumenten, wie zum Beispiel der Distribution, nicht zwangsläufig der Fall (siehe auch TOMCZAK/REINECKE 1996, S. 15). Bei der Planung des Marketing-Mix sind daher zum einen die Wechselwirkungen der Instrumente innerhalb der jeweiligen Kernaufgabe und zum anderen auch über die Kernaufgabe hinweg zu berücksichtigen.

Wechselwirkungen der Instrumente innerhalb einer Kernaufgabe

Es ist bedeutend, dass die Marketinginstrumente und -subinstrumente bei der Planung einer Kernaufgabe nicht einzeln und additiv betrachtet werden, sondern dass man ihre Beziehungen zueinander betrachtet (BELZ 1999). Der Einsatz eines Marketinginstruments innerhalb einer Kernaufgabe ist nie losgelöst von dem Einsatz anderer Instrumente zu sehen.

Wechselwirkungen der Marketinginstrumente innerhalb einer Kernaufgabe

So ist es beispielsweise im Rahmen der Kundenbindung möglich, Kunden über technische Wechselbarrieren (Systemgeschäft), über vertragliche Vereinbarungen (z. B. Kündigungsfristen) und/oder über den Preis (beispielsweise Treuerabatte) zu binden. Ferner bindet ein Unternehmen Kunden dadurch, dass es die Kundenerwartungen übertrifft oder zumindest für den Kunden sichtbar wird, dass die Leistung das Niveau der Konkurrenzleistungen übersteigt (Kundenbindung durch Kundenzufriedenheit). Diese Instrumente können auch in Kombination eingesetzt werden.

Wechselwirkungen der Instrumente zwischen den Kernaufgaben
Die Interdependenzen der Kernaufgaben zueinander sind bei der Planung des Marketing-Mix ebenso zu berücksichtigen. Es muss daher bei mehreren im Rahmen der Wachstums- und Marketingstrategie verfolgten Aufgaben neben einer kernaufgabenspezifischen eine kernaufgabenübergreifende Planung des Instrumentariums vorgenommen werden. In diesem Fall sind die Wechselwirkungen einzelner Instrumente oder Instrumentalkombinationen hinweg über die einzelne Kernaufgabe zu berücksichtigen (siehe auch TOMCZAK/ REINECKE 1996, S. 16).

Wechselwirkungen der Marketinginstrumente zwischen den Kernaufgaben
So erreicht man mit dem *Kommunikationsinstrument* «Printwerbung» sowohl potenzielle als auch bestehende Kunden. In der Regel wird die Werbebotschaft in einem solchen Fall durch jene Kernaufgabe geprägt, auf die man den Schwerpunkt gelegt hat. Einen Kompromiss zeigen die Anzeigen mancher Automobilhersteller: Es wird mit Bildern versucht, bei Neukunden Aktualität zu erzeugen und die eigenen Leistungen zu positionieren. Ergänzt werden diese Anzeigen jedoch in der Regel durch einen mehr oder weniger umfangreichen Anzeigentext, der von den Kunden gelesen werden soll und der ihnen Argumente liefert, warum ihre Kauf-entscheidung richtig war. Dieser Text trägt dazu bei, eventuell vorhandene kognitive Dissonanzen aufzulösen und verstärkt somit die Kundenbindung. Auch das Marketinginstrument *Preisgestaltung* kann zum einen eingesetzt werden, um neue Kunden zu akquirieren (beispielsweise über Lock- und Sonderangebote) und zum anderen aber auch, um bestehende Kunden zu binden (Treuerabatte, Preisdifferenzierungen).

Bei der Planung muss darauf geachtet werden, dass die instrumentellen Entscheidungen innerhalb jeder Kernaufgabe nicht den Zielen einer anderen Kernaufgabe entgegenwirken. Daher dürfen beispielsweise Lockangebote für Neukunden nicht so attraktiv sein, dass sie die Kundenbindungsmaßnahmen neutralisieren.

Zielkollision beim Einsatz der Marketinginstrumente zwischen den Kernaufgaben
Bei Kreditkartenorganisationen ist das Marketing häufig noch stark darauf ausgerichtet, neue Kunden zu akquirieren. Banken und Kreditkartenaussteller «verschenken» oftmals den ersten Jahresbeitrag. Dies führt jedoch letztendlich zu einem «destruktiven Marketing» (BELZ 1989), da die Akquisitionsangebote auch den bestehenden Kunden einen Anreiz bieten, die eigene Kreditkarte jeweils nach Ablauf eines Jahres zu kündigen und bei einer anderen Organisation eine neue – kostenlose – Karte zu beantragen.
Auch Verlagshäuser kämpfen mit der Abstimmung von Maßnahmen der Kundenakquisition und -bindung. So investieren sie im Direct Marketing relativ viel Geld, um si-

5.6 Planung des Marketing-Mix

cherzustellen, dass sie nicht bestehende Abonnenten mit hoch attraktiven «Lockvogelangeboten» anschreiben – denn es verärgert «Normalpreis» zahlende Stammkunden, wenn sie erfahren, dass Neukunden wesentlich weniger verrechnet wird.

Abbildung 5.16 zeigt die vom Marketingplaner zu berücksichtigenden Wechselwirkungen im Überblick, wobei die vertikalen Pfeile die Interdependenzen innerhalb einer Kernaufgabe, die horizontalen Pfeile die Wechselbeziehungen zwischen den Kernaufgaben anzeigen.

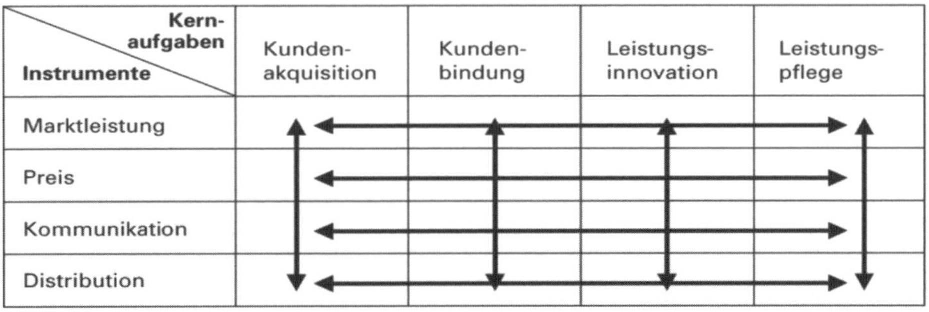

Instrumente \ Kernaufgaben	Kundenakquisition	Kundenbindung	Leistungsinnovation	Leistungspflege
Marktleistung	↕ ←	→ ↕ ←	→ ↕ ←	→ ↕
Preis	↕ ←	→ ↕ ←	→ ↕ ←	→ ↕
Kommunikation	↕ ←	→ ↕ ←	→ ↕ ←	→ ↕
Distribution	↕ ←	→ ↕ ←	→ ↕ ←	→ ↕

Abb. 5.16 Wechselwirkungen der Marketinginstrumente innerhalb und zwischen den Kernaufgaben

Nach Abschluss der instrumentellen Leitplanung (Festlegung der Schwerpunktinstrumente anhand eines Leitmodells und Planung des Einsatzes des Instrumentariums in Abstimmung mit der Wachstums- und Marketingstrategie) liegen somit erste, allerdings richtungweisende Antworten auf die folgenden Fragen vor (siehe auch BECKER 2013, S. 486):

- Welche Marketinginstrumente stehen in einer konkreten, unternehmensindividuellen Situation überhaupt zur Verfügung?
- Welche Instrumente des verfügbaren Marketing-Instrumentariums sollen im Rahmen der zu verfolgenden Wachstumsstrategie und Marketingstrategie eingesetzt werden?
- Wie sollen die einzusetzenden Instrumente gehandhabt werden (qualitativer Aspekt)?
- In welchem Umfang sollen die einzusetzenden Instrumente angewandt werden (quantitativer Aspekt)?
- In welcher zeitlichen Reihenfolge sollen die einzelnen Instrumente eingesetzt werden (Synchronisierung)?
- In welcher Kombination zueinander sollen die Marketinginstrumente wirksam werden (Harmonisierung)?

5.6.4 Detailplanung des Marketing-Mix

Im Rahmen der Detailplanung des Marketing-Mix werden die einzelnen Instrumente und Subinstrumente geplant. Im Einzelnen geht es um

- eine weitere Spezifizierung der globalen Vorgaben aus den vorangegangenen Planungsphasen,
- um die Ableitung konkreter, terminierter Maßnahmenpläne und
- um die Detailbudgetierungen.

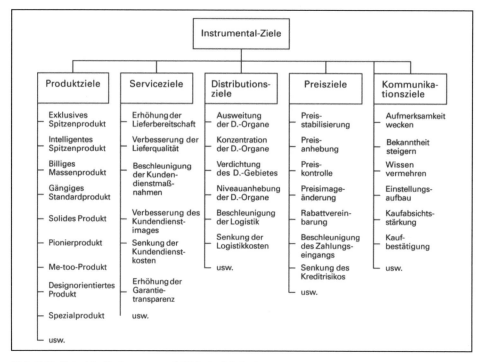

Abb. 5.17 Beispiele für Instrumental-Ziele im Marketing (Koppelmann 2001, S. 249)

Bei den Planungen in den einzelnen Instrumental- bzw. Subinstrumentalbereichen sind – ebenso wie zum Beispiel bei der Planung des Gesamt-Marketingkonzepts – die folgenden «klassischen» Prozessphasen zu unterscheiden (siehe Belz 1991, S. 26):

- Vorgaben aus dem übergeordneten Marketingkonzept (Wachstumsstrategie, Marketingstrategie, instrumentelle Leitplanung, Grobbudgetierung),
- Interne und externe Analyse,
- Festlegung der Instrumentalziele,

- Festlegung der Instrumentalstrategien,
- Festlegung der Maßnahmen und Aktionen,
- Realisierung bzw. Implementierung,
- Kontrolle.

Im Mittelpunkt der Detailplanung des Marketing-Mix steht die Entwicklung von instrumentellen *Teil-Konzepten*. So lassen sich beispielsweise Werbe-, Verkaufs-, Kundendienst-, Preis-, Produktentwicklungs-, Direct Marketing- und Distributions-Konzepte unterscheiden (siehe die Beispiele bei BELZ 1991, S. 72 ff.). Diese Teilkonzepte decken die für die Umsetzung der Wachstums- und Marketingstrategie erforderlichen Maßnahmen im Marketing-Mix ab und berücksichtigen dabei die kernaufgabenübergreifende Detailplanung pro Instrument. Im Sinne der in den vorangegangenen Abschnitten diskutierten Planungsheuristiken erfolgt die Koordination dieser Teil-Konzepte durch die instrumentelle Leitplanung, die die Schwerpunktsetzungen im Instrumentaleinsatz bzw. für die jeweilige(n) Kernaufgabe(n) und die Richtlinien für die zeitliche, quantitative und qualitative Ausgestaltung des Marketing-Mix vorgibt.

Die in der Abb. 5.17 aufgeführten Beispiele für Instrumental-Ziele illustrieren die Vielfalt möglicher Zielsetzungen in den einzelnen Instrumentalbereichen.

Ebenso stehen bei der Detailplanung in den einzelnen Instrumentalbereichen zahlreiche Strategien und Maßnahmen zur Verfügung. Deutlich wird, dass mit der Festlegung des Marketing-Zielsystems, der Wachstums- und Marketingstrategie, der instrumentellen Leitplanung und der Grobbudgetierung zwar wesentliche Phasen der Marketingplanung auf der Geschäftsfeldebene durchlaufen wurden, dass aber noch erhebliche Anstrengungen bei der Planung in den einzelnen Instrumentalbereichen erforderlich sind, um die planerischen Voraussetzungen für einen «optimalen» Marktauftritt zu schaffen.

5.7 Zusammenfassung

Als Zusammenfassung der vorherigen Ausführungen dient Abb. 5.18. Sie verdeutlicht, dass – nachdem Wachstums- und Gewinnziele für das jeweilige Geschäftsfeld definiert wurden – die Wachstumsstrategie, welche auf den vier Elementen Kundenakquisition, Kundenbindung, Leistungsinnovation und Leistungspflege basiert, festzulegen ist. Im Anschluss wird die Marketingstrategie erarbeitet und eine erste Grobbudgetierung vorgenommen (Schritt 1). Darauf folgend sind Entscheidungen bezüglich der Planung des Marketing-Mix zu treffen (instrumentelle Leitplanung). Hierzu zählen die Festlegung des strategischen Ansatzes (z. B. Qualitätsmodell), der Schwerpunktinstrumente und die Abstimmung und Planung der Instrumente mit Bezug zur Wachstums- und Marketingstrategie (Schritt 2). Schließlich gilt es, die Detailplanung des Marketing-Mix und die Detailbudgetierungen vorzunehmen. Hierunter fallen die Umsetzung der vorherigen Planungsschritte in Teilkonzepte (z. B. Distributionskonzept), die Konkretisierung des Mixes pro Kernaufgabe und Kernaufgaben übergreifend, die Berücksichtigung der Interdependenzen zwischen den Kernaufgaben und den Instrumenten und die

Vorgabe zur Gestaltung konkreter Maßnahmen. Zudem sind die Budgets für die einzelnen Marketinginstrumente und Teilkonzepte zu verteilen (Schritt 3).

Abb. 5.18 Zusammenfassung des Planungsprozesses

Literaturempfehlungen zum 5. Kapitel

Literaturempfehlungen zur Planung des Marketing-Mix allgemein

ESCH, F./HERRMANN, A./SATTLER, H. (2013): Marketing – Eine managementorientierte Einführung, 4. Aufl., München.

HOMBURG, C. (2012): Marketingmanagement. Strategie – Instrumente – Umsetzung – Unternehmensführung, 4. Aufl., Wiesbaden.KOTLER, P./KELLER, K. (2012): Marketing Management, 14. Aufl., Boston u. a.O.

MEFFERT, H./Burmann, C./Kirchgeorg, M. (2012): Marketing – Grundlagen marktorientierter Unternehmensführung. Konzepte – Instrumente – Praxisbeispiele, 11. Aufl., Wiesbaden.

WEINHOLD-STÜNZI, H. (1994a): Marketing in zwanzig Lektionen, 27. Aufl., St. Gallen.

Literaturempfehlungen zu den einzelnen Instrumenten des Marketing-Mix:

Marktleistungs- bzw. Produkt- und Sortimentsgestaltung:

ALBERS, S./HERRMANN, A. (Hrsg.) (2007): Handbuch Produktmanagement, 3. Aufl., Wiesbaden.

BELZ, C./BIEGER, T. (2006): Customer-Value – Kundenvorteile schaffen Unternehmensvorteile, 2. Auflage, Landsberg am Lech.

BELZ, C./BÜSSER, M./BIRCHER, B. (1991): Erfolgreiche Leistungssysteme – Anleitungen und Beispiele, Schriften zum Marketing, Band 12, Stuttgart.

HANSEN, U./HENNIG-THURAU, T./SCHRADER, U. (2001): Produktpolitik, Ein kunden- und gesellschaftsorientierter Ansatz, 3. Aufl., Stuttgart.

HERRMANN, A./HUBER, F. (2013): Produktmanagement, 3. Aufl., Wiesbaden.

LEHMANN, D. R./WINER, R. S. (2004): Product Management, 4. Aufl., New York (NY).

Preisgestaltung:

DILLER, H. (2008): Preispolitik, 4. Aufl., Stuttgart.

DILLER, H./HERRMANN, A. (2003): Handbuch Preispolitik, Wiesbaden et al.

MONROE, K. B. (2003): Pricing – Making Profitable Decisions, 3. Aufl., Boston (MA) et al.

NAGLE, T. T./HOGAN, J./ZALE, J. (2010): The Strategy and Tactics of Pricing, 5. Aufl., Englewood Cliffs (N.J.).

SIMON, H./FASSNACHT, M. (2009): Preismanagement, 3. Aufl., Wiesbaden.

Kommunikation:

ALBERS, S./KRAFFT, M. (2013): Vertriebsmanagement: Organisation – Planung – Controlling – Support, Wiesbaden.

BELZ, C. (2013): Stark im Vertrieb: Die 11 Hebel für ein schlagkräftiges Verkaufsmanagement, Stuttgart.

BRUHN, M. (2003): Sponsoring, Systematische Planung und integrativer Einsatz, 4. Aufl., Wiesbaden.

BRUHN, M. (2013): Kommunikationspolitik, Systematischer Einsatz der Kommunikation für Unternehmen, 7. Aufl., München.

DILLER, H./HAAS, A./IVENS, B. (2005): Verkauf und Kundenmanagement, Stuttgart et al.

ESCH, F.-J. (2011): Wirkung integrierter Kommunikation. Ein verhaltenswissenschaftlicher Ansatz für die Werbung, 5. Aufl., Wiesbaden.

GEDENK, K. (2002): Verkaufsförderung, München.

KIRCHGEORG, M./SPRINGER, C./BRÜHE, C. (2010): Live Communication Management: Ein strategischer Leitfaden zur Konzeption, Umsetzung und Erfolgskontrolle, Wiesbaden.

KROEBER-RIEL, W./ESCH, F.-R. (2011): Strategie und Technik der Werbung, Verhaltenswissenschaftliche Ansätze, 7. Aufl., Stuttgart.

KROEBER-RIEL, W./WEINBERG, P./GRÖPPEL-KLEIN, A. (2009): Konsumentenverhalten, 9. Aufl., München.

ROSSITER, J. R./BELLMANN, S. (2005): Marketing Communications, Theory and Applications, Upper Saddle River (NJ).

RUTSCHMANN, M. (2013): Abschied vom Branding: Wie man Kunden wirklich ans Kaufen führt – mit Marketing, das sich an Kaufprozessen orientiert, 2. Aufl., Wiesbaden.

Distribution:

COUGHLAN, A. T./ANDERSON, E./STERN, L. W./EL ANSARY, A. L. (2006): Marketing Channels, 7. Aufl., Upper Saddle River (NJ).

KOLLMANN, T. (2013): E-Business: Grundlagen elektronischer Geschäftsprozesse in der Net Economy, 5. Aufl., Wiesbaden.

RUDOLPH, T. (2013): Modernes Handelsmanagement. Eine Einführung in die Handelslehre, 3. Aufl., Stuttgart.

SCHÖGEL, M. (2013): Distributionsmanagement – Das Management der Absatzkanäle, München.

SPECHT, G./FRITZ, W. (2005): Distributionsmanagement, 4. Aufl., Stuttgart et al.

ZENTES, J./SWOBODA, B./FOSCHT, T. (2012): Handelsmanagement, 3. Aufl., München.

Marketingimplementierung und -controlling

6.1 Marketingimplementierung

6.1.1 Charakterisierung der Implementierungsherausforderung

In den letzten Jahren wurde von mehreren Autoren besonders deutlich die Herausforderung der Implementierung von Marketingstrategien artikuliert (u. a. BELZ 1998, S. 566 ff.; KÖHLER 2000; MEFFERT/BURMANN/KIRCHGEORG 2012, S. 775 ff.), also das Problem der Umsetzung von Strategien in Maßnahmen. Probleme der zögernden Ausbreitung der Marktorientierung von Unternehmen oder von Misserfolgen im Marketing werden nicht zuletzt darauf zurückgeführt, dass es oftmals nicht gelingt, Marketingpläne kontinuierlich und unter Einbeziehung aller relevanten Bereiche des Unternehmens zu realisieren. Bei der Marketingimplementierung sind sowohl Herausforderungen in der Zusammenarbeit mit anderen Funktion (beispielsweise Forschung & Entwicklung, Produktion, Finanzen & Controlling) als auch die Abstimmung mit dem Verkauf zu überwinden. Eine prägnante Kennzeichnung des Problems stammt von HILKER (1993, S. 4), der Aspekte der Marketingimplementierung umfassend untersucht hat: «Implementierung meint die Verwirklichung von Lösungen, die in konzeptioneller Form vorhanden sind und durch Umsetzen zu konkretem Handeln führen».

HILKER ergänzt die Definition durch einige weitere charakteristische Aspekte:

- Die Implementierung betrifft *weit reichende Veränderungen* in Unternehmen insofern, als meist zahlreiche Bereiche und Einzelpersonen betroffen sind, deren Verhalten und Tätigkeiten stark beeinflusst werden sollen. *Information* und *Motivation* vieler Personen ist somit notwendig.

- Bei der Implementierung geht es um *bewusst* angestrebte Veränderungen.

- Wegen der diversen *Rückkoppelungen* im Planungsprozess und wegen dessen unterschiedlicher Konkretisierungsstufen ist es nicht leicht, Planung und Implementierung gedanklich voneinander zu trennen.

- Weil die Implementierung nicht als einmaliger Akt, sondern in Form einer Folge von Tätigkeiten und Entscheidungen erfolgt, hat sie *Prozesscharakter*.

Tomczak et al., Marketingplanung,
DOI 10.1007/978-3-8349-3752-0_1, © Springer Fachmedien Wiesbaden 2014

> **Studie zur Relevanz der Implementierung einer Strategie**
> (KAPLAN/NORTON 2001, S. 3)
> «Eine Studie, an der 275 Vermögensverwalter beteiligt waren, kam zu dem Ergebnis, dass die Fähigkeit, eine Strategie umzusetzen, wichtiger ist als die Qualität der Strategie an sich. (…).
> In den frühen 80er-Jahren zeigte eine Umfrage von Managementberatern, dass weniger als 10 Prozent der formulierten Strategien tatsächlich auch erfolgreich implementiert worden sind. Im Jahre 1999 berichtete die Zeitschrift Fortune in einer Titelgeschichte über die schwerwiegendsten Fehler von bekannten CEOs. Dabei stellte sich heraus, dass diese beim Thema Strategie und Vision dem Irrglauben unterliegen, allein die richtige Strategie mache den Erfolg aus. In dem Artikel heißt es: ‹In den meisten Fällen – wir schätzen bei 70 Prozent – ist das eigentliche Problem nicht eine schlechte Strategie, sondern eine schlechte Umsetzung.›»

Die durch die Diskrepanz zwischen der Entwicklung von Strategien und deren Implementierung entstehenden Probleme lassen sich leicht anhand einer auf BONOMA (1986, S. 29) und MEFFERT (1994, S. 362) zurückgehenden Darstellung erfassen (siehe Abb. 6.1). Die einzelnen Felder der Tabelle sind leicht interpretierbar. Bei «guter» Strategie und «guter» Implementierung sind die Voraussetzungen für einen Erfolg gegeben. Eine gute Strategie kann bei schlechter Implementierung nicht wirksam werden, ihre Erfolgschancen werden also «verspielt». Eine gute Implementierung eines schlechten Konzepts führt zur Realisierung von dessen negativen Konsequenzen oder aber – im Zuge der bei der Implementierung gesammelten Erfahrungen – zur Abmilderung der negativen Konsequenzen. Kommen schlechte Strategie und schlechte Implementierung zusammen, ist der Misserfolg programmiert, wobei es schwierig sein wird, dessen Ursachen eindeutig zu identifizieren.

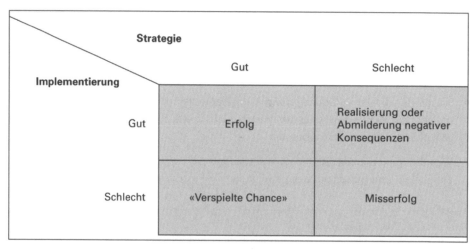

Abb. 6.1 Erfolg und Misserfolg von Strategien in Abhängigkeit von der Implementierung

Offenbar spielt die Implementierungsherausforderung für den praktischen Marketingerfolg eine häufig unterschätzte Rolle. So verweist AAKER (2009) auf entsprechende Beispiele amerikanischer Unternehmen. Deswegen sollen in den folgenden Abschnitten einige Ansatzpunkte skizziert werden, die dazu dienen, die adäquate Umsetzung von Strategien zu erleichtern. In Anlehnung an Autoren wie AAKER (2009), CZEPIEL (1992, S. 470 ff.) und KÖHLER (2000) werden hier drei Aspekte angesprochen:

- Fragen der *Organisation des Marketing- und Verkaufsbereichs*, durch die u. a. Aufgaben, Abläufe, Strukturen und Verantwortlichkeiten für die Tätigkeiten im Marketing bestimmt werden (Abschnitt 6.1.2);

- *Budgetierung*, bei der den einzelnen Aufgaben Ressourcen zugeordnet werden (Abschnitt 6.1.3);

- *Unternehmenskultur* und Fähigkeiten der beteiligten Mitarbeiter (Abschnitt 6.1.4).

Für umfassendere, integrierte Ansätze zur Marktimplementierung sei auf HILKER (1993) und VON DER OELSNITZ (1999) verwiesen. Der mit der wirkungsvollen Umsetzung von Marketingstrategien eng verbundene Gesichtspunkt des Marketingcontrollings wird in Abschnitt 6.2 behandelt. Im abschließenden Abschnitt 6.3 wird mit der «Balanced Scorecard» ein Ansatz vorgestellt, der sowohl der Implementierung aber auch der Kontrolle dient.

> **Strategieimplementierung oder -formierung?**
> MINTZBERG (1994, S. 107 ff.) kritisiert die zu starke Reflexion und Rigidität im Rahmen der klassischen strategischen Planung. In der Praxis herrschten nicht unbedingt Rationalität und ein beabsichtigtes, explizites Formulieren und Implementieren von Strategien; vielmehr prägten zufällige, inkrementelle, nichtlineare, nachträglich rationalisierte Prozesse das Bild. Er definiert daher die Aufgaben der Planer neu: Sie sollten nicht versuchen, Strategien zu planen, sondern vielmehr als Katalysatoren die Strategieformierung zu unterstützen.

6.1.2 Marketingorganisation

In Kapitel 1 dieses Buchs ist versucht worden, die Grundidee des Marketing zu verdeutlichen. Demnach ist der Absatzmarkt (bzw. der Kunde) unmittelbar oder mittelbar Ausgangspunkt und gleichzeitig Ziel aller Tätigkeiten im Unternehmen. Es geht also nicht nur darum, Marketingleute oder Verkäufer in ihrem Handeln auf Kundenwünsche auszurichten, sondern auch die anderen betrieblichen Funktionsbereiche, nicht zuletzt Forschung und Entwicklung, Produktion und Logistik. Wenn man an die Marketingorganisation denkt, also an die Organisation des Marketingbereichs innerhalb von Unternehmen, dann gilt es also auch, das Erfordernis der marktorientierten Koordinierung der Tätigkeiten anderer Funktionsbereiche im Auge zu behalten. Im vorliegenden Abschnitt sollen zunächst einige besondere Anforderungen an die Marketingorganisation kurz umrissen werden. Anschließend werden einige Grundtypen der im Marketing stark verbreiteten Organisationsformen vorgestellt.

Aus den besonderen Anforderungen an das Marketing im Spannungsfeld von Kundenwünschen, Wettbewerbsaktivität, gesellschaftlichen und ökonomischen Rahmenbedingungen und Leistungsvermögen des eigenen Unternehmens ergeben sich bestimmte *Anforderungen an die Marketingorganisation* (MEFFERT/BURMANN/KIRCHGEORG 2012, S. 812):

- *Integration*
Unter Integration wird in diesem Zusammenhang sowohl die Koordination der unterschiedlichen Maßnahmen innerhalb des Marketingbereichs als auch die Abstimmung mit anderen Bereichen des Unternehmens (z. B. Beschaffung, F&E, Produktion) verstanden. Es geht um die Ausrichtung des gesamten Unternehmens an den Erfordernissen des Absatzmarkts.

- *Flexibilität*
Die Marketingorganisation muss auch und gerade unter sich teilweise schnell ändernden Bedingungen kurzfristig und wirksam Strategien entwickeln, modifizieren und realisieren, weil die Anpassung an Marktbedingungen und Kundenwünsche ebenfalls ein Wesensmerkmal der Marketingorientierung von Unternehmen ist.

- *Kreativität und Innovationsbereitschaft*
Innovationsorientierung (zur Gewinnung von Wettbewerbsvorteilen) ist eines der wesentlichen Merkmale des Marketing. Daher spielt die Kreativität einzelner Personen sowie ganzer Organisationseinheiten wie Produktinnovation und Werbekreation eine bedeutende Rolle.

- *Spezialisierung*
Die Darstellungen in diesem Lehrbuch haben bereits einen Eindruck von der Heterogenität der Tätigkeiten im Marketing vermittelt. Beispielsweise spielen verhaltenswissenschaftliche Konzepte (→ Käuferverhalten), die Statistik (→ Marktforschung), die Informationstechnologie (→ Onlinemarketing und Marketinganalytik), strategische Überlegungen und finanzwirtschaftliche Konzepte (→ Wirtschaftlichkeitsanalyse neuer Produkte) eine bedeutsame Rolle. Eine angemessene Spezialisierung der Mitarbeiterinnen und Mitarbeiter soll es ermöglichen, den daraus resultierenden unterschiedlichen Anforderungen gerecht zu werden.

Hinsichtlich der in diesem Abschnitt angesprochenen Implementierungsherausforderung steht die Frage im Vordergrund, inwieweit die verschiedenen Formen der Marketingorganisation in der Lage sind, eine umfassende, konsequente und flexible Umsetzung und Anpassung von Marketingstrategien zu gewährleisten. Es lassen sich bei der Marketingorganisation Funktions-, Objektorientierung sowie mehrdimensionale Ansätze unterscheiden (FREILING/KÖHLER 2014, S. 81 ff).

Bei einer *funktionsorientierten Organisation* sind die Stellen bzw. Abteilungen jeweils für eine bestimmte Tätigkeitsart zuständig; es liegt somit eine Verrichtungsspezialisierung vor. Mitarbeiterinnen und Mitarbeiter, die ähnliche Tätigkeiten und Funktionen ausüben, werden zu organisatorischen Einheiten zusammengefasst (z. B. Abteilungen). Im Marketing handelt es sich dabei vor allem um Organisationseinheiten für Marktforschung, Marketingplanung, Werbung, Sponsoring, Verkaufsförderung, Onlinemarketing, Direct Marketing, Verkauf (Innen- und Außendienst), Distributionslogistik und Kundendienst.

Die Beurteilung dieser Organisationsform hinsichtlich der vorstehend genannten Anforderungen zeigt, dass eine zentrale Schwachstelle bei der Integration der Marketingmaßnahmen liegen kann. Die auf ein Produkt (oder eine Kundengruppe oder einen Teilmarkt) bezogenen Maßnahmen (z. B. Werbung oder Verkaufsförderung) liegen meist in verschiedenen Händen. Deswegen bedarf es zur Abstimmung der einzelnen Maßnahmen (→ Marketing-Mix) der Kooperation mehrerer Funktionsmanager mit allen damit verbundenen Herausforderungen (z. B. Rivalität bezüglich Ressourcen) oder der Einschaltung übergeordneter Managementebenen. Der Zeitaufwand für diese Art von Koordinierung und mehr oder weniger umständliche Instanzenwege beeinträchtigen auch die Flexibilität einer solchen Organisationsform. Letztlich wird durch die teilweise enge Spezialisierung von Mitarbeitenden deren Kreativität eher eingeschränkt, und Innovationen (z. B. neuartige Produkte) können nur in einem mühsamen und langwierigen Prozess nach der Einschaltung diverser Abteilungen im Unternehmen durchgesetzt werden. Die entscheidenden Vorteile funktionsorientierter Marketingorganisationen liegen in ihrer Einfachheit und Überschaubarkeit sowie in der Spezialisierung und dem damit verbundenen Kompetenzzuwachs der Organisationsmitglieder.

Objektorientierte Organisationsformen sind dadurch gekennzeichnet, dass sie Zuständigkeiten vorrangig im Hinblick auf bestimmte Planungs- und Steuerungsgegenstände festlegen, weniger nach einer Tätigkeitsart. Das bedeutet, dass verschiedene Verrichtungen (wie Marktforschung, Werbung, Verkauf, physische Distribution) gewissermaßen quer über diese Funktionsbereiche nach den spezifischen Erfordernissen z. B. einer Produktgruppe (Produktmanagement) oder Kundengruppe (Account-Management) oder einer Region (Regionalmanagement) abzustimmen sind.

Bei *mehrdimensionalen Ansätzen* werden verschiedene funktions- und objektorientierte Organisationsformen miteinander kombiniert.

> **Einführung des Produktmanagements bei Procter & Gamble im Jahre 1931**
> (Assael 1993, S. 391)
> Bei *Procter & Gamble* hatte man damals Probleme mit der Umsatzentwicklung einer neu eingeführten Seife und beauftragte einen jungen Manager namens Neil McElroy damit, sich ausschließlich um dieses Produkt zu kümmern. Dieses Vorgehen war in zweierlei Hinsicht sehr erfolgreich: Die Seife wurde am Markt durchgesetzt und der Manager wurde später Präsident von *Procter & Gamble*. Seitdem hat sich das Produktmanagement-System nicht nur bei *Procter & Gamble*, sondern auch bei vielen anderen Unternehmen, insbesondere Großunternehmen des Markenartikelbereichs, durchgesetzt.

Die *Tätigkeit des Produktmanagers* lässt sich vor allem als planend und koordinierend kennzeichnen. Seine Aufgaben können in Anlehnung an KOTLER/KELLER/BLIEMEL (2007, S. 1148 f.) durch folgende Stichpunkte umrissen werden (ausführlich MATYS 2005):

- Sammlung, Analyse und Interpretation der für das betreute Produkt relevanten (Markt-)Informationen,
- Entwicklung von kurz- und mittelfristigen Strategien für das Produkt,
- Erstellung von Plänen für den Marketing-Mix,
- Entwicklung von Umsatz- und Marktanteilsprognosen des Produkts,
- Zusammenarbeit mit beauftragten Werbeagenturen,
- Koordination aller produktrelevanten Tätigkeiten anderer Bereiche des Unternehmens (z. B. Produktion, Qualitätskontrolle, Verkauf, Kundendienst),
- Überwachung der Einhaltung von Plänen,
- Entwicklung von Vorschlägen zur Verbesserung des Marketing-Mix,
- Entwicklung von Vorschlägen für neue Produkte.

Die eingangs skizzierten Anforderungen an die Marketingorganisation erfüllt das Produktmanagement weitgehend. Die *Koordination*, das heißt die Abstimmung aller für das Produkt relevanten Maßnahmen der verschiedenen Abteilungen eines Unternehmens, gehört zu den zentralen Aufgaben des Produktmanagers. *Flexibilität* soll durch die Zusammenführung von Informationen und Planungsaufgaben erreicht werden. Dadurch kann auf Veränderungen der Marktverhältnisse schnell reagiert werden, ohne dass lange Instanzenwege in Kauf genommen werden müssen. *Kreativität und Innovationsbereitschaft* des Produktmanagers sollen durch vielfältige Kontakte zu anderen und Auseinandersetzungen mit anderen Funktionsbereichen sowie zahlreiche Außenkontakte gefördert werden.

KOTLER/KELLER/BLIEMEL (2007, S. 1149) heben noch *zwei weitere Vorteile des Produktmanagements* hervor. Im Vergleich zu einer rein funktionsorientierten Marketingorganisation, bei der sich das Interesse des Managements häufig auf wenige «große» Produkte (z. B. mit großem Umsatz) konzentriert, sichert man durch das Produktmanagement eine *angemessene Betreuung auch «kleinerer» Marken*. Letztlich ist das Produktmanagement auch ein Bereich, der sich für die *Ausbildung von Führungsnachwuchs* für das Marketing sehr eignet.

Mit der Ausbreitung des Marketingansatzes in den 60er- und 70er-Jahren ging die Einführung des Produktmanager-Systems in die Unternehmensorganisation einher. Später begann vereinzelt die Ausbreitung einer ebenfalls produktorientierten Form der Marketingorganisation, des so genannten Category-Managements (siehe KOTLER/KELLER/BLIEMEL 2007, S. 1152). Dabei geht es darum, die Verantwortung für eine ganze Produktgruppe (z. B. Kosmetika, Erfrischungsgetränke) zusammenzufassen. In einigen Konsumgüterentwicklungen sind Produktmanager sogar mit Profit- & Loss-Verantwortung ausgestattet, das heißt, sie sind nicht nur für das Marketing, sondern für alle betriebswirtschaftlichen Aspekte ihres Produkts verantwortlich.

Inzwischen ist in einigen Unternehmen neben das Produktmanagement das *(Key-) Account-Management* getreten. Ursachen dafür sind die Konzentration eines Großteils der Nachfrage auf wenige Abnehmer bzw. (Groß-)Händler in zahlreichen Märkten wie der Automobilindustrie oder dem Lebensmitteleinzelhandel einerseits sowie kunden(gruppen)spezifische Bedürfnisse andererseits.

Die Einführung des Key-Account-(Großkunden-, Schlüsselkunden-)Managements ist eine der Reaktionen auf diese Entwicklung. Die Objektorientierung bezieht sich hier nicht auf ein Produkt, sondern auf eine Kundengruppe.

So wie der Produktmanager den Erfolg eines Produkts durch Koordination aller relevanten Maßnahmen sicherstellen soll, so sollen beim Key-Account-Manager alle Beziehungen zu Schlüsselkunden organisatorisch zusammengefasst sein. Das Tätigkeitsfeld des Key-Account-Managers (KAM) erstreckt sich in zwei Richtungen, eine funktionale und eine organisatorische Ebene (ausführlich BELZ/MÜLLNER/ZUPANCIC 2014):

Im Rahmen des *funktionalen Key-Account-Managements* obliegt es dem Kundenbetreuer,

- einerseits die Situation der Kunden, ihre spezifischen Bedürfnisse und Entscheidungsstrukturen und andererseits die Leistungen, Kompetenzen und Strukturen des eigenen Unternehmens zu *analysieren*. Auch die Frage der Wirtschaftlichkeit der Kundengruppen ist dabei zentral.
- Darauf aufbauend ist eine kundenspezifische Strategie abzuleiten und zu *realisieren* (bspw. Weiterentwicklung des eigenen Sortiments oder Umsetzung schlüsselkundenspezifischer Preis- und Konditionensysteme).

Im Rahmen der organisatorischen Ebene des Key-Account-Managements sollte sichergestellt werden, dass dieses keine Schlüssellösung bleibt. Daher sind zwei Aspekte zentral:

- *Integration:* Hierbei müssen die Key-Account-Pläne mit der Unternehmens- und Marketingstrategie abgestimmt werden, beispielsweise um negative Ausstrahlungseffekte der Bevorzugung von Schlüsselkunden auf weitere Kunden zu berücksichtigen. Ferner ist es erforderlich, die funktions- und spartenübergreifende sowie die internationale Zusammenarbeit mit Schlüsselkunden zu fördern.
- Das *Fundament* eines erfolgreichen Key-Account-Managements bildet letztlich die Grundsatzentscheidung des Topmanagements, sich tatsächlich konsequent auf Schlüsselkunden auszurichten.

Hervorzuheben ist, dass beim Key-Account-Management nicht der direkte, kurzfristige Verkaufserfolg im Mittelpunkt des Interesses steht, sondern der eher langfristig angelegte Aufbau partnerschaftlicher Geschäftsbeziehungen mit den Schlüsselkunden. Die Überlegungen, die im Zusammenhang mit dem Produktmanagement bezüglich der Realisierung der Anforderungen an die Marketingorganisation angestellt worden sind, gelten hier analog.

6.1.3 Marketingbudgetierung

Ein Marketingbudget wird verstanden als ein formalzielorientierter, in monetären bzw. quantitativen Größen formulierter Plan, der einer Marketingorganisationseinheit für eine bestimmte zeitliche Dauer mit einem bestimmten Verbindlichkeitsgrad vorgegeben wird (WILD 1974, S. 325; HORVÁTH 2011, S. 204). In gewisser Weise sind Budgets ein Ergebnis des Planungsprozesses, das gleichzeitig Ausgangspunkt für die Realisierung von Plänen durch Maßnahmen ist.

Die Marketingbudgetierung (ausführlich REINECKE/FUCHS 2006) ist somit ein Prozess, der die Erstellung, Verabschiedung, Kontrolle und Abweichungsanalyse von Marketingbudgets umfasst. Nach STEINMANN/SCHREYÖGG/KOCH (2013, S. 393 ff.) lassen sich vier wesentliche Budgetfunktionen unterscheiden:

- *Orientierungsfunktion:* Verpflichtung der Entscheidungsträger auf bestimmte Ziele (z. B. Umsatz- und Deckungsbeitragsziele) und Verdeutlichung ihrer Ergebnisverantwortung.

- *Koordinations- und Integrationsfunktion:* Die Aufteilung in Teilbudgets korrespondiert mit den verschiedenen parallelen bzw. über- und untergeordneten Maßnahmen und soll zu deren Abstimmung aufeinander beitragen.

- *Kontrollfunktion:* Nutzung der quantitativen Budgetvorgaben als Maßstab zur Leistungsmessung und damit zur Kontrolle und Überwachung, in deren Rahmen auch Abweichungsursachen mittels Abweichungsanalysen zu erforschen sind.

- *Motivationsfunktion:* Förderung der Motivation der Entscheidungsträger, vor allem durch deren Beteiligung bei der Budgetfestlegung sowie durch Gewährung von Handlungsspielräumen, wodurch wiederum Eigenverantwortung, Kreativität und Engagement von Mitarbeitern gestärkt werden.

Die hierarchische Abstimmung der Marketingbudgetierung kann grundsätzlich nach einem der drei klassischen Verfahren erfolgen (BARZEN 1990, S. 99 ff.; BECKER 2012, S. 768 ff.; WEBER/SCHÄFFER 2014, S. 289 ff.):

- Beim *Top-down-Verfahren* wird das Marketingbudget durch das Top-Management vorgegeben und schrittweise auf jede der nachgelagerten Ebenen des Marketingfunktionsbereichs aufgeteilt. Dieser Ansatz ist strategiegerecht und wenig zeitintensiv, kann jedoch zu Akzeptanzproblemen hinsichtlich der Budgetvorgaben führen.

- Beim *Bottom-up-Ansatz* verläuft die Marketingbudgetierung von unten nach oben, wobei die hierarchisch untergeordneten Organisationseinheiten Budgetvorschläge erarbeiten und diese dann mit dem Management abstimmen. Vorteile dieses Ansatzes sind die Nutzung des Markt- und Kundenwissens sowie die erhöhte Motivation der budgetierten Einheiten, Nachteile liegen in der Gefahr eines hohen Koordinationsaufwands sowie einem möglichen opportunistischen Verhalten durch zu hohe Budgetforderungen.

- Im Rahmen des *Gegenstromverfahrens* werden Top-down- und Bottom-up-Ansatz miteinander kombiniert, wobei die Eröffnung entweder top-down oder bottom-up erfolgen kann. Eine Budgetierung nach dem Gegenstromverfahren mit Top-down-Eröffnung scheint am besten geeignet, um einerseits den Gewinn- bzw. Zielvorgaben des Top-Managements Priorität einzuräumen, und um andererseits das Marktwissen der untergeordneten Marketingorganisationseinheiten wirksam zu nutzen und diese dadurch besser zur Budgetzielerreichung zu motivieren.

Abb. 6.2 Ansätze und Methoden der Marketingbudgetierung
(REINECKE/FUCHS 2006, S. 804, basierend auf BRUHN 2012, S. 214)

Den ökonomischen Kern der Marketingbudgetierung bildet die Ressourcenallokationsaufgabe, die auf die Festlegung der Höhe des Marketingbudgets sowie auf dessen Verteilung in sachlicher und zeitlicher Hinsicht fokussiert (MANTRALA 2002, S. 409 f.). Diesbezüglich lassen sich *analytische* und *heuristische Ansätze* und Methoden unterscheiden (REINECKE/FUCHS 2006, S. 804 und BRUHN 2012, S. 212 ff.; siehe Abb. 6.2).

Im Mittelpunkt *analytischer Marketingbudgetierungsmethoden* steht die Reaktionsfunktion, die die Wirkungsbeziehung zwischen Marketinginputgröße (Kostenbudget) und -outputgröße (wie Umsatz, Deckungsbeitrag oder Marktanteil) mathematisch-quantitativ modelliert (MANTRALA 2002, S. 411). Um den in der Realität bestehenden komplexen Wirkungsbeziehungen besser gerecht zu werden, berücksichtigen die Ansätze teilweise zeitliche Wirkungseffekte über mehrere Perioden, Interdependenz- und Interaktionseffekte zwischen Marketinginstrumenten, Reaktionen von Wettbewerbern sowie Unsicherheit.

Auf dieser Basis kann die Marketingbudgetierung – im Hinblick auf die Zielfunktion und im Rahmen der getroffenen Annahmen – durch die Anwendung geeigneter Lösungsverfahren optimiert werden (MANTRALA 2002, S. 410 ff.). Trotz ihrer analytischen Überlegenheit besitzen solche optimierungsorientierten Ansätze in der Praxis einen relativ geringen Stellenwert (MANTRALA 2002, S. 410), was vor dem Hintergrund der komplexen Marketingwirkungsbeziehungen insbesondere auf grundlegende methodische und implementierungsbezogene Herausforderungen (z. B. Validität der Modellspezifikation oder Verfügbarkeit erforderlicher Daten) zurückzuführen ist.

Entsprechend dominieren in der Unternehmenspraxis nach wie vor *heuristische Methoden* der Marketingbudgetierung, die im Gegensatz zu analytischen Ansätzen keine optimalen, sondern lediglich hinreichend gute Lösungen anstreben (BRUHN 2012, S. 212 ff.; MEFFERT/BURMANN/KIRCHGEORG 2012, S. 789 ff.):

- Bei der *Fortschreibungsmethode* orientiert sich die Marketingbudgetfestlegung am Budget der Vorperiode. Dem grundsätzlichen Vorteil einer schnellen und aufwandsminimalen Budgetbestimmung steht hier der wesentliche Nachteil einer mangelnden Strategie- und Outputorientierung entgegen.

- Auf der Grundlage von *Prozentmethoden* erfolgt die Bestimmung des Marketingbudgets als Prozentsatz einer Bezugsgröße (z. B. Umsatz oder Deckungsbeitrag). Diese Methode ist einfach anzuwenden und trägt zudem der Budgetfinanzierbarkeit Rechnung. Allerdings fehlt dabei eine Sachlogik: So wird das Marketingbudget von einer Bezugsgröße wie dem Umsatz bestimmt und nicht umgekehrt, was zu einer prozyklischen Marketingbudgetierung führen kann.

- Bei der *finanzkraftorientierten Methode* («affordability method») richtet sich die Festlegung des Marketingbudgets nach den verfügbaren Finanzressourcen. Vor- und Nachteile entsprechen jenen der Prozentmethoden.

- Bei der *wettbewerbsorientierten Methode* («competitive parity method») orientiert sich die Marketingbudgetierung an den Budgets der Hauptwettbewerber. Als problematisch erweist sich jedoch, dass unternehmensspezifische Marketingziele nicht berücksichtigt werden und Marketingbudgets von Wettbewerbern nicht transparent sind.

- Im Rahmen der *ziel- und aufgabenorientierten Methode* («objective and task-method») werden die zur Erreichung der Marketingziele erforderlichen Marketingaufgaben bzw. -maßnahmen kostenmäßig quantifiziert und budgetiert. Dies entspricht insofern einem sachlogisch-rationalen Vorgehen. Zentrale Voraussetzung ist dabei jedoch, dass diese Wirkungsbeziehungen bekannt sind, was in der Unternehmenspraxis häufig nicht der Fall ist.

Insgesamt lässt sich festhalten, dass die «optimale» Gestaltung der Marketingressourcenallokation wesentlich von der Kenntnis der funktionalen Wirkungsbeziehungen zwischen Marketinginputgrößen und -outputgrößen abhängt und somit in einem engen Zusammenhang mit dem Marketing Performance Measurement (REINECKE 2004; siehe auch Unterkapitel 6.3) steht. Eine leistungsfähige Marketingbudgetierung erfordert daher grundsätzlich, dass Unternehmen nicht einseitig auf Kostenkontrolle fokussiert sind, sondern insbesondere auch die outputgenerierende Wirkung von Marketingmaßnahmen berücksichtigen.

Eine ausschließlich rationale, «mechanistische» Betrachtung der Marketingbudgetierung würde der Vielschichtigkeit und Komplexität des Untersuchungsgegenstands in der Praxis sicherlich nicht gerecht werden. So betrachtet Piercy (1987) das Marketingbudget primär als politisches Ergebnis auf Grundlage von Verhandlungsprozessen sowie von sozialer Interaktion und Einflussnahme. Er analysiert die Allokation von Marketingressourcen insbesondere im Kontext der Machtverteilung innerhalb der Organisation sowie politischer Kämpfe und Verhandlungen. Dabei ist eine Trennbarkeit von Ziel- und Mittelentscheidung nicht gegeben, da das Budget die Machtverteilung insofern direkt beeinflusst, als dass die Höhe eines Teilbudgets Ausdruck für die Macht des Budgetverantwortlichen ist und somit das Budget eine Machtgrundlage für die Durchsetzung zukünftiger Budgetvorstellungen bildet. Beide Entscheidungen sind eng miteinander verknüpft: Bei Budgetverhandlungen – z. B. zwischen Verkaufs- und Werbeverantwortlichen – wird folglich auch immer über Einzelziele und -interessen verhandelt (Barzen 1990, S. 125 f. sowie die dort angegebene Literatur).

6.1.4 Unternehmenskultur und Mitarbeiter

Idealtypisch betrifft die Marktorientierung alle Bereiche des Unternehmens, nicht nur die Marketing- oder Verkaufsabteilung. Insofern offenbart sich im Zusammenhang mit der Marketingimplementierung die Herausforderung, inwieweit im Unternehmen die Bereitschaft und die Fähigkeiten zu marktorientiertem Verhalten verbreitet und verankert sind. Das bezieht sich einerseits auf das Unternehmen insgesamt und andererseits auf die einzelnen Mitarbeiter.

Für das generelle «Verhalten von Unternehmen» spielt das Konzept der *Unternehmenskultur* eine wesentliche Rolle. «Organisationen [...] entwickeln im Laufe der Zeit eigene unverwechselbare Vorstellungs- und Orientierungsmuster, die das Verhalten der Mitglieder nach innen und außen auf nachhaltige Weise prägen» (Steinmann/Schreyögg/Koch 2013, S. 710). Kennzeichnend für Unternehmenskulturen sind nach Steinmann/Schreyögg/Koch (2013, S. 709 ff. f.) u. a. folgende Gesichtspunkte:

- Unternehmenskulturen haben *impliziten Charakter* insofern, als sie auf geteilten Überzeugungen, nicht auf direkt beobachtbaren Phänomenen beruhen.
- Unternehmenskulturen prägen das laufende Handeln, sie werden *gelebt*.
- Unternehmenskulturen stehen für *gemeinsame Werte*, Orientierungen usw. in einem Unternehmen.
- Die jeweilige Unternehmenskultur repräsentiert die *konzeptionelle Welt* der Organisationsmitglieder; sie vermittelt Sinn und Orientierung.
- Unternehmenskulturen entstehen und verändern sich durch *Lernprozesse*, durch positive und negative Erfahrungen mit verschiedenen Verhaltensweisen.
- Neue Mitarbeiter übernehmen die durch eine Unternehmenskultur geprägten Verhaltensweisen durch einen *Sozialisationsprozess*, nicht durch einen bewussten Lernprozess.

HOMBURG/PFLESSER (2000) unterscheiden in einem empirisch fundierten Konzept zur Unternehmenskultur vier Ebenen:

- *Werte* (eher abstrakte, grundlegende Zielsetzungen eines Unternehmens, z. B. Qualität und Kompetenz),
- *Normen* (Regeln über erwünschte bzw. unerwünschte Verhaltensweisen, z. B. Anforderungen bezüglich schneller Reaktionen auf Kundenanfragen oder interner Kommunikation),
- *Artefakte* (tatsächlich wahrnehmbare Indikatoren für Marktorientierung, z. B. Erzählungen, Sprache oder Rituale),
- *Verhaltensweisen* (Gewinnung und Verbreitung marktbezogener Informationen, Verhaltensreaktion auf derartige Informationen).

In der angesprochenen Untersuchung konnte nicht nur der Wirkungszusammenhang dieser vier Ebenen bestätigt werden, sondern – vielleicht noch wichtiger – auch die Bedeutung der Marktorientierung für den Markterfolg von Unternehmen.

Es ist also offenkundig, dass die (marktorientierte) Unternehmenskultur für die umfassende und konsequente Umsetzung einer Marketingstrategie eine bedeutsame Rolle spielt. So kann man einerseits sehen, dass Unternehmen wie 3M, Gore oder Apple, deren Kulturen durch Innovations- und Marktorientierung geprägt sind, immer wieder mit Innovationen im Markt erfolgreich sind, und dass es andererseits beispielsweise ehemaligen staatlichen Post- und Transportunternehmen, die lange Zeit eher behördlichen Charakter hatten, große Mühe bereitet, bei allen Mitarbeitenden kontinuierlich kundenorientiertes Verhalten sicherzustellen. Die letzten Beispiele illustrieren auch, dass der Zusammenhang von Marketingimplementierung und Unternehmenskultur durch den eher stabilen (beharrenden) Charakter von Unternehmenskulturen zu einem besonderen Problem werden kann.

Auf die einzelnen Personen bezogen, die an der Implementierung einer Marketingstrategie beteiligt sind, lassen sich die Herausforderungen der Marketingimplementierung in vier Kategorien zusammenfassen (erweitert nach HILKER 1993, S. 16 ff.):

- *Kennen/Verstehen*: Ist den Mitarbeitern das Wesen des Marketing wirklich vertraut? Haben sie es tiefgehend verstanden?
- *Können*: Besitzen die Mitarbeiter die Fähigkeiten zur Realisierung von Marketingstrategien bzw. zur Erfüllung der daraus resultierenden Aufgaben?
- *Wollen*: Besteht bei den Mitarbeitern die Motivation, sich in ihrem Aufgabenbereich marktorientiert zu verhalten?
- *Dürfen*: Haben die Mitarbeiter aus ihrer eigenen Sicht die erforderlichen organisatorischen Spielräume, um sich in einer konkreten Situation kunden- und marktgerecht zu verhalten?

Beispiele für diese Probleme finden sich in der Praxis leicht und häufig. So sind eher wissenschaftlich orientierte Mitarbeiter von Forschungs- und Entwicklungsbereichen nicht immer leicht zu motivieren, bei ihren Arbeiten vor allem Kundenwünsche und nicht einen allgemeinen wissenschaftlichen Fortschritt im Auge zu haben (→ Wollen). Manch einer vermutet vielleicht, dass Marketing und Werbung oder Marketing und Verkauf identisch seien (→ Kennen/Verstehen). Und gelegentlich erlauben Prozessvorschriften es einem Mitarbeiter nicht, eine berechtigte Kundenbeschwerde unbürokratisch und schnell zur Zufriedenheit des Kunden zu beantworten (→ Dürfen).

Wenn die Marketingimplementierung durch Defizite der Mitarbeitenden (Kennen/Verstehen, Können, Wollen) behindert wird, kann man auf drei Wegen versuchen, diese zu überwinden: Ausbildung neuer (Nachwuchs-)kräfte, Schulung und Umorientierung vorhandener Mitarbeitender oder Einstellung von Mitarbeitenden mit einschlägigen Erfahrungen.

6.2 Marketingcontrolling

6.2.1 Marketingcontrolling als Qualitätssicherung der Führung

Aufgabe des *Marketingcontrollings* ist es, die Effektivität und Effizienz einer marktorientierten Unternehmensführung sicherzustellen (REINECKE/JANZ 2007). Es übernimmt somit eine Qualitäts- oder Rationalitätssicherung des Marketingmanagements (ähnlich WEBER/SCHÄFFER 2006a).

Effektivität und Effizienz können dabei wie folgt verstanden werden (siehe Abb 6.3; ausführlich LASSLOP 2003, S. 8 ff. und BONOMA/CLARK 1988):

Effektivität bezeichnet im weiteren Sinne die Wirksamkeit und somit den Output der Leistungserstellung: Werden vorgegebene Ziele erreicht? Effektivität im engeren Sinne definiert den Wirksamkeitsgrad: Liegt die Zielerreichung über einem vorab formulierten Zielniveau?

Effizienz bezeichnet den Grad der Wirtschaftlichkeit: Eine Maßnahme ist effizient, wenn es zu einem Output/Input-Verhältnis einer Maßnahme keine andere Maßnahme gibt, die ein besseres Verhältnis erzielt. Notwendige, aber nicht hinreichende Nebenbedingung ist dabei gemäß der Rationalitätsprämisse des ökonomischen Prinzips, dass der Output größer als der Input sein muss, weil sonst ein Verlust knapper Ressourcen entsteht.

Marketingcontrolling und Marketingplanung stehen in einem sehr engen Verhältnis zueinander; ohne Planung und Pläne kann eigentlich nicht von Controlling gesprochen werden, weil dann eine verbindliche Vorgabe von Zielen fehlt; letzteres ist aber die Grundlage jeder Kontrolle. Mit anderen Worten: Erfolgt beispielsweise in kleinen und mittelständischen Unternehmen die Koordination im Marketing ausschließlich über persönliche Anweisungen, dann lässt sich dort auch kein Marketingcontrolling einführen.

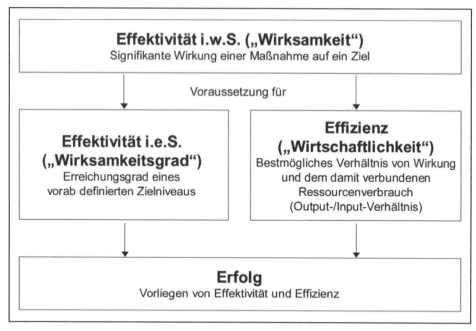

Abb. 6.3 Zusammenhang von Effektivität, Effizienz und Erfolg
(LASSLOP 2003, S. 12)

6.2.1 Aufgaben des Marketingcontrollings

WEBER und SCHÄFFER (2006b, S. 70) strukturieren den Planungs- und Führungsprozess idealtypisch (siehe Abb. 6.4):

- Ausgangspunkt ist die *Willensbildung*, die reflexiv («verstandesgeprägt») oder intuitiv («Bauchgefühl») ablaufen kann. Erfolgt sie reflexiv, so muss dazu ausreichendes, einer analytischen Betrachtung zugängliches Wissen verfügbar sein, das auf Erfahrung oder auf exogenen Informationen basiert.
- Um den Willen *durchzusetzen*, muss dieser den ausführenden Mitarbeitern übermittelt werden. Dies kann erfolgen durch Ergebnisvorgaben (z. B. angestrebter Deckungsbeitrag am Jahresende), Prozessvorgaben (bspw. Vorgabe einer bestimmten Verkaufsmethode) oder faktorbezogene Anordnungen (bspw. Vorgabe maximaler Kostenbudgets).
- Idealtypischerweise wird der von der Führung kommunizierte Wille von den Mitarbeitern tatsächlich umgesetzt. Diese Ausführungsphase ist allerdings nicht Teil des Führungs- oder Managementsystems, wohl aber die *Kontrolle* der Übereinstimmung zwischen Gewolltem und Erreichtem: Wurde das angestrebte Ziel erreicht? Das Ergebnis dieses Soll-/Ist-Vergleichs führt entweder zu einer erneuten Willensbildung (z. B. einer Planrevision) oder fließt erneut in die Willensdurchsetzung ein (bspw. Anordnung konkreter Tätigkeiten, um eine zukünftige Übereinstimmung von Soll und Ist zu erreichen). Willensbildung, -durchsetzung und Kontrolle sind somit eng miteinander vernetzt.

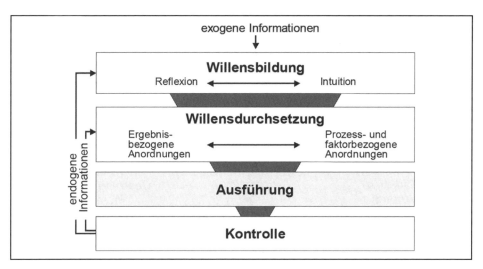

Abb. 6.4 Idealtypischer Führungszyklus
(WEBER/SCHÄFFER 2006b, S. 70)

Verwendet man diesen Ansatz zur Strukturierung der bisherigen Erkenntnis des Marketingcontrollings, so lassen sich folgende Aufgaben unterscheiden (siehe Abb. 6.5):

Problembezogene Informationsversorgung
Hierunter fallen die problemspezifische Informationsbündelung und -koordination insbesondere aus dem *Rechnungswesen* bzw. Accounting einerseits und der *Marktforschung* andererseits. Marktforschung wird dabei als Funktion verstanden, die Konsumenten, Kunden und Öffentlichkeit durch Informationen mit dem Anbieter verbindet (KUSS 2012, S. 2). Aus managementbezogener Sicht sollte der Schwerpunkt insbesondere auf einer interpretierenden Diagnose dieser Informationen, weniger auf dem reinen Zusammentragen oder der einfachen Analyse liegen. Wichtig ist, dass die verschiedenen Stellen und Abteilungen im Marketing (beispielsweise das Produkt- und das Account-Management) jene Informationen (beispielsweise Produkt- bzw. Kundendeckungsbeiträge sowie Markt- bzw. Kundenanteile) so aufbereitet bekommen, dass sie diese zeitgerecht bestmöglich weiterverarbeiten können. Ferner ist es erforderlich, die Schnittstellen zwischen diesen zahlreichen Stellen im Marketing zu koordinieren, um eine integrierte Sicht zu ermöglichen.

Abb. 6.5 Aufgaben des Marketingcontrollings
(REINECKE/JANZ 2007, aufbauend auf KÖHLER 2006, S. 43)

Unterstützung der Marketingplanung bezüglich Willensbildung und -durchsetzung

Neben einer Aufbereitung entscheidungsrelevanter Informationen zählt hierzu die Unterstützung des Managements bei der Generierung von Entscheidungsmöglichkeiten. Das fehlende Denken in alternativen Marketingstrategien und -umsetzungsmaßnahmen ist in der betriebswirtschaftlichen Praxis in zahlreichen Marketingkonzepten ein zentraler Rationalitätsengpass, den das Marketingcontrolling offen legen und zu überwinden helfen sollte. Auch das Bewerten und kritische Hinterfragen der verschiedenen Entscheidungsoptionen im Marketing im Sinne einer «contre rôle» (kritischen Gegenrolle) gehört hierzu – sowohl hinsichtlich der finanziellen Konsequenzen als auch hinsichtlich ihrer Mach- und Durchsetzbarkeit.

Das Marketingcontrolling unterstützt das Marketingmanagement methodisch und instrumentell, beispielsweise bei der Marketingbudgetierung, der Auswahl von Markt- und Kundensegmenten sowie der Frage, wie Anreizsysteme im Verkauf effektiv und effizient gestaltet werden können. Auch die Gestaltung der Schnittstellen und Wechselbeziehungen des Marketing zu den anderen Funktionsbereichen gehört zu diesen Aufgaben, zumal die gesamte Unternehmensplanung im Regelfall auf der Absatzplanung beruht.

Marketingüberwachung: Durchführung von Marketingkontrollen und -audits

KÖHLER (2006) fasst Kontrollen und Audits unter dem Begriff der Überwachung zusammen.

Kontrollen sind rückblickende Soll-Ist-Vergleiche; sie schließen den Regelkreis des Willensbildungs- und -durchsetzungsprozesses und sind somit ein wichtiger Bestandteil des Marketingcontrollings. So dient beispielsweise die Marketing-Mix-Kontrolle – wie der Name bereits erkennen lässt – der Überprüfung des Marketing-Mix und seiner Komponenten im Hinblick auf den Markterfolg eines Produkts. Im Mittelpunkt stehen Fragen wie die Folgenden:

- Sind hinsichtlich der einzelnen Marketinginstrumente die gesetzten Ziele erreicht worden (z. B. Steigerung des Bekanntheitsgrads eines Produkts, Imageveränderung, Ausweitung des Distributionsgrads)?
- Wie haben sich Umsatz und Marktanteil des Produkts im Vergleich zu den angestrebten Zielen entwickelt?

Audits sind dagegen Ausprägungen einer eher zukunftsorientierten Überwachung mit Feedforward-Charakter, die sich mit den Voraussetzungen für die künftige Nutzung von Erfolgspotenzialen beschäftigen. Der Begriff «Audit» (engl. für Buchprüfung, Revision) weist schon darauf hin, dass es hier um eine breit angelegte kritische Überprüfung der für das Marketing eines Unternehmens wichtigen Sachverhalte geht. KOTLER/GREGOR/RODGERS (1977, S. 27) definieren: «Ein Marketing-Audit ist eine umfassende, systematische, unabhängige und periodische Überprüfung der Marketing-Umwelt, -Ziele, -Strategien und -Maßnahmen eines Unternehmens oder einer Geschäftseinheit mit der Ausrichtung auf die Feststellung von Problembereichen und Chancen und die Empfehlung von Maßnahmen zur Verbesserung der Marketing-Leistung des Unternehmens.»

Das Stichwort «umfassend» bezieht sich darauf, dass alle wichtigen Aspekte des Marketing und nicht nur gerade aktuelle Problembereiche Gegenstand der Kontrolle sind. Diese Kontrolle erfolgt systematisch insofern, als dass eine Reihenfolge des Vorgehens von der Analyse der Rahmenbedingungen bis zu einzelnen Maßnahmen vorgesehen ist. Unabhängigkeit und damit Objektivität der Ergebnisse wird am besten erreicht, wenn eine zentrale Revisionsabteilung oder entsprechend qualifizierte externe Berater das Audit durchführen. Durch periodische Audits soll verhindert werden, dass man mit einer Überprüfung erst beginnt, wenn ein Geschäftsbereich in Schwierigkeiten ist. Zudem soll eine (für das Marketing unerlässliche) laufende Aktualisierung der Ausrichtung am Markt erreicht werden.

Koordinationsfunktion

Diese Aufgaben des Marketingcontrollings betreffen Tätigkeiten abseits des Marketingroutinegeschäfts. Dazu zählen das Controlling spezifischer Marketing- und Verkaufsprojekte sowie insbesondere von Marketingkooperationen mit anderen Unternehmen.

Zu dieser Funktion gehört aber insbesondere auch die Beratung und Unterstützung bei umfassenden Projekten wie der Gesamtausrichtung des Marketing auf eine wertorientierte Unternehmensführung («Shareholder Value») oder der Einführung von Marketingkennzahlensystemen. Die Aktualität der letztgenannten Themen in Wissenschaft und Praxis haben zu einem deutlich verstärkten Interesse an der Entwicklung von quantitativen Maßgrößen für den Wert- und Erfolgsbeitrag des Marketing geführt (AMBLER 2003). Im Mittelpunkt steht dabei die Bestimmung und Anwendung von monetären und nicht-monetären Marketingkennzahlen (z. B. für Kundenzufriedenheit und -wert, nicht-monetäre Markenstärke und finanzieller Markenwert). Im englischsprachigen Schrifttum spricht man hierbei von «Marketing Metrics» (AMBLER 2003, FARRIS ET AL. 2010). REINECKE (2014) hat in einer umfangreichen Untersuchung (Befragung von 388 Unternehmen aus dem deutschsprachigen Raum) die gängigsten bzw. wichtigsten Kennzahlen für Marketing und Verkauf ermittelt. Gemessen durch den Anteil der Unternehmen, die die jeweilige

Kennzahl zu den fünf für das Unternehmen wichtigsten Kennzahlen zählten, sind dies die Folgenden (REINECKE 2014, S. 19):

- Umsatz/Absatz (69 Prozent),
- Nettogewinn (46 Prozent),
- Marktanteil (39 Prozent),
- Deckungsbeitrag I (28 Prozent),
- Kundenzufriedenheit (28 Prozent),
- relatives Umsatzwachstum (24 Prozent),
- wahrgenommene Servicequalität (22 Prozent),
- Umsatz pro Mitarbeiter (19 Prozent),
- relativer Marktanteil (18 Prozent),
- Anteil Neukunden am Kundenportfolio (18 Prozent).

Bemerkenswert ist bei dieser Untersuchung unter anderem, dass den in der Literatur stark beachteten Größen wie Kunden- oder Markenwert in der Praxis bisher eher selten entsprechende Bedeutung beigemessen wird. Dies lässt sich insbesondere auf die komplizierte Operationalisierung dynamischer Marketingkenngrößen zurückführen.

Marketingkennzahlen dienen allerdings insbesondere auch dazu, die Umsetzung von Marketingstrategien zu unterstützen. Dies kann entweder mittels eines marketingspezifischen Kennzahlensystems (siehe hierzu ausführlich REINECKE (2004) erfolgen, oder aber im gesamtunternehmerischen Rahmen mittels einer Balanced Scorecard, auf die nachfolgend detailliert eingegangen wird.

6.3 Die Balanced Scorecard als Hilfsmittel für Implementierung und Kontrolle

Seit den 90er-Jahren hat – wie so oft – von den USA ausgehend das Konzept der Balanced Scorecard starke Beachtung und vielfältige Anwendung erfahren. Dabei geht es um eine Ausweitung und Weiterentwicklung traditioneller (hauptsächlich finanzwirtschaftlich ausgerichteter) Kennzahlensysteme. Zum einen wird durch die gleichzeitige Beachtung von finanzwirtschaftlicher Perspektive, Kundenperspektive, betriebsinterner Perspektive (interne Geschäftsprozesse) sowie Innovations- und Wissensperspektive (Personal) eine größere Ausgewogenheit (Balance) von relevanten Ergebniszahlen und Erfolgsfaktoren erreicht. Zum anderen werden die entsprechenden Maßgrößen in einem Berichtsbogen (Scorecard) zusammenfassend dargestellt. Wie noch zu erläutern sein wird, dient die Balanced Scorecard sowohl der Implementierung/Umsetzung von Strategien als auch der Kontrolle.

> **Bedeutung der Balanced Scorecard für die Umsetzung von Strategien**
> (KAPLAN/NORTON 2001, S. 11)
> «Die Balanced Scorecard liefert einen Rahmen, welcher die Strategie auf verständliche Weise vermittelt und beschreibt. Wir können eine Strategie nicht implementieren, wenn wir sie nicht beschreiben können. Im Gegensatz zum finanziellen Sektor, wo schon lange Standardsysteme wie die Buchhaltung, Bilanz oder Gewinn- und Verlustrechnung existieren, gibt es für die Beschreibung einer Strategie keine allgemein anerkannten Grundsätze der Ordnungsmäßigkeit.»

Zunächst seien die schon erwähnten vier Perspektiven näher charakterisiert. Am längsten und am stärksten etabliert ist im Controlling die *finanzielle Perspektive*. Gängige Maßgrößen dafür sind z. B. Cashflow, Gewinn oder Return on Investment eines Geschäftsfelds. Bei der *Kundenperspektive* stehen die Identifizierungen von Kundengruppen und Marktsegmenten, auf die sich das Unternehmen ausrichtet, und die Festlegung entsprechender Maßgrößen (z. B. Markt- oder Kundenanteil, Anteil zufriedener Kunden) im Mittelpunkt. Erfolg bei den Kunden – beispielsweise in Form hoher Umsätze oder aus Kundenbindung resultierender Unempfindlichkeit gegenüber Preiserhöhungen – führt zur Erreichung der finanziellen Ziele. Andererseits bedarf es für den Markterfolg adäquater (der Konkurrenz überlegener) Leistungen. Deren Erbringung ist Gegenstand der *betriebsinternen Perspektive*. Hier geht es also um die Sicherung der Produktqualität, Lieferfähigkeit, Schnelligkeit bei der Produktinnovation usw., also um die Gestaltung der internen Geschäftsprozesse dergestalt, dass Kundenwünschen besser entsprochen wird als durch Angebote konkurrierender Unternehmen. Hinsichtlich der vierten Perspektive, der *Innovations- und Wissensperspektive* stehen Gesichtspunkte der Qualifizierung und Motivation der Mitarbeiterinnen und Mitarbeiter, der Informationsversorgung und der Organisationsstruktur im Vordergrund. Diese bilden die Basis für die Erbringung gegenwärtiger Leistungen und nicht zuletzt für Innovationen, die zu Sicherung und Ausbau von Wettbewerbsvorteilen führen (KAPLAN/NORTON 1996, S. 43 ff. sowie 2001, S. 63 ff.). Für jede der vier Perspektiven sind die jeweils entsprechenden *Ziele, Messgrößen, konkreten Ausprägungen* dieser Messgrößen und *Maßnahmen* festzulegen. Abbildung 6.6 zeigt ein Beispiel für eine solche Balanced Scorecard, in dem die Beziehungen zwischen den verschiedenen Perspektiven und die Abhängigkeit der Ziele bei diesen Perspektiven von Vision und Strategie des Unternehmens angedeutet sind.

Die in der Abbildung bei den vier Perspektiven jeweils angedeutete Verbindung zwischen Zielen und Maßnahmen sei durch ein Beispiel veranschaulicht: Wenn eines der Ziele bei der Kundenperspektive lautet, dass ein hervorragendes Image des eigenen Kundendienstes angestrebt wird, könnte die entsprechende Messgröße die Einschätzung des eigenen Kundendienstes im Vergleich zu konkurrierenden Anbietern bei einer Kundenbefragung sein. Die dem Ziel entsprechende konkrete Ausprägung dieser Messgröße wäre beispielsweise ein Anteil von mindestens 75 Prozent der Kunden, die den eigenen Kundendienst am besten bewerten. Maßnahmen zur Erreichung dieses konkreten Ziels wären möglicherweise Schulungen der Kundendienstmitarbeiter und Kommunikationsmaßnahmen, um den Kunden die eigene Leistungsfähigkeit besser verdeutlichen zu können.

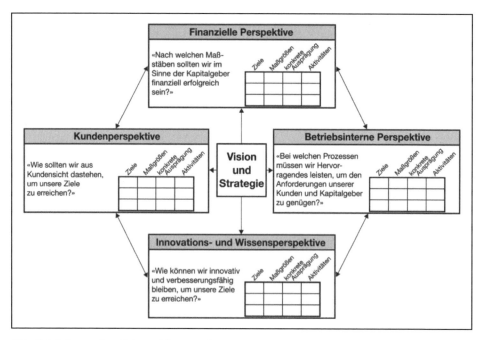

Abb. 6.6 Schema einer Balanced Scorecard (nach KAPLAN/NORTON 1996, S. 9)

Auch der von KAPLAN/NORTON (1996, S. 30 f.) geforderte kausale Zusammenhang zwischen den einzelnen Perspektiven einer Balanced Scorecard und ihren Zielen und Maßnahmen soll durch ein (hypothetisches) Beispiel illustriert werden. Bei einem Unternehmen soll ein bestimmtes Umsatzwachstum dadurch erreicht werden, dass von bisherigen Kunden mehr Wiederholungskäufe getätigt werden. Dazu ist es notwendig, die Kundenbindung zu stärken. Es zeigt sich, dass diese maßgeblich von der Einhaltung von Lieferzeiten beeinflusst wird. Also müssen die internen Geschäftsprozesse so gestaltet werden, dass Produktions- und Lieferzeiten kurz sind und präzise eingehalten werden können. Voraussetzung dafür sind wiederum die entsprechende Qualifikation und Motivation der beteiligten Mitarbeiterinnen und Mitarbeiter. Abbildung 6.7 stellt den Zusammenhang im skizzierten Beispiel dar.

Durch das Beispiel sollte auch deutlich werden, warum – wie eingangs dieses Abschnitts schon angesprochen – die Balanced Scorecard sowohl der *Implementierung von Strategien* als auch der *Kontrolle* dient. Einerseits wird erkennbar, wie bestimmte strategische Ziele (z. B. Wachstum eines Geschäftsfelds) immer weiter konkretisiert und auf die unterschiedlichsten Unternehmensbereiche (z. B. F&E, Werbung, Kundendienst, Verkauf) bezogen werden können. Daraus ergeben sich die für die Implementierung notwendigen Maßnahmen.

6.3 Die Balanced Scorecard als Hilfsmittel für Implementierung und Kontrolle

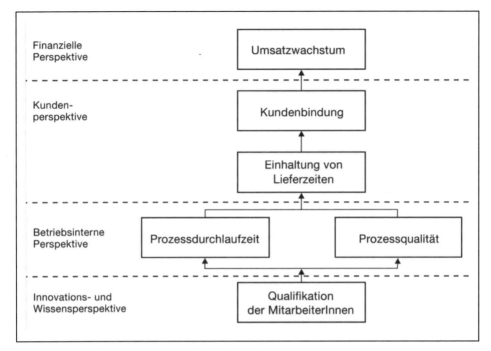

Abb. 6.7 Ursache-Wirkungsbeziehungen zwischen Elementen einer Balanced Scorecard (nach KAPLAN/NORTON 1996, S. 31)

Andererseits dienen die verwendeten Messgrößen und deren den jeweiligen Zielen entsprechenden konkreten Ausprägungen als Kontrollgrößen.

Nun ist die Balanced Scorecard ein Konzept, das sich auf die unterschiedlichsten Funktionsbereiche von Unternehmen bezieht und somit den Rahmen der im vorliegenden Buch behandelten Marketingplanung sprengt. Deswegen soll abschließend ein Beispiel für eine Balanced Scorecard entworfen werden, die hauptsächlich Aspekte des Marketing betrifft (siehe Abb. 6.8).

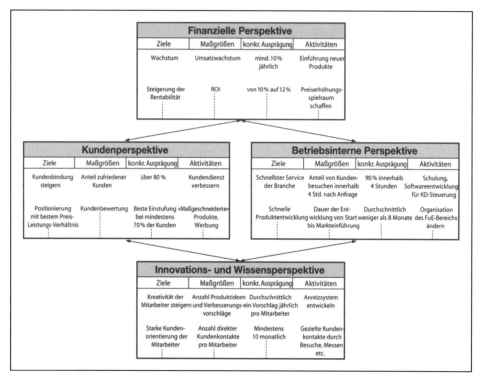

Abb. 6.8 Beispiel einer Balanced Scorecard mit Schwerpunkt Marketing

In der vorstehend dargestellten Balanced Scorecard ist jeweils die gedankliche Kette von Zielen bis zu den diesen Zielen entsprechenden Maßnahmen eingetragen. Weiterhin wird erkennbar, dass die verschiedenen Perspektiven auch logisch miteinander verknüpft sind. So kann die Steigerung der Rentabilität (finanzielle Perspektive) durch einen Preiserhöhungsspielraum erreicht werden. Dieser setzt unter anderem eine Steigerung der Kundenbindung (Kundenperspektive) voraus, die möglicherweise durch besonders schnellen Service (betriebsinterne Perspektive) erzielt werden kann. In umgekehrter Richtung kann beispielsweise die Wirkung der Kundenorientierung von Mitarbeitern (Innovations- und Wissensperspektive) über «maßgeschneiderte» Produkte auf eine günstige Positionierung (Kundenperspektive) und dann auf einen Preiserhöhungsspielraum (finanzielle Perspektive) verfolgt werden. Hier dürfte auch der Zusammenhang zu den in Abschnitt 4.2 angestellten Überlegungen zu Zielen und deren Funktion als Bindeglieder zwischen verschiedenen Planungsebenen erkennbar werden.

Zuletzt sei noch hervorgehoben, dass das in Abb. 6.8 dargestellte Beispiel die Funktion einer Balanced Scorecard für Implementierung und Kontrolle illustriert. Die verschiedenen Messgrößen mit den jeweils zu erreichenden konkreten Ausprägungen sind als Kontrollgrößen bestens geeignet. Gleichzeitig dient die Zuordnung von Messgrößen und Maßnahmen zu Zielen und die Verknüpfung unterschiedlicher Unternehmensbereiche und Planungsebenen auch der Implementierung, weil aus allgemeinen Zielen spezifische Ziele und konkrete Aufgaben für bestimmte Mitarbeiter oder Abteilungen abgeleitet werden können.

Die *Stärken der Balanced Scorecard* liegen in der Verbindung von Strategieformulierung und Implementierung und somit im Bereich der Kommunikation. Die *Schwächen* in der Realität liegen insbesondere in der Art und Weise, wie dieses Instrument eingeführt wird. Häufig wird es einseitig ohne Möglichkeit der Mitwirkung von Leistungsträgern «von oben» vorgegeben, so dass die Kennzahlen in der Realität kaum genutzt werden. Der grundsätzliche Wirkungszusammenhang der Scorecard erscheint zwar plausibel, ist allerdings nicht empirisch belegt und weist zahlreiche Zeit- und Wirkungsverzögerungen auf, die bei der Interpretation der Kennzahlengesamtübersicht leicht übersehen werden können. Aus Marketingsicht wäre es sinnvoll, möglichst viele Kennzahlen konkurrenzorientiert zu operationalisieren – ist doch der Vergleich mit Wettbewerbern letztlich auch der Maßstab des Kunden.

Die Balanced Scorecard hat sich der Praxis als hilfreiches Instrument etabliert, welches gleich zwei zentrale Defizite der Marketingimplementierung mildert: Zum einen stellt es die Verbindung von (Strategie-)Planung und Kontrolle sicher, zum anderen bindet es Marketing in die Unternehmensstrategie ein und gewährleistet somit eine marktorientierte Unternehmensführung.

Literaturempfehlungen zum 6. Kapitel

AMBLER, T. (2003): Marketing and the Bottom Line – the Marketing Metrics to Pump Up Cash Flow, 2. Aufl., London.

BELZ, C./MÜLLNER, M./ZUPANCIC, D. (2014): Spitzenleistungen im Key-Account-Management: Das St. Galler KAM-Konzept, 3. Aufl., München.

FARRIS, P. W./BENDLE, N. T./PFEIFER, P. E./REIBSTEIN, D. J. (2010): Marketing Metrics: The Definitive Guide to Measuring Marketing Performance, 2nd ed., Upper Saddle River (NJ).

FREILING, J./KÖHLER, R. (2014): Marketingorganisation – Die Basis einer marktorientierten Unternehmenssteuerung, Stuttgart.

HILKER, J. (1993): Marketingimplementierung, Wiesbaden.

KAPLAN, R./NORTON, D. (1996): The Balanced Scorecard, Boston.

KAPLAN, R./NORTON, D. (2001): Die strategiefokussierte Organisation, Stuttgart.

MINTZBERG, H. (1994): The Fall and Rise of Strategic Planning, in: Harvard Business Review, Vol. 72, No. 1, S. 107-114.

REINECKE, S. (2004): Marketing Performance Management, Wiesbaden.

REINECKE, S. (2014): Return on Marketing 2014, Sicherstellen der Marketing Performance in der Praxis – Empirische Ergebnisse und Implementierungshinweise zum Marketing- und Verkaufscontrolling, St. Gallen.

REINECKE, S./JANZ, S. (2007): Marketingcontrolling, Sicherstellen von Marketingeffektivität und -effizienz, Stuttgart.

REINECKE, S./TOMCZAK, T. (Hrsg.) (2006): Handbuch Marketingcontrolling, 2. Aufl., Wiesbaden.

Literaturverzeichnis

AAKER, D. A. (1992): Management des Markenwerts, Frankfurt am Main et al.

AAKER, D. A. (2004): Brand Portfolio Strategy: Creating Relevance, Differentiation, Energy, Leverage, and Clarity, New York (NY).

AAKER, D. A. (2009): Strategic Market Management, 9. Aufl., New York (NY) et al.

AAKER, D. A./JOACHIMSTHALER, E. (2000): Brand Leadership, New York (NY).

AAKER, D. A./MCLOUGHLIN, D. (2007): Strategic Market Management – European Edition, Hoboken (NJ).

AAKER, D./MCLOUGHLIN, D. (2007): Strategic Market Management – European Edition, Chichester.

ABELL, D. (1978): Strategic Windows, in: Journal of Marketing, 42. Jg., S. 21–26.

ABELL, D. (1980): Defining the Business – The Starting Point of Strategic Planning, Englewood Cliffs (NJ).

AHLERT, D. (2005): Distributionspolitik, 4. Aufl., Stuttgart.

ALBERS, S./HERRMANN, A. (Hrsg.) (2007): Handbuch Produktmanagement. Strategieentwicklung – Produktplanung – Organisation – Kontrolle, 3. Aufl., Wiesbaden.

ALBERS, S./KRAFFT, M. (2013): Vertriebsmanagement: Organisation – Planung – Controlling – Support, Wiesbaden.

AMBLER, T. (2003): Marketing and the Bottom Line – the Marketing Metrics to Pump Up Cash Flow, 2. Aufl., London.

ASSAEL, H. (1985): Marketing Management: Strategy and Action, Boston (MA).

ASSAEL, H. (1993): Marketing: Principles and Strategy, 2. Aufl., Fort Worth (TX).

ASSAEL, H. (2001): Consumer Behavior and Marketing Action, 6. Aufl., Cincinnati (OH).

BACKHAUS, K. (1995): Investitionsgütermarketing, 4. Aufl., München.

BACKHAUS, K./BÜSCHKEN, J./VOETH, M. (2005): International Marketing, Houndmills (UK)/New York.

BACKHAUS, K./SCHNEIDER, H. (2009): Strategisches Marketing, 2. Aufl., Stuttgart.

BACKHAUS, K./VOETH, M. (2010): Industriegütermarketing, 9. Aufl., München.

BALDERJAHN, I. (1995): Bedürfnisse, Bedarf, Nutzen, in: TIETZ, B./KÖHLER, R./ZENTES, J. (Hrsg.): Handwörterbuch des Marketing, 2. Aufl., Stuttgart, Sp. 179–180.

BARNEY, J. B. (1991): Firm Resources and Sustained Competitive Advantage, in: Journal of Management, 17. Jg., H. 1, S. 99–120.

BARNEY, J. B. (1995): Looking Inside for Competitive Advantage, in: Academy of Management Executive, 9. Jg., H. 4, S. 49–61.

BARNEY, J. B./HESTERLY, W. S. (2008): Strategic Management and Competitive Advantage, 2. Aufl., Upper Saddle River (NJ).

BARZEN, D. (1990): Marketing-Budgetierung, Frankfurt am Main.

BAUER, H./SAUER, N. (2004): Die Erfolgsfaktorenforschung als schwarzes Loch?, in: Die Betriebswirtschaft, 64. Jg., S. 621–623.

BAUMGARTH, C. (2008): Markenpolitik, 3 Aufl., Wiesbaden.

BECKER, J. (2013): Marketing-Konzeption – Grundlagen des zielstrategischen und operativen Marketing-Managements, 10. Aufl., München.

BEHRENS, G. (1996): Werbung. Entscheidung – Erklärung – Gestaltung, München.

BELZ, C. (1991): Suchfelder im Marketing, Zürich/St. Gallen.

BELZ, C. (1998): Akzente im innovativen Marketing, St. Gallen/Wien.

BELZ, C. (1999): Verkaufskompetenz, 2. Aufl., Wien/Frankfurt am Main.

BELZ, C. (2013): Stark im Vertrieb: Die 11 Hebel für ein schlagkräftiges Verkaufsmanagement, Stuttgart.

BELZ, C./BIEGER, T. (2006): Customer-Value – Kundenvorteile schaffen Unternehmensvorteile, 2. Aufl., Landsberg am Lech.

BELZ, C./BÜSSER, M./BIRCHER, B. (1991): Erfolgreiche Leistungssysteme – Anleitungen und Beispiele, Schriften zum Marketing, Band 12, Stuttgart.

BELZ, C./MÜLLNER, M./ZUPANCIC, D. (2014): Spitzenleistungen im Key-Account-Management: Das St. Galler KAM-Konzept, 3. Aufl., München.

BELZ, C./SCHINDLER, H. (1994): Preisaggressive Fachmärkte – Revolution im schweizerischen Einzelhandel: eine Diagnose des Eintritts des Elektronikhändlers MediaMarkt in die Schweiz, Fachbericht des Forschungsinstituts für Absatz und Handel, H. 6, St. Gallen.

BESANKO, D./DRANOVE, D./SHANLEY, M./SCHAEFER, S. (2007): Economics of Strategy, 4. Aufl., Hoboken (NJ).

BLATTBERG, R. C./DEIGHTON, J. (1996): Manage Marketing by the Customer Equity Test, in: Harvard Business Review, 74. Jg., H. 4, S. 136–44.

BONOMA, T. V. (1986): Der Marketing-Vorsprung, Landsberg.

BONOMA, T. V./CLARK, B. H. (1988): Marketing Performance Assessment, Boston (MA).

BORDEN, N. (1964): The Concept of the Marketing Mix, in: Journal of Advertising Research, 4. Jg., H. 6, S. 2–7.

BRESSER, R. K. F. (1998): Strategische Managementtheorie, Berlin/New York (NY).

BROCKHOFF, K. (1999): Produktpolitik, 4. Aufl., Stuttgart.

BROCKHOFF, K. (2001): Positionierung, in: DILLER, H. (Hrsg.): Vahlens Großes Marketinglexikon, 2. Aufl., München, S. 1275–1276.

BRUHN, M. (2003): Sponsoring, Systematische Planung und integrativer Einsatz, 4. Aufl., Wiesbaden.

Bruhn, M. (2009): Integrierte Unternehmens- und Markenkommunikation, Strategische Planung und operative Umsetzung, 5. Aufl., Stuttgart.

BRUHN, M. (2012): Marketing, Grundlage für Studium und Praxis, 11 Aufl., Wiesbaden.

BRUHN, M. (2013): Kommunikationspolitik, Systematischer Einsatz der Kommunikation für Unternehmen, 7. Aufl., München.

BRUHN, M./HOMBURG, C. (2013) (HRSG.): Handbuch Kundenbindungsmanagement, 8. Aufl., Wiesbaden.

BRUHN, M./KÖHLER, R. (Hrsg.) (2010): Wie Marken wirken – Impulse aus der Neuroökonomie für die Markenführung, München.

BURMANN, C./BLINDA, L./NITSCHKE, A. (2003): Konzeptionelle Grundlagen des identitätsbasierten Markenmanagements, in: BURMANN, C. (Hrsg.): LiM-Arbeitspapier Nr. 1 der Universität Bremen, Bremen.

BÜSCHKEN, J. (1994): Multipersonale Kaufentscheidungen – Empirische Analyse zur Operationalisierung von Einflußbeziehungen im Buying-Center, Wiesbaden.

CARPENTER, G./GLAZER, R./NAKAMOTO K. (1997): Readings on Market-Driving Strategies: Towards a New Theory of Competitive Advantage, Reading (MA).

CARPENTER, G./NAKAMOTO, K. (1989): Consumer Preference Formation and Pioneering Advantage, in: Journal of Marketing Research, 26. Jg., S. 285–298.CHERNEV, A. (2009): Strategic Marketing Management, 5. Aufl., Chicago.

CHERNEV, A. (2009): Strategic Marketing Management, 5. Aufl., Chicago.

CLEF, U. (2004): MARKETING-MYTHOS: PORSCHE, IN: ABSATZWIRTSCHAFT, SONDERHEFT 2004, S. 22–28.

CORNELSEN, J. (2000): Kundenwertanalysen im Beziehungsmarketing – Theoretische Grundlagen und Ergebnisse einer empirischen Studie im Automobilbereich, Erlangen/Nürnberg.

COUGHLAN, A. T./ANDERSON, E./STERN, L. W./EL ANSARY, A. L. (2006): Marketing Channels, 7. Aufl., Upper Saddle River (NJ).

CUMMINGS, A./OLDHAM, G. R. (1997): Enhancing Creativity: Managing Work Contexts for the High Potential Employee, in: California Management Review, 40. Jg., H. 1, S. 22–38.

CZEPIEL, J. (1995): Competitive Marketing Strategy, Englewood Cliffs (NJ).

CZEPIEL, J./KERIN, R. (2012): Competitor Analysis, in: SHANKAR, V./CARPENTER, G. (HRSG.): Handbook of Marketing Strategy, Cheltenham (UK)/Northampton (MA), S. 41–57.

DAY, G. S. (1977): Diagnosing the Product Portfolio, in: Journal of Marketing, Vol. 41, Apr. 1977, S. 29–38.

Day, G. S. (1984): Strategic Market Planning – The Pursuit of Competitive Advantage, St.Paul (MA) et al.

Day, G. S. (1986): Analysis for Strategic Marketing Decisions, St. Paul (MN) et al.

Day, G. S. (1994): The Capabilities of Market-Driven Organizations, in: Journal of Marketing, 58. Jg, H. 4, S. 37–52.

Day, G. S. (1999): Market Driven Strategy, New York (NY)/London.

Day, G. S./Wensley, R. (1988): Assessing Advantage: A Framework for Diagnosing Competitive Superiority, in: Journal of Marketing, 52. Jg., H. 2, S. 1–20.

Dean, J. (1951): Managerial Economics, Englewood Cliffs (NJ).

Dickson, P. (1996): The Static and Dynamic Mechanics of Competition: A Comment on Hunt and Morgan's Comparative Advantage Theory, in: Journal of Marketing, 60. Jg., H. 4, S. 102–106.

Diller, H. (1996): Kundenbindung als Marketingziel, in: Marketing ZFP, 18. Jg., H. 2, S. 81–94.

Diller, H. (2008): Preispolitik, 4. Aufl., Stuttgart.

Diller, H./Haas, A./Ivens, B. (2005): Verkauf und Kundenmanagement, Stuttgart et al.

Diller, H./Herrmann, A. (2003): Handbuch Preispolitik, Wiesbaden et al.

Dittrich, S. (2002): Kundenbindung als Kernaufgabe im Marketing, 2. Aufl., St. Gallen.

Dorfman, R/Steiner, P. O. (1954): Optimal advertising and optimal quality, in: American Economic Review, Vol. 44, No. 5, S. 826–836.

Drucker, P. (1954): The Practice of Management, New York (NY).

Engelhardt, W. H./Kleinaltenkamp, M./Reckenfelderbäumer, M. (1993): Leistungsbündel als Absatzobjekte, in: Schmalenbachs Zeitschrift für betriebswirtschaftliche Forschung, 45. Jg., H. 5, S. 395–426.

Engelhardt, W. H./Plinke, W. (1979): Marketing. Elemente der Marketing-Entscheidung, Lehrmaterial der Fernuniversität Hagen, Hagen.

Esch, F./Herrmann, A./Sattler, H. (2013): Marketing – Eine managementorientierte Einführung, 4. Aufl., München.

Esch, F.-R. (1992): Positionierungsstrategien – konstituierender Erfolgsfaktor für Handelsunternehmen, in: Thexis, 9. Jg., H. 4, S. 9–15.

Esch, F.-R. (2005) (Hrsg.): Moderne Markenführung, Grundlagen – Innovative Ansätze – Praktische Umsetzungen, 4. Aufl., Wiesbaden.

Esch, F.-R. (2011): Wirkung integrierter Kommunikation. Ein verhaltenswissenschaftlicher Ansatz für die Werbung, 5. Aufl., Wiesbaden.

Esch, F.-R. (2012): Strategie und Technik der Markenführung, 7. Aufl., München.

Esch, F.-R./Andresen, T. (1996): 10 Barrieren für eine erfolgreiche Markenpositionierung und Ansätze zu deren Überwindung, in: Tomczak, T./Rudolph, T./Roosdorp, A. (Hrsg.): Positionierung – Kernentscheidung des Marketing, St. Gallen, S. 78–94.

Esch, F.-R./Bräutigam, S. (2005): Analyse und Gestaltung komplexer Markenarchitekturen, in: Esch, F.-R. (Hrsg.): Moderne Markenführung, 4. Aufl., Wiesbaden, S. 839–861.

Esch, F.-R./Bräutigam, S. (2006): Corporate- und Product Brands in die Markenarchitektur integrieren, in: Esch, F.-R./Tomczak, T./Kernstock, J./Langner, T. (Hrsg.): Corporate Brand Management. Marken als Anker strategischer Führung von Unternehmen, 2. Aufl., Wiesbaden, S. 129–148.

Esch, F.-R./Levermann, T. (1995): Positionierung als Grundlage des strategischen Kundenmanagements, in: Thexis, 12. Jg., H. 3, S. 8–16.

Farris, P. W./Bendle, N. T./Pfeifer, P. E./Reibstein, D. J. (2010): Marketing Metrics: The Definitive Guide to Measuring Marketing Performance, 2nd ed., Upper Saddle River (NJ).

Fink, D. H./Meyer, N. (1995): Key-Account-Management – Effiziente Kundenbearbeitung im Vertrieb von Investitionsgütern durch Einsatz der Portfolio-Technik, in: Marktforschung & Management, 39. Jg., H. 2, S. 76–80.

Finsterwalder, J. (2002): Transformation von Kundenbeziehungen – Ansätze für das Mengenkundengeschäft von Dienstleistungsunternehmen, St. Gallen.

Fischer, M./Himme, A./Albers, S. (2007): Pionier, Früher Folger oder Später Folger: Welche Strategie verspricht den größten Erfolg?, in: Zeitschrift für Betriebswirtschaft, 77. Jg., H. 5, S. 539–573.

Freiling, J./Köhler, R. (2014): Marketingorganisation – Die Basis einer marktorientierten Unternehmenssteuerung, Stuttgart.

Freter, H. (1983): Marktsegmentierung, Stuttgart et al.

Friese, M. (1998): Kooperation als Wettbewerbsstrategie für Dienstleistungsunternehmen, Wiesbaden.

Fritz, W. (2004b): Die Erfolgsfaktorenforschung – ein Misserfolg?, in: Die Betriebswirtschaft, 64. Jg., S. 623–625.

Fullerton, R. (1988): How Modern is Modern Marketing? Marketing's Evolution and the Myth of the «Production Era», in: Journal of Marketing, 52. Jg., H. 1, S. 108–125.

Gardner, D. (1987): The Product Life Cycle: A Critical Look at the Literature, in: Houston, M. (Hrsg.): Review of Marketing 1987, Chicago (IL), S. 162–194.

Gebhardt, G. (2012): Market orientation, in: Venkatesh, S./Carpenter, G. (Hrsg.): Handbook of Marketing Strategy, Cheltenham (UK)/Northampton (MA), S. 28–38.

Gedenk, K. (2002): Verkaufsförderung, München.

Geschka, H./Eggert-Kipfelstuhl, K. (1994): Innovationsbedarfserfassung, in: Tomczak, T./Reinecke, S. (Hrsg.): Marktforschung, St. Gallen, S. 116–127.

Gilbert, X./Strebel, P. (1987): Strategies to Outpace the Competition, in: Journal of Business Strategy, 8. Jg., H. 1, S. 28–36.

Gilmore, J. H./Pine, B. J. (1997): Massenproduktion auf Kunden zugeschnitten, in: Harvard Business Manager, 19. Jg., H. 4, S. 105–113.

Golder, P./Tellis, G. (1993): Pioneer Advantage – Marketing Logic or Marketing Legend, in: Journal of Marketing Research, 30. Jg., S. 158–170.

Gore (2007): Homepage von Gore, www.gore.de (Zugriff: 15.06.2007).

Grant, R. M. (1991): The Resource-Based Theory of Competitive Advantage: Implications for Strategy Formulation, in: California Management Review, 34. Jg., Spring, S. 114–135.

Greenberg, J. M. (2001): Letter to the Shareholders, in: McDonald's 2000 Annual Report, Oak Brook (IL), S. 1–4.

Grosse-Oetringhaus, W. F. (1996): Value Marketing, in: Tomczak, T./Belz, C. (Hrsg.): Kundennähe realisieren. Ideen – Konzepte – Methoden – Erfahrungen, 2. Aufl., St. Gallen, S. 55–79.

Gussek, F. (1992): Erfolg in der strategischen Markenführung, Wiesbaden.

Haedrich, G./Berger, R. (1982): Angebotspolitik, Berlin/New York (NY).

Haedrich, G./Tomczak, T. (1996): Produktpolitik, Stuttgart et al.

Haedrich, G./Tomczak, T./Kaetzke, P.(2003): Strategische Markenführung, 3. Aufl., Stuttgart.

Hagel, J./Singer, M. (1999): Unbundling the Corporation, in: Harvard Business Review, 77. Jg., H. 2, S. 133–141.

Hamel, G./Prahalad, C. K. (1992): So spürten Unternehmen neue Märkte auf, in: Harvard Manager, 14. Jg., H. 2, S. 44–55.

Hansen, U./Hennig-Thurau, T./Schrader, U. (2001): Produktpolitik, Ein kunden- und gesellschaftsorientierter Ansatz, 3. Aufl., Stuttgart.

Hax, A./Majluf, N. (1996): The Strategy Concept and Process, 2. Aufl., Upper Saddle River (NJ).

Helm, R./Janzer, T.M. (2000): Vertrauen aufbauen und erfolgreich kooperieren – Professionalisierung durch Institutionalisierung der Beziehung in Netzwerken, in: io Management, 69 Jg., H. 12, S. 24–31.

Henderson, B. (1984): Die Erfahrungskurve in der Unternehmensstrategie, 2. Aufl., Frankfurt am Main/New York (NY).

Herrmann, A./Huber, F. (2013): Produktmanagement, 3. Aufl., Wiesbaden.

Herstatt, C. (1991): Anwender als Quelle für Produktinnovationen, Zürich.

Herstatt, C./von Hippel, E. (1992): From Experience: Development New Product Concepts via the Lead User Method. A Case Study in a «Low-Tech» Field, in: Journal of Product Innovation Management, 9. Jg., S. 213–221.

Hildebrandt, L. (2003): Die Erfolgsfaktorenforschung – Entwicklungslinien aus Sicht des Marketing, in: Rese, M./Söllner, A./Utzig, B. (Hrsg.): Relationship Marketing, Berlin et al., S. 201–224.

Hilker, J. (1993): Marketingimplementierung, Wiesbaden.

Homburg, C. (2012): Marketingmanagement. Strategie – Instrumente – Umsetzung – Unternehmensführung, 4. Aufl., Wiesbaden.

HOMBURG, C. (HRSG.) (2008): Kundenzufriedenheit – Konzepte Methoden – Erfahrungen, 7. Aufl., Wiesbaden.

HOMBURG, C./KROHMER, H. (2004): Die Fliegenpatsche als Instrument des wissenschaftlichen Dialogs, in: Die Betriebswirtschaft, 64. Jg., S. 626–631.

HOMBURG, C./PFLESSER, C. (2000): A Multiple-Layer Model of Market-Oriented Organizational Culture: Measurement Issues and Performance Outcomes, in: Journal of Marketing Research, 37. Jg., S. 449–462.

HORVÁTH, P. (2011): Controlling, 12. Aufl., München.

HOYER, W./MACINNIS, D./PIETERS, R. (2013): Consumer Behavior – International Edition, 6. Aufl.

HULDI, C./STAUB, F. (1995): Cube-based Marketing, in: Direkt Marketing, H. 5, S. 27–31.

HUNT, S. D. (2000): A General Theory of Competition, Thousand Oaks (CA) et al.

HUNT, S. D. (2002): Foundations of Marketing Theory, Armonk (NY)/London.

HUNT, S. D. (2010): Marketing Theory – Foundations, Controversy, Strategy, Resource-Advantage Theory, Armonk (NY)/London.

HUNT, S. D./MORGAN, R. (1995): The Comparative Advantage Theory of Competition, in: Journal of Marketing, 59. Jg., H. 2, S. 1–15.

HUNT, S. D./MORGAN, R. (1997): Resource-Advantage Theory: A Snake Swallowing Its Tail or a General Theory of Competition?, in: Journal of Marketing, 61. Jg, H. 4, S. 74–82.

HÜTTEL, K. (1998): Produktpolitik, 3. Aufl., Ludwigshafen.

JAIN, S. (2000): Marketing. Planning and Strategy, 6. Aufl., Boston (MA).

JAWORSKI, B./KOHLI, A. (1993): Market Orientation: Antecedents and Consequences, in: Journal of Marketing, 57 Jg., H. 7, S. 53–70.

KAAS, K. P. (2001): Marketing-Mix, in: DILLER, H. (Hrsg.): Vahlens Großes Marketing Lexikon, 2. Aufl., München, S. 1002–1006.

KAETZKE, P./TOMCZAK, T. (2000): Ausschöpfen von Leistungspotenzialen – Ein Konzept zur Gestaltung existierender Leistungen, in: Thexis, 17. Jg., H. 2, S. 19–22.

KAPFERER, J.-N. (1998): Strategic Brand Management, 2. Aufl., London.

KAPLAN, R. S./NORTON, D. P. (2001): Die strategiefokussierte Organisation: Führen mit der Balanced Scorecard, Stuttgart.

KAPLAN, R. S./NORTON, D. P.(1996): The Balanced Scorecard: Translating Strategy into Action, Boston (MA).

KAPLAN, R./NORTON, D. (2001): Die strategiefokussierte Organisation, Stuttgart

KARG, M. (2001): Kundenakquisition als Kernaufgabe im Marketing, Diss., St. Gallen.

KEITH, R. (1960): The Marketing Revolution, in: Journal of Marketing, 24. Jg., H. 1, S. 35–38.

KELLER, K. L./APERIA, T./GEORGSON, M. (2012): Strategic Brand Management – A European Perspective, 2. Aufl., Harlow (UK) u. a.O.

KERIN, R. A./MAHAJAN, V./VARADARAJAN, P. R. (1990): Contemporary Perspectives on Strategic Market Planning, Boston (MA) et al.

KERIN, R. A./VARADARAJAN, P. R./PETERSON, R. A. (1992): First Mover Advantage: A Synthesis, Conceptual Framework, and Research Propositions, in: Journal of Marketing, 56. Jg, H. 4, S. 33–52.

KINNEAR, T. C/BERNHARDT, K. L./KRENTLER, K. A. (1995): Principles of marketing, 4th ed, New York.

KIRCHGEORG, M./DORNSCHEIDT, W. M./GIESE, W./STOECK, N. (2003): Handbuch Messemanagement – Planung, Durchführung und Kontrolle von Messen, Kongressen und Events, Wiesbaden.

KIRCHGEORG, M./SPRINGER, C./BRÜHE, C. (2010): Live Communication Management: Ein strategischer Leitfaden zur Konzeption, Umsetzung und Erfolgskontrolle, Wiesbaden.

KLEINALTENKAMP, M. (2002a): Marktsegmentierung, in: Kleinaltenkamp, M./Plinke, W. (Hrsg.): Strategisches Business-to-Business Marketing, Berlin et al., S. 191–232.

KLEINALTENKAMP, M. (2002b): Wettbewerbsstrategie, in: KLEINALTENKAMP, M./PLINKE, W. (Hrsg.): Strategisches Business-to-Business Marketing, Berlin et al., S. 57–189.

KLEINALTENKAMP, M. (2006): Auswahl von Vertriebswegen, in: KLEINALTENKAMP, M./PLINKE, W./JACOB, F./SÖLLNER, A. (Hrsg.): Markt- und Produktmanagement, 2. Aufl., Wiesbaden.

KLEINALTENKAMP, M./PLINKE, W. (Hrsg.) (2002): Strategisches Business-to-Business Marketing, 2. Aufl., Berlin u. a.

KLICHE, M. (1991): Industrielles Innovationsmarketing: eine ganzheitliche Perspektive, Wiesbaden.

KÖHLER, R. (2000): Marketingimplementierung – Was hat die deutschsprachige Marketingforschung an Erkenntniszugewinn erbracht?, in: BACKHAUS, K. (Hrsg.): Deutschsprachige Marketingforschung, Bestandsaufnahme und Perspektiven, Stuttgart, S. 253–277.

KÖHLER, R. (2005): Kundenorientiertes Rechnungswesen als Voraussetzung des Kundenbindungsmanagements, in: BRUHN, M./HOMBURG, C. (Hrsg.): Handbuch Kundenbindungsmanagement – Strategien und Instrumente für ein erfolgreiches CRM, 5. Aufl., Wiesbaden, S. 401–434.

KÖHLER, R. (2006): Marketingcontrolling: Konzepte und Methoden, in: REINECKE, S./TOMCZAK, T. (Hrsg.): Handbuch Marketingcontrolling, 2. Aufl., Wiesbaden, S. 39–61.

KOHLI, A. K./JAWORSKI, B. J. (1990): Market Orientation: The Construct, Research Proposition, and Managerial Implications, in: Journal of Marketing, 54. Jg., H. 4, S. 1–18.

KOLLMANN, T. (2013): E-Business: Grundlagen elektronischer Geschäftsprozesse in der Net Economy, 5. Aufl., Wiesbaden.

KOPPELMANN, U. (2001): Produktmarketing. Entscheidungsgrundlagen für Produktmanager, 6. Aufl., Berlin et al.

KORTE, E. (1992): Der Anschlussabsatz als strategische Kooperationsform, Diss., Bochum.

KOTLER, P. (1972): A Generic Concept of Marketing, in: Journal of Marketing, 36. Jg., H. 4, S. 46–54.

KOTLER, P. (1999): Kotler on Marketing. How to Create, Win, and Dominate Markets, New York (NY).

KOTLER, P./GREGOR, W./ROGERS, W. (1977): The Marketing Audit Comes of Age, in: Sloan Management Review, 21. Jg., S. 25–43.

KOTLER, P./KELLER, K./BLIEMEL, F. (2007): Marketing-Management. Strategien für wertschaffendes Handeln, 12. Aufl., München.

KOTLER, P./KELLER, K. (2012): Marketing Management, 14. Aufl., Boston u. a. O.

KROEBER-RIEL, W./ESCH, F.-R. (2011): Strategie und Technik der Werbung, Verhaltenswissenschaftliche und neurowissenschaftliche Ansätze, 7. Aufl., Stuttgart.

KROEBER-RIEL, W./WEINBERG, P./GRÖPPEL-KLEIN, A. (2009): Konsumentenverhalten, 9. Aufl., München.

KÜHN, R. (1997): Marketing: Analyse und Strategie, 3. Aufl., Zürich.

KÜHN, R./VIFIAN, P. (2003): Marketing: Analyse und Strategie, 9. Aufl., Zürich.

KUMAR, V./RAJAN, B. (2012): Customer lifetime management: strategies to measure and maximize customer profitability, in: SHANKAR, V./CARPENTER, G. (HRSG.): Handbook of Marketing Strategy, Cheltenham (UK)/Northampton (MA), S. 107–134.

KUSS, A. (2012): Marktforschung: Grundlagen der Datenerhebung und Datenanalyse, 4. Aufl., Wiesbaden.

KUSS, A. (2013): Marketing-Theorie. Eine Einführung, 3. Aufl., Wiesbaden.

KUSS, A./KLEINALTENKAMP, M. (2013): Marketing-Einführung – Grundlagen, Überblick, Beispiele, 6. Aufl., Wiesbaden.

KUSS, A./TOMCZAK, T. (2007): Käuferverhalten. Eine marketingorientierte Einführung, 4. Aufl., Stuttgart.

KUTSCHKER, M. (1994): Strategische Kooperationen als Mittel der Internationalisierung, in: SCHUSTER, L. (Hrsg.): Die Unternehmung im internationalen Wettbewerb, Berlin, S. 121–157.

LANGNER, T./ESCH, F.-R. (2006): Corporate Branding auf Handlungsoptionen abstimmen, in: ESCH, F.-R./TOMCZAK, T./KERNSTOCK, J./LANGNER, T. (Hrsg.): Corporate Brand Management. Marken als Anker strategischer Führung von Unternehmen, 2. Aufl., Wiesbaden, S. 101–128.

LASSLOP, I. (2003): Effektivität und Effizienz von Marketing-Events: Wirkungstheoretische Analyse und empirische Befunde, Wiesbaden.

LEEFLANG, P. S. H./WITTINK, D. R./WEDEL, M./NAERT, P. A. (2000): Building Models for Marketing Decisions, Boston (MA).

LEHMANN, D. R./WINER, R. S. (2004): Product Management, 4. Aufl., New York (NY).

LIEBERMAN, M./MONTGOMERY, D. (2012): First-mover/pioneer strategies, in: SHANKAR, V./CARPENTER, G. (Hrsg.): Handbook of Marketing strategy, Cheltenham (UK)/Northampton (MA), S. 339–361.

LILIEN, G. L./KOTLER, P./MOORTHY, K. S. (1992): Marketing Models, Englewood Cliffs (NJ).

LINK, J. (1995): Welche Kunden rechnen sich?, in: Absatzwirtschaft, 38. Jg., H. 10, S. 108–110.

LISOWSKY, P. U. (1968): Das Bedürfnis als absatzwirtschaftliches Problem, St. Gallen.

MAGRATH, A. (1986): When Marketing Services, 4Ps Are Not Enough, in: Business Horizons, 29. Jg, H. 3, S. 4450.

MAGYAR, K. M. (1987): Pioniermanagement, Rorschach.

MANTRALA, M. K. (2002): Allocating Marketing Resources, in: WEITZ, B. A./WENSLEY, R. (Eds.): Handbook of Marketing, London, S. 409–435.

MATYS, E. (2005): Praxishandbuch Produktmanagement – Grundlagen und Instrumente, 3. Aufl., Wien.

MAURI, A./MICHAELS, M. (1998): Firm and Industry Effects within Strategic Management, in: Strategic Management Journal, 19. Jg., S. 211–221.

MCCARTHY, J. E. (1960): Basic Marketing: A Managerial Approach, Homewood (IL).

MCGAHAN, A./PORTER, M. (1997): How Much Does Industry Matter, Really?, in: Strategic Management Journal, 18. Jg., S. 15–30.

MCNAIR, M. (1958): Significant Trends and Developments in the Postwar Period, in: SMITH, A. B. (Hrsg.): Competitive Distribution in a Free, High-Level Economy and its Implications for the University, Pittsburgh, S. 1–25.

MEFFERT, H. (1988): Strategische Unternehmensführung und Marketing: Beiträge zur marktorientierten Unternehmenspolitik, Wiesbaden.

MEFFERT, H./BURMANN, C. (1996a): Strategisches Marketing-Management: Analyse – Konzeption – Implementierung, Wiesbaden.

MEFFERT, H./BURMANN, C. (1996b): Identitätsorientierte Markenführung – Grundlagen für das Management von Markenportfolios, Münster.

MEFFERT, H./BURMANN, C./KIRCHGEORG, M. (2012): Marketing. Grundlagen marktorientierter Unternehmensführung. Konzepte – Instrumente – Praxisbeispiele, 11. Aufl., Wiesbaden.

MEFFERT, H./BURMANN, C./KOERS, M. (2005): Markenmanagement – Identitätsorientierte Markenführung und praktische Umsetzung, 2.Aufl., Wiesbaden.

MEFFERT, H./BURMANN, C./KOERS, M. (2005): Stellenwert und Gegenstand des Markenmanagements, in: MEFFERT, H./BURMANN, C./KOERS, M. (Hrsg.): Markenmanagement. Identitätsorientierte Markenführung und praktische Umsetzung, 2. Aufl., Wiesbaden, S. 3–17.

MEFFERT, H./PERREY, J. (2005): Mehrmarkenstrategien – Ansatzpunkte für das Management von Markenportfolios, in: ESCH, F.-R. (Hrsg.): Moderne Markenführung, 4. Aufl., Wiesbaden, S. 811–838.

MEYER, H. H. (1984): Distributionsstrategien, in: WIESELHUBER, N./TÖPFER, A. (Hrsg.): Handbuch Strategisches Marketing, Landsberg, S. 252–269.

MILES, R. E./SNOW, C. C. (1978): Organizational Strategy, Structure, and Process, New York (NY) et al.

MINTZBERG, H. (1994): The Fall and Rise of Strategic Planning, in: Harvard Business Review, Vol. 72, No. 1, S. 107–114.

MONROE, K. B. (2003): Pricing – Making Profitable Decisions, 3. Aufl., Boston (MA) et al.

MORSCHETT, D. (2005): Formen von Kooperationen, Allianzen und Netzwerke, in: ZENTES, J./SWOBODA, B./MORSCHETT, D. (Hrsg.): Kooperationen, Allianzen und Netzwerke, 2. Aufl., Wiesbaden, S. 377–403.

MÜHLMEIER, S./TOMCZAK, T./WÜBKER, G. (2008): Pricing-Exzellenz für Dienstleistungen, in: FÜGLISTALLER, U. (Hrsg.): Dienstleistungskompetenz, Zürich, S. 432–454.

MÜLLER, W. (1995): Geschäftsfeldplanung, in: TIETZ, B./KÖHLER, R./ZENTES, J. (Hrsg.): Handwörterbuch des Marketing, Stuttgart, Sp. 760–785.

MÜLLER-STEWENS, G./LECHNER, C. (2003): Strategisches Management – Wie strategische Initiativen zum Wandel führen, 3. Aufl., Stuttgart.

NAGLE, T. T./HOGAN, J./ZALE, J. (2010): The Strategy and Tactics of Pricing, 5. Aufl., Englewood Cliffs (N.J.).

NARVER, J. C./SLATER, S. F. (1990): The Effect of a Market Orientation on Business Profitability, in: Journal of Marketing, 54. Jg., H. 10, S. 20–35.

NICOLAI, A./KIESER, A. (2002): Trotz eklatanter Erfolglosigkeit: Die Erfolgsfaktorenforschung weiter auf Erfolgskurs, in: Die Betriebswirtschaft, 62, S. 579–596.

NIESCHLAG, R. (1954): Die Dynamik der Betriebsformen im Handel, Schriftenreihe des Rheinisch-Westfälischen Instituts für Wirtschaftsforschung, N.F. 7, Essen.

NIESCHLAG, R./DICHTL, E./HÖRSCHGEN, H. (2002): Marketing, 19. Aufl., Berlin.

OLBRICH, R./SCHRÖDER, H. (1995): Absatzhelfer, in: TIETZ, B./KÖHLER, R./ZENTES, J. (Hrsg.): Handwörterbuch des Marketing, 2. Aufl., Stuttgart, Sp. 12–19.

OLSON, J./REYNOLDS, T. (1983): Understanding Consumers' Cognitive Structures – Implications for Advertising Strategy, in: Percy, L./WOODSIDE, A. (Eds.): Advertising and Consumer Psychology, Lexington (MA)/Toronto, S. 77–90.

PETERAF, M. (1993): The Cornerstones of Competitive Advantage: A Resource-Based View, in: Strategic Management Journal, 14. Jg., S. 174–192.

PETERS, T./WATERMAN, R. (1982): In Search of Excellence, New York (NY).

PIERCY, N. F. (1987): The Marketing Budgeting Process: Marketing Management Implications, in: Journal of Marketing, Vol. 51, No. 4, S. 45–59.

PILLER, F. T. (2006): Mass Customization – Ein wettbewerbsorientiertes Konzept im Informationszeitalter, 4. Aufl., Wiesbaden.

PLINKE, W. (2000): Grundlagen des Marktprozesses, in: KLEINALTENKAMP, M./PLINKE, W. (Hrsg.): Technischer Vertrieb. Grundlagen des Business-to-Business Marketing, Berlin et al., S. 3–98.

PORTER, M. (1999): Wettbewerbsstrategie – Methoden zur Analyse von Branchen und Konkurrenten, 10. Aufl., Frankfurt am Main et al.

Porter, M. E. (2000): Wettbewerbsvorteile. Spitzenleistungen erreichen und behaupten, 6. Aufl., Frankfurt am Main et al.

Prahalad, C. K./Hamel, G. (1990): The Core Competences of the Corporation, in: Harvard Business Review, 68. Jg., H. 3, S. 79–91.

Prahalad, C. K./Hamel, G. (1991): Nur Kernkompetenzen sichern das Überleben, in: Harvard Manager, 13. Jg., H. 2, S. 66–78.

Reichwald, R./Piller, F. T. (2009): Interaktive Wertschöpfung: Open Innovation, Individualisierung und neue Formen der Arbeitsteilung, 2. Aufl., Wiesbaden.

Reinecke, S. (2004): Marketing Performance Management, Wiesbaden.

Reinecke, S. (2006): Return on Marketing?, in: Reinecke, S./Tomczak, T. (Hrsg.): Handbuch Marketingcontrolling, 2. Aufl., Wiesbaden, S. 3–37.

Reinecke, S. (2014): Return on Marketing 2014, Sicherstellen der Marketing Performance in der Praxis – Empirische Ergebnisse und Implementierungshinweise zum Marketing- und Verkaufscontrolling, St. Gallen

Reinecke, S./Fuchs, D (2006): Marketingbudgetierung, in: Handbuch Marketingcontrolling, Wiesbaden, S. 795–818

Reinecke, S./Hahn, S. (2003): Preisplanung, in: Diller, H./Herrmann, A. (Hrsg.): Handbuch Preispolitik, Wiesbaden, S. 333–355.

Reinecke, S./Janz, S. (2007): Marketingcontrolling, Sicherstellen von Marketingeffektivität und -effizienz, Stuttgart.

Reinecke, S./Keller, J. (2006): Strategisches Kundenwertcontrolling, in: Reinecke, S./Tomczak, T. (Hrsg.): Handbuch Marketingcontrolling, S. 253–282.

Reinecke, S./Tomczak, T. (Hrsg.) (2006): Handbuch Marketingcontrolling, 2. Aufl., Wiesbaden.

Ries, A./Trout, J. (1986): Positioning: Die neue Werbestrategie, Hamburg.

Ries, A./Trout, J. (1993): Die 22 unumstößlichen Gebote im Marketing, Düsseldorf et. al.

Roosdorp, A. (1998): Coca-Cola: Leistungspflege durch agile Marktkommunikation, in: Tomczak, T./Reinecke, S. (Hrsg.): Best Practice in Marketing – Erfolgsbeispiele zu den vier Kernaufgaben im Marketing, St. Gallen/Wien, S. 241–251.

Roquebert, J./Phillips, R./Westfall, P. (1996): Markets versus Management: What ‹Drives› Profitability?, in: Strategic Management Journal, Vol. 17, S. 653–664.

Rossiter, J. R./Bellmann, S. (2005): Marketing Communications, Theory and Applications, Upper Saddle River (NJ).

Rudolf-Sipötz, E. (2001): Kundenwert, Konzeption – Determinanten – Management, St. Gallen.

Rudolf-Sipötz, E./Tomczak, T. (2001): Kundenwert in Forschung und Praxis, Fachbericht für Marketing, Nr. 2, St. Gallen.

Rudolph, T. (1993): Positionierungs- und Profilierungsstrategien im Europäischen Einzelhandel, St. Gallen.

Rudolph, T. (2013): Modernes Handelsmanagement. Eine Einführung in die Handelslehre, 3. Aufl., Stuttgart

Rudolph, T./Kotouc, A.(2005): Das optimale Sortiment aus Kundensicht, in: Harvard Business Manager, 27. Jg., H. 8, S. 64–73.

Rudolph, T./Nagengast, L., /Weber, M. (2014): Profilierung und Kundeninspiration: Wachstum in umkämpften Märkten, St. Gallen.

Rudolph, T./Weinhold-Stünzi, H. (1993): Erfolgreiche Einzelhandelskonzepte für den Einzelhandel in Europa, in: Management zwischen Effizienz und Vision, GDI-Schrift Nr. 85, S. 89–103.

Rumelt, R. P. (1991): How Much Does Industry Matter?, in: Strategic Management Journal, 12. Jg., H. 3, S. 167–185.

Rutschmann, M. (2013): Abschied vom Branding: Wie man Kunden wirklich ans Kaufen führt – mit Marketing, das sich an Kaufprozessen orientiert, 2. Aufl., Wiesbaden.

Schagen, A. (2013): Zur Qualität von Inbound Centers im Marketing, Typen – Wirkungen – Implikationen, Wiesbaden.

Scheibehenne, B./Greifeneder, R./Todd, P. M. (2010): Can There Ever Be Too Many Options? A Meta-analytic Review of Choice Overload, in: Journal of Consumer Research, 37. Jg., S. 409–25.

Schindler, H. (1998): Marktorientiertes Preismanagement: Eine Methodik zur Verbesserung des Preisimages am Beispiel des Elektronik- und des Sportfachhandels, St. Gallen.

Schleuning, C. (1994): Dialogmarketing. Theoretische Fundierung, Leistungsmerkmale und Gestaltungsansätze, Ettlingen.

Schögel, M. (1997): Mehrkanalsysteme in der Distribution, Diss., St. Gallen.

Schögel, M. (2006): Kooperationsfähigkeiten im Marketing, Wiesbaden.

Schögel, M. (2012): Distributionsmanagement – Das Management der Absatzkanäle, München.

Schögel, M./Finsterwalder, J. (1999): Fallstudie Winterthur: Grundlagen und Rahmenbedingungen des Dienstleistungsmarketing bei einem Versicherungsunternehmen, Materialien der Aus- und Weiterbildung aus dem IMH, unveröffentliches Arbeitspapier, St. Gallen.

Schreyögg, G./Koch, J. (2007): Grundlagen des Managements, Wiesbaden.

Schulz, B. (1995): Kundenpotenzialanalyse im Kundenstamm von Unternehmen, Frankfurt am Main et al.

Shankar, V./Carpenter, G. (2012): Late-mover strategies, in: Shankar, V./Carpenter, G. (Hrsg.): Handbook of Marketing Strategy, Cheltenham (UK)/Northampton (MA), S. 362–375.

Shapiro, B. P. (1968): The Psychology of Pricing, in: Harvard Business Review, 46. Jg., H. 6, S. 17–18.S

Shapiro, B. P./Bonoma, T. V. (1984): How to Segment Industrial Markets, in: Harvard Business Review, 62. Jg., H. 3, S. 104–110.

Siebert, H. (1991): Ökonomische Analyse von Unternehmensnetzwerken, in: Staehle, W. H./Sydow, J. (Hrsg.): Managementforschung, Bd. 1, Berlin/New York (NY), S. 291–311.

Siems, F. (2008): Preismanagement. Konzepte – Strategien – Instrumente, München.

Simon, H. (1988): Management strategischer Wettbewerbsvorteile, in: Zeitschrift für Betriebswirtschaft, 59. Jg., H. 4, S. 461–481.

Simon, H. (1992): Preismanagement, 2. Aufl., Wiesbaden.

Simon, H./Fassnacht, M. (2009): Preismanagement, 3. Aufl., Wiesbaden.

Slater, S. F./Olson, E. M./Reddy, V. K. (1997): Strategy-Based Performance Measurement, in: Business Horizons, 40. Jg., H. 4, S. 37–44.

Specht, G./Fritz, W. (2005): Distributionsmanagement, 4. Aufl., Stuttgart et al.

Srivastava, R. K./Shocker, A. D. (1991): Brand Equity: A Perspective on Its Meaning and Measurement, Technical Working Paper, Marketing Science Institute, Report No. 91–124, Cambridge (MA).

Stauss, B. (1996): Der Einsatz der «Critical Incident Technique» im Dienstleistungsmarketing, in: Tomczak, T./Belz, C. (Hrsg.): Kundennähe realisieren. Ideen – Konzepte – Methoden – Erfahrungen, 2. Aufl., St. Gallen, S. 233–250.

Stauss, B. (2000): Rückgewinnungsmanagement: Verlorene Kunden als Zielgruppe, in: Bruhn, M./Stauss, B. (Hrsg.): Dienstleistungsmanagement Jahrbuch 2000, Wiesbaden, S. 449–471.

Stauss, B./Seidel, W. (2007): Beschwerdemanagement: Kundenbeziehungen erfolgreich managen durch Customer Care, 4. Aufl., München/Wien.

Steinmann, H./Schreyögg, G./Koch, J. (2013): Management: Grundlagen der Unternehmensführung. Konzepte – Funktionen – Fallstudien, 7. Aufl., Wiesbaden.

Sydow, J. (2001): Zwischenbetriebliche Kooperationen, in: Jost, P.-J. (Hrsg.): Der Transaktionskostenansatz in der Betriebswirtschaftslehre, Stuttgart, S. 241–271.

Szymanski, D. M./Troy, L. C./Bharadwaj, S. G. (1995): Order of Entry and Business Performance. An Empirical Synthesis and Reexamination, in: Journal of Marketing, 59. Jg, H. 4, S. 17–33.

Tacke, G. (1989): Nichtlineare Preisbildung, Wiesbaden.

Teece, D. J./Pisano, G./Shuen, A. (1997): Dynamic Capabilities and Strategic Management, in: Strategic Management Journal, 18. Jg., S. 509–533.

Theling, T./Loos, P. (2004): Determinanten und Formen von Unternehmenskooperationen, in: Loos, P. (Hrsg.): Working Papers of the Research Group Information Systems & Management, Nr. 18, Johannes Gutenberg Universität Mainz.

Timmermann, A. (1982): An Haupterfolgsfaktoren orientierte Geschäftsfeldstrategien: Grundbausteine der Multi-Faktor-Portfolio-Methode, in: AGPLAN-Handbuch der Unternehmensplanung. Kennz. 4835, 36. Ergänzungslieferung, Berlin.

Tomczak, T. (1989): Situative Marketingstrategien, Berlin/New York (NY).

Tomczak, T. (1991): Das Management indirekter Distributionssysteme, Habilitationsschrift Hochschule St. Gallen, St. Gallen.

TOMCZAK, T. (1994): Produktpositionierung, unveröffentlichtes Manuskript, St. Gallen.

TOMCZAK, T./ESCH, F.-R./KERNSTOCK, J./HERRMANN, A. (Hrsg.) (2009): Behavioral Branding: wie Mitarbeiterverhalten die Marke stärkt, 2. Aufl., Wiesbaden.

TOMCZAK, T./MÜLLER, F. (1992): Kommunikation als zentraler Erfolgsfaktor der strategischen Markenführung, in: Thexis, 9. Jg., H. 6, S. 18–22.

TOMCZAK, T./REINECKE, S. (1995): Die Rolle der Positionierung im strategischen Marketing, in: THOMMEN, J. P. (Hrsg.): Management-Kompetenz – Die Gestaltungsgrundsätze des NDU/Executive MBA der Hochschule St. Gallen, Wiesbaden, S. 499–517.

TOMCZAK, T./REINECKE, S. (1996): Der aufgabenorientierte Ansatz – Eine neue Perspektive für das Marketing-Management, Fachbericht für Marketing, Nr. 5, St. Gallen.

TOMCZAK, T./REINECKE, S. (1999): Der aufgabenorientierte Ansatz als Basis eines marktorientierten Wertmanagements, in: GRÜNIG, R./PASQUIER, M. (Hrsg.): Strategisches Management und Marketing, Bern et al., S. 297–337.

TOMCZAK, T./REINECKE, S./MÜHLMEIER, S. (2002): Der aufgabenorientierte Ansatz – Ein Beitrag der Marketingtheorie zur Weiterentwicklung des ressourcen-orientierten Ansatzes, unveröffentlichtes Arbeitspapier, St. Gallen.

TOMCZAK, T./REINECKE, S./MÜHLMEIER, S. (2007): Erfolgreiche Kernaufgabenprofile, Empirische Studie zum aufgabenorientierten Ansatz, unveröffentlichtes Arbeitspapier, St. Gallen.

TOMCZAK, T./REINECKE, S./MÜHLMEIER, S./KAETZKE, P. (2007): Konzept zur Gestaltung und zum Controlling existierender Leistungen, in: ALBERS, S./HERRMANN, A. (Hrsg.): Handbuch Produktmanagement, 2. Aufl., Wiesbaden.

TOMCZAK, T./ROOSDORP, A. (1996): Positionierung – Neue Herausforderungen verlangen neue Ansätze, in: TOMCZAK, T./RUDOLPH TH./ROOSDORP A. (Hrsg.): Positionierung – Kernentscheidung des Marketing, St. Gallen, S. 26–42.

TÖPFER, A. (2006): Audit von Business Excellence in der marktorientierten Unternehmensführung, in: REINECKE, S./TOMCZAK, T. (Hrsg.): Handbuch Marketingcontrolling, 2. Aufl., Wiesbaden, S. 117–154.

TÖPFER, A./SOMMERLATTE, T. (1991): Technologie-Marketing – Die Integration von Technologie und Marketing als strategischer Erfolgsfaktor, Landsberg am Lech.

TREACY, M./WIERSEMA, F. (1995): The Discipline of Market Leaders, Boston (MA).

TROMMSDORFF, V. (1992): Multivariate Imageforschung und strategische Marketingplanung, in: HERMANNS, A./FLEGEL V. (Hrsg.): Handbuch des Electronic Marketing, München, S. 321–337.

TROUT, J./RIES, A. (1972): The Positioning Era Cometh, in: Advertising Age, April 24, 1972, S. 35–38; May 1, 1972, S. 51–54; May 8, 1972, S. 114–116.

TUCKER, S. H. (1966): Pricing for Higher Profit: Criteria, Methods, Applications, New York (NY) et al.

VAN WATERSCHOOT, W./VAN DEN BULTE, C. (1992): The 4P Classification of the Marketing Mix Revisited, in:

Varadarajan, R. (2012): Strategic marketing and marketing strategy, in: Venkatesh, S./Carpenter, G. (Hrsg.): Handbook of Marketing Strategy, Cheltenham (UK)/ Northampton (MA), S. 9–27.

Verdin, P. J./Williamson, P. J. (1994): Core Competences, Competitive Advantage and Market Analysis: Forging the Links, in: Hamel, G./Heene, A. (Hrsg.): Competence-based Competetion, Chichester, S. 77–110.

Verhage, B./Waalewijn, P./van Weele, A. J. (1981): New Product Development in Dutch Companies: The Idea Generation Stage, in: European Journal of Marketing, 15 Jg., H. 5, S. 73–85.

Völckner, F. (2006): Methoden zur Messung individueller Zahlungsbereitschaften: Ein Überblick zum State of the Art, in: Journal für Betriebswirtschaft, 56. Jg., S. 33–60.

von der Oelsnitz, D. (1999): Marktorientierter Unternehmenswandel: managementtheoretische Perspektiven der Marketingimplementierung, Wiesbaden.

von Herrmann, F. B. W. (1870): Staatswirtschaftliche Untersuchungen, 2. Aufl., München.

von Hippel, E. (1988): The Sources of Innovation, New York (NY).

von Krogh, G. F./Cusumano, M. A. (2001): Das Unternehmen soll wachsen – aber nach welchem Plan, in: Harvard Business Manager, 23. Jg., H. 4, S. 88–100.

von Krogh, G. F./Rogulic, B. (1996): Branchen gestalten statt Marktanteile verwalten, in: Tomczak, T./Rudolph Th./Roosdorp A. (Hrsg.): Positionierung – Kernentscheidung des Marketing, St. Gallen, S. 58–68.

von Krogh, G. F./Roos, J. (1995): A Perspective on Knowledge, Competence and Strategy, in: Personnel Review, 24. Jg., H. 3, S. 56–76.

von Krogh, G. F./Venzin, M. (1995): Anhaltende Wettbewerbsvorteile durch Wissensmanagement, in: Die Unternehmung, 49. Jg., H. 6, S. 417–436.

Walker, O. C./Boyd, H. W./Larréché, J.-C. (1999): Marketing Strategy – Planning and Implementation, 3. Aufl., Boston (MA) et al.

Weber, J./Schäffer, U. (2006a): Marketingcontrolling: Sicherstellung der Rationalität einer marktorientierten Unternehmensführung, in: Reinecke, S./Tomczak, T. (Hrsg.): Handbuch Marketingcontrolling, 2. Aufl., Wiesbaden, S. 63–80.

Weber, J./Schäffer, U. (2014): Einführung in das Controlling, 14. Aufl., Stuttgart.

Weinhold-Stünzi, H. (1994a): Marketing in zwanzig Lektionen, 27. Aufl., St. Gallen.

Weinhold-Stünzi, H. (1994b): Die Kunst der Markt- und Meinungsforschungen, in: Tomczak, T./Reinecke, S. (Hrsg.): Marktforschung, St. Gallen, S. 90–104.

Wernerfelt, B. (1995): A Resource-Based View of the Firm: Ten Years after, in: Strategic Management Journal, 16. Jg., S. 171–174.

Wild, J. (1974): Budgetierung, in: Marketing Enzyklopädie – das Marketingwissen unserer Zeit in drei Bänden, Bd. 1, München, S. 325–340.

Williamson, Oliver E. (1985): The Economic Institutions of Capitalism: Firms, Markets, Relational Contracting, New York (NY)/London.

Wind, Y. (1982): Product Policy. Concepts, Methods and Strategy, Reading (MA).

WITTE, E. (1973): Organisation für Innovationsentscheidungen. Das Promotoren-Modell, Göttingen.

WOLFRUM, B./RASCHE, C. (1993): Kompetenzorientiertes Management, in: Thexis, 10. Jg., H. 5./6., S. 65–70.

WÖHE, G./DÖRING, G. (2013): Einführung in die Allgemeine Betriebswirtschaftslehre, 25. Aufl., München.

WRONA, T./SCHELL, H. (2005): Globalisierungsbetroffenheit von Unternehmen und die Potenziale der Kooperation, in: ZENTES, J./SWOBODA, B./MORSCHETT, D. (Hrsg.): Kooperationen, Allianzen und Netzwerke, 2. Aufl., Wiesbaden, S. 323–347.

ZENTES, J./SWOBODA, B./FOSCHT, T. (2012): Handelsmanagement, 3. Aufl., München.

ZERFASS, A. (2004): Unternehmensführung und Öffentlichkeitsarbeit, Grundlegung einer Theorie der Unternehmenskommunikation und Public Relations, 2. Aufl., Wiesbaden.

ZIMMER, D. (2001): Wenn Kreativität zu Innovationen führen soll, in: Harvard Business Manager, 23. Jg., H. 1, S. 42–56.

Stichwortverzeichnis

3 K's 210
4 Ps 195
360-Grad-Kommunikation 225

A

ABC-Analyse 126, 132, 133
Absatzhelfer 227, 231
Absatzmarkt 81
Absatzmärkte 19, 77, 85
Absatzmittler 25, 154, 165, 227, 230, 231
Absatzmittlerorientierung 166, 193
Abschöpfungsstrategie 214
Affektiv-orientierte Zielgrößen 218
Affordability method 260
Aggregation 83
AIDA-Formel 219
Akquisitorische Wirkung 207
Analytische Methode 259
Anders-Prinzip 129
Anpassungsstrategie 211
Anti-Strategie 176
Arbeitsgemeinschaft 153
Artefakte 262
Assael, Henry 201
Audit 266, 267
Aufgabenorientierter Ansatz 120, 121, 146, 147
Ausgangslogistik 56
Außendienstpromotions 223
Ausstellungen 224
Ausstrahlungseffekte 234, 257

B

Balanced Scorecard 268
BCG-Matrix 93
Bedarfsverschiebungen 168
Bedürfnisbefriediger 123
Bedürfnisse 48, 52, 58, 62, 79, 80, 108, 119, 122, 187, 200
Bedürfnisträger 122
Bekanntheit 62, 218, 219
Benchmarking 54
Beschaffung 56, 189, 202
Betriebsform 228
Betriebsinterne Perspektive 269, 272
Beziehungsressourcen 68
Bilaterale Bindungen 151
Billiger-Prinzip 129
Bottom-Up 190
Bottom-Up-Ansatz 185, 258
Bottom-Up-Perspektive 190
Branchenanalyse 47
Brand Champion 146
Branded House 112
Brand Extension 27, 114
Brand Leverage 114
Budgetierung 253
   Detail- 238, 246, 247
   Grob- 119, 238, 246, 247
Bundling 136
Business Mission 75
Buying Center 189, 223

C

Capabilities 69
Carry-over-Effekte 213, 236
Cash Cow 93
Category Management 232
Co-Marketing 153
Consumer Confusion 202
Consumer Promotions 223
Controlling 251
Corporate Brand-Strategie 112
Critical Incident Technique 162
Cross-Selling 120, 131
Customer Intimacy 146
Customer Lifetime Value 127
Customer Relationship Management 99
Customer Relationship-Unternehmen 147, 149

D

Dachmarke 112
Deckungsbeitrag 127, 132, 134
Deckungsbeitragsrechnung 132, 133
Design 98, 100, 204
Desinvestition 170, 176
Deskriptive Untersuchungen 59
Detailplanung 120, 238, 246
Dienstleistung 25, 26, 55, 78, 103, 113, 123, 187, 199, 201, 204, 228
Dienstleistungsmarketing 195
Differenziertes Marketing 185
Differenzierung 97, 101, 136, 178, 181, 182
Differenzierungsschwerpunkt 101
Digitalisierung 198
Diseconomies of Scale 39
Distribution 120, 128, 186, 195, 225
  - Akquisitorische 225
  - Direkte 147, 231
  - Exklusive 230
  - Indirekte 147, 165, 230, 231
  - Intensive 230
  - Logistische 225
  - Selektive 147, 230
Distributionsgrad 59, , 165
Distributionskanäle 228
Distributionsorgane 54, 226
Distributionspolitik 24, 25, 74, 60
Distributionssystem 54, 98
Diversifikation 89
Dominanz-Standard-Modell 238
Dominierende Instrumente 239
Durchdringungsstrategie 214
Dynamic Capabilities 69, 71

E

Earned Media 220
Economies of Scale 35, 38, 42, 50, 72, 84, 85, 91, 100, 147, 202, 213
Economies of Scope 38, 85, 91, 147, 202
Effektivitätsvorteil 72
Effizienzvorteil 72
Einfache Netzwerke 151
Einführungsphase 32, 93
Eingangslogistik 55, 56
Einstellungen 25, 62, 171, 217
Einzelhandel 50, 57, 78, 165, 183, 184, 226, 227, 229, 241
Einzelleistung 204, 206
Elektronische Märkte 234
Endkunde 154, 165, 226, 232
Endkundenorientierung 166, 193
Entscheidungskontinuum 192
Entweder/Oder-Strategie 180
Erfahrungskurve 35, 92, 104, 213
Erfahrungskurveneffekt 36, 38, 50, 79, 84, 174
Erfolgsfaktoren 41
Erfolgspotenziale 199
Erlöswirkung 230
Ersatzprodukte 44, 48, 51
Ethische Prinzipien 75

Event-Marketing 223
Evoked set 219
Expertenbefragung 213
Expertengespräch 162
Explorative Untersuchungen 58
Externe Entwicklung 141

F

Family Brand-Strategie 113
Fast Moving Consumer Goods 26
Finanzielle Perspektive 269, 272
Finanzieller Erfolg 66, 71, 72, 73
Finanzielles Zielsystem 141
Finanzielle Ziele 75
First-Mover-Strategie 103
Fixkosten 38, 100
Fixkostenanteil 49
Flexibilität 254, 256
Flop-Rate 105
Focused Market Leadership-Unternehmen 147, 149, 150
Folger-Strategie 104, 105, 106
Forschung und Entwicklung 202
Fortschreibungsmethode 260
Franchising 151, 153
Frühaufklärung 46
Früherkennungszone 242
Funktionsorientierte Organisation 255

G

Gegenstromverfahren 259
Generic Concept of Marketing 16
Geschäftsfeld-Mix 22, 28, 117
Geschäftsfeldplanung 22, 117, 22
Geschäftsmodell 146
Geschäftätigkeit 83, 184
Gewinnoptionen 137
Gewinnquelle 121
Gewinnziele 118, 120, 154
Globalisierung 19, 100

H

Handelsorientierte Markenführung 232
Handelspromotions 223
Händlerpromotions 223
Heuristische Methode 260
Heuristisches Verfahren 237
Horizontale Diversifikation 91
House of Brands 112, 113

I

Idealmarken 158
Idealtypischer Führungszyklus 265
Image des Unternehmens 88
Imitation 134
Implementierung 24, 28, 170, 176, 235, 247, 268, 272, 273
Implementierungsherausforderung 251, 254
Informationsgewinnung 16, 126, 162
Informationsressourcen 68
Informationsversorgung 265
Inhaltliche Integration 225
Innovation 19, 70, 73, 163, 255
Innovationsbereitschaft 254, 256
Innovationsorientierung 17, 18, 155, 160, 254
Innovations- und Wissensperspektive 269, 272
Inside-out-Orientierung 161, 163, 164
Inside-out-Perspektive 70, 121, 146
Instrumentalbereiche 25, 120, 173, 176, 199, 233, 238, 243, 246, 247
Instrumentaldimension 233
Instrumentalhierarchie 233
Instrumental-Ziele 246
Instrumentelle Leitplanung 119, 238, 246, 247
Integration 254, 255, 257
Integrationsfunktion 258
Integrierte Kommunikation 224

Interdependenzen 117, 234, 235, 244, 245, 247
Internationale Märkte 50, 78, 107
Internationales Marketing 100, 107
Internationalisierung 19, 79, 100
Interne Entwicklung 141
Internet-Kommunikation 224
Investitionsgüter 46, 156, 177, 188, 189
Investitionsgütermärkte 186, 188
Ist-Portfolio 87

J

Joint Venture 153

K

Kannibalisierungseffekt 234
Kapitalbedarf 50
Kapitalwirkung 230
Käuferloyalität 50
Käufermarkt 12, 26
Käuferverhalten 59, 60
Kaufverhalten 188
Kausaluntersuchungen 59
Kennzahlensystem 267, 268
Kernaufgaben 120, 121, 124, 125, 137, 138, 143, 144, 147, 165, 243, 244, 245, 247
Kernaufgabenprofil 118, 119, 139, 142, 153, 166
Kerndimension 173
Kernkompetenz 69, 70, 90, 141, 145, 155
Kernleistungen 154
Kernprodukt 204, 206
Kernzielgruppe 59, 169, 170
Key-Account-Management 257
Key-Account-Manager 227, 232, 257
Klassisches Positionierungsmodell 157, 164
Kognitiv-orientierte Zielgrößen 218
Kommunikation 120, 195, 217
Kommunikationsinstrumente 221
Kommunikationspolitik 24, 25, 39, 74, 184, 60, 168

Kommunikationsziele 218
Kompetenz 119, 120, 121, 124, 138, 139
Kompetenzanalyse 138
Kompetenzentwicklung 140
Kompetenznutzung 140
Komplementäre Instrumente 239
Komplexe Netzwerke 151
Konativ-orientierte Zielgrößen 218
Konditionengestaltung 207
Konkurrenzaktivität 169
Konkurrenzanalyse 51, 201
Konsortium 153
Konsumentenverhalten 201
Konsumgüter 26, 78, 187, 200
Konsumgütermärkte 46, 186, 192
Konsumklima 46
Kontrahierungspolitik 24
Kontrolle 28, 110, 247, 258, 263, 264, 266, 268, 270, 272
Kontrollfunktion 258
Konzentration 89, 101
Kooperation 119, 151
 - Diagonal 152
 - Horizontale 152
 - Vertikale 152, 232
Kooperationspartner 151, 152, 227, 230
Kooperationsziele 118
Kooperative Entwicklung 141
Koordination 256
Koordinationsfunktion 267
Koordinationsprobleme 235
Kostenaspekte 79
Kostendegression 100
Kostenersparnis 178, 180, 181
Kostenführerschaft 76, 99, 101, 181
Kostenorientiertes Verfahren 210
Kosten-plus-Preisbildung 210
Kostenschwerpunkt 101
Kostenvorteile 38, 40, 67, 84, 93, 100, 101, 102, 104, 151
Kostenwirkung 230

Stichwortverzeichnis

Kreativität 70, 138, 162, 238, 254, 255, 256, 258
Kunden 200
Kundenakquisition 119, 125, 128, 143, 147, 149, 247
Kundenakquisitions-Kompetenz 124
Kundenbedürfnisse 97, 161, 164, 202
Kundenbefragungen 213
Kundenbewertung 126, 128
Kundenbeziehungen 99, 119, 131, 212
Kundenbindung 63, 119, 126, 130, 143, 144, 147, 243, 247, 270, 272
Kundenbindungs-Kompetenz 124
Kunden der Konkurrenz 129
Kundendienst 56, 98, 99, 140, 144, 226, 247, 255, 269
Kundenintegration 205
Kundenkreis 81, 108, 123, 154, 182
Kundenkubus 127, 128
Kundennähe 41, 155
Kundennutzen 155, 163, 177, 179, 180
Kundenorientierung 17, 149, 272
Kundenpartizipation 162
Kundenperspektive 146, 269, 272
Kundenportfolio-Analysen 127
Kundenpotenzialanalyse 126
Kundenpotenziale 122, 124, 125, 128, 130, 141, 143
Kundenpräferenzen 12, 108, 110
Kundenselektion 125, 128
Kundenwert 63, 126, 128
Kundenwertbestimmung 125
Kundenwünsche 17, 34, 99, 108, 160, 242

L

Latente Bedürfnisse 122, 129, 154, 162
Laterale Diversifikation 91
Lead-User-Konzept 162
Lebensdauer 98
Lebensstil 188
Leistungsbewertung 132
Leistungsergebnis 199
Leistungserstellung 55, 80, 189, 200
Leistungserstellungsprozess 199, 204
Leistungsinnovation 119, 132, 134, 143, 147, 247
Leistungsinnovations-Kompetenz 124
Leistungskern 204
Leistungspflege 119, 132, 135, 143, 144, 147, 247
Leistungspflege-Kompetenz 124, 140
Leistungspotenzialanalyse 132
Leistungspotenziale 121, 123, 124, 132, 141, 143
Leistungsprogramm 13, 14, 18, 20, 26, 35, 91, 114
Leistungsselektion 132, 134
Leistungssystem 197, 199, 205, 206
Leistungssystem-Ansatz 136
Leistungstypologie 200
Leistungsvorteil 178, 180, 182
Lerneffekte 36
Less for much Less 184
Line Extension 27, 114, 203
Lokale Märkte 78

M

Machtposition 43, 47, 94, 231
Machtziele 75
Make-or-Buy 84, 229
Makro-Segmentierung 154, 189
Marginal-analytische Auswahlverfahren 236
Marginale Instrumente 239
Marke 26, 67, 73, 99, 109
Markenarchitektur 111, 115
Markenbindung 63
Markendehnung 40, 114
Markenführung 109
Markenführungskompetenz 156
Markenidentität 156
Markenkompetenz 114

Markenleistung 156
Markenmanagement 204
Markenpersönlichkeit 156
Markenportfolio 109, 110
Markenpositionierung 156
Markenstärke 50, 110, 267
Markentransfer 40, 114
Markenwert 110, 146, 156
Market driving strategies 12
Marketing-Audit 266, 267
Marketingbegriff 15
Marketingbudgetierung 258, 259
Marketingcontrolling 263, 266
Marketingdefinition 15
Marketinginstrumentalbereiche 195, 199, 238
Marketinginstrumente 19, 22, 24, 25, 55, 173, 178, 196, 201, 232, 233, 234, 235, 239, 241, 242, 245, 247
Marketingkontrolle 266
Marketinglogistik 25
Marketing-Mix 17, 24, 74, 173, 195, 198
Marketing-Mix-Kontrolle 266
Marketing-Mix-Konzept 18
Marketing-Mix-Planung 23, 24, 28, 117, 119, 195, 232
Marketingorientierung 11, 12, 14, 15, 19, 254
Marketing Performance Measurement 260
Marketingplanung 22, 23, 31
Marketingstrategie 22, 28, 59, 37, 94, 118, 96, 119, 120, 142, 243, 165, 238, 247, 197, 254, 22, 262
Marketingvirtuose 144
Markierung 204
Marktanteil 42, 88, 156, 174, 214, 268
Marktanteilsgewinn 43, 88
Marktanteils-Marktwachstums-Matrix 86, 88, 93
Marktareal 77
Marktaustrittsbarrieren 49

Marktchance 85, 86, 87, 89, 150, 170
Marktdurchdringung 35
Markteintritt 21, 38, 47, 49, 89, 103, 107, 210
Markteintrittsbarrieren 49, 52, 87
Markterschließung
 - Internationale 78
 - Lokale 78
 - Nationale 78
 - Regionale 78
Marktforschung 17, 18, 53, 57, 136, 160, 162, 200, 265
Marktführer 37, 105, 105, 181, 22, 160, 161, 174, 175, 176
Marktführerschaft 42, 76, 104, 181
Marktherausforderer 160, 174, 175, 176
Marktleistungsgestaltung 25, 120, 162, 195, 199, 204, 205, 211
Marktmitläufer 174, 175
Marktneuheit 134
Marktnische 174, 177, 191
Marktnischenbearbeiter 174, 175, 177
Marktorientierte Geschäftsfeldplanung 24, 28, 115, 67, 117, 22
Marktorientierte Unternehmensplanung 24, 28, 74, 76, 79, 22
Marktorientierung 13, 261, 262
Marktposition 35, 37, 42, 49, 72, 85, 86, 93, 94, 106, 134, 168, 171, 173, 192, 202
Marktpotenzial 119, 121, 122, 123, 137, 139, 145
Marktpotenzial-Kompetenzen-Matrix 139
Marktsegment 60, 77, 80, 81, 103, 119, 191
Marktsegmentierung 17, 79, 146, 185, 201
Marktstrategische Optionen 95
Markttätigkeit 77
Marktwachstum 86, 87, 88, 92, 94
Marktwahl 85
Mass Customization 205
Means-End-Chain 52, 123, 162
Medien 220

Meffert, Heribert 204
Mehrdimensionale Ansätze 255
Mehrkämpfer 144, 145
Mehrkanalsystem 230, 234
Messen 224
Mikro-Segmentierung 154, 189
Minimalleistungen 154
Mobilitätsbarrieren 52
Monetäre Bewertungsfaktoren 126
More for Less 184
More for More 183
More for the Same 183
Motivationsfunktion 258
Multiplikation 136
Multiplizierer 142, 143

N

Nachfragemacht 48
Nachfrageorientierte Verfahren 211
Nationale Märkte 78
Netzwerke 119, 151
Netzwerk-Effekte 103
Neupositionierung 168, 170, 171, 172, 173, 192
New-Game-Strategien 160, 176
New-to-the-World 134
Nicht lineare Preisbildung 215
Nichtmonetäre Bewertungsfaktoren 127
Nichtverwender 129, 137
Nischenstrategie 211
Normen 262
Norm-Marketing-Mix 177
Normstrategie 37, 86, 92
Nutzenerwartung 157, 159, 169
Nutzenkombinationen 178

O

Objektorientierte Organisation 255
Öffentlichkeitsarbeit 25, 224
Operational Excellence 146
Orientierungsfunktion 258

Outpacing-Strategie 101, 181
Outside-in-Orientierung 161, 164
Outside-in-Perspektive 70, 121
Owned Media 220

P

Paid Media 220
Penetration 130, 131
Penetrationsstrategie 213, 214
Periodische Reduktion 173
Personalwirtschaft 56
Persönlicher Verkauf 222
PIMS 41, 93, 105, 156
Pionierstrategie 103, 105
Planungshorizont 19, 235
Poor Dogs 93, 134
Portfolio-Ansatz 85
Portfolio-Matrix 86, 92, 93
Portfolio-Modell 85, 86, 92, 94
Portfolio-Normstrategie 92
Portfoliotechnik 134
Positionierung 118, 119, 60, 146, 153
 - Aktive 160, 161, 164, 171, 176
 - durch Aktualität 219
 - Dynamische 168, 173
 - Emotionale 219
 - Emotionale und informative 219
 - Informative 219
 - Reaktive 161, 164
Positionierungsdimension 173
Positionierungsmodell 158
Positionierungsraum 157
Positionierungsstrategie 109, 119, 159, 166, 167, 172, 208
Positionierungsziele 119, 153, 165, 166
Positionierungszielsystem 153, 154
Potenzialausschöpfer 142, 143
Präferenzorientierte Marktsegmentierungsstrategie 192
Präferenzorientierte Massenmarktstrategie 192

Präferenzstrategie 169, 179, 180, 181, 182, 183, 192
Preis-Absatz-Funktion 211, 212
Preisänderungswirkung 213
Preisbündelung 215
Preisdifferenzierung 215
Preisdruck 67, 88
Preiselastizität 51, 211, 212, 213, 214
Preisentscheidung 208, 210, 213
Preisexperimente 212
Preisfairness 209
Preisgestaltung 15, 24, 120, 195, 207
Preisgünstigkeit 209
Preiskampf 49
Preis-/Leistungsverhältnis 98, 177, 183, 207
Preis-/Mengen-Strategie 179, 180, 181, 182, 184, 192
Preispolitik 25
Preisvariation 215, 216
Preisvertrauen 209
Preisvorteil 95, 99, 101, 178, 180, 182, 184
Preiswettbewerb 49, 175, 182
Preiswürdigkeit 209
Preiszufriedenheit 209
Primäre Aktivitäten 55
Product Brand-Strategie 113
Product Leadership 146
Product Leadership-Unternehmen 147, 150
Product Placement 224
Produkt-Design 100
Produktdifferenzierung 49, 102, 203
Produkteigenschaften 108, 157, 188, 199, 219, 231
Produktgestaltung 199
Produktinnovation 98, 105, 254
Produktionsorientierung 11, 14, 15
Produktionstechnologie 37, 100
Produktkategorie 201
Produktlebenszyklus 31, 93, 201

Produktlinie 201
Produktlinienerweiterung 114
Produktmanager 256
Produkt-Markt-Kombination 82
Produktmix 201, 202
Produktneueinführung 171
Produktnutzung 188
Produktpolitik 24, 25, 120, 195
Produktprogramm
    Angebotsprogramm 201
Produktqualität 36, 43, 98, 156, 197, 269
Produktstandardisierung 33, 203
Produktvariation 203
Profilierungszone 242
Prognosetechniken 162
Programmpolitik 201
Promotion 223
Prozentmethode 260
Public Relations 25, 224
Pull-Effekt 165

Q
Qualität 204
Qualitative Preisziele 209
Question Marks 93

R
Rahmenbedingungen
    - Demographische 44, 46
    - Gesamtwirtschaftliche 44, 46
    - Politische 88
    - Politisch-rechtliche 44, 45
    - Technologische 44, 45
Reaktive Maßnahmen 130
Real-Ideal-Distanz 159
Realmarken 158, 159
Rechte 199
Regionale Strategie 78
Reifephase 33, 93
Reifer Markt 182
Relativer Marktanteil 42, 86, 88, 92, 93, 181, 268

Relevante Bedürfnisse 154, 162
Relevanter Markt 77
Rentabilitätsziele 75
Resource-Advantage-Theorie 71, 72
Resource Based View 69, 70
Resource-based view of the firm 68
Ressourcen 67, 69, 72, 74, 104, 141
- Finanzielle 68
- Menschliche 68
- Organisatorische 68
- Physische 68
- Rechtliche 68
Ressourcenallokation 94, 259, 260
Ressourcenausstattung 67, 72, 73, 161, 163, 164
Ressourcenbeschränkungen 235
Ressourcenheterogenität 68
Ressourcenimmobilität 68
Ressourcenorientierter Ansatz 67, 68, 146, 163
Retailer Promotions 223
Retention 130
Retrograde Kalkulation 210
Return on Investment 70, 269
Reverse Engineering 53
Revitalisierung 136
Rückgangsphase 34
Rückwärtsintegration 48, 83, 85

S
Sachgut 201
Schwerpunktinstrumente 243, 245, 247
Scoringmodelle 127
Served market 77
Sicherheitszone 242
Situationsanalyse 162
Skimmingstrategie 213, 214
Sortiment 200
Sortimentsgestaltung 199
Sortimentspolitik 24, 120, 195, 201
Soziale Ziele 75

Spanning capabilities 164
Spezialisierung 36, 39, 149, 177, 254, 255
Sponsoring 223
Sprinklerstrategie 107
Standardinstrumente 239
Standardisierung 205
Stärken-Schwächen-Analyse 53
Stars 93, 134
Strategic Capabilities 69
Strategie-Feld 167, 184, 191
Strategie-Stil 167, 174, 191
Strategie-Substanz 167, 177, 191
Strategietypen 97
Strategie-Variation 166, 167, 191
Strategische Fenster 108
Strategische Frühaufklärungssysteme 47
Strategische Geschäftsfelder 81, 89
Strategische Grundausrichtung 118
Strategische Gruppe 52
Strategisches Dreieck 60, 96
Strategisches Geschäftsfeld 190
Strategisches Marketing 19
Strategische Unternehmensplanung 74, 76, 109
Substitute 51, 52
Substitutionswettbewerb 122, 129
SWOT-Analyse 53

T
Technologie 33, 45, 80, 81, 98, 100, 103, 108, 132
Technologieentwicklung 56
Technologiemanagement 202
Technologischer Vorsprung 100
The Same for Less 184
Timing 103, 118, 174
Top-Down 190
Top-Down-Perspektive 190
Top-Down-Verfahren 258
Trade Promotions 223
Trendsetter 142, 143

Trilaterale Bindungen 151
Trittbrettfahrer 104

U

Überbrückungspotenziale 164
U-Kurve 181, 182
Umpositionierung 169, 171, 172, 192
Umsatzrechnung 133
Umsatzträger 133
Umstellungskosten 50
Umweltanalyse 44
Undifferenziertes Marketing 185
Unique Marketing Proposition 155
Unique Selling Proposition 155
Unternehmensanalyse 53
Unternehmensinfrastruktur 56
Unternehmenskultur 253, 261
Unternehmensorientiertes Verfahren 210
Unternehmensplanung 117
Unternehmenspolitik 75, 117
Unternehmenstätigkeit 20, 75, 79, 83
Unternehmensziele 75, 76, 202
Unterstützende Aktivitäten 56
Up-Selling 131, 136
Ursache-Wirkungsbeziehung 271

V

Value disciplines 146
Value Positioning 183
Value proposition 146
Variantenvielfalt 202
Variation 135, 140
Variationsstrategien 171
Verbraucherpromotions 223
Vergangenheitsorientiertes Marketing 160
Verhaltensorientierung 17
Verhaltensweisen 262
Verkäufermarkt 11
Verkaufsförderung 223, 225
Verkaufsorientierung 14, 15, 26
Verpackung 204

Vertikale Diversifikation 91
Vertikale Integration 83, 85
Vertikales Marketing 230
Vertriebspolitik 24
Virtualisierung 198
Virtuelles Unternehmen 153
Vorwärtsintegration 48, 84, 85

W

Wachstumsoptionen 137
Wachstumsphase 33, 93, 105
Wachstumsquelle 121
Wachstumsstrategie 90, 109, 118, 119, 120, 153, 238, 247
Wachstumsziele 75, 118, 120, 169
Wasserfallstrategie 107
Weder/Noch-Strategie 180
Werbung 221
Werte 262
Wertgewinn 197, 198
Wertkette 55
Wertschöpfungspartnerschaft 232
Wertschöpfungsprozess 57
Wettbewerb 65, 66
Wettbewerber 49, 51, 53, 96, 97
Wettbewerbsarena 174
Wettbewerbsdruck 49, 67, 186
Wettbewerbsintensität 174
Wettbewerbskräfte 44, 47
Wettbewerbsorientierte Methode 260
Wettbewerbsorientierte Verfahren 211
Wettbewerbsposition 41, 53, 73, 99
Wettbewerbsverhältnisse 47
Wettbewerbsvorteil 21, 53, 54, 57, 109, 65, 66, 68, 70, 72, 73, 76, 95, 97, 99, 179, 119, 208, 139, 147, 149, 151, 155, 160, 163, 164, 165, 168, 170, 171, 176, 177, 269, 60
Wiederholungskäufe 63
Wirtschaftsstufe 80, 83, 91

Y
Yield Management 216

Z
Zeitliche Aspekte 103
Zielgruppe 191
Zielportfolio 85, 87, 118
Zielsysteme 199
Zonenmodell 241, 242
Zulieferer 47, 48
Zulieferstrategie 232
Zusatzleistungen 154
Zuverlässigkeit der Produkte 98

Lizenz zum Wissen.

Sichern Sie sich umfassendes Wirtschaftswissen mit Sofortzugriff auf tausende Fachbücher und Fachzeitschriften aus den Bereichen: Management, Finance & Controlling, Business IT, Marketing, Public Relations, Vertrieb und Banking.

Exklusiv für Leser von Springer-Fachbüchern: Testen Sie Springer für Professionals 30 Tage unverbindlich. Nutzen Sie dazu im Bestellverlauf Ihren persönlichen Aktionscode C0005407 auf *www.springerprofessional.de/buchkunden/*

Springer für Professionals.
Digitale Fachbibliothek. Themen-Scout. Knowledge-Manager.

- Zugriff auf tausende von Fachbüchern und Fachzeitschriften
- Selektion, Komprimierung und Verknüpfung relevanter Themen durch Fachredaktionen
- Tools zur persönlichen Wissensorganisation und Vernetzung

www.entschieden-intelligenter.de

Springer für Professionals